# Revista Espírita
Jornal de Estudos Psicológicos

# REVISTA ESPÍRITA
## Jornal de Estudos Psicológicos

Contém:

O relato das manifestações materiais ou inteligentes dos Espíritos, aparições, evocações etc., bem como todas as notícias relativas ao Espiritismo. – O ensino dos Espíritos sobre as coisas do mundo visível e do invisível; sobre as ciências, a moral, a imortalidade da alma, a natureza do homem e o seu futuro. – A história do Espiritismo na Antiguidade; suas relações com o magnetismo e com o sonambulismo; a explicação das lendas e das crenças populares, da mitologia de todos os povos etc.

Publicada sob a direção
de
ALLAN KARDEC

*Todo efeito tem uma causa. Todo efeito inteligente tem uma causa inteligente.
O poder da causa inteligente está na razão da grandeza do efeito.*

ANO SEGUNDO – 1859

Tradução de Evandro Noleto Bezerra

*Copyright* © 2004 *by*
FEDERAÇÃO ESPÍRITA BRASILEIRA – FEB

4ª edição – Impressão pequenas tiragens – 6/2025

ISBN 978-85-8485-032-7

Título do original francês:
REVUE SPIRITE: JOURNAL D'ÉTUDES PSYCHOLOGIQUES
(Paris, 1859)

Todos os direitos reservados. Nenhuma parte desta publicação pode ser reproduzida, armazenada ou transmitida, total ou parcialmente, por quaisquer métodos ou processos, sem autorização do detentor do *copyright*.

FEDERAÇÃO ESPÍRITA BRASILEIRA – FEB
SGAN 603 – Conjunto F – Avenida L2 Norte
70830-106 – Brasília (DF) – Brasil
www.febeditora.com.br
editorial@febnet.org.br
+55 61 2101 6161

Pedidos de livros à FEB
Comercial
Tel.: (61) 2101 6161 – comercial@febnet.org.br

Adquirindo esta obra, você está colaborando com as ações de assistência e promoção social da FEB e com o Movimento Espírita na divulgação do Evangelho de Jesus à luz do Espiritismo.

Dados Internacionais de Catalogação na Publicação (CIP)
(Federação Espírita Brasileira – Biblioteca de Obras Raras)

| | |
|---|---|
| K18r | Kardec, Allan, 1804–1869 |
| | Revista Espírita: jornal de estudos psicológicos: Ano segundo – 1859/ publicada sob a direção de Allan Kardec; tradução de Evandro Noleto Bezerra; [poesias traduzidas por Inaldo Lacerda Lima]. – 4.ed. – Impressão pequenas tiragens – Brasília: FEB, 2025. |
| | 546 p.; 21 cm |
| | Tradução de: Revue spirite: journal d'études psychologiques |
| | Conteúdo: Vol. 2 (1859) |
| | ISBN 978-85-8485-032-7 |
| | 1. Espiritismo. I. Bezerra, Evandro Noleto, 1949–. II. Federação Espírita Brasileira. III. Título: Jornal de estudos psicológicos. |

CDD 133.9
CDU 133.7
CDE 00.06.01

# Sumário
Segundo Volume – Ano de 1859

# JANEIRO

| | |
|---|---|
| À S. A. o príncipe G. | 13 |
| Sr. Adrien, médium vidente (Segundo artigo) | 21 |
| O louquinho de Bayonne | 26 |
| *Considerações sobre o louquinho de Bayonne* | 35 |
| Conversas familiares de Além-Túmulo | 36 |
| *Chaudruc-Duclos* | 36 |
| *Diógenes* | 40 |
| Os anjos da guarda | 43 |
| Uma noite esquecida ou a feiticeira Manouza – por Frédéric Soulié (Segundo artigo) | 45 |
| Aforismos espíritas | 50 |
| Sociedade Parisiense de Estudos Espíritas – Aviso | 51 |

# FEVEREIRO

| | |
|---|---|
| Escolhos dos médiuns | 53 |
| Os agêneres | 62 |
| Meu amigo Hermann | 69 |
| Espíritos barulhentos – *Como se livrar deles* | 75 |
| Dissertação de Além-Túmulo – *A infância* | 78 |
| Correspondência – Carta do Dr. Morhéry | 80 |
| Uma noite esquecida ou a feiticeira Manouza – por Frédéric Soulié (Terceiro e último artigo) | 83 |

# MARÇO

| | |
|---|---|
| Estudo sobre os médiuns | 91 |
| Médiuns interesseiros | 95 |
| Fenômeno de transfiguração | 97 |
| Diatribes | 103 |
| Conversas familiares de Além-Túmulo | 105 |
| Paul Gaimard | 105 |
| Sra. Reynaud | 112 |
| Hitoti, chefe taitiano | 119 |
| Um Espírito travesso | 122 |
| Plínio, o moço | 125 |

# ABRIL

| | |
|---|---|
| Quadro da vida espírita | 133 |
| Fraudes espíritas | 144 |
| Problema moral – *Os canibais* | 148 |
| A indústria – por Sr. Croz | 150 |
| Conversas familiares de Além-Túmulo | 151 |
| *Benvenuto Cellini* | 151 |
| *Sr. Girard de Codemberg* | 159 |
| *Sr. Poitevin, aeronauta* | 162 |
| *Pensamentos poéticos* | 168 |
| *Sonâmbulos assalariados* | 169 |
| Aforismos espíritas e pensamentos avulsos | 171 |
| Aviso | 171 |

# MAIO

| | |
|---|---|
| Cenas da vida privada espírita | 173 |
| *Primeira conversa* | 174 |
| *Segunda conversa* | 181 |
| Música de Além-Túmulo | 188 |
| *Mozart* | 189 |
| *Chopin* | 191 |

| | |
|---|---|
| Mundos intermediários ou transitórios | *193* |
| Ligação entre o Espírito e o corpo | *196* |
| Refutação de um artigo do *Univers* | *198* |
| *O livro dos espíritos* entre os selvagens | *210* |
| Aforismos espíritas e pensamentos avulsos | *212* |

# JUNHO

| | |
|---|---|
| O músculo estalante | *215* |
| Intervenção da Ciência no Espiritismo | *227* |
| Conversas familiares de Além-Túmulo | *233* |
| *Espírito Alexandre de Humboldt* | *233* |
| *Goethe* | *242* |
| *O negro pai César* | *245* |
| Variedades | *247* |
| *A princesa de Rébinine* | *247* |
| *O major Georges Sydenham* | *253* |

# JULHO

| | |
|---|---|
| Sociedade Parisiense de Estudos Espíritas – *Discurso de encerramento do ano social 1858–1859* | *257* |
| Boletim da Sociedade Parisiense de Estudos Espíritas | *275* |
| Conversas familiares de Além-Túmulo | *276* |
| *Notícias da guerra* | *276* |

| | |
|---|---|
| O zuavo de Magenta | 276 |
| Um oficial superior morto em Magenta | 285 |
| Resposta à réplica do abade Chesnel no *Univers* | 289 |
| Variedades | 291 |
| Lorde Castlereagh e Bernadotte | 291 |
| O que é o espiritismo – Nova obra do Sr. Allan Kardec | 295 |

# AGOSTO

| | |
|---|---|
| Mobiliário de Além-Túmulo | 297 |
| Pneumatografia ou escrita direta | 308 |
| Um Espírito serviçal | 316 |
| O guia da senhora Mally | 321 |
| Conversas familiares de Além-Túmulo | 327 |
| *Voltaire e Frederico* | 327 |
| Boletim da Sociedade Parisiense de Estudos Espíritas | 332 |
| Ao Sr. L..., de Limoges | 340 |

# SETEMBRO

| | |
|---|---|
| Processos para afastar os Espíritos maus | 341 |
| Confissão de Voltaire | 352 |
| Conversas familiares de Além-Túmulo | 360 |

| | |
|---|---|
| Um oficial do exército da Itália | *360* |
| O general Hoche | *363* |
| Morte de um espírita | *367* |
| Tempestades – Papel dos Espíritos nos fenômenos naturais | *374* |
| Intimidade de uma família espírita | *376* |
| Aforismos espíritas e pensamentos avulsos | *379* |

# OUTUBRO

| | |
|---|---|
| Os milagres | *381* |
| O magnetismo reconhecido pelo Poder Judiciário | *385* |
| Médiuns inertes | *393* |
| Boletim da Sociedade Parisiense de Estudos Espíritas | *398* |
| Sociedade Espírita no século XVIII | *409* |
| Conversas familiares de Além-Túmulo | *411* |
| O pai Crépin | *411* |
| Sra. E. de Girardin, médium | *416* |
| As mesas volantes | *418* |

# NOVEMBRO

| | |
|---|---|
| Deve-se publicar tudo quanto dizem os Espíritos? | *423* |
| Médiuns sem saber | *427* |

| | |
|---|---|
| Urânia – Fragmentos de um poema do Sr. de Porry, de Marselha | *429* |
| Swedenborg | *438* |
| A alma errante | *447* |
| O Espírito e o jurado | *449* |
| Advertências de Além-Túmulo | *452* |
| *O oficial da Crimeia* | *452* |
| Os convulsionários de Saint-Médard | *455* |
| Observação a propósito da palavra milagre | *459* |
| Aviso | *460* |

# DEZEMBRO

| | |
|---|---|
| Resposta ao Sr. Oscar Comettant | *461* |
| Efeitos da prece | *469* |
| Um Espírito que não se acredita morto | *474* |
| Doutrina da reencarnação entre os hindus | *479* |
| Conversas familiares de Além-Túmulo | *481* |
| *Sra. Ida Pfeiffer, célebre viajante* | *481* |
| *Privat d'Anglemont* | *486* |
| *Dirkse Lammers* | *497* |
| *Michel François* | *499* |
| Comunicações espontâneas obtidas em sessões da Sociedade | *501* |

| | |
|---|---|
| Um antigo carreteiro | *509* |
| Boletim da Sociedade Parisiense de Estudos Espíritas | *514* |
| Os convulsionários de Saint-Médard | *531* |
| Aforismos espíritas e pensamentos avulsos | *532* |
| NOTA EXPLICATIVA | *535* |

# Revista Espírita
Jornal de Estudos Psicológicos
ANO II    JANEIRO DE 1859    Nº 1

## À S. A. o príncipe G.

Príncipe,

Vossa alteza concedeu-me a honra de dirigir-me várias perguntas relativas ao Espiritismo. Tentarei respondê-las até onde o permita o estado dos conhecimentos atuais sobre a matéria, resumindo, em poucas palavras, o que o estudo e a observação nos ensinaram a respeito. Essas questões repousam sobre os próprios princípios da Ciência; para dar mais clareza à solução, é necessário ter em mente esses princípios. Permiti-me, pois, considerar o assunto de um plano um pouco mais elevado, estabelecendo como preliminares certas proposições fundamentais que, aliás, servirão de respostas a algumas de vossas indagações.

Fora do mundo corporal visível existem seres invisíveis, que constituem o mundo dos Espíritos.

Os Espíritos não são seres à parte, mas as próprias almas dos que viveram na Terra ou em outras esferas, e que se despojaram de seus invólucros materiais.

Os Espíritos apresentam todos os graus de desenvolvimento intelectual e moral. Conseguintemente, os há bons e maus, esclarecidos e ignorantes, levianos, mentirosos, velhacos, hipócritas, que procuram enganar e induzir ao mal, da mesma forma como os há superiores em tudo, que não procuram fazer senão o bem. Essa distinção é um ponto capital.

Os Espíritos nos rodeiam incessantemente. Sem que o saibamos, dirigem os nossos pensamentos e as nossas ações, assim influindo nos acontecimentos e nos destinos da humanidade.

Frequentemente os Espíritos atestam sua presença por meio de efeitos materiais. Tais efeitos nada têm de sobrenatural, assim nos parecendo por repousarem sobre bases que escapam às leis conhecidas da matéria. Uma vez conhecidas essas bases, o efeito entra na categoria dos fenômenos naturais. É assim que os Espíritos podem agir sobre corpos inertes e movê-los sem o concurso dos nossos agentes exteriores. Negar a existência de agentes desconhecidos pela simples razão de não os compreender seria impor limites ao poder de Deus e acreditar que a natureza nos tenha dito sua última palavra.

Todo efeito tem uma causa; ninguém o contesta. É, pois, ilógico negar a causa pelo simples fato de que é desconhecida.

Se todo efeito tem uma causa, todo efeito inteligente deve ter uma causa inteligente. Quando vemos o braço do telégrafo produzir sinais que correspondem ao pensamento, não concluímos que ele seja inteligente, mas sim que é movido por uma inteligência. Dá-se o mesmo com os fenômenos espíritas. Se a inteligência que os produz não é a nossa, evidentemente encontra-se fora de nós.

Nos fenômenos das ciências naturais agimos sobre a matéria e a manipulamos à vontade; nos fenômenos espíritas agimos sobre inteligências que dispõem de livre-arbítrio e não se submetem à nossa vontade. Há, pois, entre os fenômenos comuns e os fenômenos espíritas uma diferença radical quanto ao princípio, razão por que a ciência vulgar é incompetente para julgá-los.

## Janeiro de 1859

O Espírito encarnado tem dois envoltórios: um material, que é o corpo, e outro semimaterial e indestrutível, que é o perispírito. Deixando o primeiro, o Espírito conserva o segundo, que, para ele, constitui uma espécie de corpo, mas cujas propriedades são essencialmente diferentes. Em seu estado normal o perispírito nos é invisível, embora possa tornar-se momentaneamente visível e mesmo tangível: tal é a causa do fenômeno das aparições.

Os Espíritos não são, pois, seres abstratos, indefinidos, mas seres reais e limitados, com existência própria, pensando e agindo em virtude de seu livre-arbítrio. Estão em toda parte, à nossa volta; povoam os espaços e se transportam com a rapidez do pensamento.

Os homens podem entrar em relação com os Espíritos e receber comunicações diretas por meio da escrita, da palavra e por outros meios. Estando os Espíritos ao nosso lado, ou podendo, por certos intermediários, atender ao nosso apelo, com eles podemos estabelecer comunicações continuadas, da mesma forma que um cego pode fazê-lo com as pessoas que não vê.

Certos indivíduos são mais dotados que outros de uma aptidão especial para transmitir comunicações dos Espíritos: são os médiuns. O papel do médium é o de um intérprete; é o instrumento de que se serve o Espírito. Esse instrumento pode ser mais ou menos perfeito, do que resultam comunicações mais ou menos fáceis.

Os fenômenos espíritas são de duas ordens: as manifestações físicas e materiais e as manifestações inteligentes. Os efeitos físicos são produzidos por Espíritos inferiores; os Espíritos elevados não se ocupam dessas coisas, do mesmo modo que os nossos sábios não se entregam a ações que exijam grande vigor físico: seu papel é instruir pelo raciocínio.

As comunicações tanto podem emanar de Espíritos inferiores como de Espíritos superiores. Como os homens, os Espíritos são reconhecidos por sua linguagem. A dos Espíritos superiores é sempre séria, digna, nobre e cheia de benevolência; toda expressão trivial ou inconveniente, todo pensamento que choca a razão e o bom senso, que denota orgulho, acrimônia ou malevolência, procede necessariamente de um Espírito inferior.

Os Espíritos elevados só boas coisas ensinam; sua moral é a do Evangelho; só pregam a união e a caridade e jamais se enganam. Os Espíritos inferiores dizem absurdos, mentiras e, muitas vezes, até grosserias.

A eficiência de um médium não consiste apenas na facilidade das comunicações, mas, sobretudo, na natureza das comunicações que recebe. Um bom médium é o que simpatiza com os Espíritos bons e só recebe boas comunicações.

Todos nós temos um Espírito familiar, que a nós se liga desde o nascimento, guia-nos, aconselha e protege; é sempre um Espírito bom.

Além do Espírito familiar, existem aqueles que atraímos graças à sua simpatia por nossas qualidades e defeitos ou em virtude de antigas afeições terrenas. Daí se segue que, em toda reunião, há uma multidão de Espíritos mais ou menos bons, conforme a natureza do meio.

*Podem os Espíritos revelar o futuro?*

Os Espíritos não conhecem o futuro senão em razão de sua elevação. Os inferiores nem mesmo o seu próprio futuro conhecem e, com mais forte razão, desconhecem o dos outros. Os Espíritos superiores o conhecem, mas nem sempre lhes é permitido revelá-lo. Em princípio, e por um sábio desígnio da Providência, o futuro nos deve ser ocultado. Se o conhecêssemos, nosso livre-arbítrio seria tolhido. A certeza do sucesso tirar-nos-ia a vontade de fazer qualquer coisa, porque não veríamos a necessidade de nos darmos a esse trabalho; a certeza de uma desgraça nos desencorajaria. Todavia, há casos em que o conhecimento do futuro pode ser útil, embora, nessa situação, jamais possamos ser juízes. Os Espíritos no-lo revelam quando o julgam conveniente e quando têm a permissão de Deus. Então o fazem espontaneamente e não a pedido nosso. É preciso esperar com confiança a oportunidade e, sobretudo, não insistir em caso de recusa, pois, de outro modo, correríamos o risco de tratar com Espíritos levianos, que se divertem à nossa custa.

*Os Espíritos podem guiar-nos por meio de conselhos diretos nas coisas da vida?*

Sim, podem e o fazem de bom grado. Esses conselhos nos chegam diariamente pelos pensamentos que nos sugerem. Muitas vezes fazemos coisas cujo mérito nos atribuímos quando, na realidade, resultam apenas de uma inspiração que nos foi transmitida. Ora, como estamos rodeados de Espíritos que nos influenciam neste ou naquele sentido, temos sempre o livre-arbítrio para nos guiar na escolha; e felizes seremos se preferirmos o nosso gênio bom.

Além dos conselhos ocultos, podemos obter estes diretamente por meio de um médium, mas aqui é o caso de recordarmos os princípios fundamentais que acabamos de emitir. A primeira coisa a considerar é a qualidade do médium, se não somos nós próprios. Um médium que só boas comunicações obtém; que, por suas qualidades pessoais não simpatiza senão com os Espíritos bons, é um ser precioso, do qual podemos esperar grandes coisas, desde que o secundemos na pureza de suas próprias instruções e o utilizemos convenientemente; direi mais: é um instrumento providencial.

Não menos importante, o segundo ponto consiste na natureza dos Espíritos aos quais nos dirigimos. Não devemos crer que possamos ser guiados corretamente pelo primeiro que apareça. Aquele que visse nas comunicações espíritas apenas um meio de adivinhação e no médium um leitor de *buena-dicha*[1] enganar-se-ia redondamente. É preciso considerar que no mundo dos Espíritos

---

[1] Nota do tradutor: Grifos nossos.

temos amigos que por nós se interessam, muito mais sinceros e devotados do que os que tomam esses títulos na Terra, e que não têm o menor interesse em nos lisonjear ou em nos enganar. São, além do nosso Espírito protetor, parentes ou pessoas a quem nos afeiçoamos quando vivas, ou Espíritos que nos querem o bem por simpatia. Quando chamados vêm de boa vontade e até mesmo quando não são chamados; muitas vezes os temos ao nosso lado, sem que o suspeitemos. Por intermédio dos médiuns podemos pedir-lhes conselhos diretos e os recebemos, mesmo espontaneamente, sem que lhos tenhamos pedido. Fazem-no sobretudo *na intimidade, no silêncio, e desde que nenhuma influência estranha os venha perturbar*; são, aliás, muito prudentes e, de sua parte, jamais devemos temer uma indiscrição: calam-se quando há ouvidos em demasia. Fazem-no ainda com mais prazer quando estão em frequente comunicação conosco. Como não dizem senão coisas adequadas e conforme a oportunidade, é preciso esperar a sua boa vontade e não acreditar que, à primeira vista, venham satisfazer a todos os nossos pedidos. Querem assim provar que não estão às nossas ordens.

  A natureza das respostas depende muito da maneira de fazer as perguntas. É necessário aprender a conversar com os Espíritos como se aprende a conversar com os homens: em tudo é preciso experiência. Por outro lado, o hábito faz que os Espíritos se identifiquem conosco e com o médium, os fluidos se combinem e as comunicações sejam mais fáceis; então entre eles e nós estabelecem-se verdadeiras conversações familiares; o que não dizem num dia falarão noutro. Habituam-se à nossa maneira de ser, como nós à deles: ficamos reciprocamente mais à vontade. Quanto à ingerência dos Espíritos maus e dos Espíritos enganadores, o que constitui o grande escolho, a experiência nos ensina a combatê-los e podemos sempre evitá-los. Se não lhes damos atenção, eles não vêm, porque sabem que vão perder tempo.

  *Qual poderá ser a utilidade da propagação das ideias espíritas?* – Sendo o Espiritismo a prova palpável e evidente da existência, da individualidade e da imortalidade da alma, é a destruição do materialismo, essa negação de toda religião, essa chaga de toda sociedade. O número dos materialistas que ele conduziu a ideias mais sãs é considerável e aumenta diariamente: só isso seria um benefício social. Não somente prova a existência e a imortalidade da alma, como ainda mostra o seu estado feliz ou desgraçado, conforme os méritos desta vida. As penas e recompensas futuras não são mais uma teoria, mas um fato patente aos nossos olhos. Ora, como não há religião possível sem a crença em Deus, na existência da alma e nas penas e recompensas futuras, o Espiritismo traz de volta a essas crenças as pessoas nas quais elas estavam apagadas; resulta daí que ele é o mais poderoso auxiliar das ideias religiosas: dá religião aos que não a possuem, fortifica-a naqueles em que é vacilante, consola pela certeza do futuro, faz suportar com paciência e resignação as tribulações da vida e desvia do pensamento o suicídio, ideia que naturalmente repelimos quando vemos as consequências; eis por que são felizes os que penetraram em seus mistérios. Para eles o Espiritismo é a luz que dissipa as trevas e as angústias da dúvida.

Se considerarmos agora a moral ensinada pelos Espíritos superiores, concluiremos que ela é toda evangélica; prega a caridade evangélica em toda a sua sublimidade e faz mais: mostra a sua necessidade tanto para a felicidade presente quanto para a futura, porque as consequências do bem e do mal que fazemos estão diante dos nossos olhos. Reconduzindo os homens aos sentimentos de seus deveres recíprocos, o Espiritismo neutraliza o efeito das doutrinas que subvertem a ordem social.

*Não podem essas crenças representar um perigo para a razão?* – Todas as ciências não forneceram o seu contingente para os hospitais de alienados? Devemos, por isso, condená-las? Não estão largamente representadas entre elas as crenças religiosas? Seria justo, por isso, proscrever a religião? Acaso conhecemos todos os loucos produzidos pelo medo ao diabo? Todas as grandes preocupações intelectuais levam à exaltação e podem reagir de maneira lastimável sobre um cérebro fraco. Teríamos razão de ver no Espiritismo um perigo especial se ele fosse a única causa ou a causa preponderante da loucura. Fez-se grande alarido a respeito de dois ou três casos que, em outras circunstâncias, não teriam merecido nenhuma atenção, ao não se levar em consideração as causas predisponentes anteriores. Poderíamos citar outros em que, bem compreendidas, as ideias espíritas poderiam deter o desenvolvimento da loucura.

Em resumo, o Espiritismo não oferece maior perigo de loucura do que as mil e uma causas que a produzem diariamente. Digo mais: oferece bem menos perigo, visto trazer em si mesmo o corretivo e, pela direção que dá às ideias e a calma que proporciona ao espírito dos que o compreendem, pode neutralizar o efeito das causas estranhas. O desespero é uma dessas causas. Ora, ao nos fazer encarar as coisas mais desagradáveis com sangue-frio e resignação, o Espiritismo atenua os funestos efeitos do desespero.

*As crenças espíritas n*ão são a consagração das ideias *supersticiosas da Antiguidade e da Idade Média e, assim, não devem ser endossadas?* – As pessoas sem religião não tacham de superstição a maioria das crenças religiosas? Uma ideia só é supersticiosa quando é falsa; deixa de o ser quando se torna uma verdade. Está provado que no fundo da maioria das superstições existe uma verdade amplificada e desnaturada pela imaginação. Ora, tirar dessas ideias todo o seu conteúdo fantástico e deixar apenas a realidade é destruir a superstição. Tal é o efeito da ciência espírita, que põe a nu o que há de verdadeiro e de falso nas crenças populares. Por muito tempo as aparições foram consideradas como crenças supersticiosas; hoje, que são um fato provado e, mais ainda, perfeitamente explicado, entraram no domínio dos fenômenos naturais. Por mais que as condenemos, não impediremos que continuem a produzir-se. Todavia, os que se deram conta e as compreenderam, não apenas não se apavoram como estão satisfeitos, e isso a tal ponto que aqueles que não têm essas ideias desejariam tê-las. Deixando o campo livre à imaginação, os fenômenos incompreendidos representam a fonte de uma porção de ideias acessórias, absurdas, que degeneram em superstição. Mostremos a realidade, expliquemos a causa e a imaginação se detém no limite do possível; o maravilhoso, o absurdo e o impossível desaparecem e, com eles a superstição. Tais são, dentre outras, as práticas cabalísticas, a virtude dos signos e das palavras mágicas, as fórmulas sacramentais, os amuletos, os dias nefastos, as horas diabólicas e tantas outras coisas que o Espiritismo, bem compreendido, demonstra o ridículo.

Tais são, Príncipe, as respostas que julguei adequadas às perguntas com que me honrastes. Sentir-me-ei feliz se elas puderem corroborar as ideias que Vossa Alteza já possui sobre o assunto e vos levarem a aprofundar uma questão de tão elevado interesse; mais feliz ainda se meu concurso ulterior puder ser de alguma utilidade.

Com o mais profundo respeito, sou, de Vossa Alteza, muito humilde e muito obediente servidor.

ALLAN KARDEC

## Sr. Adrien, médium vidente

(Segundo artigo)[2]

Desde a publicação de nosso artigo sobre o Sr. Adrien, médium vidente, grande número de fatos nos têm sido comunicados, confirmando nossa opinião de que essa faculdade, assim como as demais faculdades mediúnicas, é mais comum do que se pensa. Nós já a tínhamos observado numa porção de casos particulares e, sobretudo, no estado sonambúlico. O fenômeno das aparições é hoje um fato comprovado e, podemos dizer, frequente, sem falar dos numerosos exemplos oferecidos pela história profana e as escrituras sagradas. Muitas das que nos foram relatadas ocorreram pessoalmente com aqueles que no-las informaram, mas, quase sempre, esses fatos são fortuitos e acidentais; ainda não tínhamos visto alguém em que tal faculdade fosse, de algum modo, o estado normal. No Sr. Adrien ela é permanente; onde quer que esteja, a população oculta que pulula à nossa volta lhe é visível, sem que ele a chame; para nós, ele representa o papel de um

---

[2] N.E.: Primeiro artigo, Ver *Revista Espírita* dezembro de 1858.

vidente em meio a uma população de cegos; vê esses seres, que poderíamos chamar de duplicata do gênero humano, indo e vindo, misturando-se em nossas ações e, se podemos assim nos exprimir, ocupados em seus negócios. Dirão os incrédulos que é uma alucinação, palavra sacramental pela qual pretendem explicar o que não compreendem. Bem que gostaríamos que nos definissem o que é uma alucinação e, especialmente, sua causa. Todavia, no Sr. Adrien ela tem um caráter bastante insólito: o da permanência. Até agora, o que se tem convencionado chamar de alucinação é um fato anormal e quase sempre consequência de um estado patológico, o que absolutamente aqui não é o caso. Para nós, que estudamos essa faculdade, que a observamos todos os dias em seus mínimos detalhes, chegamos mesmo a constatar-lhe a realidade. Para nós ela não é objeto de nenhuma dúvida e, como veremos, auxiliou-nos notavelmente em nossos estudos espíritas. Ela nos permitiu utilizar o escalpelo da investigação na vida extracorpórea; é um archote na escuridão. O Sr. Home, dotado de extraordinária faculdade como médium de efeitos físicos, produziu efeitos surpreendentes. O Sr. Adrien nos inicia na causa desses efeitos, porque os vê produzir-se, indo muito além daquilo que impressiona os nossos sentidos.

A realidade da visão do Sr. Adrien é provada pelo retrato que faz de pessoas que jamais viu, cuja descrição é reconhecida como exata. Certamente quando ele descreve, com rigorosa minúcia, os mínimos detalhes de um parente ou de um amigo, evocados por seu intermédio, temos certeza de que ele vê, porquanto não pode tomar a coisa como produto da imaginação. Entretanto, há pessoas que a prevenção as leva a rejeitar até mesmo a evidência. E, o que é mais bizarro, para refutar o que não querem admitir, explicam-no por causas ainda mais difíceis que as que lhes são fornecidas.

Os retratos do Sr. Adrien, todavia, nem sempre são infalíveis; nisso, como em toda ciência, quando se apresenta uma anomalia, é necessário procurar-lhe a causa, considerando-se que a causa de uma exceção frequentemente confirma a regra geral. Para compreender o fato, não se deve perder de vista o que a esse respeito já dissemos sobre a forma aparente dos Espíritos. Essa forma depende do perispírito, cuja natureza, essencialmente flexível, presta-se a todas as modificações que lhe queira dar o Espírito. Deixando o envoltório material, o Espírito leva consigo o seu invólucro etéreo, que constitui outra espécie de corpo. Em seu estado normal, esse corpo tem a forma humana, mas não calcada traço a traço sobre o que deixou, especialmente quando o abandonou há algum tempo. Nos primeiros instantes que se seguem à morte, e enquanto ainda existe um laço entre as duas existências, maior é a semelhança; essa similitude, porém, apaga-se à medida que se opera o desprendimento e que o Espírito se torna mais estranho ao seu último envoltório; pode, entretanto, sempre retomar essa primeira aparência, quer pela fisionomia, quer pelo vestuário, quando julga útil para se fazer reconhecer; em geral, porém, isso só acontece em razão de um grande esforço da vontade. Nada, pois, há de surpreendente que, em certos casos a semelhança peque por alguns detalhes: bastam os traços principais. Igualmente no médium essa investigação não é feita sem certo esforço, que se torna penoso quando muito repetido. Suas visões ordinárias não lhe custam nenhuma fadiga, desde que não se apega senão às generalidades. O mesmo ocorre quando vemos uma multidão: enxergamos tudo; todos os indivíduos se destacam aos nossos olhos com seus traços distintos, sem que nenhum deles nos impressione bastante a ponto de os podermos descrever. Para precisá-los, é necessário concentrar nossa atenção nos íntimos detalhes que queremos analisar, com a só diferença de que, nas circunstâncias ordinárias, os olhos se voltam sobre uma forma material, invariável, enquanto na vidência eles repousam sobre uma forma essencialmente móvel, que um simples efeito da vontade pode modificar.

Saibamos, pois, tomar as coisas como elas são; consideremo-las em si mesmas e em razão de suas propriedades. Não nos esqueçamos de que, no Espiritismo, absolutamente não operamos sobre a matéria inerte, mas sobre inteligências dotadas de livre-arbítrio, razão por que não podemos submetê-las ao nosso capricho, nem fazê-las agir à nossa vontade, como se movêssemos um pêndulo. Toda vez que quisermos tomar nossas ciências exatas como ponto de partida nas observações espíritas, perderemos o rumo; eis por que a ciência vulgar é incompetente nessa questão: é exatamente como se um músico quisesse julgar a arquitetura do ponto de vista musical. O Espiritismo nos revela uma nova ordem de ideias, de novas forças, de novos elementos; revela-nos fenômenos que não se baseiam em nada do que conhecemos. Saibamos, pois, para julgá-los, despojar-nos dos preconceitos e de toda ideia preconcebida; compenetremo-nos sobretudo desta verdade: fora daquilo que conhecemos pode existir outra coisa, a não ser que queiramos cair nesse erro absurdo, fruto do orgulho, de que Deus não tenha mais segredos para nós.

De acordo com isso, compreende-se que delicadas influências podem agir na produção dos fenômenos espíritas, mas há outras que merecem uma atenção não menos séria. Despojado do corpo terreno, o Espírito conserva toda a sua vontade e uma liberdade de pensar bem maior que quando vivo; tem susceptibilidades que dificilmente compreendemos; aquilo que muitas vezes nos parece simples e natural o magoa e lhe desagrada; uma pergunta imprópria o choca e o fere; além disso, eles nos mostram a sua independência deixando de fazer o que queremos, ao passo que, por si mesmos, vez por outra fazem aquilo que nem teríamos pensado em lhes pedir. É por essa razão que os pedidos de provas e de curiosidade são essencialmente antipáticos aos Espíritos, que a eles raramente respondem de maneira satisfatória. Sobretudo os Espíritos sérios jamais se prestam a isso e de modo algum querem servir de divertimento. Concebe-se, pois, que a intenção pode influir bastante sobre a sua boa vontade de se apresentar aos olhos de um médium vidente, sob tal ou qual aparência; e, definitivamente, como eles não assumem uma determinada aparência senão quando assim lhes convém, só o fazem quando para isso existe um motivo sério e útil.

Há outra razão que, de certo modo, se liga ao que poderíamos chamar de fisiologia espírita. A visão do Espírito pelo médium faz-se por uma espécie de irradiação fluídica que parte do primeiro e se dirige ao segundo; o médium, por assim dizer, absorve os raios e os assimila. Se estiver sozinho, ou cercado apenas de pessoas simpáticas, unidas pela intenção e pelo pensamento, aqueles raios se concentram sobre ele; então a visão é clara, precisa e é em tais circunstâncias que os retratos, quase sempre, são de uma exatidão notável. Se, ao contrário, em torno do médium há influências antipáticas, pensamentos divergentes e hostis, se não há recolhimento, os raios fluídicos se dispersam e são absorvidos pelo meio; daí uma espécie de nevoeiro que se projeta sobre o Espírito, não permitindo que se lhe distingam os matizes. Tal seria uma luz, com ou sem refletor. Outra comparação menos material pode ainda nos dar razão desse fenômeno. Sabemos que a verve de um orador é excitada pela simpatia e pela atenção do auditório; que, ao contrário, se ele for distraído pelo barulho, pela desatenção e pela má vontade, seus pensamentos já não serão livres: dispersam-se, afetando o seu raciocínio. O Espírito, que é influenciado por um meio absorvente, encontra-se no mesmo caso: em vez de dirigir-se a um ponto único, sua irradiação dissemina-se e perde a sua força.

Às considerações precedentes devemos acrescentar outra, cuja importância será facilmente compreendida por todos os que conhecem a marcha dos fenômenos espíritas. Sabe-se que várias causas podem impedir um Espírito de acorrer ao nosso apelo no instante em que o evocamos: pode estar reencarnado ou ocupado em outra parte. Ora, entre os Espíritos que se apresentam quase sempre simultaneamente, deve o médium distinguir aquele que solicitamos e, caso aí não esteja, pode tomá-lo por outro Espírito, igualmente simpático à pessoa que evoca. Descreve o Espírito que vê, mas nem sempre pode garantir se se trata dessa ou daquela entidade. Se, entretanto, o Espírito que se apresenta é sério, não se enganará quanto à sua identidade; se o interrogam a respeito, poderá explicar a razão do equívoco e dizer quem ele é.

Um meio pouco propício será também prejudicial, mas por outra razão. Cada indivíduo tem, por acólitos,[3] Espíritos que simpatizam com os seus defeitos e com suas qualidades. Tais Espíritos são bons ou maus, conforme os indivíduos. Quanto maior for o número de pessoas reunidas, maior será a variedade de Espíritos e maiores as possibilidades de encontrar antipatias. Se, pois, numa

---

[3] N.E.: Pessoa que segue outra; companheiro; cúmplice.

reunião há pessoas hostis, seja por pensamentos difamantes, seja pela leviandade de caráter, seja ainda por uma incredulidade sistemática, por isso mesmo atrairão Espíritos pouco benevolentes que, com frequência, entravam as manifestações de toda natureza, tanto escritas quanto visuais. Daí a necessidade de nos colocarmos nas mais favoráveis condições, se quisermos obter manifestações sérias: quem quer o fim quer os meios. As manifestações espíritas não são coisas com as quais possamos brincar impunemente. Sede sérios na mais rigorosa acepção da palavra, se quiserdes coisas sérias; de outro modo, sereis joguetes dos Espíritos levianos, que se divertirão à vossa custa.

## O louquinho de Bayonne

Em nosso último número dissemos algumas palavras a respeito dessa estranha manifestação. Tais informações nos tinham sido dadas de viva voz e muito sucintamente por um de nossos assinantes, amigo da família onde os fatos ocorreram. Ele nos havia prometido detalhes mais circunstanciados e devemos à sua cortesia as informações que nos transmitiu por carta.

Essa família reside perto de Bayonne e as cartas foram escritas pela própria mãe da mocinha, uma criança de seus 10 anos, a um filho que reside em Bordeaux, pondo-o a par do que se passava em sua casa. Este último teve o trabalho de transcrevê-las para nós, a fim de não ser contestada a sua autenticidade; é uma atenção pela qual lhe somos infinitamente reconhecidos. Concebe-se a reserva com que envolvemos os nomes das pessoas, reserva que fazemos por lei observar, a menos que sejamos formalmente autorizados a divulgá-los. Nem todos se preocupam em atrair a multidão de curiosos. Àqueles para os quais essa reserva constituísse um motivo de suspeita, diremos que é necessário estabelecer uma diferença entre um jornal eminentemente sério e os que não visam senão divertir o público. Nossa finalidade não é relatar casos para encher as páginas da *Revista*, mas esclarecer a Ciência; se estivéssemos enganados, sê-lo-íamos de boa-fé. Quando, aos nossos olhos, uma coisa não é formalmente demonstrada, damo-la apenas a título de registro; o mesmo não ocorre quando emana de pessoas sérias, cuja honradez é conhecida e que, longe de qualquer interesse em nos induzir em erro, desejam também instruir-se.

A primeira carta é do filho ao nosso assinante, enviando as cartas de sua mãe.

"Saint-Esprit, 20 de novembro de 1858.

Meu caro amigo,

Chamado para junto da família por motivo da morte de um de meus irmãos menores, que Deus acaba de levar, esta circunstância, afastando-me algum tempo de minha casa, é o motivo do atraso em vos dar minha resposta. Ficaria muito desolado se vos fizesse passar por um contador de histórias junto ao Sr. Allan Kardec; por isso, vou dar alguns detalhes sumários dos fatos ocorridos em minha família. Penso que já vos disse que as aparições cessaram há muito tempo e já não se manifestam à minha irmã. Eis as cartas que minha mãe me escreveu a esse respeito. Devo observar que muitos fatos foram omitidos e não são os menos interessantes. Escreverei novamente para completar a história, caso não o possais fazer, recordando-vos daquilo que vos disse de viva voz."

"23 de abril de 1855.

Numa tarde, há cerca de três meses, tua irmã X teve necessidade de sair para fazer uma compra. Como bem sabes, o corredor da casa é bastante longo e nunca está iluminado, mas o velho hábito de o percorrermos sem luz faz que jamais tropecemos nos degraus da escada. X já nos havia dito que, cada vez que saía, escutava uma voz a dizer-lhe coisas que, de início, não compreendia o sentido, mas que se tornaram inteligíveis mais tarde. Algum tempo depois viu uma sombra, não cessando, durante o trajeto, de ouvir a mesma voz. As palavras proferidas por esse ser invisível tendiam sempre a tranquilizá-la e dar-lhe conselhos de muita sabedoria. Uma boa moral constituía o fundo dessas palavras.

X ficava muito perturbada e, por várias vezes, não tinha forças para prosseguir em seu caminho. 'Minha filha' — dizia-lhe o invisível cada vez que ficava perturbada — 'nada temas, porquanto só quero o teu bem.' Ele lhe ensinou um local em que ela, durante vários dias, encontrou algumas moedas; de outras vezes nada encontrava. X conformou-se com a recomendação que lhe foi dada e, por muito tempo encontrou, se não moedas, alguns brinquedos que logo verás. Por certo essas doações lhe eram feitas para encorajá-la. Não eras esquecido na conversa desse ser; muitas vezes falava de ti e nos dava notícias tuas por intermédio de tua irmã. Várias vezes ele nos pôs a par do que fazias à noite; viu-te ler em teu quarto; outras vezes nos disse que teus amigos estavam reunidos em tua casa. Enfim, ele sempre nos tranquilizava quando a preguiça te impedia de nos escrever.

Desde algum tempo X tem mantido relações quase contínuas com o invisível; durante o dia ela nada vê; ouve sempre a mesma voz, que lhe dirige palavras de grande sensatez, encorajando-a ao trabalho e ao amor a Deus. À noite ela vê, na direção de onde parte a voz, uma luz rosada que não ilumina, mas que, segundo pensa, pode ser comparada ao brilho de um diamante na sombra. Agora, todo o temor que sentia desapareceu. Se lhe manifesto minhas dúvidas, diz-me: 'Mamãe, é um anjo que me fala, e se, para te convenceres, tu te armares de coragem, ele me pede para te dizer que, esta noite, fará com que te levantes. Se te falar, deverás responder. Vai aonde ele te mandar; verás pessoas à tua frente, mas não tenhas medo algum.' Não quis pôr à prova minha coragem: tive medo, e a impressão que isso me causou impediu-me de dormir. Muitas vezes, à noite, parecia-me ouvir um sopro à cabeceira do leito. As cadeiras se moviam sem que nenhuma mão as tocasse. Depois de algum tempo meus temores desapareceram completamente e lamentei bastante não me ter submetido à prova que me havia sido proposta, de estabelecer relações diretas com o invisível, e também por não haver lutado incessantemente contra as dúvidas.

Exortei X a interrogar o invisível sobre a sua natureza. Eis a conversa que tiveram entre si:

X – Quem és tu?

*Invisível* – Sou teu irmão Eliseu.

X – Meu irmão morreu há doze anos.

*Invisível* – É verdade; teu irmão morreu há doze anos, mas, como em todos os seres, nele havia uma alma que não morre e que se acha agora em tua presença, que te ama e a todos protege.

X – Gostaria de ver-te.

*Invisível* – Estou diante de ti.

X – Entretanto nada vejo.

*Invisível* – Tomarei uma forma visível para ti. Após o ofício religioso tu descerás; ver-me-ás, então, e eu te abraçarei.

X – Mamãe também queria conhecer-te.

*Invisível* – Tua mãe é a minha; ela me conhece. Eu teria preferido manifestar-me a ela, e não a ti: era o meu dever, mas não posso mostrar-me a várias pessoas, porquanto Deus mo proíbe. Lamento que mamãe não tenha tido coragem. Prometo dar-te provas de minha existência e, então, todas as dúvidas desaparecerão.

À noite, à hora marcada, X se dirigiu à porta do templo. Um rapaz apresentou-se a ela e lhe disse: 'Sou teu irmão. Pediste para ver-me. Estás satisfeita? Abraça-me logo, porque não posso conservar por muito tempo a forma que tomei.'

Como bem imaginas, a presença desse ser deveria ter espantado X a ponto de impedi-la de fazer qualquer observação. Tão logo a abraçou, ele desapareceu no ar.

Na manhã do dia seguinte, aproveitando a ocasião em que X foi obrigada a sair, o invisível manifestou-se novamente e lhe disse: 'Deverias ter ficado bastante surpreendida com o meu desaparecimento. Pois bem! Vou ensinar-te a te elevares no ar, a fim de poderes acompanhar-me.' Fosse outra pessoa e X teria ficado apavorada com a proposta. Ela, porém, aceitou a oferta com diligência e logo sentiu que se elevava como uma andorinha. Chegou rapidamente a um local onde havia uma multidão considerável. Conforme nos disse, viu ouro, diamantes e tudo o que, na Terra, satisfaria nossa imaginação. Ninguém considerava essas coisas mais do que consideramos as pedras das calçadas por onde caminhamos. Ela reconheceu várias meninas de sua idade que moravam em nossa rua e que haviam morrido há muito tempo. Em um apartamento ricamente decorado, onde não havia ninguém, o que sobretudo lhe chamou a atenção foi uma grande mesa na qual, de espaço em espaço, havia um papel. Diante de cada caderno havia um tinteiro; ela via as penas molharem-se por si mesmas e traçarem caracteres sem que nenhuma mão as movesse.

Ao retornar, censurei-a por se ter ausentado sem a minha autorização e proibi-lhe expressamente de recomeçar semelhantes excursões. O invisível deu-lhe provas de muito pesar por me haver contrariado e prometeu-lhe formalmente que, doravante, não a levaria mais a ausentar-se sem que eu estivesse prevenida."

"26 de abril.

O invisível transfigurou-se aos olhos de X. Tomou tua forma tão bem que tua irmã acreditou que estavas no salão. Para certificar-se, ela lhe pediu que retomasse sua forma primitiva; logo que desapareceste foste substituído por mim. Grande foi o seu espanto; perguntou-me como eu me achava ali, estando a porta fechada a chave. Então ocorreu uma nova transformação: tomou a aparência do irmão morto e disse a X: 'Tua mãe e todos os membros da família não veem sem espanto, e mesmo sem um sentimento de temor, todos os fatos que se realizaram por minha intervenção. Não desejo absolutamente causar pavor; quero, entretanto, provar minha existência e pôr-te ao abrigo da incredulidade de todos, pois poderiam tomar como mentira tua, o que seria da parte deles uma obstinação em não se renderem à evidência. A Sra. C. trabalha em loja de armarinho; sabes que é preciso comprar botões; vamos todos comprá-los. Transformar-me-ei em teu irmãozinho — ele tinha então 12 anos — e, quando retornares a casa, pedirás a mamãe que mande perguntar à Sra. C. com quem te encontravas no momento em que te venderam os botões.' X não deixou de observar essas instruções. Eu mandei perguntar à Sra. C. e ela me respondeu que tua irmã estava com teu irmão, a quem fez grandes elogios, dizendo que, em sua idade não se poderia imaginar que tivesse respostas tão fáceis e, sobretudo, tão pouca timidez. É bom dizer que o pequeno estava na escola desde a manhã e só deveria retornar às sete horas da noite e que, além disso, é muito tímido e não tem essa facilidade que lhe querem reconhecer. Não é bastante curioso? Creio que a mão de Deus não é inteiramente alheia a essas coisas inexplicáveis."

"7 de maio de 1855.

Não sou mais crédula do que se deve ser e não me deixo dominar por ideias supersticiosas. Entretanto, não posso recusar-me a crer em fatos que se realizaram sob meus olhos. Eu necessitava de provas bastante evidentes para não infligir à tua irmã os castigos que algumas vezes me via obrigada a lhe dar, receando que ela quisesse brincar conosco e abusar de nossa confiança.

Ontem, eram cinco horas aproximadamente quando o invisível disse a X: 'É provável que mamãe te mande a alguma parte, a fim de dares um recado. No caminho serás agradavelmente surpreendida pela chegada da família de teu tio.' Imediatamente X me transmitiu o que o invisível lhe houvera dito; eu estava longe de esperar esses parentes e mais surpresa ainda de sabê-lo dessa maneira. Tua irmã saiu e as primeiras pessoas que encontrou foram efetivamente meu irmão, sua esposa e seus filhos, que vinham nos visitar. X apressou-se em dizer que eu tinha uma prova a mais da veracidade de tudo quanto me dizia."

"10 de maio de 1855.

Hoje já não posso duvidar de algo extraordinário em casa; vejo sem medo se realizarem todos esses fatos singulares, mas deles não posso extrair nenhum ensinamento porque, para mim, esses mistérios são inexplicáveis.

Ontem, depois de ter posto ordem na casa — e sabes que faço questão dessas coisas — o invisível disse a X que, malgrado as provas que havia dado de sua intervenção em todos os fatos curiosos que te narrei, eu sempre tinha dúvidas, que ele queria fazer desaparecerem completamente. Sem que se tivesse ouvido qualquer ruído, um minuto foi suficiente para pôr os cômodos em completa desordem. Sobre o assoalho uma substância avermelhada havia sido derramada; creio que era sangue. Se tivessem sido somente algumas gotas, eu teria pensado que X se tivesse cortado ou sangrado o nariz, mas imagina que o assoalho estava inundado. Essa prova bizarra deu-nos um trabalho considerável para fazer com que o piso do salão readquirisse o seu brilho primitivo.

Antes de abrir as cartas que nos envias, X conhece o conteúdo. O invisível lho transmite."

"16 de maio de 1855.

X não aceitou uma observação que lhe fez sua irmã, não sei a propósito de quê. Deu uma resposta inconveniente e recebeu merecido troco. Castiguei-a e ela foi-se deitar sem haver jantado. Como de costume, antes de deitar-se faz uma prece. Essa noite ela o esqueceu, mas, alguns momentos depois de deitada, o invisível apareceu-lhe e lhe apresentou um castiçal e um livro de preces semelhante ao que costumava utilizar, dizendo-lhe que, apesar da punição que ela bem merecera, não devia esquecer-se de cumprir seu dever. Então ela se levantou, fez o que lhe era ordenado e, tão logo terminada a prece, tudo desapareceu.

Na manhã do dia seguinte, depois de ter-me abraçado, X perguntou-me se o castiçal que se encontrava sobre a mesa num andar acima de seu quarto tinha sido retirado. Ora, esse castiçal, semelhante ao que lhe havia sido apresentado na véspera, não tinha mudado de lugar, assim como o seu livro de preces."

"4 de junho de 1855.

Desde algum tempo nenhum fato chamou a atenção, a não ser o seguinte. Eu estava resfriada nestes últimos dias. Antes de ontem tuas irmãs estavam ocupadas e eu não dispunha de ninguém para mandar comprar uma pomada peitoral. Disse a X que quando ela tivesse acabado sua tarefa fosse procurar alguma coisa na farmácia mais próxima. Ela esqueceu minha recomendação e eu mesma não pensei mais nisso. Estou certa de que ela não saiu, nem deixou o trabalho senão para ir buscar uma sopeira de que necessitávamos. Grande foi sua surpresa ao retirar-lhe a tampa e encontrar um pacote de pastilhas de cevada que o invisível havia trazido e ali depositado, a fim de poupar-me de uma caminhada e, também, para satisfazer meu desejo, que havia sido esquecido."

* * *

Evocamos esse Espírito numa das sessões da Sociedade e lhe dirigimos as perguntas que se seguem. O Sr. Adrien o viu sob o aspecto de um menino de 10 a 12 anos: bela cabeça, cabelos negros e ondulados, olhos negros e vivos, tez pálida, boca zombeteira, caráter leviano, mas bondoso. O Espírito disse não saber muito bem por que o evocavam.

Nosso correspondente, que estava presente à reunião, disse que eram exatamente esses os traços pelos quais a mocinha em várias circunstâncias o descreveu.

1. Ouvimos contar a história de tuas manifestações numa família de Bayonne e desejaríamos fazer-te algumas perguntas.
*Resp.* – Fazei-as e eu responderei. Mas fazei logo, pois estou com pressa e quero ir embora.

2. Onde apanhaste o dinheiro que davas à menina?

*Resp.* – Tirei da bolsa dos outros. Bem compreendeis que eu não iria me divertir a cunhar moedas. Tomo daqueles que podem dar.

3. Por que te ligaste àquela garota?

*Resp.* – Grande simpatia.

4. É verdade que foste seu irmão, que morreu com 4 anos?

*Resp.* – Sim.

5. Por que eras visível a ela, e não à sua mãe?

*Resp.* – Minha mãe deve estar privada de ver-me, mas minha irmã não tinha necessidade de castigo. Aliás, foi com permissão especial que lhe apareci.

6. Poderias explicar como te tornas visível ou invisível à vontade?

*Resp.* – Não sou bastante elevado e estou muito preocupado com o que me atrai para responder a essa pergunta.

7. Se quisesses, poderias aparecer em nosso meio, assim como te mostraste à vendedora do armarinho?

*Resp.* – Não.

8. Nesse estado, serias sensível à dor, se te batessem?

*Resp.* – Não.

9. O que aconteceria se a vendedora te houvesse batido?

*Resp.* – Ela não teria encontrado senão o vácuo.

10. Sob que nome podemos chamar-te quando falarmos de ti?

*Resp.* – Chamai-me de louquinho, se quiserdes. Deixai-me, é preciso que eu vá embora.

11. [A São Luís] – Seria útil que tivéssemos às nossas ordens um Espírito assim?

*Resp.* – Tende-os frequentemente junto de vós, assistindo-vos sem que o suspeiteis.

## CONSIDERAÇÕES SOBRE O LOUQUINHO DE BAYONNE

Se compararmos esses fatos com os de Bergzabern, dos quais nossos leitores certamente não perderam a lembrança, veremos uma diferença capital. O de Bergzabern era mais que um Espírito batedor; era, e ainda o é até hoje, um Espírito perturbador em toda a acepção do termo. Sem fazer o mal, é um hóspede muito incômodo e muito desagradável, do qual falaremos em nosso próximo número, tendo em vista as suas novas e recentes proezas. O de Bayonne, ao contrário, é eminentemente benévolo e cortês; é o tipo desses Espíritos bons serviçais, cujos feitos nos são narrados nas lendas alemãs, nova prova de que nas histórias lendárias pode haver um fundo de verdade. Convenhamos, aliás, que a imaginação pouca coisa teria a fazer para colocar esses fatos no âmbito de uma lenda, os quais poderiam ser tomados como uma história da Idade Média, se não se passassem, por assim dizer, aos nossos olhos.

Um dos traços mais salientes do Espírito a quem demos o nome de louquinho de Bayonne são as suas transformações. O que se dirá, agora, da fábula de Proteu?[4] Entre os Espíritos de Bayonne e de Bergzabern há ainda a diferença de que este último somente se mostrou em sonhos, enquanto nosso pequeno duende tornava-se visível e tangível qual se fora uma pessoa real, não apenas à sua irmã, mas também às pessoas estranhas: testemunha-o a compra dos botões na loja de armarinhos. Por que não se mostrava a todos e em qualquer hora? É o que não sabemos; parece que não tinha esse poder e nem mesmo podia permanecer por longo tempo

---

[4] N.E.: Segundo a fábula, Proteu possuía o dom da adivinhação e da metamorfose.

em tal estado. Talvez necessitasse, para isso, de um trabalho íntimo, um poder de vontade acima de suas forças.

Novos detalhes nos foram prometidos acerca desses estranhos fenômenos; a eles voltaremos em momento oportuno.

## Conversas familiares de Além-Túmulo

### CHAUDRUC-DUCLOS E DIÓGENES

Duclos

1. *Evocação.*
*Resp.* – Estou aqui.

Médium vidente, o Sr. Adrien, que jamais o vira em vida, fez-lhe o seguinte retrato, considerado muito exato pelas pessoas presentes que o haviam conhecido:

Rosto comprido; faces escavadas; fronte arqueada e enrugada. Nariz um pouco grande, levemente curvado; olhos cinzentos e um pouco à flor das órbitas; boca pequena e zombeteira; tez um pouco pálida; cabelos grisalhos e longa barba. Estatura acima da média.

Paletó de tecido azul, todo puído e esburacado; calças pretas, surradas e em farrapos; colete claro; lenço de cor imprecisa, amarrado à guisa de gravata.

2. Lembrai-vos da vossa última existência terrestre?
*Resp.* – Perfeitamente.

3. Que motivo vos fez levar o gênero de vida que adotastes?
*Resp.* – Estava fatigado da vida e tinha pena dos homens e dos motivos de suas ações.

4. Dizem que era por vingança e para humilhar um parente rico; é verdade?

*Resp.* – Não apenas por isso; ao humilhar esse homem, eu humilhava muitos outros.

5. Se era uma vingança, ela vos custava caro, porquanto durante longos anos ficastes privado de todos os prazeres sociais, a fim de satisfazê-la. Isso não vos era muito pesado?

*Resp.* – Eu os desfrutava de outra maneira.

6. Havia, ao lado disso, um pensamento filosófico que fez com que o comparassem a Diógenes?

*Resp.* – Havia alguma relação com a parte menos sadia da filosofia desse homem.

7. Que pensais de Diógenes?

*Resp.* – Pouca coisa; um pouco daquilo que penso de mim. Sobre nós Diógenes tinha a vantagem de ter feito, alguns milhares de anos mais cedo, aquilo que agora faço e em meio a homens menos civilizados do que aqueles em cujo meio eu vivia.

8. Entre vós e Diógenes há, entretanto, uma diferença: neste a conduta era consequência de seu sistema filosófico, enquanto a vossa teve origem numa vingança!

*Resp.* – Em mim a vingança conduziu a uma filosofia.

9. Sofrestes por vos ver assim isolado e ser objeto de desprezo e de repugnância, considerando-se que vossa educação vos afastava da sociedade dos mendigos e vagabundos e éreis repelido pelas pessoas educadas?

*Resp.* – Eu sabia que não temos amigos na Terra; eu o havia provado, infelizmente.

10. Quais as vossas ocupações pessoais e onde passais o tempo?

*Resp.* – Percorro mundos melhores e me instruo... Lá existem tantas almas boas que nos revelam a ciência celeste dos Espíritos!

11. Viestes algumas vezes ao Palais-Royal depois de vossa morte?

*Resp.* – Que me importa o Palais-Royal!

12. Dentre as pessoas que aqui se acham, reconheceis alguma que conhecestes em vossas peregrinações no Palais-Royal?

*Resp.* – Como não as reconheceria?

13. É com prazer que as revedes?

*Resp.* – Com prazer maior ainda: foram boas para mim.

14. Revistes vosso amigo Charles Nodier?[5]

*Resp.* – Sim, sobretudo depois de sua morte.

15. Está errante ou reencarnado?

*Resp.* – Errante como eu.

16. Por que escolhestes o Palais-Royal, então o local mais frequentado de Paris, para os vossos passeios? Isto não estaria em desacordo com vossos gostos de misantropo?

*Resp.* – Lá eu via todo mundo, todas as tardes.

17. Não haveria de vossa parte, talvez, um sentimento de orgulho?

*Resp.* – Sim, infelizmente; o orgulho teve uma boa parte em minha vida.

18. Sois mais feliz agora?

*Resp.* – Oh! Sim.

---

[5] N.E.: Charles Nodier (1780–1844), escritor francês.

19. Entretanto, vosso gênero de vida não deveria ter contribuído para o vosso aperfeiçoamento?

*Resp.* – Essa existência terrena! Muito mais do que poderíeis pensar; eu não passava momentos sombrios quando entrava sozinho e desolado em casa. Lá eu tinha tempo de amadurecer minhas ideias.

20. Se tivésseis que escolher outra existência, como o faríeis?

*Resp.* – Não na Terra; hoje posso esperar melhor.

21. Lembrai-vos de vossa penúltima existência?

*Resp.* – Sim, e de outras também.

22. Onde vivestes essas existências?

*Resp.* – Na Terra e em outros mundos.

23. E a penúltima?

*Resp.* – Na Terra.

24. Podeis torná-la conhecida?

*Resp.* – Não o posso; era uma existência obscura e oculta.

25. Sem nos revelar essa existência, poderíeis dizer que relação possuía com a que conhecemos, porquanto uma deve ser a consequência da outra?

*Resp.* – Não exatamente uma consequência, mas um complemento; eu tinha vida infeliz, pelos vícios e defeitos que se modificaram bastante, antes que viesse animar o corpo que conhecestes.

26. Poderemos fazer alguma coisa que vos seja útil e agradável?

*Resp.* – Ah! Pouco; hoje estou muito acima da Terra.

## DIÓGENES

1. *Evocação.*

*Resp.* – Ah! Como venho de longe!

2. Podereis aparecer ao Sr. Adrien, nosso médium vidente, tal qual éreis na existência que vos conhecemos?

*Resp.* – Sim; e até mesmo, se quiserdes, vir com minha lanterna.

### Retrato

Fronte larga, com saliências laterais bem pronunciadas; nariz fino e aquilino, boca grande e séria; olhos negros e encovados; olhar penetrante e zombeteiro. Rosto um pouco alongado, magro e cheio de rugas; tez pálida; bigodes e barba incultos; cabelos cinzentos e ralos.

Roupas brancas e muito sujas; braços nus, assim como as pernas; corpo magro e ossudo. Sandálias em mau estado, amarradas às pernas por correias.

3. Dissestes que vínheis de longe; de que mundo viestes?

*Resp.* – Não o conheceis.

4. Teríeis a bondade de responder a algumas perguntas?

*Resp.* – Com prazer.

5. A existência que vos conhecemos sob o nome de Diógenes, o Cínico, foi proveitosa para a vossa felicidade futura?

*Resp.* – Bastante. Laborais em erro levando-a ao ridículo, como fizeram meus contemporâneos. Admiro-me mesmo de que a História haja esclarecido tão pouco minha existência e que a posteridade tenha sido, pode-se dizer, injusta a meu respeito.

6. Que bem pudestes fazer, considerando-se que vossa existência foi muito pessoal?

*Resp.* – Trabalhei para mim, mas podiam ter aprendido muito comigo.

7. Quais as qualidades que gostaríeis de encontrar no homem que procuráveis com vossa lanterna?

*Resp.* – Firmeza.

8. Se tivésseis encontrado em vosso caminho o homem que acabamos de invocar, Chaudruc-Duclos, teríeis achado nele o homem que procuráveis? Também ele voluntariamente se privava de tudo quanto fosse supérfluo?

*Resp.* – Não.

9. Que pensais dele?

*Resp.* – Sua alma perdeu-se na Terra; quantos são como ele sem o saberem; pelo menos ele o sabia.

10. Acreditastes possuir as qualidades que buscáveis no homem?

*Resp.* – Sem dúvida; esse era o meu critério.

11. Dos filósofos do vosso tempo, qual o que vos merece a preferência?

*Resp.* – Sócrates.[6]

12. Qual o que preferis agora?

*Resp.* – Sócrates.

13. O que dizeis de Platão?[7]

---

[6] N.E.: Sócrates (470 a.C.–399 a.C.), filósofo grego.
[7] N.E.: Platão (427 a.C.–347 a.C.), filósofo e matemático grego.

*Resp.* – Muito duro; sua filosofia é bastante severa. Eu admitia os poetas; ele, não.

14. O que se conta a respeito de vossa entrevista com Alexandre é verdade?

*Resp.* – Muito real; a História até a truncou.

15. Em que a História a truncou?

*Resp.* – Ouço falar das outras conversas que fizemos juntos; acreditais que ele me tivesse vindo ver para dizer somente uma palavra?

16. As palavras que se lhe atribui, de que se ele não fosse Alexandre, gostaria de ser Diógenes, são verdadeiras?

*Resp.* – Talvez as tenha dito, mas não à minha frente. Alexandre era um jovem maluco, vão e orgulhoso; a seus olhos, eu era um mendigo. Como o tirano ousaria mostrar-se instruído pelo miserável?

17. Depois de vossa existência em Atenas reencarnastes na Terra?

*Resp.* – Não, mas em outros mundos. Atualmente pertenço a um orbe em que não somos escravos, ou seja: se vos evocassem em estado de vigília, não poderíeis atender ao chamado, como o faço esta noite.

18. Poderíeis traçar-nos o quadro das qualidades que buscáveis no homem, tais como as concebíeis então e tais como as concebeis agora?

*Resp.* – Sim:

| ANTES | AGORA |
|---|---|
| Coragem, ousadia, segurança de si mesmo e poder sobre os homens pela razão. | Abnegação, doçura e poder sobre os homens pelo coração. |

JANEIRO DE 1859

## Os anjos da guarda[8]

Comunicação espontânea obtida pelo Sr. L..., um dos médiuns da Sociedade

"[...]

Se há uma doutrina que, pelo seu encanto e doçura, deveria converter os mais incrédulos, é a dos anjos da guarda. Pensar que tendes sempre ao vosso lado seres que vos são superiores, prontos sempre a vos aconselhar e amparar, a vos ajudar a escalar a áspera montanha do bem, e que são amigos mais firmes e mais devotados do que as mais íntimas ligações que possais contrair na Terra, não vos parece uma ideia muito consoladora? Esses seres estão ao vosso lado por ordem de Deus. Foi Ele quem os colocou perto de vós; aí estão por amor a Ele, desempenhando uma bela, porém penosa missão. Sim, onde quer que estejais, vosso anjo da guarda estará convosco; cárceres, hospitais, lugares de devassidão, solidão, nada vos separa desse amigo a quem não podeis ver, mas do qual vossa alma sente os suaves impulsos e ouve os mais sábios conselhos.

Ah! se conhecêsseis melhor esta verdade! Quantas vezes ela vos ajudaria nos momentos de crise! Quanto vos livraria dos Espíritos maus! Mas, no dia solene, quantas vezes esse anjo do bem vos terá de dizer: 'Não te aconselhei isto? Entretanto, não o fizeste. Não te mostrei o abismo? Contudo, nele te precipitaste. Não fiz ecoar na tua consciência a voz da verdade? Preferiste, no entanto, seguir os conselhos da mentira.' Oh! interrogai os vossos anjos da guarda; estabelecei entre eles e vós essa terna intimidade que reina entre os melhores amigos. Não penseis em lhes ocultar nada, pois que eles têm o olhar de Deus e não podeis enganá-los. Pensai no futuro; procurai avançar nesta vida, e vossas provações serão mais curtas, vossas existências mais felizes. Vamos, homens, coragem! Lançai para longe, de uma vez por todas, preconceitos e pensamentos ocultos. Entrai no novo caminho

---

[8] Nota do tradutor: *Vide* essa mensagem em *O livro dos espíritos*, Livro segundo, Cap. IX, q. 495.

que se abre diante de vós. Caminhai! caminhai! tendes guias, segui-os: a meta não vos pode faltar, pois essa meta é o próprio Deus.

Aos que considerem impossível que Espíritos verdadeiramente elevados se imponham uma tarefa tão laboriosa e contínua, diremos que influenciamos vossas almas mesmo estando a milhões de léguas distantes de vós: para nós o espaço não existe e, embora vivendo em outro mundo, os nossos Espíritos conservam suas ligações com os vossos. Gozamos de qualidades que não podeis compreender, mas ficai certos de que Deus não nos impôs tarefa acima de nossas forças e de que não vos deixou sozinhos na Terra, sem amigos e sem amparo. Cada anjo da guarda tem o seu protegido, pelo qual vela, como um pai vela pelo filho. Alegra-se, quando o vê no bom caminho; sofre, quando seus conselhos são ignorados.

Não temais fatigar-nos com as vossas perguntas. Ao contrário, procurai sempre estar em relação conosco, pois assim sereis mais fortes e mais felizes. São essas comunicações de cada homem com o seu Espírito familiar que fazem sejam médiuns todos os homens, médiuns ignorados hoje, mas que se manifestarão mais tarde e se espalharão qual oceano sem limites, para rechaçar a incredulidade e a ignorância. Homens instruídos, instruí; homens de talento, educai os vossos irmãos. Não imaginais que obra fazeis desse modo: a do Cristo, a que Deus vos impõe. Para que Deus vos concedeu a inteligência e o saber, senão para os repartirdes com os vossos irmãos, senão para fazê-los avançar no caminho da bem-aventurança e da felicidade eterna?"

São Luís, Santo Agostinho

> A doutrina dos anjos da guarda, a velarem pelos seus protegidos, apesar da distância que separa os mundos, nada tem que deva surpreender. É, ao contrário, grandiosa e sublime. Não vemos na Terra o pai velar pelo filho, embora esteja longe dele, e auxiliá-lo com seus conselhos, correspondendo-se com ele? Que haverá então de surpreendente em que os Espíritos, de um mundo a outro, possam guiar os que tomaram sob sua proteção, uma vez que para eles a

distância que separa os mundos é menor do que a que, neste planeta, separa os continentes? [...]

# Uma noite esquecida ou a feiticeira Manouza

Milésima segunda noite dos contos árabes ditado pelo Espírito Frédéric Soulié[9]

(Segundo artigo)[10]

OBSERVAÇÃO – Os algarismos romanos indicam as interrupções que ocorreram no ditado. Frequentemente não era retomado senão após duas ou três semanas e, apesar disso, como já fizemos observar anteriormente, o relato se desenvolve como se tivesse sido escrito de um só fôlego; e isso não constitui uma das características menos curiosas desta produção de Além-Túmulo. O estilo é correto e perfeitamente apropriado ao assunto. Repetimos, para aqueles que poderiam ver no ditado uma coisa fútil, que não o consideramos como obra filosófica, mas como estudo. Para o observador, nada é inútil: ele sabe aproveitar-se de tudo para aprofundar a ciência espírita que estuda.

## III

Nada, entretanto, parecia perturbar a nossa felicidade; tudo era calmo à nossa volta. Vivíamos em perfeita segurança quando, uma noite, no momento em que nos julgávamos mais seguros, apareceu, de repente, aos nossos lados (posso dizer assim porque estávamos numa rotunda, para onde confluíam várias aleias), o Sultão, acompanhado de seu grão-vizir. Ambos apresentavam uma expressão apavorante: a cólera havia transtornado as suas fisionomias; estavam, principalmente o Sultão, numa exasperação facilmente

---

[9] N.E.: (1800–1847) romancista, dramaturgo, crítico e jornalista francês. Autor do livro *Mémoires du diable* (Memórias do diabo).
[10] N.E.: Primeiro artigo, Ver *Revista Espírita* novembro de 1858.

compreensível. O primeiro pensamento do Sultão foi mandar matar-me, mas sabendo a que família pertenço e a sorte que o esperava, caso ousasse arrancar um só fio de cabelo da minha cabeça, fez de conta (à sua chegada eu me jogara para o lado) que não me tinha visto e precipitou-se como um furioso sobre Nazara, a quem prometeu não fazer demorar o castigo que ela merecia. Levou-a consigo, sempre acompanhado do vizir. Quanto a mim, passado o primeiro momento de susto, apressei-me a voltar ao meu palácio a fim de buscar um meio de subtrair a estrela de minha vida das mãos daquele bárbaro, que, provavelmente, iria destruir essa preciosa existência.

— E depois, que fizeste? — perguntou Manouza. — Porque, afinal de contas, não vejo em tudo isso razão de te atormentares tanto para tirar tua amante do perigo em que a colocaste por tua própria culpa. A mim pareces um pobre homem que não tem coragem nem vontade quando se trata de coisas difíceis.

— Antes de condenar, Manouza, deves escutar. Não vim a ti sem antes haver examinado todos os meios ao meu alcance. Fiz ofertas ao Sultão: prometi-lhe ouro, joias, camelos e até palácios, se ele devolvesse minha doce gazela. Desdenhou de tudo. Vendo repelidos os meus sacrifícios, fiz ameaças, que também não foram levadas em consideração: riu de tudo e zombou de mim. Também tentei introduzir-me no palácio; corrompi escravos e cheguei aos quartos. Entretanto, apesar de todos os meus esforços, não consegui chegar até a minha bem-amada.

— Tu és franco, Noureddin; tua sinceridade merece uma recompensa e terás aquilo que vens buscar. Far-te-ei ver uma coisa terrível: se tiveres a força de suportar a prova pela qual te farei passar, fica certo de que reencontrarás a tua felicidade de outrora. Dou-te cinco minutos para te decidires.

Esgotado esse tempo, Noureddin disse a Manouza que estava pronto a fazer tudo quanto ela quisesse para salvar Nazara. Então a feiticeira, levantando-se, disse-lhe: "Pois bem! Segue."

Depois, abrindo uma porta situada no fundo da sala, fê-lo passar à sua frente. Atravessaram um pátio sombrio, repleto de coisas horríveis: serpentes, sapos que passeavam gravemente em companhia de gatos pretos, os quais afetavam um ar de superioridade em meio a esses animais imundos.

## IV

Na extremidade desse pátio havia outra porta, que Manouza igualmente abriu; e, tendo feito passar Noureddin, entraram ambos em uma sala baixa, apenas iluminada do alto: a luz vinha de uma cúpula muito elevada, guarnecida de vidros coloridos, formando toda sorte de arabescos. No centro da sala havia um escalfador aceso e, sobre este, num tripé, um grande vaso de bronze, dentro do qual ferviam todos os tipos de ervas aromáticas, cujo odor era tão forte que mal se podia suportá-lo. Ao lado desse vaso havia uma espécie de poltrona grande, de veludo negro, de aspecto surpreendente. Quem ali se assentasse desaparecia completamente, porquanto Manouza, nela se havendo acomodado, Noureddin a procurou durante alguns instantes sem conseguir percebê-la. De repente ela reapareceu e lhe disse: — Estás ainda disposto? — Sim — respondeu Noureddin. — Pois bem! Assenta-te nesta poltrona e espera.

Tão logo Noureddin assentou-se na poltrona tudo mudou de aspecto, enchendo-se a sala de uma multidão de grandes figuras brancas, a princípio apenas visíveis e que depois pareciam de um vermelho sanguíneo ou lembravam homens cobertos de chagas sanguinolentas, dançando uma ronda infernal; e, no meio deles, Manouza, cabelos desgrenhados, olhos chamejantes, vestes esfarrapadas e uma coroa de serpentes na cabeça. Na mão, à guisa de cetro, brandia uma tocha acesa que lançava chamas, cujo odor assomava à garganta. Depois de haverem dançado um quarto de hora, pararam de repente, a um sinal de sua rainha que, para isso, lançara sua tocha no escalfador em ebulição. Quando todas essas figuras se dispuseram em volta do escalfador, Manouza fez aproximar-se o mais velho, reconhecido por sua longa barba branca, dizendo-lhe: — Vem aqui, tu que segues o diabo; tenho uma missão muito delicada para te encarregar. Noureddin quer Nazara e prometi que a entregaria a ele; é coisa difícil. Conto, Tanaple, com o teu concurso. Noureddin haverá de suportar todas as provas necessárias. Atua, pois! Sabes o que quero; faze o que quiseres, mas faze; tremerás se fracassares. Eu recompenso a quem me obedece, mas infeliz daquele que não me fizer a vontade! — Serás satisfeita — disse Tanaple — e podes contar comigo. — Muito bem! Vai e age.

## V

Mal acabara de pronunciar essas palavras e tudo mudou aos olhos de Noureddin; os objetos tornaram-se o que eram antes e Manouza achou-se a sós com ele. — Agora — disse-lhe — volta para casa e espera; eu te mandarei um de meus gnomos dizer o que deves fazer; obedece e tudo correrá bem.

Noureddin ficou feliz com essas palavras e mais feliz ainda por deixar o antro da feiticeira. Atravessou novamente o pátio e a sala por onde havia entrado; depois ela o acompanhou até a porta externa. Tendo Noureddin perguntado se devia retornar, ela respondeu: — Não; no momento é inútil. Se for necessário eu to farei saber.

Noureddin apressou-se a voltar ao seu palácio. Estava impaciente por saber se alguma novidade havia acontecido desde sua saída. Encontrou tudo no mesmo estado; apenas viu, na sala de mármore — sala de repouso de verão dos habitantes de Bagdá — uma espécie de anão de feiura repugnante, perto da piscina situada no centro dessa sala. Sua vestimenta era amarela, com bordados vermelhos e azuis; tinha uma corcunda monstruosa, pernas pequenas, rosto grosseiro, olhos verdes e estrábicos, boca rasgada até as orelhas e cabelos de um ruivo que podia rivalizar com o Sol.

Noureddin perguntou-lhe como chegara ali e o que vinha fazer. — Fui enviado por Manouza — disse-lhe — para te entregar tua amante. Chamo-me Tanaple. — Se és realmente o enviado de Manouza, estou pronto a obedecer às tuas ordens, mas apressa-te, aquela a quem amo está acorrentada e tenho pressa em libertá-la. — Se estás pronto, leva-me imediatamente ao teu quarto e te direi o que é preciso fazer. — Segue-me, então — disse Noureddin.

## VI

Depois de haver atravessado vários pátios e jardins, Tanaple encontrou-se nos aposentos do rapaz; fechou todas as portas e lhe disse: — Sabes que deves fazer tudo quanto eu te disser, sem objeção. Usarás esse traje de mercador. Levarás um fardo às costas, contendo os objetos que nos são necessários. Quanto a mim, vestir-me-ei de escravo e conduzirei outro fardo.

Para sua grande estupefação, Noureddin viu dois enormes pacotes ao lado do anão, embora não tivesse visto nem ouvido ninguém trazê-los. — Em seguida — continuou Tanaple — iremos à casa do Sultão. Mandará dizer-lhe que tens objetos raros e curiosos; que se ele os quiser oferecer à Sultana favorita, nenhuma huri jamais terá usado outros iguais. Conheces a sua curiosidade; ele terá vontade de nos ver. Uma vez admitido em sua presença, não terás dificuldade de apresentar tua mercadoria e lhe venderás tudo quanto levamos: são indumentárias maravilhosas, que transformam as pessoas que as vestem. Assim que o Sultão e a Sultana os vestirem, todo o palácio os tomará por nós, e não por eles: a ti pelo Sultão e a mim por Ozara, a nova sultana. Operada essa metamorfose, estaremos livres para agir à vontade e libertarás Nazara.

Tudo se passou como Tanaple anunciara: a venda ao Sultão e a transformação. Após alguns minutos de horrível furor da parte do Sultão, que queria expulsar os importunos e fazia um barulho medonho, Noureddin, conforme ordem de Tanaple, chamou diversos escravos e fez prender o Sultão e Ozara como escravos rebeldes, ordenando que os conduzissem imediatamente à presença da prisioneira Nazara. Queria saber, dizia ele, se ela estava disposta a confessar seu crime e se estava preparada para morrer. Quis também que a favorita Ozara viesse com ele, a fim de presenciarem o suplício que iria infligir às mulheres infiéis. Dito isso, marchou, precedido do chefe dos eunucos, durante um quarto de hora, por um sombrio corredor, no fundo do qual havia uma pesada porta de ferro maciço. Tomando de uma chave, o escravo abriu três fechaduras e eles entraram num grande gabinete, comprido e da altura de três ou quatro côvados. Ali, sobre uma esteira de palha, estava sentada Nazara, com um cântaro de água e algumas tâmaras por perto. Já não era a brilhante Nazara de outrora: continuava sempre bela, entretanto, pálida e emagrecida. À vista daquele que tomava por seu senhor, estremeceu de medo, julgando que tivesse chegado a sua hora.

(*Continua no próximo número.*)

## Aforismos espíritas

Sob esse título daremos, de vez em quando, pensamentos avulsos que em poucas palavras resumirão certos princípios essenciais do Espiritismo.

I. Aqueles que julgam preservar-se da ação dos Espíritos maus ao se absterem das comunicações espíritas, assemelham-se a crianças que imaginam evitar um perigo colocando uma venda nos olhos. Tanto vale dizer que é preferível não saber ler e escrever para não se ficar exposto às más leituras ou a escrever tolices.

II. Todo aquele que recebe más comunicações espíritas, verbais ou por escrito, está sob uma má influência. Tal influência se exerce sobre ele, quer escreva ou não. A escrita oferece-lhe um meio de assegurar-se da natureza dos Espíritos que atuam sobre ele.

Se estiver bastante fascinado para não os compreender, outros poderão abrir-lhe os olhos.

III. É preciso ser médium para escrever absurdos? Quem garante que entre todas as coisas ridículas ou más que são impressas não haja um escritor, impulsionado por algum Espírito zombeteiro ou malevolente, a representar, sem o saber, o papel de um médium obsidiado?

IV. Os Espíritos bons, mas ignorantes, confessam sua insuficiência a respeito daquilo que não sabem. Os maus dizem que sabem tudo.

V. Os Espíritos elevados provam a superioridade por suas palavras e pela constante sublimidade de seus pensamentos, mas não se vangloriam disso. Desconfiai daqueles que dizem enfaticamente estar no mais alto grau de perfeição e entre os eleitos. A bazófia, assim nos Espíritos como nos homens, é sempre sinal de mediocridade.

## Sociedade Parisiense de Estudos Espíritas

Aviso – As sessões que se realizavam às terças-feiras ocorrem agora às sextas-feiras, na nova sede da Sociedade, na Galeria Montpensier, 12, no Palais-Royal, às oito horas da noite. Os estranhos somente serão admitidos nas segundas, quartas e sextas-feiras, mediante cartas pessoais de apresentação. Favor dirigir-se, a tudo quanto diz respeito à Sociedade, ao Sr. Allan Kardec, Rua dos Mártires, 8, ou ao Sr. Le Doyen, livreiro, Galeria d'Orléans, no Palais-Royal.

Allan Kardec

# Revista Espírita
Jornal de Estudos Psicológicos
ANO II     FEVEREIRO DE 1859     Nº 2

## Escolhos dos médiuns

A mediunidade é uma faculdade multiforme que apresenta uma variedade infinita de matizes em seus meios e em seus efeitos. Quem quer que seja apto a receber ou transmitir as comunicações dos Espíritos é, por isso mesmo, médium, seja qual for o modo empregado ou o grau de desenvolvimento da faculdade, desde a simples influência oculta até a produção dos mais insólitos fenômenos. Usualmente, todavia, essa palavra tem uma acepção mais restrita e em geral se refere às pessoas dotadas de um poder mediatriz muito grande, seja para produzir efeitos físicos, seja para transmitir o pensamento dos Espíritos pela escrita ou pela palavra.

Embora essa faculdade não seja um privilégio exclusivo, é certo que encontra refratários, pelo menos no sentido que se lhe atribui; também é certo que não se trata de uma faculdade que não apresente escolhos aos que a possuem; que pode alterar-se, perder-se mesmo e, frequentemente, ser uma fonte de graves desilusões. É sobre este ponto que julgamos de utilidade chamar a atenção de todos os que se ocupam das comunicações espíritas, quer diretamente, quer por um intermediário. Dizemos por um intermediário porque importa também aos que se servem de médiuns poder apreciar o valor e a confiança que merecem suas comunicações.

    O dom da mediunidade liga-se a causas ainda não perfeitamente conhecidas, nas quais o físico parece desempenhar uma grande parte. À primeira vista, poderia parecer que um dom tão precioso não devesse ser partilhado senão por almas de escol. Ora, a experiência prova o contrário, desde que se encontram potentes médiuns entre pessoas cuja moral deixa muito a desejar, enquanto outros, estimáveis sob todos os aspectos, não possuem esse dom. Aquele que fracassa, malgrado seu desejo, seus esforços e sua perseverança, não deverá tirar conclusões desfavoráveis a seu respeito nem julgar-se indigno da benevolência dos Espíritos bons; se esse favor não lhe foi concedido, outros há, sem dúvida, que lhe podem oferecer ampla compensação. Pela mesma razão aquele que o desfruta não poderia dele prevalecer-se, pois esse dom não é nenhum sinal de mérito pessoal. O mérito, portanto, não está na posse da faculdade mediatriz, que a todos pode ser dada, mas no uso que dela se pode fazer. Eis aí uma distinção capital que não se deve jamais perder de vista; a boa qualidade do médium não está na facilidade das comunicações, mas unicamente na sua aptidão para somente receber as boas. Ora, é aí que as condições morais nas quais se acha são todo-poderosas, e é aí também que ele encontra os maiores escolhos.

    Para perceber este estado de coisas e compreender o que vamos dizer, é necessário reportar-se a esse princípio fundamental: que entre os Espíritos há os de todos os graus no bem e no mal, em ciência e em ignorância; que os Espíritos pululam à nossa volta e, quando imaginamos estar sozinhos, estamos incessantemente rodeados de seres que se nos acotovelam, uns com indiferença, como estranhos, outros que nos observam com intenções mais ou menos benevolentes, conforme a sua natureza.

    O provérbio "Cada ovelha busca sua parelha" tem sua aplicação entre os Espíritos, como entre nós e, possivelmente, mais ainda entre eles, porque não estão, como nós, submetidos à influência das convenções sociais. Todavia, se entre nós essas convenções algumas vezes confundem homens de costumes e gostos bem diferentes, de certo modo a confusão é apenas material e transitória. A similitude e a divergência de pensamentos será sempre a causa das atrações e repulsões.

Nossa alma que, afinal de contas, não é mais que um Espírito encarnado, nem por isso deixa de ser um Espírito. Se está revestida momentaneamente de um envoltório material, suas relações com o mundo incorpóreo, embora menos fáceis do que no estado de liberdade, não são interrompidas de maneira absoluta. O pensamento é o laço que nos une aos Espíritos, e pelo pensamento atraímos os que simpatizam com nossas ideias e pendores. Representemos, pois, a massa dos Espíritos que nos cercam como a multidão que encontramos no mundo; em toda parte onde preferirmos ir, encontraremos criaturas atraídas pelos mesmos gostos e pelos mesmos desejos. Nas reuniões que têm um objetivo sério vão homens sérios; nas frívolas, comparecem homens frívolos. Por toda parte encontram-se homens atraídos pelo pensamento dominante. Se lançarmos o olhar sobre o estado moral da humanidade em geral, compreenderemos sem dificuldade que, nessa multidão oculta, os Espíritos elevados não devem constituir a maioria; é uma das consequências do estado de inferioridade do nosso globo.

Os Espíritos que nos cercam não são passivos; trata-se de uma população essencialmente inquieta, que pensa e age sem cessar, que nos influencia mau grado nosso, que nos excita ou nos dissuade, que nos impele ao bem ou ao mal, o que não nos tira o livre-arbítrio mais do que os bons ou maus conselhos que recebemos de nossos semelhantes. Todavia, quando os Espíritos imperfeitos instigam alguém a fazer uma coisa má, sabem muito bem a quem se dirigir e não vão perder tempo onde veem que serão mal recebidos. Eles nos excitam conforme nossas inclinações ou conforme os germes que em nós veem e de acordo com nossa disposição em ouvi-los. Eis por que o homem firme nos princípios do bem não lhes dá oportunidade.

Essas considerações nos levam naturalmente à questão dos médiuns. Estes últimos estão, como todo o mundo, submetidos à influência oculta dos Espíritos bons e maus; eles os atraem ou os repelem conforme as simpatias de seu próprio Espírito, aproveitando-se os Espíritos maus de todas as falhas, como de uma falta de couraça para introduzir-se junto a eles e intrometer-se, mau grado seu, em todos os atos de sua vida privada. Além disso, esses Espíritos, encontrando no médium um meio de expressar seu pensamento de modo inteligível e de atestar sua presença, interferem nas comunicações e as provocam, porque esperam ter mais influência por esse meio e acabam por assenhorear-se dele. Veem-se como se estivessem em sua própria casa, afastando os Espíritos que lhes poderiam criar obstáculos e, conforme a necessidade, tomando-lhes os nomes e mesmo a linguagem, a fim de enganar o médium. Mas não podem representar esse papel por muito tempo: logo são desmascarados pelo observador experimentado e prevenido. Se o médium se deixa dominar por essa influência os Espíritos bons se afastam, ou absolutamente não vêm quando chamados ou só vêm com relutância, porque veem que o Espírito que está identificado com o médium, na casa do qual estabeleceu residência, pode alterar as suas instruções. Se tivermos de escolher um intérprete, um secretário, um mandatário qualquer, é evidente que escolheremos não apenas um homem capaz, mas também que seja digno da nossa estima, da mesma forma que não confiamos uma missão delicada e nossos próprios interesses a um homem desequilibrado ou que frequente uma sociedade suspeita. O mesmo se dá com os Espíritos. Para transmitir instruções sérias os Espíritos superiores não escolherão um médium que conviva com Espíritos levianos, *a menos que haja necessidade e não encontrem, no momento, outros médiuns à sua disposição; a menos, ainda, que queiram dar uma lição ao próprio médium*, o que por vezes acontece, mas, então, dele só se servem acidentalmente, abandonando-o logo que encontrem um melhor e deixando-o entregue às suas simpatias, caso permaneça preso a elas. O médium perfeito seria, pois, o que nenhum acesso permitisse aos Espíritos maus por uma falha qualquer. Essa condição é bem difícil de preencher. Entretanto, se a perfeição absoluta não é dada ao homem, por seus esforços sempre lhe é possível aproximar-se dela; e os Espíritos levam em conta sobretudo os esforços, a vontade e a perseverança.

Assim, o médium perfeito não daria senão comunicações perfeitas, de verdade e de moralidade. Não sendo possível a perfeição, o melhor médium seria aquele que obtivesse as melhores comunicações: é pelas obras que poderão ser julgados. Comunicações constantemente boas e elevadas, nas quais nenhum índice de inferioridade fosse evidenciado, seriam incontestavelmente uma prova da superioridade moral do médium, porque atestariam simpatias felizes. Pelo próprio fato de o médium não ser perfeito, Espíritos levianos, embusteiros e mentirosos podem interferir em suas comunicações, alterar-lhes a pureza e induzir em erro o médium e os que a ele se dirigem. Eis aí o maior escolho do Espiritismo e nós não lhe dissimulamos a gravidade. Podemos evitá-lo? Dizemos altivamente: sim, podemos. O meio não é difícil, exigindo apenas discernimento.

As boas intenções, a própria moralidade do médium nem sempre são suficientes para o preservarem da ingerência dos Espíritos levianos, mentirosos ou pseudossábios, nas comunicações. Além dos defeitos de seu próprio Espírito, pode dar-lhes guarida por outras causas, das quais a principal é a fraqueza de caráter e uma confiança excessiva na invariável superioridade dos Espíritos que com ele se comunicam. Essa confiança cega liga-se a uma causa que a seguir explicaremos. Se não quisermos ser vítimas de Espíritos levianos é preciso saber julgá-los; para isso dispomos de um critério infalível: o bom senso e a razão. Sabemos das qualidades de linguagem que entre nós caracterizam os homens verdadeiramente bons e superiores, e essas qualidades são as mesmas para os Espíritos; nós devemos julgá-los por sua linguagem. Nunca seria demais repetir o que caracteriza a dos Espíritos superiores: é constantemente digna, nobre, sem bazófia nem contradição, isenta de trivialidade e assinalada por inalterável benevolência. Os Espíritos bons aconselham, não ordenam; *não se impõem*; calam-se naquilo que ignoram. Os Espíritos levianos falam com a mesma segurança do que sabem e do que não sabem, a tudo respondendo sem se preocuparem com a verdade. Vimos alguns, em mensagem supostamente séria, com imperturbável audácia, colocar César no tempo de Alexandre; outros, afirmando que não é a Terra que gira em torno do Sol. Em resumo, toda expressão grosseira ou simplesmente inconveniente, toda marca de orgulho e de presunção, toda máxima contrária à sã moral, toda notória heresia científica, nos Espíritos como nos homens, é sinal incontestável de natureza má, de ignorância ou, pelo menos, de leviandade, donde se conclui que é necessário pesar tudo o que eles dizem e submeter todas as coisas ao crivo da lógica e do bom senso. Eis uma recomendação que incessantemente nos fazem os Espíritos bons: "Deus" — dizem eles — "não vos deu o raciocínio sem propósito; servi-vos dele para saber o que estais fazendo." Os Espíritos maus temem o exame e dizem: "Aceitai nossas palavras, e não as julgueis." Se tivessem consciência de estar com a verdade, não temeriam a luz.

O hábito de perscrutar as menores palavras dos Espíritos, de pesar-lhes o valor — do ponto de vista do conteúdo, e não da forma gramatical, com a qual eles pouco se importam — afasta necessariamente os Espíritos mal-intencionados que, então, não virão perder seu tempo inutilmente, desde que rejeitamos tudo quanto é mau ou de origem suspeita. Porém, quando aceitamos cegamente tudo quanto dizem, quando, por assim dizer, nos ajoelhamos ante sua pretensa sabedoria, eles fazem o que fariam os homens, enganando-nos.

Se o médium é senhor de si, se não se deixa dominar por um entusiasmo irrefletido, poderá fazer o que aconselhamos. Acontece, porém, que o Espírito muitas vezes o subjuga a ponto de fasciná-lo, levando-o a considerar admiráveis as coisas mais ridículas; então ele se abandona cada vez mais a essa perniciosa confiança e, acreditando em suas boas intenções e em seus bons sentimentos, julga que isso é suficiente para afastar os Espíritos maus. Não, isso não basta, porque esses Espíritos, aproveitando-se de sua fraqueza e de sua credulidade, ficam muito satisfeitos por fazê-lo cair na cilada. Que fazer, então? Relatar o caso a uma terceira pessoa desinteressada que, julgando com critério e sem prevenção, possa ver um argueiro onde o médium não via uma trave.

A ciência espírita exige uma grande experiência que, como em todas as ciências, filosóficas ou não, só é adquirida por um estudo assíduo, longo e perseverante, e por meio de numerosas observações. Ela não abrange apenas o estudo dos fenômenos propriamente ditos, mas também, e sobretudo, os costumes do mundo oculto, se assim nos podemos exprimir, desde o mais inferior ao mais alto grau da escala. Seria muita presunção julgar-se suficientemente esclarecido e passar a mestre depois de alguns ensaios. Tal pretensão não partiria de um homem sério, pois quem quer que lance um golpe de vista indagador sobre esses estranhos mistérios, vê desdobrar-se, diante de si, um horizonte tão vasto que uma multidão de anos não bastaria para abrangê-lo. E pensar que certas pessoas querem fazê-lo em alguns dias!

De todas as imperfeições morais, a que oferece maior vulnerabilidade aos Espíritos imperfeitos é o orgulho. Para os médiuns, o orgulho é um escolho tanto mais perigoso quanto menos o confessam. É o orgulho que lhes dá essa crença cega na superioridade dos Espíritos que a eles se vinculam, porque se sentem lisonjeados com certos nomes que eles lhes impõem. Desde que um Espírito lhes diz: "Eu sou fulano", inclinam-se e não admitem dúvidas, porque seu amor-próprio sofreria se encontrasse, sob essa máscara, um Espírito de condição inferior ou um malvado desprezível. O Espírito, que vê o lado fraco, aproveita-se dele, lisonjeia o pretenso protegido, fala-lhe de origens ilustres, que o enchem de orgulho e vaidade, promete-lhe um futuro brilhante, honra e fortuna, dos quais parece ser o dispensador. Caso necessário, simula por ele uma ternura hipócrita. Como resistir a tanta generosidade? Numa palavra, zomba do médium, fazendo dele o que bem entende, como se diz vulgarmente. Sua felicidade é ter alguém sob sua dependência. Já interrogamos vários deles sobre os motivos de sua obsessão; um nos respondeu isto: *Quero ter um homem que me faça a vontade; é o meu prazer.* Quando lhe dissemos que íamos fazer tudo para frustrar as suas artimanhas e abrir os olhos de seu oprimido, disse: *Lutarei contra vós e não o conseguireis, porque farei tantas coisas que ele não vos acreditará.* É, com efeito, uma das táticas desses Espíritos malfazejos; inspiram a desconfiança e o afastamento das pessoas que os podem desmascarar e dar bons conselhos. Da parte dos Espíritos bons jamais acontece coisa semelhante.

Todo Espírito que insufla a discórdia, que excita a animosidade, que alimenta as dissensões, por isso mesmo revela a sua natureza má. Seria preciso ser cego para não compreendê-lo e para crer que um Espírito bom pudesse estimular a desinteligência.

Muitas vezes o orgulho se desenvolve no médium à medida que cresce a sua faculdade; ela lhe dá importância. Procuram-no e ele acaba por julgar-se indispensável; daí, muitas vezes, um tom de jactância e de pretensão, ou ares de autossuficiência e de desdém, incompatíveis com a influência exercida por um Espírito bom. Aquele que cai em semelhante extravagância está perdido, pois Deus lhe deu sua faculdade para o bem, e não para satisfazer a vaidade ou servir de trampolim para a sua ambição. Esquece que esse poder, do qual se orgulha, pode ser retirado e frequentemente não lhe é dado senão como prova, assim como a fortuna o é para certas pessoas. Se dele abusa, os Espíritos bons o abandonam pouco a pouco, tornando-se joguete dos Espíritos levianos que o embalam com suas ilusões, satisfeitos por haverem vencido aquele que se julgava forte. Foi assim que vimos aniquilarem-se e perderem-se as mais preciosas faculdades que, sem isso, se teriam tornado os mais poderosos e úteis auxiliares.

Isso se aplica a todos os gêneros de médiuns, seja de manifestações físicas, seja de comunicações inteligentes. Infelizmente o orgulho é um dos defeitos que estamos menos dispostos a confessar a nós mesmos e menos ainda aos outros, porque eles não acreditariam. Ide, pois, dizer a um desses médiuns que se deixa levar como uma criança, que logo ele vos virará as costas, dizendo que sabe conduzir-se muito bem e que não enxergais as coisas claramente. Podeis dizer a um homem que ele é bêbado, debochado, preguiçoso, incapaz, imbecil e ele rirá ou concordará; dizei-lhe que é orgulhoso e ficará zangado, prova evidente de que tereis dito a verdade. Neste caso, os conselhos são tanto mais difíceis quanto mais o médium evita as pessoas que os possam dar, fugindo de uma intimidade que teme. Os Espíritos, sentindo que os conselhos são golpes desferidos contra seu poder, impelem o médium ao contrário, para aqueles que o entretêm em suas ilusões. Preparam-se, assim, muitas decepções, com o que o amor-próprio do médium terá muito a sofrer. Feliz ainda se não lhe resultar coisa mais grave.

Se insistimos longamente sobre este ponto é porque em muitas ocasiões a experiência nos tem demonstrado estar aí uma das grandes pedras de tropeço para a pureza e a sinceridade das comunicações mediúnicas. É quase inútil, depois disso, falar das outras imperfeições morais, tais como o egoísmo, a inveja, o ciúme, a ambição, a cupidez, a dureza de coração, a ingratidão, a sensualidade etc. Cada um haverá de compreender que são outras tantas portas abertas aos Espíritos imperfeitos ou, pelo menos, causas de fraqueza. Para repelir esses últimos não basta dizer-lhes que se vão; nem mesmo basta querer e ainda menos conjurá-los: é preciso fechar-lhes a porta e os ouvidos, provar-lhes que somos mais fortes do que eles, o que incontestavelmente seremos um dia, pelo amor do bem, pela caridade, pela doçura, pela simplicidade, pela modéstia e pelo desinteresse, qualidades que nos atraem a benevolência dos Espíritos bons. É o apoio destes que nos dá força e, se algumas vezes nos deixam à mercê dos maus, é para testarem a nossa fé e o nosso caráter.

Que os médiuns não se assustem em demasia da severidade das condições que acabamos de falar; haverão de convir que são lógicas e seria erro contrariá-las. É verdade que as más comunicações que podemos obter são o indício de alguma fraqueza, mas nem sempre um sinal de indignidade. Podemos ser fracos e ser bons. É, em todo caso, um meio de reconhecer nossas próprias imperfeições. Já dissemos em outro artigo: não é necessário ser médium para se estar sob a influência de Espíritos maus, que agem na sombra. Com a faculdade mediúnica o inimigo se mostra e se trai; sabemos com quem tratamos e podemos combatê-lo. É assim que uma má comunicação pode tornar-se uma lição útil, se soubermos aproveitá-la. Seria injusto, além disso, tributar todas as más comunicações à conta do médium. Falamos daquelas que ele obtém sozinho, fora de qualquer outra influência, e não das que são produzidas num meio qualquer. Ora, todos sabem que os Espíritos atraídos por esse meio podem prejudicar as manifestações, quer pela diversidade de caracteres, quer por defeito de recolhimento. É regra geral que as melhores comunicações ocorrem na intimidade e num círculo concentrado e homogêneo. Em toda comunicação encontram-se em jogo diversas influências: a do médium, a do ambiente e a da pessoa que interroga. Essas influências podem reagir umas sobre as outras, neutralizar-se ou corroborar-se: vai depender do fim a que nos propomos e do pensamento dominante. Vimos excelentes comunicações obtidas em círculos e que não reuniam todas as condições desejáveis. Nesse caso, os Espíritos bons vinham por causa de uma pessoa em particular, porque isso era útil. Vimos também más comunicações obtidas por bons médiuns, unicamente porque o interrogador não tinha intenções sérias e atraía Espíritos levianos que dele zombavam. Tudo isso demanda tato e observação, concebendo-se facilmente a preponderância que devem ter todas essas condições reunidas.

## Os agêneres

Já nos referimos diversas vezes à teoria das aparições. Em nosso último número a recordamos, a propósito dos estranhos fenômenos que relatamos. Para melhor compreensão do que se segue, rogamos aos nossos leitores que a eles se reportem.

Todos sabem que, no número das manifestações mais extraordinárias produzidas pelo Sr. Home estava a aparição de mãos, perfeitamente tangíveis, que cada um podia ver e apalpar, que pressionavam e apertavam, mas que, de repente, não ofereciam senão o vazio quando queriam pegá-las de surpresa. Eis aí um fato positivo, que se produziu em diversas circunstâncias, atestado por numerosas testemunhas oculares. Por mais estranho e anormal que pareça, cessa o maravilhoso desde o momento em que é possível lhe darmos uma explicação lógica. Entra, então, na categoria dos fenômenos naturais, embora de ordem completamente diversa da dos que se produzem aos nossos olhos, e com os quais é preciso pôr-se em guarda para não os confundir. Nos fenômenos comuns podemos achar pontos de comparação, como o do cego, que percebia o brilho da luz e das cores pelo som da trombeta, mas não similitudes. É precisamente a mania de querer tudo assimilar àquilo que conhecemos a verdadeira causa de tanta desilusão em certas pessoas: pensam que podem manipular esses elementos novos como se fossem hidrogênio e oxigênio. Ora, aí está o erro. Esses fenômenos estão submetidos a condições que escapam ao círculo habitual de nossas observações; é preciso, antes de tudo, conhecê-los e com eles nos conformarmos, se quisermos obter resultados. É necessário, sobretudo, não perder de vista que esse princípio essencial, verdadeira chave da ciência espírita e agente dos fenômenos vulgares, é uma força física, material, que pode ser submetida às leis do cálculo, ao passo que nos fenômenos espíritas *esse agente é constantemente uma inteligência que tem vontade própria e que não podemos submeter aos nossos caprichos.*

Nessas mãos havia carne, pele, ossos, unhas reais? Não, evidentemente; era apenas uma aparência, mas de tal ordem que produzia o efeito de uma realidade. Se um Espírito tem o poder de tornar visível e palpável uma parte qualquer de seu corpo etéreo, não há razão para que não o possa fazer com os outros órgãos. Suponhamos que um Espírito estenda essa aparência a todas as partes do corpo: teremos, então, a impressão de ver um ser semelhante a nós, agindo como nós, quando não passa de um vapor momentaneamente solidificado. Tal é o caso do louquinho de Bayonne. A duração dessa aparência está submetida a condições que nos são desconhecidas; depende, sem dúvida, da vontade do Espírito, que a pode produzir ou fazê-la cessar à vontade, embora dentro de certos limites, que nem sempre tem liberdade de transpor. Interrogados a respeito, bem como sobre todas as intermitências de quaisquer manifestações, os Espíritos sempre disseram que agiam em virtude de uma permissão superior.

Se, para certos Espíritos, é limitada a duração da aparência corporal, podemos dizer que, em princípio, ela é variável, podendo persistir mais ou menos tempo; pode produzir-se a qualquer tempo e a toda hora. Um Espírito cujo corpo fosse assim visível e palpável teria, para nós, toda a aparência de um ser humano; poderia conversar conosco e sentar-se em nosso lar qual se fora uma pessoa qualquer, pois o tomaríamos como um de nossos semelhantes.

Partimos de um fato patente — a aparição de mãos tangíveis — para chegar a uma suposição que é a sua consequência lógica. Entretanto, não a teríamos trazido à baila se a história do menino de Bayonne não nos tivesse posto no caminho, ao nos mostrar a sua possibilidade. Questionado sobre esse ponto, um Espírito superior respondeu que realmente podemos encontrar seres dessa natureza, sem que o suspeitemos; acrescentou que isso é raro, mas possível. Como, para nos entendermos, precisamos dar um nome para cada coisa, a Sociedade Parisiense de Estudos Espíritas os chama *agêneres*, assim indicando que sua origem não é o resultado de uma geração. O fato a seguir, que se passou ultimamente em Paris, parece pertencer a esta categoria:

Uma pobre mulher estava na Igreja de São Roque e rogava a Deus que a auxiliasse em sua aflição. À saída, na Rua Saint-Honoré, encontra um senhor que a aborda e lhe diz: — Boa mulher, ficaríeis contente se arranjasses trabalho? — Ah! meu bom senhor — responde ela —, peço a Deus que me conceda esse favor, porque estou muito necessitada. — Pois bem! Ide a tal rua, número tanto. Procurai a senhora T...: ela vos dará trabalho. Então continuou seu caminho. A pobre mulher dirigiu-se sem demora ao endereço indicado. — Com efeito, tenho um trabalho para mandar fazer — diz a senhora em questão —, mas como não o dissera a ninguém, como pôde a senhora vir me procurar? Então a pobre indigente, avistando um retrato suspenso à parede, respondeu: — Senhora, foi esse cavalheiro que me enviou aqui. — Esse cavalheiro! — replicou espantada a senhora. — Mas isso não é possível; este é o retrato de meu filho, morto há três anos. — Não sei como pode ser isto, mas vos asseguro que foi esse senhor que acabei de encontrar ao sair da Igreja, onde tinha ido pedir a Deus que me assistisse. Ele me abordou e foi ele mesmo que me mandou aqui.

Conforme o que acabamos de ver, nada haveria de surpreendente em que o Espírito do filho daquela senhora, a fim de prestar um serviço à pobre mulher, da qual sem dúvida ouvira a prece, lhe tivesse aparecido sob a forma corpórea para indicar-lhe o endereço da própria mãe. Em que se transformou depois? Sem dúvida no que era antes: um Espírito, a menos que, continuando seu passeio, tenha julgado conveniente mostrar-se a outras pessoas sob a mesma aparência. Essa mulher teria, assim, encontrado um *agênere*, com o qual havia conversado. Mas, então — dirão —, por que não se teria apresentado à sua mãe? Nessas circunstâncias os motivos determinantes dos Espíritos nos são completamente desconhecidos. Agem como bem lhes pareça, ou melhor, como disseram, em virtude de uma permissão sem a qual não podem revelar sua existência de modo material. Compreende-se, ademais, que sua visão poderia causar à mãe perigosa emoção. E quem sabe se não se apresentou a ela durante o sono ou de qualquer outro modo? E, aliás, não terá sido um meio de lhe revelar sua existência? É muito provável que tenha testemunhado aquela conversa entre as duas senhoras.

Não nos parece que o louquinho de Bayonne deva ser considerado como um *agênere*, pelo menos nas circunstâncias em que se manifestou, visto ter tido sempre, para a família, o caráter de um Espírito, caráter que jamais procurou dissimular: era seu estado permanente, e as aparências corporais que assumiu eram apenas acidentais, ao passo que o *agênere* propriamente dito não revela a sua natureza e, aos nossos olhos, mais não é do que um homem comum. Sua aparição corporal pode ter longa duração, conforme a necessidade, para estabelecer relações sociais com um ou diversos indivíduos.

Pedimos ao Espírito São Luís que nos esclarecesse sobre esses diferentes pontos, dignando-se responder às nossas perguntas:

1. O Espírito do louquinho de Bayonne poderia mostrar-se corporalmente em outros locais e a outras pessoas além da sua família?

*Resp.* – Sim, sem dúvida.

2. Isto depende de sua vontade?

*Resp.* – Não exatamente. O poder dos Espíritos é limitado; só fazem o que lhes é permitido fazer.

3. O que aconteceria se ele se apresentasse a uma pessoa desconhecida?

*Resp.* – Teria sido tomado por uma criança comum. Dir-vos-ei, porém, uma coisa: por vezes existem na Terra Espíritos que revestiram essa aparência, e que são tomados por homens.

4. Esses seres pertencem à classe dos Espíritos inferiores ou superiores?

*Resp.* – Podem pertencer às duas; são fatos raros. Deles tendes exemplos na *Bíblia*.

5. Raros ou não, basta a sua possibilidade para merecer a nossa atenção. O que aconteceria se, tomando semelhante ser por um homem comum, lhe fizessem um ferimento mortal? Seria morto?

*Resp.* – Desapareceria subitamente, como o jovem de Londres. [Ver o número de dezembro de 1858 – *Fenômeno de bicorporeidade*.]

6. Eles têm paixões?

*Resp.* – Sim; como Espíritos têm as paixões dos Espíritos, conforme sua inferioridade. Se algumas vezes tomam um corpo aparente é para fruir as paixões humanas; se são elevados, é com um fim útil que o fazem.

7. Podem procriar?

*Resp.* – Deus não o permitiria. Seria contrário às leis que estabeleceu na Terra e elas não podem ser derrogadas.

8. Se um ser semelhante se nos apresentasse, haveria um meio de reconhecê-lo?

*Resp.* – Não, a não ser que o seu desaparecimento se fizesse de modo inesperado. Seria o mesmo que o transporte de móveis de um para outro andar, fatos que lestes anteriormente.

OBSERVAÇÃO – Alusão a um fato dessa natureza relatado no início da sessão.

9. Qual o objetivo que pode levar certos Espíritos a tomar esse estado corporal? É antes o mal do que o bem?

*Resp.* – Frequentemente o mal; os Espíritos bons têm a seu favor a inspiração; agem pela alma e pelo coração. Como o sabeis, as manifestações físicas são produzidas por Espíritos inferiores, e aquelas são desse número. Entretanto, como disse, os Espíritos bons podem igualmente tomar essa aparência corporal com um fim útil. Falei de maneira geral.

10. Nesse estado podem eles tornar-se visíveis ou invisíveis à vontade?

*Resp.* – Sim, pois que podem desaparecer quando bem entenderem.

11. Têm eles um poder oculto superior ao dos demais homens?

*Resp.* – Só têm o poder que lhes faculta a sua posição como Espírito.

12. Têm necessidade real de alimento?

*Resp.* – Não; o corpo não é real.

13. Entretanto, embora não tivesse um corpo real, o jovem de Londres almoçava com seus amigos e apertou-lhes a mão. Em que se teria transformado o alimento absorvido?

*Resp.* – Antes de apertar a mão, onde estavam os dedos que apertavam? Compreendeis que o corpo desapareça? Por que não quereis compreender que a matéria também desapareça? O corpo do rapaz de Londres não era uma realidade, visto estar em Bolonha. Era, pois, uma aparência; o mesmo ocorre com a nutrição que ele parecia absorver.

14. Se tivéssemos entre nós um ser semelhante, seria um bem ou um mal?

*Resp.* – Seria antes um mal. Aliás, não se pode adquirir grandes conhecimentos com esses seres. Não vos podemos dizer muita coisa; tais fatos são excessivamente raros e jamais têm um caráter de permanência, notadamente as aparições instantâneas, como a de Bayonne.

15. O Espírito familiar protetor algumas vezes toma essa forma?

*Resp.* – Absolutamente; não dispõe ele de recursos interiores? Manipula-os com mais facilidade do que o faria sob uma forma visível e se o tomássemos por um nosso semelhante.

16. Perguntam se o conde de Saint-Germain não pertenceria à categoria dos agêneres.

*Resp.* – Não; era um hábil mistificador.

A história do jovem de Londres, relatada em nosso número de dezembro, é um fato de bicorporeidade, ou, melhor dizendo, de dupla presença, que difere essencialmente daquele de que tratamos. O agênere não tem corpo vivo na Terra; apenas seu perispírito toma uma forma palpável. O jovem de Londres estava perfeitamente vivo. Enquanto seu corpo dormia em Bolonha, seu Espírito, envolto pelo perispírito, foi a Londres, onde tomou uma aparência tangível.

Conhecemos um fato quase análogo. Quando estávamos calmamente deitados em nosso leito, um de nossos amigos viu-nos diversas vezes em sua casa, embora sob uma aparência não tangível, assentando-nos a seu lado e com ele conversando. Certa vez nos viu em robe de chambre; em outras, de paletó. Transcreveu nossa conversa e no-la enviou no dia seguinte. Era, como não poderia deixar de ser, relativa aos nossos trabalhos prediletos. Querendo fazer uma experiência, ofereceu-nos refrescos. Eis a nossa resposta: "Não tenho necessidade disso, visto não ser o meu corpo que está aqui. Sabeis, assim, que não há necessidade de vos produzir uma ilusão." Uma circunstância assaz bizarra apresentou-se nessa ocasião. Seja por predisposição natural, seja como resultado de nossos trabalhos intelectuais, sérios desde a nossa juventude, e poderíamos dizer, desde a infância, o fundo de nosso caráter sempre foi de extrema gravidade, mesmo na idade em que não se pensa senão nos prazeres. Essa constante preocupação nos dá um semblante de frieza, de muita frieza mesmo. É, pelo menos, o que muitas vezes nos têm censurado. Entretanto, sob essa aparência glacial, talvez o Espírito sinta mais vivamente do que no caso de se permitir expansões exteriores. Ora, em nossas visitas noturnas ao nosso amigo, ele ficou bastante surpreendido por nos ver completamente diferente: estávamos mais abertos, mais comunicativos, quase alegres. Tudo em nós respirava a satisfação e a calma proporcionada pelo bem-estar. Não estará aí um efeito do Espírito desprendido da matéria?

## Meu amigo Hermann

Sob esse título o Sr. H. Lugner publicou, no folhetim do *Journal des Dèbats* do dia 26 de novembro de 1858, uma espirituosa história fantástica, no gênero de Hoffmann, e que, à primeira vista, parece ter alguma analogia com os nossos agêneres e com os fenômenos de tangibilidade que acabamos de falar. Sua extensão não nos permite reproduzi-la na íntegra. Limitar-nos-emos a fazer-lhe a análise, observando que o autor narra essa história como um fato de que tivesse sido testemunha pessoal, estando — dizia ele — vinculado por laços de amizade ao herói da aventura. Esse herói, chamado Hermann, morava numa pequena cidade do interior da Alemanha. "Era" — diz o narrador — "um belo rapaz de 25 anos, de porte avantajado, cheio de nobreza em todos os movimentos, gracioso e espirituoso no falar; muito instruído e sem o menor pedantismo, fino e sem malícia, muito cioso de sua dignidade e sem a menor arrogância. Em suma, era perfeito em tudo e mais perfeito ainda em três coisas: no amor pela filosofia, na vocação particular pela valsa e na doçura de caráter. Essa doçura não era fraqueza, nem temor dos outros, nem desconfiança exagerada de si mesmo: era uma inclinação natural, uma superabundância desse *milk of human kindness* que de ordinário não encontramos senão nas ficções dos poetas e da qual a natureza havia aquinhoado Hermann com uma dose nunca vista. Ele continha e ao mesmo tempo sustentava os adversários com uma bondade onipotente e superior aos ultrajes; podiam feri-lo, mas não encolerizá-lo. Certo dia, tendo-lhe o barbeiro queimado a ponta da orelha ao anelar seus cabelos, Hermann apressou-se em desculpá-lo, tomando para si a culpa e garantindo que se havia mexido desajeitadamente. Entretanto, nada disso aconteceu, posso dizê-lo em consciência, porque me achava presente e vi claramente que tudo se deveu à inabilidade do barbeiro. Deu muitas outras provas de imperturbável bondade de alma. Ouvia a leitura de maus versos com um ar angélico e respondia aos mais tolos epigramas com elogios bem-postos, quando Espíritos malévolos teriam agido com maldade. Essa doçura extraordinária o tornara célebre; não havia mulher que não desse a vida para vigiar sem descanso o caráter de Hermann, procurando fazer com que perdesse a paciência pelo menos uma vez na vida.

"Acrescentai a todos esses méritos a vantagem de uma completa independência e uma fortuna suficiente para ser contado entre os mais ricos homens da cidade, e dificilmente podereis imaginar que faltasse alguma coisa à felicidade de Hermann. Entretanto, não era feliz e muitas vezes dava mostras de tristeza... Isso se devia a uma enfermidade singular, que o vinha afligindo a vida inteira e que há muito excitava a curiosidade de sua pequena cidade.

"Hermann não podia ficar acordado um instante sequer após o pôr do sol. Quando o dia se aproximava do fim ele era tomado de uma languidez invencível e, pouco a pouco, caía num torpor que nada podia evitar e do qual ninguém o tirava. Deitava-se com o Sol e se levantava ao raiar do dia; seus hábitos matinais o teriam feito excelente caçador, se tivesse podido vencer o horror do sangue e suportar a ideia de dar uma morte cruel a inocentes criaturas."

Eis em que termos, num momento de desabafo, descreve a própria situação ao seu amigo do *Journal des Débats*:

"'Bem o sabeis, meu caro amigo, a que enfermidade estou sujeito e que sono invencível me oprime regularmente, desde o crepúsculo até a aurora. Sobre isso também sabeis o que todos sabem e, como todos, já ouvistes dizer que esse sono, por assim dizer, se confunde com a morte. Nada é mais verdadeiro, e esse prodígio pouco me importaria, eu o juro, se a natureza se contentasse em tomar-me o corpo como objeto de uma de suas fantasias. Mas a minha alma é também seu joguete e não vos posso dizer sem horror a sorte bizarra e cruel que lhe foi infligida. Cada uma de minhas noites é povoada de um sonho que se vincula com a mais fatal clareza ao sonho da noite anterior. Esses sonhos — queira Deus que sejam sonhos — se seguem e se encadeiam como os acontecimentos de uma existência comum que se desenrolasse à face do Sol e na companhia de outros homens. Vivo, pois, duas vezes, levando duas existências bem diferentes: uma se passa aqui, convosco e com os nossos amigos; a outra, muito longe daqui, com homens que conheço tão bem quanto vós, com quem falo como vos falo, e que me tratam de louco como o fazeis quando me refiro a uma outra existência além desta que passo convosco. Entretanto, estou aqui vivo e falando, sentado ao vosso lado e bem desperto, penso; e quem pretendesse que sonhamos ou que somos sombras, com justa razão não passaria por insensato? Pois bem! meu caro amigo, cada um desses momentos, desses atos que preenchem as horas de meu sono inevitável, não são menos reais, e quando me acho inteiramente nessa outra existência, é esta que eu seria tentado a considerar como um sonho.

"'Entretanto, não sonho aqui mais do que lá. Vivo alternadamente nos dois lados e não poderia duvidar, embora minha razão fique estranhamente chocada com o fato de minha alma animar, sucessivamente, dois corpos e de se defrontar, assim, com duas existências. Ah! meu caro amigo, quisesse Deus que nesses dois corpos ela tivesse os mesmos instintos e a mesma conduta e que lá eu fosse o homem que aqui apreciais e conheceis. Mas não é nada disso e talvez não ousariam contestar a influência do físico sobre o moral se conhecessem minha história. Não quero me vangloriar; aliás, o orgulho que poderia inspirar-me uma dessas duas existências é aviltado pela vergonha, inseparável da outra. Todavia, não posso dizer sem vaidade que aqui sou justamente amado e respeitado por todos; louvam-me a personalidade e as maneiras; acham-me nobre, liberal e distinto. Como sabeis, amo as Letras, a Filosofia, as Artes, a liberdade e tudo quanto faz o encanto e a dignidade da vida humana; assisto aos infelizes e não tenho inveja do próximo. Conheceis-me a proverbial doçura, meu espírito de justiça e de misericórdia e meu insuperável horror à violência. Todas essas qualidades, que me elevam e aqui me adornam, eu as expio lá, por vícios opostos. A natureza, que aqui me cumulou de bênçãos, houve por bem amaldiçoar-me lá. Não apenas me lançou numa situação inferior, na qual tive de ficar sem letras e sem cultura, como deu a esse outro corpo, que é também o meu, órgãos tão grosseiros ou tão perversos, sentidos tão cegos ou tão fortes, inclinações tais e tais necessidades que minha alma obedece, em vez de comandar, deixando-se arrastar por este corpo despótico às mais vis desordens. Lá eu sou duro e covarde, perseguidor dos fracos e servil diante dos fortes, impiedoso e invejoso, injusto por natureza, violento até o delírio. Entretanto, sou eu mesmo e, por mais me odeie e me despreze, não posso deixar de me reconhecer."

Hermann parou um instante; sua voz tremia e os olhos estavam molhados de lágrimas. Tentando sorrir, eu lhe disse: "Quero vos excitar a loucura, para melhor curá-la. Dizei-me tudo; para começar, onde se passa essa outra existência e com que nome sois conhecido?"

"Chamo-me William Parker", respondeu ele; "sou cidadão de Melbourne, na Austrália. É para lá, no país dos antípodas, que voa minha alma, assim que vos abandona. Quando o Sol aqui se põe, ela deixa Hermann inanimado e, quando lá se levanta, dá a vida ao corpo inerte de Parker. Começa, então, minha miserável existência de vagabundagem, de fraude, de rixas e de mendicância. Frequento uma sociedade má e nela sou contado entre os piores; estou em luta incessante com meus companheiros e, não raras vezes, me vejo de faca em punho; estou sempre em guerra com a polícia e, com frequência, obrigado a me esconder. Porém, tudo tem um termo neste mundo e esse suplício está chegando ao fim. Infelizmente cometi um crime. Matei covarde e brutalmente uma pobre criatura que se havia ligado a mim. Levei, assim, ao cúmulo a indignação pública, já excitada pela minha má conduta. O júri condenou-me à morte e espero minha execução. Algumas pessoas humanas e religiosas intercederam junto ao governador, a fim de obter-me graça ou, pelo menos, o *sursis*,[11] que me dará tempo para me converter. Entretanto, é bem conhecida a minha natureza grosseira e intratável. Recusaram-no e, amanhã, ou melhor, esta noite, serei infalivelmente conduzido à forca."

"Pois bem!", disse-lhe eu sorrindo, "tanto melhor para vós quanto para nós; é uma boa solução a morte desse velhaco. Uma vez Parker lançado na eternidade, Hermann viverá em paz; poderá velar como todo mundo e ficar conosco dia e noite. Essa morte curar-vos-á, meu caro amigo, e sou grato ao governador de Melbourne por ter recusado graça a esse miserável."

"Enganai-vos", respondeu-me Hermann, com tal gravidade que me causou dó: "morreremos juntos os dois, porquanto somos apenas um e, malgrado nossas diversidades e nossa natural antipatia, não temos senão uma alma, que será ferida por um único golpe, porque em todas as coisas respondemos um pelo outro. Acreditais, então, que Parker ainda estaria vivo se Hermann não tivesse sentido que tanto na morte como na vida eles eram inseparáveis? Teria eu hesitado um instante qualquer se tivesse podido arrancar e lançar ao fogo essa outra existência, como o olho maldito de que falam as escrituras? Mas eu estava tão feliz por viver aqui que não admitia morrer lá; e minha indecisão durou até que a sorte resolveu para mim essa terrível questão. Agora, tudo está consumado; acreditai que estou me despedindo de vós."

No dia seguinte encontraram Hermann morto em seu leito e, alguns meses depois, os jornais da Austrália noticiaram a

---

[11] N.E.: Dispensa do cumprimento de uma pena, no todo ou em parte.

execução de William Parker, com todas as particularidades descritas por sua duplicata.

Toda essa história é narrada com imperturbável sangue-frio e em tom sério; nada falta, nos detalhes que omitimos, para dar-lhe um cunho de verdade. Na presença dos estranhos fenômenos que testemunhamos, um fato dessa natureza poderia parecer se não real, pelo menos possível, e relacionado até certo ponto com aqueles que já citamos. Com efeito, não seria análogo àquele do rapaz que dormia em Bolonha, enquanto, ao mesmo tempo, conversava em Londres com seus amigos? Ao de Santo Antônio de Pádua que, no mesmo dia, pregava na Espanha e se mostrava em Pádua para salvar a vida do pai, acusado de homicídio? À primeira vista pode-se dizer que, se esses dois fatos forem exatos, também não é impossível que Hermann tenha vivido na Austrália, quando dormia na Alemanha, e reciprocamente. Embora nossa opinião esteja perfeitamente estabelecida a esse respeito, acreditamos dever referi-la aos nossos instrutores de Além-Túmulo, em uma das sessões da Sociedade. À pergunta: *O fato relatado pelo Journal des Débats* é real? Responderam: Não; é uma história feita especialmente para divertir os leitores. — *Se não é real,* é possível? — Não; uma alma não pode animar dois corpos diferentes.

Realmente, na história de Bolonha, se bem o rapaz se tenha mostrado em dois locais diferentes simultaneamente, em verdade possuía apenas um corpo de carne e osso, que estava naquela cidade; em Londres havia apenas a aparência ou perispírito, tangível, é certo, mas não o próprio corpo, mortal; ele não poderia morrer em Londres e em Bolonha. Hermann, ao contrário, conforme a anedota, teria realmente dois corpos, desde que um foi enforcado em Melbourne e o outro enterrado na Alemanha. A mesma alma teria, assim, se defrontado com duas existências simultâneas, o que, conforme os Espíritos, não é possível. Os fenômenos do gênero do de Bolonha e de Santo Antônio de Pádua, embora muito frequentes são, aliás, sempre acidentais e fortuitos num indivíduo, não tendo jamais um caráter de permanência, ao passo que o pretenso Hermann era assim desde a infância.

Entretanto, a razão mais grave de todas é a diferença de caracteres. Seguramente, se esses dois indivíduos não tivessem tido senão uma só alma, esta não poderia ser, alternadamente, a de um homem de bem e a de um bandido. É verdade que o autor se baseia na influência do organismo. Nós o lamentamos, se tal é a sua filosofia e, ainda mais, que procure dar-lhe crédito, porquanto seria negar a responsabilidade dos atos; semelhante doutrina seria a negação de toda moral, porque reduziria o homem à condição de máquina.

# Espíritos barulhentos

## COMO SE LIVRAR DELES

Escrevem-nos de Gramat (Lot):

"Numa casa da aldeia de Coujet, comuna de Bastat (Lot), ruídos extraordinários são ouvidos há cerca de dois meses. A princípio eram golpes secos e muito semelhantes ao choque de uma clava no assoalho, ouvidos de todos os lados: sob os pés, sobre a cabeça, nas portas, nos móveis; logo depois as passadas de um homem descalço e o tamborilar de dedos nas vidraças. Os moradores da casa ficaram amedrontados e mandaram rezar missas; a população, inquieta, se dirigia à aldeia e ouvia. A polícia interveio e realizou vários inquéritos, mas o barulho aumentou. Em breve as portas eram abertas, os objetos derrubados, as cadeiras arremessadas contra a escada, os móveis transportados do andar inferior para o sótão. Tudo quanto relato, atestado por grande número de pessoas, se passou em pleno dia. A casa não é um casebre antigo, sombrio e enegrecido, cujo aspecto faz sonhar com fantasmas; trata-se de uma casa recentemente construída e risonha; os proprietários são boas pessoas, incapazes de querer enganar e morrem de medo. Entretanto, muitas vezes pensam que ali nada existe de sobrenatural, procurando explicar, tudo quanto se passa de extraordinário, pela Física ou pelas más intenções, que atribuem aos moradores da casa. Eu, que vi e acreditei, resolvi dirigir-me a vós para saber quais são os Espíritos que fazem esse barulho e conhecer o meio, caso exista, de silenciá-los. É um serviço que prestaríeis a essa boa gente etc."

Os fatos dessa natureza não são raros; todos se assemelham mais ou menos e em geral não diferem senão pela intensidade ou pela maior ou menor tenacidade. Quando se limitam a alguns ruídos sem maior consequência não causam inquietação, mas quando adquirem certa proporção transformam-se em verdadeira calamidade. Pergunta nosso honrado correspondente quais são os Espíritos que fazem esse barulho. A resposta não deixa dúvida: os Espíritos de ordem muito inferior são os únicos culpados. Os Espíritos Superiores, assim como entre nós os homens graves e sérios, não se divertem em fazer algazarra. Muitas vezes os chamamos para perguntar-lhes a razão que assim os impele a perturbar o repouso alheio. A maioria não tem outro objetivo senão divertir-se. São antes Espíritos levianos do que maus, que sorriem dos temores que ocasionam e das pesquisas inúteis que são feitas para descobrir a causa do tumulto que provocam. Frequentemente se obstinam junto a um indivíduo, comprazendo-se em vexá-lo e perseguindo-o de casa em casa; de outras vezes se vinculam a um lugar sem qualquer motivo, a não ser por capricho. Por vezes também é uma vingança que exercem, como teremos ocasião de ver. Em certos casos sua intenção é mais louvável: querem chamar a atenção e estabelecer contato, seja para dar um aviso útil à pessoa a quem se dirigem, seja para solicitar algo para si mesmos. Muitas vezes presenciamos alguns deles a pedir preces, outros a solicitar o cumprimento, em seu nome, de promessas que não puderam pagar; e, finalmente, no interesse de seu próprio repouso, outros querendo reparar uma ação má, cometida quando viviam entre nós.

Em geral não há razão para nos amedrontarmos; sua presença pode ser importuna, mas não oferece perigo. Compreende-se, aliás, que tenhamos desejo de nos desembaraçarmos deles; todavia, fazemos exatamente o contrário do que deveríamos fazer. Se são Espíritos que se divertem, quanto mais levamos a coisa a sério, mais eles persistem, como crianças travessas que incomodam tanto mais quanto mais veem que nos impacientamos, e que metem medo nos pusilânimes. Se tomássemos o sábio partido de rir de suas traquinadas, acabariam por se cansar e nos deixariam em paz. Conhecemos alguém que, longe de se irritar, os excitava, desafiando-os a fazer tal ou qual coisa, de modo que ao fim de alguns dias eles não mais apareceram. Porém, como já havíamos dito, existem outros cujo motivo é menos frívolo. Eis por que é sempre útil saber o que eles querem. Se pedem alguma coisa, estejamos certos de que suas visitas cessarão assim que seu desejo for satisfeito. A melhor maneira de nos instruirmos a esse respeito é evocar o Espírito por intermédio de um bom médium escrevente. Por suas respostas veremos imediatamente com quem estamos lidando e, em consequência, como poderemos agir; se é um Espírito infeliz, manda a caridade que o tratemos com os cuidados que merece. Se for um brincalhão de mau gosto, poderemos agir sobre ele à vontade; se for malévolo, é preciso pedir a Deus que o torne melhor. Em todo caso, a prece só poderá dar bons resultados. Entretanto, a gravidade das fórmulas de exorcismo os faz rir e não são levadas em nenhuma consideração. Se pudermos entrar em comunicação com eles, precisamos desconfiar das qualificações burlescas ou assustadoras que se dão algumas vezes, a fim de se divertirem com a nossa credulidade.

Em muitos casos a dificuldade consiste em ter um médium à disposição. É preciso, então, que procuremos nos tornar um deles ou interrogar o Espírito diretamente, de acordo com os preceitos que oferecemos em nossas *Instruções práticas sobre as manifestações*.

Esses fenômenos, embora executados por Espíritos inferiores, muitas vezes são provocados por Espíritos de ordem mais elevada, com o fim de nos convencer da existência de seres incorpóreos e de um poder superior ao do homem. A repercussão daí resultante, o próprio medo que causam chama atenção e terminarão por abrir os olhos dos mais incrédulos. Estes últimos acham mais fácil reduzir tais fenômenos ao plano da imaginação, explicação, aliás, muito cômoda e que dispensa outras. Entretanto, quando os objetos são revirados ou atirados à nossa cabeça seria necessária uma imaginação muito complacente para se supor que tais coisas acontecessem, quando de fato não acontecem. Se observamos um efeito qualquer, esse efeito necessariamente tem uma causa. Se uma *fria e calma* observação nos demonstra que esse efeito independe de toda vontade humana e de qualquer causa material; se, além disso, dá-nos sinais *evidentes* de inteligência e de livre vontade, *o que constitui o sinal mais característico*, somos então forçados a atribui-lo a uma inteligência oculta. Quais são esses seres misteriosos? É o que os estudos espíritas nos ensinam da maneira mais peremptória, pelo meio que nos oferece de com eles entrarmos em comunicação. Além disso, esses estudos nos ensinam a separar o que é real daquilo que é falso ou exagerado, nos fenômenos cujas causas não percebemos. Se se produz um efeito insólito: ruído, movimento, a própria aparição, o primeiro pensamento que devemos ter é que se deva a uma causa natural, por ser a mais provável. É preciso então pesquisar essa causa com o maior cuidado e não admitir a intervenção dos Espíritos senão com conhecimento de causa. É o único meio de não nos iludirmos.

# Dissertação de Além-Túmulo

## A INFÂNCIA

Comunicação espontânea do Sr. Nélo, médium, lida na Sociedade em 14 de janeiro de 1859

Não conheceis o segredo que, na sua ignorância, escondem as crianças. Não sabeis o que são, nem o que foram, nem em que se tornarão. E, contudo, as amais e as prezais como se fossem uma parte de vós mesmos, de tal sorte que o amor de uma mãe pelos filhos é reputado como o maior amor que um ser possa ter por outro ser. De onde vem essa doce afeição, essa terna benevolência que os próprios estranhos sentem por uma criança? Vós o sabeis? Não. É isso que vos quero explicar.

As crianças são seres que Deus envia em novas existências; e, para que elas não possam queixar-se de sua grande severidade, dá-lhes toda a aparência da inocência; mesmo numa criança de natureza má seus defeitos são cobertos pela inconsciência de seus atos. Essa inocência não é uma superioridade real sobre aquilo que foram antes; não, é a imagem do que deveriam ser; e, se não o são, unicamente sobre elas recairá a culpa.

Mas não foi apenas por elas que Deus lhes deu esse aspecto; foi também e sobretudo por seus pais, cujo amor é necessário à sua fraqueza; e esse amor seria singularmente enfraquecido à vista de um caráter intolerante e impertinente, ao passo que, supondo os filhos bons e meigos, dão-lhes toda a sua afeição e os cercam das mais delicadas atenções. Mas quando as crianças não mais necessitam dessa proteção, dessa assistência que lhes foi prodigalizada durante quinze ou vinte anos, seu caráter real e individual reaparece em toda a sua nudez: permanece bom, se for fundamentalmente bom, mas se irisa sempre de matizes que se ocultavam na primeira infância.

Vedes que os caminhos de Deus são sempre os melhores e que, quando se tem puro o coração, fácil é conceber a explicação.

Com efeito, imaginai que o Espírito das crianças que nascem entre vós pode vir de um mundo onde adquiriu hábitos completamente diferentes. Como quereríeis que estivesse em vosso meio esse novo ser, que vem com paixões completamente diversas das que possuís, com inclinações e gostos inteiramente opostos aos vossos? Como quereríeis que se incorporassem em vossas fileiras de modo diferente do que Deus o quis, isto é, pelo crivo da infância? Aí se vêm confundir todos os pensamentos, todos os caracteres, todas as verdades de seres engendrados por essa multidão de esferas onde se desenvolvem as criaturas. Vós mesmos, ao morrer, vos encontrais numa espécie de infância, em meio a novos irmãos. E, em nova existência fora da Terra, ignorais os hábitos, os costumes e as relações desse mundo tão novo para vós; manejareis com dificuldade uma língua que não estais habituados a falar, língua mais viva do que o vosso pensamento atual.

A infância tem ainda outra utilidade. Os Espíritos não entram na vida corporal senão para se aperfeiçoarem, para se melhorarem. A fraqueza da tenra idade os torna flexíveis, acessíveis aos conselhos da experiência e daqueles que devem fazê-los progredir. É então que podemos reformar o seu caráter e reprimir seus maus pendores. Tal é o dever que Deus confiou aos pais, missão sagrada pela qual hão de responder.

Assim, não somente a infância é útil, necessária e indispensável, mas, ainda, é a consequência natural das leis que Deus estabeleceu e que regem o universo.

Observação – Chamamos a atenção de nossos leitores para esta notável dissertação, cujo elevado alcance filosófico é facilmente compreensível. Que há de mais belo, de mais grandioso que essa solidariedade que existe entre todos os mundos? Que de mais apropriado para nos dar uma ideia da bondade e da majestade de Deus? A humanidade cresce por tais pensamentos, ao passo que se avilta se a reduzimos às mesquinhas proporções de nossa vida efêmera e de nosso imperceptível mundo entre os demais mundos.

# Correspondência

(Loudéac, 20 de dezembro de 1858)

"Senhor Allan Kardec,

Felicito-me por ter-me posto em relação convosco por meio do gênero de estudos a que mutuamente nos entregamos. Há mais de vinte anos eu me ocupava com uma obra que deveria intitular-se *Estudo sobre os germens*. Essa obra devia ser especialmente fisiológica; entretanto, minha intenção era demonstrar a insuficiência do sistema de Bichat,[12] que não admite senão a vida orgânica e a vida de relação. Queria provar que existe um terceiro modo de existência, que sobrevive aos dois outros em estado não orgânico. Esse outro terceiro modo nada mais é que a vida anímica, ou *espírita*, como chamais. Numa palavra, é o gérmen primitivo que engendra os dois outros modos de existência, orgânica e de relação. Também queria demonstrar que os germens são de natureza fluídica, bidinâmicos, atrativos, indestrutíveis, autógenos e em número definido, tanto em nosso planeta quanto em todos os meios circunscritos. Quando apareceu *Terra e Céu*, de Jean Reynaud, fui obrigado a modificar minhas convicções. Reconheci que meu sistema era muito limitado e com ele admiti que os astros, pela troca de eletricidade que podem estabelecer entre si devem, necessariamente, por meio de várias correntes elétricas, favorecer a transmigração dos germens ou Espíritos da mesma natureza fluídica.

Quando se falou das mesas girantes, entreguei-me logo a essa prática e obtive resultados tais que não tive mais nenhuma dúvida quanto às manifestações. Logo compreendi que chegara o momento em que o mundo invisível ia tornar-se visível e tangível e, desde então, marcharíamos para uma revolução nunca vista na Ciência e na Filosofia. Entretanto, estava longe de esperar que um jornal *espírita* pudesse estabelecer-se tão depressa e manter-se na França. Hoje, senhor, graças à vossa perseverança, é um fato consumado e de grande alcance. Estou longe de acreditar estejam vencidas as dificuldades; encontrareis muitos obstáculos e sereis humilhados, mas, afinal de contas, a verdade brilhará. Chegar-se-á a reconhecer a justeza da observação de nosso célebre professor Gay-Lussac,[13] que nos dizia em seu curso, a propósito dos corpos *imponderáveis e invisíveis*, que essas expressões eram inexatas e apenas refletiam nossa impotência no estado atual da Ciência, acrescentando que seria mais lógico chamá-los de *imponderados*. O mesmo ocorre com a visibilidade e a tangibilidade; o que não

---

[12] N.E.: Xavier Bichat (1771–1802), anatomista e fisiologista francês.
[13] N.E.: Louis Joseph Gay-Lussac (1778–1850), físico e químico francês.

é visível para um o é para outro, mesmo a olho nu, de que os sensitivos são o exemplo. Finalmente, a audição, o odor e o gosto, que nada mais são do que modificações da propriedade tangível, nulos se mostram no homem em comparação com o cão, a águia e outros animais. Não há, pois, nada de absoluto nessas propriedades, que se multiplicam conforme os organismos. Nada há de invisível, intangível ou imponderável: tudo pode ser visto, tocado ou pesado quando nossos órgãos — nossos primeiros e mais preciosos instrumentos — se tiverem tornado mais sutis.

Às diversas experiências que já recorrestes para constatar nosso terceiro modo de existência — a vida espírita — peço acrescenteis a seguinte: Magnetizai um cego de nascença e, no estado sonambúlico, dirigi-lhe uma série de perguntas sobre as formas e as cores. Se o sensitivo estiver lúcido, provar-vos-á de modo peremptório que, sobre essas coisas, tem conhecimentos que só poderia ter adquirido em *uma ou em várias existências anteriores*.

Termino, senhor, rogando que aceiteis meus mais sinceros cumprimentos pelo gênero de estudos aos quais vos consagrais. Como jamais temi manifestar as minhas opiniões, podereis inserir esta carta em vossa *Revista*, se julgardes que seja útil.

Vosso todo devotado servidor,"

Morhéry, doutor em Medicina.

Observação – Sentimo-nos muito felizes com a autorização concedida pelo Dr. Morhéry para publicarmos a notável carta que acabamos de ler. Ela prova que, ao lado do homem de ciência, há nele o homem judicioso que vê algo mais além das nossas sensações e que sabe sacrificar as suas opiniões pessoais em benefício da evidência. Nele, a convicção não é fé cega, mas raciocinada; é a dedução lógica do sábio, que não pensa tudo saber.

# Uma noite esquecida ou a feiticeira Manouza

Milésima segunda noite dos contos árabes ditado pelo Espírito Frédéric Soulié

(Terceiro e último artigo)

## VII

— Levantai — disse-lhe Noureddin — e segui-me. Nazara lançou-se em prantos a seus pés, implorando graça. — Nenhuma piedade para semelhante falta — disse o pretenso Sultão; preparai-vos para morrer. Noureddin sofria bastante por lhe falar deste modo, mas não julgou haver chegado o momento para se dar a conhecer.

Vendo que era impossível dobrá-lo, Nazara o seguiu trêmula. Voltaram aos aposentos; ali Noureddin disse a Nazara que se vestisse convenientemente. Depois, terminada a toalete e sem outra explicação, disse-lhe que iriam, ele e Ozana — o anão — conduzi-la a um subúrbio de Bagdá, onde ela encontraria o que merecia. Cobriram-se com grandes mantos para não serem reconhecidos e saíram do palácio. Mas oh! terror! Mal transpuseram as portas transformaram-se aos olhos de Nazara. Não eram o Sultão e Ozana, nem os vendedores de roupas, mas o próprio Noureddin e Tanaple. Ficaram tão assombrados, principalmente Nazara, de se acharem tão perto da casa do Sultão, que apressaram o passo, com medo de serem reconhecidos.

Logo que entraram na casa de Noureddin, foi esta cercada por uma multidão de homens, de escravos e de tropas, enviada pelo Sultão para prendê-los.

Ao primeiro ruído, Noureddin, Nazara e o anão se refugiaram nos aposentos mais retirados do palácio. Lá, disse-lhes o anão que não se amedrontassem e que havia somente uma coisa a fazer para não serem presos: enfiar na boca o dedo mínimo da mão esquerda e assobiar três vezes; que Nazara devia fazer o mesmo e instantaneamente se tornariam invisíveis a quantos quisessem apoderar-se deles.

Continuando o ruído a aumentar de maneira alarmante, Nazara e Noureddin seguiram o conselho de Tanaple; quando os soldados penetraram o aposento, encontraram-no vazio, retirando-se após pesquisas minuciosas. Então o anão disse a Noureddin que fizesse o contrário do que haviam feito, isto é, enfiassem na boca o dedo mínimo da mão direita e assobiassem três vezes; eles o fizeram e logo se converteram no que eram antes.

Em seguida o anão os advertiu de que não se achavam em segurança naquela casa, devendo deixá-la por algum tempo até que se apaziguasse a cólera do Sultão. Em razão disso, ofereceu-se para levá-los ao seu palácio subterrâneo, onde estariam muito à vontade, enquanto seriam providenciados os meios a fim de que, sem receio, pudessem retornar a Bagdá, e dentro das melhores condições possíveis.

## VIII

Noureddin hesitava, mas Nazara tanto pediu que ele acabou consentindo. O anão lhes disse que fossem ao jardim e chupassem uma laranja, com o rosto voltado para o nascente; então, seriam transportados sem o perceberem. Fizeram um ar de dúvida que Tanaple não compreendeu, após tudo que houvera feito por eles.

Tendo descido ao jardim e chupado a laranja como lhes fora indicado, viram-se subitamente elevados a uma altura prodigiosa; depois experimentaram um forte abalo e um grande frio, sentindo que desciam em grande velocidade. Nada perceberam durante o trajeto; porém, quando tomaram consciência da situação encontravam-se num subterrâneo, dentro de magnífico palácio iluminado por mais de 20.000 velas.

Deixemos nossos amantes em seu palácio subterrâneo e voltemos ao nosso pequeno anão, que havíamos deixado na casa de Noureddin. Sabeis que o Sultão tinha enviado soldados para se apoderarem dos fugitivos. Após haver explorado os recantos mais afastados da habitação, assim como os jardins, e nada encontrando, viram-se forçados a retornar e prestar contas ao Sultão de suas buscas infrutíferas.

Tanaple os havia acompanhado em todo o percurso do caminho; olhava-os com malícia e de vez em quando indagava quanto o Sultão pagaria a quem lhe trouxesse os dois fugitivos. — Se o Sultão — acrescentava — estiver disposto a me conceder uma hora de audiência, dir-lhe-ei alguma coisa que o tranquilizará e ele ficará satisfeito por se desembaraçar de uma mulher como Nazara, que possui um mau gênio e que faria descer sobre ele todas as desgraças possíveis, caso lá permanecesse por mais algumas luas. O chefe dos eunucos prometeu dar o seu recado e transmitir-lhe a resposta do Sultão.

Mal haviam retornado ao palácio o chefe dos negros veio dizer-lhe que o seu senhor o esperava, prevenindo-o, porém, de que seria empalado, caso sustentasse imposturas.

Nosso pequeno monstro apressou-se em dirigir-se à casa do Sultão. Chegando diante desse homem duro e severo, como de hábito inclinou-se três vezes perante os príncipes de Bagdá.

— Que tens a dizer-me? — Perguntou o Sultão. — Sabes o que te aguarda se não disseres a verdade. Fala, eu te escuto.

— Grande Espírito, celeste Lua, tríade de Sóis, não direi senão a verdade. Nazara é filha da fada negra e do gênio da Grande Serpente dos Infernos. Sua presença em tua casa acarretaria todas as pragas imagináveis: chuva de serpentes, eclipse solar, lua azul impedindo os amores noturnos. Enfim, todos os teus desejos seriam contrariados e tuas mulheres envelheceriam antes mesmo que se passasse uma lua. Poderei dar-te uma prova do que digo; sei onde se encontra Nazara; se quiseres, irei buscá-la e poderás convencer-te. Só há um meio de evitar essas desgraças: é dá-la a Noureddin. Noureddin também não é o que pensas; ele é filho da feiticeira Manouza e do gênio do Rochedo de Diamante. Se os casares, em sinal de reconhecimento, Manouza te protegerá; se recusares... Pobre Príncipe! eu te lamento. Experimenta; depois decidirás.

O Sultão ouviu muito calmo o discurso de Tanaple, mas logo em seguida convocou uma tropa de homens armados, ordenando aprisionar o monstrinho até que um acontecimento viesse convencê-lo do que acabara de ouvir.

— Eu julgava — disse Tanaple — que estivesse a tratar com um grande príncipe, mas vejo que me enganei. Deixo aos gênios o cuidado de vingar seus filhos. Dito isso, seguiu os que vieram para prendê-lo.

## IX

Tanaple estava na prisão apenas há algumas horas quando o Sol se cobriu de uma nuvem sombria, como se um véu quisesse roubá-lo à Terra; depois ouviu-se um grande ruído e, de uma montanha situada na entrada da cidade, saiu um gigante armado, dirigindo-se para o palácio do Sultão.

Não direi que o Sultão tivesse ficado muito calmo; longe disso. Tremia como uma folha de laranjeira açoitada por Éolo.[14] À aproximação do gigante mandou fechar todas as portas, ordenando aos soldados que ficassem de prontidão e armas à mão para defender seu Príncipe. Mas oh! estupefação! À chegada do gigante todas as portas se abriram, como se mão invisível as impelissem; depois, gravemente, o gigante avançou para o Sultão, sem fazer nenhum sinal ou dizer uma só palavra. À sua vista, o Sultão caiu de joelhos e suplicou ao gigante que o poupasse e dissesse o que exigia.

"Príncipe!" — disse o gigante — "não digo muita coisa da primeira vez; apenas te advirto. Faze o que Tanaple te aconselhou

---

[14] N.E.: Deus dos ventos.

e te asseguramos a nossa proteção; do contrário, sofrerás o castigo de tua obstinação." Dito isso, retirou-se.

A princípio o Sultão ficou aterrorizado; porém, refazendo-se do susto um quarto de hora mais tarde, e longe de seguir os conselhos de Tanaple, mandou publicar um édito em que prometia magnífica recompensa a quem o pusesse no rastro dos fugitivos; depois mandou postar soldados às portas do palácio e da cidade, esperando pacientemente. Mas sua paciência não durou muito ou, pelo menos, não lhe deixou tempo de prová-la. A partir do segundo dia surgiu nas portas da cidade um exército que parecia ter saído das entranhas da Terra; os soldados vestiam peles de toupeira, tinham como escudos cascos de tartaruga e usavam clavas feitas de lascas de rochedos.

À sua aproximação os guardas quiseram opor resistência, mas o aspecto formidável do exército logo os fez baixar as armas; abriram as portas sem nada dizer, sem romper suas filas e a tropa inimiga marchou solenemente para o palácio. O Sultão quis resistir à entrada de seus aposentos, mas, para sua grande surpresa, os guardas adormeceram e as portas se abriram por si mesmas. Depois o chefe do exército avançou com passo grave até os pés do Sultão e lhe disse:

"Vim para dizer-te que Tanaple, percebendo a tua teimosia, enviou-nos para procurar-te; em vez de ser o Sultão de um povo que não sabes governar, vamos conduzir-te para o seio das toupeiras; tu mesmo te tornarás uma delas e serás um Sultão domesticado. Vê logo se isso te convém ou se preferes fazer o que te ordenou Tanaple; concedo-te dez minutos para refletir."

## X

O Sultão teria preferido resistir, mas, para sua felicidade, após alguns momentos de reflexão concordou com aquilo que lhe exigiam; queria impor apenas uma condição: que os fugitivos deixassem seu reino. Prometeram-lhe o que pedia e, no mesmo instante, sem saber de que lado nem como, o exército desapareceu aos seus olhos.

Agora que a sorte de nossos amantes estava completamente assegurada, voltemos a eles. Sabeis que os havíamos deixado no palácio subterrâneo.

Depois de alguns minutos, deslumbrados e encantados pelo aspecto das maravilhas que os cercavam, quiseram visitar o palácio e os seus arredores. Viram jardins encantadores. E, coisa estranha! ali viam quase tão claramente quanto a céu aberto. Aproximaram-se do palácio: todas as portas estavam abertas e havia preparativos como para uma grande festa. À porta encontrava-se uma dama em magnífica toalete. A princípio nossos fugitivos não a reconheceram; porém, aproximando-se mais, viram Manouza, a feiticeira, completamente transformada; já não era aquela velha mulher, suja e decrépita, e sim uma senhora de certa idade, ainda bela e de porte elegante.

"Noureddin" — disse ela — "eu te prometi auxílio e assistência. Hoje vou cumprir minha promessa; teus males chegam ao termo e vais receber o prêmio de tua perseverança: Nazara será tua esposa; além disso, dou-te este palácio e nele habitarás. Serás o rei de um povo bravo e reconhecido; eles são dignos de ti, como és digno de reinar sobre eles."

A essas palavras ouviu-se uma música harmoniosa; de todos os lados surgiu uma multidão inumerável de homens e mulheres em trajes de festa; à sua frente, grandes senhores e grandes damas vinham prostrar-se aos pés de Noureddin. Ofereceram-lhe uma coroa de ouro cravejada de diamantes e disseram que o reconheciam como seu rei; que o trono lhe pertencia como herança paterna; e que estavam enfeitiçados há quatrocentos anos pela vontade de magos perversos e esse feitiço só deveria terminar com a presença de Noureddin. Em seguida fizeram um grande discurso sobre as suas e as virtudes de Nazara.

Então Manouza lhe disse: "Sois feliz, nada mais tenho a fazer aqui. Se algum dia precisardes de mim, batei na estátua que está no meio do vosso jardim e virei no mesmo instante." Depois desapareceu.

Noureddin e Nazara quiseram retê-la por mais tempo, a fim de agradecer-lhe toda a bondade para com eles. Depois de alguns momentos de conversa voltaram aos seus súditos. As festas e os regozijos duraram oito dias. Seu reino foi longo e feliz; viveram milhares de anos e posso até mesmo dizer que vivem ainda. Só que o seu país jamais foi encontrado ou, melhor dizendo, nunca se tornou bem conhecido.

FIM

Observação – Chamamos a atenção dos nossos leitores para as observações que antecederam este conto, nos números de novembro de 1858 e janeiro de 1859.

Allan Kardec

# Revista Espírita
Jornal de Estudos Psicológicos
ANO II    MARÇO DE 1859    Nº 3

## Estudo sobre os médiuns

Como intérpretes das comunicações espíritas, o papel dos médiuns é extremamente importante e nunca daríamos demasiada atenção ao estudo de todas as causas que os podem influenciar, não apenas em seu próprio interesse, mas também no daqueles que, não sendo médiuns, deles se servem como intermediários, a fim de poderem julgar o grau de confiança que merecem as comunicações que recebem.

Já dissemos que todas as pessoas, em maior ou menor grau, são médiuns. Entretanto, convencionou-se dar esse nome àqueles cujas manifestações são patentes e, por assim dizer, facultativas. Ora, entre estes últimos as aptidões são muito diversas: pode-se dizer que cada um tem a sua especialidade. Num primeiro exame, duas categorias se desenham muito nitidamente: os médiuns de efeitos físicos e os médiuns de efeitos intelectuais. Os derradeiros apresentam numerosas variedades, das quais as principais são: os escreventes ou psicógrafos, os desenhistas, os falantes,[15] os audientes e os videntes. Os médiuns poetas, músicos e poliglotas são variedades dos escreventes e falantes. Não voltaremos às definições que já

---
[15] Nota do tradutor: Médiuns psicofônicos.

fornecemos sobre esses diversos gêneros; apenas queremos lembrar o conjunto, de maneira sucinta, para maior clareza.

      De todos os gêneros de médiuns o mais comum é o psicógrafo;[16] é a modalidade mais fácil de ser adquirida pelo exercício. Eis por que, e com razão, para ela geralmente são dirigidos os desejos e os esforços dos aspirantes. Apresenta duas variantes, igualmente encontradas em diversas categorias: os escreventes mecânicos e os escreventes intuitivos. Nos primeiros o impulso da mão independe da vontade: move-se por si mesma, sem que o médium tenha consciência daquilo que escreve, podendo, inclusive, estar pensando em outra coisa. No médium intuitivo, o Espírito age sobre o cérebro; seu pensamento, por assim dizer, atravessa o pensamento do médium, sem que haja confusão. Conseguintemente, ele tem consciência do que escreve, por vezes até mesmo uma consciência antecipada, por isso que a intuição algumas vezes precede o movimento da mão; entretanto, o pensamento expresso não é o do médium. Uma comparação muito simples far-nos-á compreender esse fenômeno. Quando queremos falar com alguém cuja língua não sabemos, servimo-nos de um intérprete; este tem consciência do pensamento dos interlocutores; deve entendê-lo para poder expressá-lo e, no entanto, esse pensamento não é dele. Pois bem! O papel do médium intuitivo é o de um intérprete entre nós e o Espírito. Ensinou-nos a experiência que os médiuns mecânicos e os intuitivos são igualmente bons, igualmente aptos a receber e a transmitir boas comunicações. Como meio de convicção, sem dúvida, os primeiros valem mais; quando, porém, a convicção é adquirida não há preferência útil. A atenção deve voltar-se inteiramente para a natureza das comunicações, isto é, para a aptidão do médium em receber as comunicações dos Espíritos bons e maus; sob esse aspecto, podemos dizer se ele é bem ou mal assistido. Toda a questão se resume nisso, e essa questão é capital, porquanto somente ela pode determinar o grau de confiança que ele merece; é o resultado de estudo e observações, pelo que recomendamos nosso artigo anterior sobre os escolhos dos médiuns.

---

[16] Nota do tradutor: Hoje parece ser mais comum a mediunidade de psicofonia.

Com o médium intuitivo a dificuldade consiste em distinguir os pensamentos que lhe são próprios daqueles que lhe são sugeridos. Essa dificuldade também existe para ele; o pensamento sugerido parece-lhe tão natural que muitas vezes o toma como seu, duvidando de sua faculdade. O meio de convencer-se e de convencer os outros é exercitar essa faculdade com frequência. Então, no número das evocações às quais prestará seu concurso, inúmeras circunstâncias se apresentarão, uma porção de comunicações íntimas, de particularidades das quais não poderia ter nenhum conhecimento prévio e que demonstrarão, de maneira irrecusável, a completa independência do seu Espírito.

As diferentes variedades de médiuns repousam sobre aptidões especiais, cujo princípio até agora não conhecemos perfeitamente. À primeira vista e para as pessoas que não fizeram um estudo sistematizado dessa ciência, parece não ser mais difícil a um médium escrever versos do que escrever prosa; dir-se-á, sobretudo se for médium mecânico, que tanto pode o Espírito fazê-lo escrever numa língua estranha quanto desenhar ou ditar música. Entretanto, não é assim que acontece. Embora a todo instante estejamos vendo desenhos, versos e músicas feitos por médiuns que, em seu estado normal não são desenhistas, nem poetas, nem músicos, nem todos são aptos à produção dessas coisas. Apesar de sua ignorância, possuem uma faculdade intuitiva e uma flexibilidade que os transformam nos mais dóceis instrumentos. Foi o que muito bem exprimiu Bernard Palissy[17] quando lhe perguntaram por que havia escolhido o Sr. Victorien Sardou, que não sabe desenhar, para fazer seus admiráveis desenhos; *é porque* — respondeu ele — *eu o acho mais flexível*. O mesmo acontece com outras aptidões e, coisa bizarra, vimos Espíritos que se recusavam a ditar versos a médiuns que conheciam a poesia, ao passo que ditavam encantadores poemas a outros que lhes desconheciam as regras. Isso vem provar uma vez mais que os Espíritos têm livre-arbítrio e que é inútil tentar submetê-los aos nossos caprichos.

---

[17] N.E.: Pintor francês.

Resulta das observações precedentes que o médium deve seguir o impulso que lhe é dado, conforme sua aptidão; que deve procurar aperfeiçoar essa aptidão pelo exercício, sabendo que é inútil tentar adquirir a que lhe falta, por prejudicial à que possui. "De maneira alguma devemos forçar nosso talento, pois nada faríamos com perfeição", disse La Fontaine; e podemos acrescentar: nada faríamos de bom. Quando um médium possui uma faculdade preciosa com a qual pode tornar-se verdadeiramente útil, que se contente com ela e não procure uma vã satisfação ao amor-próprio numa variante que enfraqueceria a faculdade primordial. Se esta deve ser transformada, o que muitas vezes acontece, ou se deve adquirir uma nova, isso virá espontaneamente, e não por efeito de sua vontade.

A faculdade de produzir efeitos físicos constitui uma categoria bem nítida que raramente se alia às comunicações inteligentes, sobretudo àquelas de elevado alcance. Sabe-se que os efeitos físicos são peculiares aos Espíritos de classe inferior, como entre nós as demonstrações de força são características dos saltimbancos. Ora, os Espíritos batedores pertencem a essa classe inferior; agem o mais das vezes por conta própria, para se divertirem ou vexarem os outros, mas algumas vezes, também, por ordem dos Espíritos elevados, que deles se servem, como nós dos trabalhadores braçais. Seria absurdo acreditar que os Espíritos superiores viessem divertir-se em bater nas mesas ou fazê-las girar. Eles se servem desses meios, dizemos nós, por intermediários, seja para convencer-nos, seja para comunicar-se conosco quando não dispomos de outros meios, mas os abandonam tão logo possam agir de modo mais rápido, mais cômodo e mais direto, como nós abandonamos o telégrafo aéreo desde que passamos a ter o telégrafo elétrico. De modo algum os efeitos físicos devem ser desprezados, porque, para muitas pessoas, são um meio de convicção; aliás, eles oferecem precioso material de estudo sobre as forças ocultas, mas é notável que os Espíritos geralmente os recusam aos que deles não necessitam ou, pelo menos, os aconselham a com eles não se ocuparem de modo particular. Eis o que a propósito ditou o Espírito São Luís, na *Sociedade Parisiense de Estudos Espíritas*:

Março de 1859

"Zombaram das mesas girantes, mas não zombarão jamais da filosofia, da sabedoria e da caridade que brilham nas comunicações sérias. Aquelas foram o vestíbulo da ciência, onde, ao entrar, devemos deixar os preconceitos, assim como se deixa a capa. Não vos poderei senão estimular a fazer de vossas reuniões uma assembleia séria: que se façam demonstrações físicas, que se veja, que se escute, mas *que entre vós haja compreensão e amor*. O que imaginais parecer aos olhos dos Espíritos superiores quando fazeis girar uma mesa? Ignorantes. O sábio gastará seu tempo em repisar o *á-bê-cê* da Ciência? Ao contrário, vendo-vos rebuscar as comunicações inteligentes e instrutivas, sereis considerados como homens sérios, em busca da verdade."

É impossível resumir de maneira mais lógica e mais precisa o caráter dos dois gêneros de manifestações. Aquele que recebe comunicações elevadas deve-as à assistência dos Espíritos bons: é uma prova da simpatia destes por ele; renunciar a elas para procurar os efeitos materiais é deixar uma sociedade de escol por outra mais ínfima. Querer aliar as duas coisas é atrair todos os seres antipáticos e, nesse conflito, é provável que os bons se vão e que os maus permaneçam. Longe de nós desprezarmos os médiuns de efeitos físicos; eles têm sua razão de ser, seu objetivo providencial; prestam incontestáveis serviços à ciência espírita; mas quando um médium possui uma faculdade que o põe em contato com seres superiores, não compreendemos que dela abdique, ou que deseje outras, a não ser por ignorância. Muitas vezes a ambição de querer ser tudo faz com que se acabe não sendo nada.

## Médiuns interesseiros

Em nosso artigo sobre os escolhos dos médiuns colocamos a cupidez no rol dos defeitos que podem dar guarida aos Espíritos imperfeitos. Alguns desenvolvimentos sobre esse assunto não serão inúteis. É preciso colocar na linha de frente dos médiuns interesseiros aqueles que poderiam fazer de sua faculdade uma profissão, dando o que se denomina de consultas ou sessões remuneradas. Não os conhecemos, pelo menos na França, mas como tudo pode tornar-se objeto de exploração, nada haveria de surpreendente em que um dia quisessem explorar os Espíritos. Resta saber como eles enfrentariam o fato, caso se tentasse introduzir tal especulação. Mesmo parcialmente iniciado no Espiritismo, compreende-se quanto seria aviltante semelhante especulação; entretanto, quem quer que conheça um pouco as difíceis situações enfrentadas pelos Espíritos para se comunicarem conosco, sabe quão pouco é necessário para afastá-los, assim como conhece sua repulsa por tudo quanto represente interesse egoísta; por isso, jamais poderão admitir que os Espíritos superiores se submetam ao capricho do primeiro que os venha evocar, em tal ou qual hora; o simples bom senso repele essa suposição. Não seria também uma profanação evocar o pai, a mãe, o filho ou um amigo por semelhante meio? Sem dúvida pode-se obter comunicações deste modo, mas só Deus sabe de que procedência! Os Espíritos levianos, mentirosos, travessos, zombadores e toda a corja de Espíritos inferiores vêm sempre; estão sempre dispostos a responder a tudo. Outro dia São Luís nos dizia, na Sociedade: *Evocai um rochedo e ele vos responderá*. Aquele que deseja comunicações sérias deve, antes de tudo, instruir-se sobre a natureza das simpatias do médium com os seres de Além-Túmulo. Ora, aquelas que são dadas mediante pagamento não podem inspirar senão uma confiança bem medíocre.

Médiuns interesseiros não são unicamente os que poderiam exigir uma retribuição material; o interesse nem sempre se traduz na esperança de um ganho material, mas também nas ambições de qualquer natureza, sobre as quais pode fundar-se a esperança pessoal; é ainda uma anomalia de que os Espíritos zombeteiros sabem muito bem aproveitar, e com uma destreza e uma desfaçatez verdadeiramente notáveis, embalando enganadoras ilusões aqueles que assim se colocam sob sua dependência. Em resumo, a mediunidade é uma faculdade dada para o bem e os Espíritos bons se afastam de quem quer que pretenda transformá-la em trampolim para alcançar seja o que for que não corresponda aos desígnios da Providência. O egoísmo é a chaga da sociedade; os Espíritos bons o combatem e, portanto, não se deve imaginar que se sirvam dele. Isto é tão racional que seria inútil insistir mais sobre esse ponto.

Os médiuns de efeitos físicos não estão na mesma categoria. Sendo tais efeitos produzidos por Espíritos inferiores, pouco escrupulosos quanto aos sentimentos morais, um médium dessa natureza que quisesse explorar a sua faculdade poderia encontrar quem o assistisse sem muita repugnância. Mas também aí se apresenta outro inconveniente. O médium de efeitos físicos, assim como o de comunicações inteligentes, não recebeu essa faculdade para seu bel-prazer; ela lhe foi dada com a condição de usá-la adequadamente: se abusar, poderá ser retirada ou trazer-lhe prejuízos porque, definitivamente, os Espíritos inferiores estão às ordens dos Espíritos superiores. Os inferiores adoram mistificar, mas não gostam de ser mistificados. Se de boa vontade se prestam às brincadeiras e às questões curiosas, assim como os demais não gostam de ser explorados, provando a todo instante que têm vontade própria e agindo como e quando melhor lhes pareça; isto faz com que o médium de efeitos físicos esteja ainda menos seguro da realidade das manifestações que o médium escrevente. Pretender produzi-los a dia e hora marcados seria dar provas da mais profunda ignorância. Que fazer, então, para ganhar o seu dinheiro? Simular os fenômenos; é o que poderá acontecer não apenas aos que disso fizerem uma profissão declarada, como também às pessoas aparentemente simples, que se limitam a receber uma retribuição qualquer dos visitantes. Se o Espírito nada produz, o próprio médium supre a sua deficiência: a imaginação é tão fecunda quando se trata de ganhar dinheiro...! É uma tese que desenvolvemos em artigo especial, visando a prevenir a fraude.

De tudo quando precede, concluímos que a maior garantia contra o charlatanismo é o mais absoluto desinteresse, por isso que não há charlatães desinteressados; se isso nem sempre assegura a excelência das comunicações inteligentes, retira aos Espíritos maus um poderoso meio de ação e fecha a boca de certos detratores.

## Fenômeno de transfiguração

Extraímos o seguinte fato de uma carta que nos foi escrita em setembro de 1857, por um de nossos correspondentes de

Saint-Étienne. Após referir-se a diversas comunicações de que foi testemunha, acrescenta:

"Dá-se um fato extraordinário numa família de nossos arredores. Das mesas girantes passou-se à poltrona que fala; depois um lápis foi ligado ao pé dessa poltrona e ela indicou a psicografia; praticaram-na durante muito tempo, mais como brincadeira do que como coisa séria. Por fim a escrita designou uma das moças da casa, ordenando que lhe passassem as mãos sobre a cabeça depois que a fizessem deitar; ela adormeceu quase imediatamente e, depois de um certo número de experiências, transfigurou-se: tomava os traços, a voz e os gestos de parentes mortos, dos avós que não havia conhecido e de um irmão falecido há alguns meses. Essas transfigurações ocorriam sucessivamente numa mesma sessão. Disseram-me que ela falava um dialeto que não é mais o do nosso tempo, pois não conheço nem o antigo, nem o atual. O que posso afirmar é que numa sessão em que havia tomado a aparência do irmão, vigoroso e decidido, essa mocinha de 13 anos deu-me um rude aperto de mão.

Esse fenômeno repete-se constantemente, da mesma maneira, há dezoito meses, mas somente hoje produziu-se espontânea e naturalmente, sem imposição das mãos."

Apesar de bastante raro, esse estranho fenômeno não é excepcional; já nos falaram de diversos fatos semelhantes e nós mesmos fomos testemunhas de algo parecido em sonâmbulos no estado de êxtase e até nos extáticos que não se encontravam em estado sonambúlico. Além disso, é certo que emoções violentas operam sobre a fisionomia uma mudança que lhe dá uma expressão completamente diferente daquela do estado normal. Não vemos, do mesmo modo, criaturas cujos traços móveis se prestam à vontade a modificações que lhes permitem tomar a aparência de outras pessoas? Por aí se vê que a rigidez da face não é tal que não possa prestar-se a modificações passageiras mais ou menos profundas, e não há nada de surpreendente que um fato semelhante possa ocorrer neste caso, embora, talvez, por uma causa independente da vontade.

A propósito, eis as respostas que foram dadas pelo Espírito São Luís no dia 25 de fevereiro último, em sessão da Sociedade:

1. O caso da transfiguração de que acabamos de falar é real?

*Resp.* – Sim.

2. Nesse fenômeno existe um efeito material?

*Resp.* – O fenômeno da transfiguração pode ocorrer de modo material, a tal ponto que nas diferentes fases em que se apresenta poderia ser reproduzido em daguerreotipia.[18]

3. Como se produz esse efeito?

*Resp.* – A transfiguração, como o entendeis, nada mais é que uma modificação da aparência, uma mudança ou uma alteração das feições que pode ser produzida pela ação do próprio Espírito sobre o seu envoltório ou por uma influência exterior. O corpo não muda jamais; todavia, em consequência de uma contração nervosa, adquire aparências diversas.

4. Pode acontecer sejam os espectadores enganados por uma falsa aparência?

*Resp.* – Pode também acontecer que o períspirito represente o papel que conheceis. No fato citado houve contração nervosa e a imaginação o aumentou bastante. Aliás, esse fenômeno é muito raro.

5. O papel do perispírito seria análogo ao que se passa no fenômeno de bicorporeidade?

*Resp.* – Sim.

6. Então, nos casos de transfiguração é necessário que haja o desaparecimento do corpo real, a fim de que os espectadores não vejam senão o perispírito sob uma forma diferente?

---

[18] N.E.: Antigo processo de obtenção de imagens fotográficas por ação do vapor de iodo sobre uma placa de prata sensibilizadora. Após vários minutos de exposição sob luz forte, revela-se a imagem, que é então fixada com hipossulfito de sódio.

*Resp.* – Não propriamente desaparecimento físico, e sim *oclusão*. Entendei-vos sobre as palavras.

7. Parece resultar do que acabais de dizer que no fenômeno da transfiguração podem ocorrer dois efeitos: 1º – Alteração dos traços do corpo real em consequência de uma contração nervosa; 2º – Aparência variável do perispírito, tornado visível. É assim que devemos entender?

*Resp.* – Certamente.

8. Qual a causa primeira desse fenômeno?

*Resp.* – A vontade do Espírito.

9. Todos os Espíritos podem produzi-lo?

*Resp.* – Não; nem sempre os Espíritos podem fazer o que querem.

10. Como explicar a força anormal dessa mocinha, transfigurada na pessoa de seu irmão?

*Resp.* – Não possui o Espírito uma grande força? Aliás, é a do corpo em seu estado normal.

Observação – Esse fato nada tem de surpreendente. Muitas vezes vemos pessoas muito fracas dotadas momentaneamente de uma força muscular prodigiosa, devido a uma superexcitação.

11. No fenômeno da transfiguração, já que o olho do observador pode ver uma imagem diferente da realidade, dar-se-á o mesmo em certas manifestações físicas? Por exemplo, quando uma mesa se ergue sem contato das mãos e a vemos acima do solo, é realmente a mesa que se deslocou?

*Resp.* – Ainda o perguntais?

12. Quem a levanta?

*Resp.* – A força do Espírito.

OBSERVAÇÃO – Esse fenômeno já foi explicado pelo Espírito São Luís e tal questão já foi tratada de modo completo nos números de maio e junho de 1858, a propósito da teoria das manifestações físicas. Foi-nos dito, neste caso, que a mesa ou qualquer outro objeto que se move é animado de uma vida factícia momentânea, que lhe permite obedecer à vontade do Espírito.

Certas pessoas quiseram ver no fato uma simples ilusão de óptica que, por uma espécie de miragem, as fariam ver uma mesa no espaço, quando realmente estava no solo. Se assim fosse, não seria menos digna de atenção. É curioso que aqueles que desejam contestar ou denegrir os fenômenos espíritas os expliquem por causas que, elas mesmas, seriam verdadeiros prodígios e igualmente difíceis de compreender. Ora, por que tratar o assunto com tanto desdém? Se a causa que apontam é real, por que não as aprofundam? O físico procura conhecer a razão do menor movimento anormal da agulha imantada; o químico, a mais ligeira mudança na atração muscular;[19] por que, então, se veria com indiferença fenômenos tão estranhos como esses de que falamos, ainda que resultassem de um simples desvio do campo visual ou de uma nova aplicação das leis conhecidas? Isso não tem lógica.

Certamente não seria impossível que, por um efeito de óptica semelhante ao que nos permite ver um objeto dentro d'água mais alto do que realmente está, por causa da refração dos raios luminosos, uma mesa nos aparecesse no espaço quando na verdade estaria no chão. Entretanto, há um fato que resolve peremptoriamente a questão: é quando a mesa cai bruscamente no solo e quando se quebra; isso não nos parece uma ilusão de óptica. Mas voltemos à transfiguração.

Se uma contração muscular pode modificar a fisionomia, não o será senão dentro de certos limites, mas certamente se uma mocinha toma a aparência de um velho, nenhum efeito fisiológico

---

[19] Nota do tradutor: *Attraction musculaire*, no original. O correto seria atração molecular.

lhe faria nascer a barba. É preciso, pois, buscar sua causa alhures. Se nos reportarmos ao que dissemos anteriormente sobre o papel do perispírito em todos os fenômenos de aparição, mesmo de pessoas vivas, compreenderemos que aí se encontra a chave do fenômeno da transfiguração. Com efeito, desde que o perispírito pode isolar-se do corpo e tornar-se visível; que, por sua extrema sutileza, pode adquirir diversas aparências, conforme a vontade do Espírito, concebe-se sem dificuldade que assim ocorra com uma pessoa transfigurada: o corpo continua o mesmo; somente o perispírito mudou de aspecto. Mas, perguntarão, em que se transforma o corpo? Por que razão o observador não vê uma imagem dupla, a saber, de um lado o corpo real e do outro o perispírito transfigurado? Fatos estranhos, dos quais em breve falaremos, provam que o corpo real pode, de alguma sorte, ser velado pelo perispírito, em consequência da fascinação que em tais circunstâncias se opera no observador.

  O fenômeno que é objeto deste artigo já nos havia sido comunicado há muito tempo e, se dele ainda não havíamos falado, é por não ser nossa intenção fazer desta *Revista* um simples catálogo de fatos destinados a alimentar a curiosidade, uma árida compilação sem apreciação nem comentários. Nossa tarefa seria muito fácil, e nós a levamos mais a sério. Antes de tudo, dirigimo-nos aos homens de raciocínio, aos que, como nós, querem conhecer as coisas, pelo menos daquilo que nos é possível. Ora, ensinou-nos a experiência que os fatos, por mais estranhos e multiplicados sejam, de forma alguma são elementos de convicção; e o serão tanto menos quanto mais estranhos forem. Quanto mais extraordinário é um fato, tanto mais anormal nos parece e menos dispostos nos encontramos em dar-lhe crédito. Queremos ver e, quando vemos, ainda duvidamos; desconfiamos da ilusão e das conivências. Já não é assim quando encontramos uma causa plausível para os fatos. Todos os dias vemos pessoas que outrora atribuíam os fenômenos espíritas à imaginação e à credulidade cega e que hoje são adeptos fervorosos, precisamente porque agora esses fenômenos não lhes repugnam a razão; explicam-nos, compreendem a sua possibilidade e neles creem, *mesmo sem os ter visto*. Antes de falar de certos fatos, tivemos de esperar que os princípios fundamentais estivessem suficientemente desenvolvidos, a fim de compreender suas causas. O da transfiguração está nesse número. Para nós, o Espiritismo é mais do que uma crença: é uma Ciência; e nos sentimos felizes por ver que nossos leitores nos compreenderam.

# Diatribes

Certamente algumas pessoas esperam encontrar aqui uma resposta a certos ataques pouco respeitosos, dos quais a Sociedade, nós pessoalmente, e os partidários do Espiritismo, em geral, temos sido vítimas nos últimos tempos. Pedimos que se reportem ao artigo sobre a polêmica espírita, que encabeça o nosso número de novembro último, em que fizemos profissão de fé a esse respeito. Apenas acrescentaremos algumas palavras, já que não nos ocupamos com discussões ociosas. Os que têm tempo a perder para sorrir de tudo, mesmo daquilo que não compreendem; tempo para a maledicência, para a calúnia ou para o deboche, que fiquem satisfeitos: não lhes criaremos nenhum obstáculo. A Sociedade Parisiense de Estudos Espíritas, composta de homens honrados pelo saber e por suas posições, tanto franceses quanto estrangeiros, médicos, escritores, artistas, funcionários, oficiais, negociantes etc.; recebendo diariamente as mais altas notabilidades sociais e correspondendo-se com todas as partes do mundo, está acima da pequenez das intrigas, do ciúme e do amor-próprio; ela prossegue seus trabalhos na calma e no recolhimento, sem se inquietar com as piadas de mau gosto, que não poupam sequer as organizações respeitáveis.

Quanto ao Espiritismo em geral, que é uma das forças da natureza, a zombaria será destruída, como aconteceu contra muitas outras coisas que o tempo já consagrou. Essa utopia, essa maluquice, como o chamam certas pessoas, já deu a volta ao mundo e nenhuma diatribe impedirá sua marcha, do mesmo modo que outrora os anátemas não impediram a Terra de girar. Deixemos, pois, que os zombeteiros riam à vontade, visto ser isso que lhes apraz; fá-lo-ão à custa do espírito. Riem bastante da religião: por que não haveriam de rir do Espiritismo, que é apenas uma ciência? Esperamos que nos prestem mais serviços do que prejuízos e nos façam economizar despesas com publicidade, porque não há um só de seus artigos, por mais espirituosos que sejam, que não tenha estimulado a venda de alguns de nossos livros ou não nos tenha proporcionado algumas assinaturas. Obrigado, pois, a eles pelo serviço que nos prestam involuntariamente.

Igualmente temos pouco a dizer quanto ao que nos toca pessoalmente; se aqueles que nos atacam, quer de maneira ostensiva, quer disfarçada, imaginam que nos perturbam, perdem seu tempo; se pensam em nos barrar o caminho, enganam-se do mesmo modo, pois nada pedimos e apenas aspiramos a nos tornar úteis, no limite das forças que Deus nos concedeu. Por mais modesta seja a nossa posição, contentamo-nos com aquilo que para muitos seria mediocridade; não ambicionamos posição, nem honras, nem fortuna; não procuramos o mundo nem os seus prazeres; o que não podemos ter não nos causa nenhum desgosto e o vemos com a mais completa indiferença. Visto não fazerem parte de nossos gostos, não invejamos aqueles que possuem tais vantagens, se vantagens há, o que aos nossos olhos é um problema, porquanto os prazeres efêmeros deste mundo não asseguram melhor lugar no outro; pelo contrário. Nossa vida é toda de labor e de estudo e consagramos ao trabalho até os momentos de repouso. Aí nada há que cause inveja. Como tantos outros, trazemos a nossa pedra ao edifício que se levanta; entretanto, coraríamos se disso fizéssemos um degrau para alcançar o que quer que fosse. Que outros tragam mais pedras que nós; que outros trabalhem tanto e melhor que nós e os veremos com sincera alegria. O que queremos, antes de tudo, é o triunfo da verdade, venha de onde vier, pois não temos a pretensão de ver sozinho a luz; se disso deve resultar alguma glória, o campo a todos está aberto e estenderemos a mão a quantos nesta rude caminhada nos seguirem com lealdade, abnegação e sem segundas intenções particulares.

Sabíamos muito bem que, empunhando abertamente o estandarte das ideias de que nos fizemos propagadores e afrontando preconceitos, atrairíamos inimigos, sempre prontos a desferir dardos envenenados contra quem quer que levante a cabeça e se ponha em evidência. Há, entretanto, uma diferença capital entre eles e nós: não lhes desejamos o mal que nos procuram fazer, porque compreendemos a fragilidade humana e é somente nisso que a eles nos julgamos superior; nós nos rebaixamos pela inveja, pelo ódio, pelo ciúme e por todas as paixões mesquinhas, mas nos elevamos pelo esquecimento das ofensas: eis a moral espírita. Não vale ela mais do que a das pessoas que dilaceram o próximo? Ela nos foi ditada pelos Espíritos que nos assistem e por aí podemos julgar se eles são *bons* ou *maus*. A moral espírita mostra-nos as coisas do alto tão grandiosas e as de baixo tão pequenas que não podemos senão lamentar os que voluntariamente se torturam para proporcionar a si mesmos alguma satisfação efêmera ao seu amor-próprio.

# Conversas familiares de Além-Túmulo

## Paul Gaimard

Médico da marinha e viajante naturalista, falecido no dia 11 de dezembro de 1858, com 58 anos. Evocado a 24 do mesmo mês por um de seus amigos, o Sr. Sardou

1. *Evocação.*

*Resp.* – Eis-me aqui. Que desejais?

2. Qual é o teu estado atual?

*Resp.* – Erro como os Espíritos que deixam a Terra e que desejam avançar na senda do bem. Buscamos, estudamos e depois escolhemos.

3. Tuas ideias sobre a natureza do homem modificaram-se?

*Resp.* – Muito. Bem podeis avaliar.

4. Que pensas agora do gênero de vida que levaste durante a existência que acabas de deixar aqui na Terra?

*Resp.* – Estou contente porque trabalhei.

5. Para o homem, acreditavas que tudo se acabasse no túmulo. Daí o teu epicurismo e o desejo que algumas vezes exprimias de viver bastante para aproveitar a vida. Que pensas dos vivos que têm apenas essa filosofia?

*Resp.* – Eu os lamento, embora isso lhes sirva; com tal sistema podem apreciar friamente tudo quanto entusiasma os outros homens, permitindo-lhes julgar de maneira sadia muitas coisas que fascinam os crédulos.

Observação – É a opinião pessoal do Espírito. Nós a damos como tal, e não como máxima.

6. O homem que se esforça moralmente, mais que intelectualmente, age melhor do que aquele que se liga sobretudo ao progresso intelectual e negligencia o progresso moral?

*Resp.* – Sim. O progresso moral é mais importante. Deus dá o espírito como recompensa aos bons, enquanto o moral deve ser adquirido.

7. Que entendes por espírito que Deus dá?

*Resp.* – Uma vasta inteligência.

8. Entretanto há muitas pessoas más que possuem uma vasta inteligência.

*Resp.* – Já o disse. Perguntastes o que era preferível buscar adquirir e eu vos disse que o moral era preferível. Mas quem trabalha o aperfeiçoamento de seu Espírito pode adquirir um alto grau de inteligência. Quando entendereis com facilidade?

9. Estás completamente desprendido da influência material do corpo?

*Resp.* – Sim. Aquilo que sobre isso vos foi dito não compreende senão uma classe da humanidade.

Observação – Aconteceu muitas vezes que Espíritos evocados, mesmo alguns meses depois de sua morte, declararam encontrar-se ainda sob a influência da matéria. Entretanto, todos eles tinham sido homens que não haviam progredido moralmente, nem intelectualmente. É a essa parte da humanidade que se refere o Espírito Paul Gaimard.

10. Tiveste na Terra outras existências além da última?

*Resp.* – Sim.

11. Esta última é a consequência da precedente?

*Resp.* – Não; houve um grande intervalo entre elas.

12. Malgrado esse longo intervalo, não poderia haver, entretanto, uma certa relação entre essas duas existências?

*Resp.* – Se me fiz entender, cada minuto de nossa vida é consequência do minuto que o precede.

Observação – O Dr. B..., que assistia a esta reunião, externou a opinião de que certas tendências, certos instintos, por vezes despertados em nós, bem poderiam ser o reflexo de uma existência anterior. Citou vários fatos perfeitamente constatados em mulheres jovens que, durante a gravidez, se viram impelidas a atos ferozes; por exemplo, uma que se lançou sobre o braço de um açougueiro e lhe deu grandes dentadas; outra que cortou a cabeça de uma criança e ela mesma a levou ao comissário de polícia; uma terceira que matou o marido, cortou-o em pedacinhos, salgou-o e dele se alimentou durante vários dias. O médico perguntou se aquelas mulheres não haviam sido antropófagas numa existência anterior.

13. Ouviste o que acaba de dizer o Dr. B...; nas mulheres grávidas, os instintos que conhecemos sob o nome de desejos não resultariam de hábitos contraídos numa existência anterior?

*Resp.* – Não; resultam de uma loucura transitória; de uma paixão no seu mais alto grau. O Espírito fica eclipsado pela vontade.

OBSERVAÇÃO – O Dr. B... faz notar que os médicos consideram realmente esses fatos como casos de loucura transitória. Nós compartilhamos essa opinião, mas não pelos mesmos motivos, pois as pessoas que não estão familiarizadas com os fenômenos espíritas geralmente são levadas a atribuí-los exclusivamente às causas que conhecem. Estamos persuadidos de que devemos ter reminiscências de certas disposições morais anteriores; diremos até que é impossível que seja de outro modo, pois o progresso não se realiza senão gradualmente. Mas aqui não é o caso, e o que o prova é o fato de as pessoas mencionadas não demonstrarem nenhum sinal de agressividade fora de seu estado patológico; evidentemente, nelas só havia uma perturbação momentânea das faculdades morais. Reconhece-se o reflexo das disposições anteriores por outros sinais, de certa maneira inequívocos, e que desenvolveremos em artigo especial, apoiado pelos fatos.

14. Em tua última existência houve simultaneamente progresso moral e intelectual?

*Resp.* – Sim; sobretudo intelectual.

15. Poderias dizer-nos qual foi o gênero de tua penúltima existência?

*Resp.* – Oh! fui obscuro. Tive uma família que tornei infeliz; mais tarde o expiei amargamente. Mas por que mo perguntais? Isso já passou e agora me encontro em novas fases.

OBSERVAÇÃO – P. Gaimard morreu celibatário, com 64 anos. Mais de uma vez lamentou não haver constituído um lar.

16. Esperas reencarnar dentro de pouco tempo?

*Resp.* – Não; antes eu quero pesquisar. Gostamos desse estado de erraticidade porque a alma tem mais domínio de si; o Espírito tem mais consciência de sua força; a carne pesa, obscurece e entrava.

Observação – Todos os Espíritos afirmam que no estado de erraticidade pesquisam, estudam e observam, a fim de poderem escolher. Não está aí a contrapartida da vida corporal? Muitas vezes não erramos durante anos, antes de nos fixarmos na carreira que julgamos mais adequada à nossa caminhada evolutiva? Por vezes não mudamos, à medida que avançamos em idade? Cada dia não é empregado na busca do que faremos no dia seguinte?

Ora, o que representam as diferentes existências corporais para os Espíritos, senão fases, períodos, dias da vida espírita que, como sabemos, é a vida normal, já que a vida corporal é transitória e passageira? Haverá algo mais sublime do que essa teoria? Não está em consonância com a harmonia grandiosa do universo? Ainda uma vez, não fomos nós que a inventamos e lamentamos não possuir esse mérito; porém, quanto mais nos aprofundamos mais a achamos fecunda na solução de problemas até agora inexplicados.

17. Em que planeta pensas ou desejas reencarnar?

*Resp.* – Não sei: dai-me tempo para procurar.

18. Que gênero de existência pedirás a Deus?

*Resp.* – A continuação desta última; o maior desenvolvimento possível das faculdades intelectuais.

19. Parece que colocas em primeiro plano o desenvolvimento das faculdades intelectuais, atribuindo menor importância às faculdades morais, apesar do que disseste anteriormente.

*Resp.* – Meu coração ainda não se encontra bastante formado para bem poder apreciar as outras.

20. Vês outros Espíritos e com eles entras em relação?

*Resp.* – Sim.

21. Entre eles não haverá alguns que tenhas conhecido na Terra?

*Resp.* – Sim; Dumont-d'Urville.[20]

22. Vês também o Espírito Jacques Arago,[21] com o qual viajaste?

*Resp.* – Sim.

23. Esses Espíritos se acham nas tuas mesmas condições?

*Resp.* – Não; uns mais elevados; outros em posição inferior.

24. Referimo-nos aos Espíritos de Dumont-d'Urville e Jacques Arago.

*Resp.* – Não desejo particularizar.

25. Estás satisfeito por te havermos evocado?

*Resp.* – Sim; especialmente por causa de uma pessoa.

26. Podemos fazer algo por ti?

*Resp.* – Sim.

27. Se te evocássemos dentro de alguns meses, estarias disposto a responder ainda às nossas perguntas?

*Resp.* – Com prazer. Adeus.

---

[20] N.E.: Jules Dumont d'Urville (1790–1842), oficial naval e explorador francês.

[21] N.E.: Jacques Etienne Victor Arago (1790–1855), romancista, dramaturgo, desenhista, pintor, prestidigitador, lipogramista e explorador francês.

28. Tu te despedes; concede-nos o prazer de dizer aonde vais.

*Resp.* – Neste ritmo (para falar como o fiz alguns dias atrás) vou atravessar um espaço mil vezes mais considerável que o percurso que fiz na Terra em minhas viagens, que eu considerava tão longínquas; e tudo isso em menos de um segundo, de um pensamento. Irei a uma reunião de Espíritos, em que tomarei lições e poderei aprender minha nova ciência, minha vida nova. Adeus.

OBSERVAÇÃO – Quem conheceu perfeitamente o Sr. Paul Gaimard confessará que esta comunicação está marcada pelo cunho de sua individualidade. Aprender, ver, conhecer era a sua paixão dominante; é isso que explica suas viagens ao redor do mundo e às regiões do polo norte, assim como suas excursões à Rússia e à Polônia, quando do primeiro surto de cólera na Europa. Dominado por essa paixão e pela necessidade de satisfazê-la, conservava um raro sangue-frio diante dos maiores perigos; assim, por sua calma e por sua firmeza ele soube livrar-se das garras de uma tribo de antropófagos que o haviam surpreendido no interior de uma ilha da Oceania.

Uma palavra sua caracteriza perfeitamente essa avidez de ver fatos novos, de assistir ao espetáculo de acidentes imprevistos. "Que felicidade!" — exclamou certo dia durante o período mais dramático da revolução de 1848 — "que felicidade viver numa época tão fértil em acontecimentos extraordinários e imprevistos!"

Seu espírito, voltado quase exclusivamente para as ciências que tratavam da matéria organizada, negligenciara bastante as ciências filosóficas. Assim, poder-se-ia dizer que lhe faltava elevação nas ideias. Entretanto, nenhum ato de sua vida prova que alguma vez tivesse desconhecido as grandes leis morais impostas à humanidade. Em suma, o Sr. Paul Gaimard tinha uma bela inteligência: essencialmente probo e honesto, naturalmente obsequioso, era incapaz de cometer a menor injustiça a quem quer que fosse. Talvez lhe possamos apenas censurar o ter sido demasiadamente amigo dos prazeres, mas o mundo e os prazeres não corromperam o seu raciocínio nem o seu coração. Por isso o Sr. Paul Gaimard mereceu os pesares de seus amigos e de quantos o conheceram.

Sardou

## Sra. Reynaud

Sonâmbula, falecida em Annonay há cerca de um ano. Embora iletrada em seu estado natural, sua lucidez era notável, sobretudo em questões médicas.

Um de nossos correspondentes que a conhecera, pensando que pudesse obter ensinamentos úteis, dirigiu-nos algumas perguntas para lhe serem feitas, caso julgássemos conveniente interrogá-la, o que fizemos na sessão da Sociedade do dia 28 de janeiro de 1859. Às perguntas de nosso correspondente acrescentamos as que nos pareceram interessantes.

1. *Evocação.*

*Resp.* – Eis-me aqui. O que desejais de mim?

2. Tendes uma lembrança exata de vossa existência corporal?

*Resp.* – Sim, muito precisa.

3. Podeis descrever-nos vossa atual situação?

*Resp.* – É a mesma dos demais Espíritos que habitam a Terra: geralmente possuem a intuição do bem e, entretanto, não podem conseguir a felicidade completa, reservada somente aos mais elevados em perfeição.

4. Quando viva, éreis sonâmbula lúcida. Poderíeis dizer-nos se vossa lucidez de então era análoga à que tendes agora, como Espírito?

*Resp.* – Não; era diferente por não ter a prontidão nem a justeza que meu Espírito possui agora.

5. A lucidez sonambúlica é uma antecipação da vida espírita, isto é, um isolamento do Espírito em relação à matéria?

*Resp.* – É uma das fases da vida terrena, mas a vida terrena é a mesma que a vida celeste.

6. Que quereis dizer, afirmando que a vida terrestre é a mesma que a vida celeste?

*Resp.* – Que a cadeia das existências é formada de anéis seguidos e contínuos: nenhuma interrupção lhe detém o curso. Pode-se, pois, dizer que a vida terrestre é a continuação da vida precedente e o prelúdio da vida celeste futura, e assim por diante, para todas as encarnações que o Espírito venha a ter. Daí resulta que entre essas duas existências não há uma separação tão absoluta quanto pensais.

OBSERVAÇÃO – Durante a vida terrestre o Espírito ou alma pode agir independentemente da matéria, e em certos momentos o homem desfruta da vida espírita, seja durante o sono, seja mesmo no estado de vigília. As faculdades do Espírito se exercem malgrado a presença do corpo, havendo, entre a vida terrestre e a de Além-Túmulo, uma constante correlação, que levou a Sra. Reynaud a dizer que era a mesma; a resposta subsequente definiu claramente o seu pensamento.

7. Por que, então, nem todos são sonâmbulos?

*Resp.* – É que ainda ignorais que todos vós o sois, mesmo durante o sono e em vigília, embora em graus diferentes.

8. Compreendemos que todos o sejamos mais ou menos durante o sono, pois que o estado de sonho é uma espécie de sonambulismo imperfeito. Mas o que quereis significar dizendo que o somos, mesmo em estado de vigília?

*Resp.* – Não tendes intuições que não percebeis, e que nada mais são que uma faculdade do Espírito? O poeta é um médium, um sonâmbulo.

9. Vossa faculdade sonambúlica contribuiu para o desenvolvimento do vosso Espírito depois da morte?

*Resp.* – Pouco.

10. No momento da morte estivestes perturbada muito tempo?

*Resp.* – Não; reconheci-me imediatamente: estava cercada de amigos.

11. Atribuís à lucidez sonambúlica o vosso pronto desprendimento?

*Resp.* – Sim, um pouco. Já conhecia previamente a sorte dos agonizantes. Contudo, isso de nada me teria valido se eu não houvesse possuído uma alma capaz de encontrar uma vida melhor por outros meios que não fossem apenas ter boas faculdades.

12. É possível ser bom sonâmbulo sem que se possua um Espírito de ordem elevada?

*Resp.* – Sim. As faculdades estão sempre em relação; apenas vos enganais quando pensais que elas requeiram boas disposições. Não; o que julgais ser um bem muitas vezes é um mal. Como não compreendeis, irei desenvolver este assunto:

Há sonâmbulos que conhecem o futuro, contam fatos passados dos quais nenhum conhecimento possuem em seu estado normal; outros sabem descrever perfeitamente os caracteres daqueles que os interrogam; sabem dizer a idade com exatidão, assim como o montante de dinheiro que carregam consigo etc. Isso não demanda nenhuma superioridade real; é simplesmente o exercício da faculdade que possui o Espírito e que se manifesta nos sonâmbulos adormecidos. O que requer uma real superioridade é o uso que dela podem fazer para o bem; é a consciência do bem e do mal; é conhecer Deus melhor que os homens; é poder dar conselhos aptos a fazê-los progredir na senda do bem e da felicidade.

13. O uso que o sonâmbulo faz de sua faculdade influi sobre o seu estado de espírito após a morte?

*Resp.* – Sim, e muito, assim como a boa ou má utilização de todas as faculdades que Deus nos concedeu.

14. Podeis explicar-nos como tínheis conhecimentos médicos, sem haverdes realizado nenhum estudo?

*Resp.* – É sempre uma faculdade espiritual: outros Espíritos me aconselhavam; eu era médium: é o estado de todos os sonâmbulos.

15. Os medicamentos prescritos por um sonâmbulo são sempre indicados por outros Espíritos ou também são dados instintivamente, como ocorre entre os animais, que vão procurar a erva que lhes é salutar?

*Resp.* – São-lhes indicados, caso o sonâmbulo peça conselho ou quando sua experiência não lhe seja suficiente. Ele os conhece por suas qualidades.

16. O fluido magnético é o agente da lucidez dos sonâmbulos, como a luz o é para nós?

*Resp.* – Não; é o agente do sono.

17. O fluido magnético é o agente da visão, no estado de Espírito?

*Resp.* – Não.

18. Vede-nos aqui tão claramente como nos veríeis caso estivésseis viva com o vosso corpo?

*Resp.* – Melhor agora; o que vejo a mais é o homem interior.

19. Ver-nos-íeis igualmente se estivéssemos na obscuridade?

*Resp.* – Do mesmo modo.

20. Vede-nos tão bem, melhor ou pior do que nos veríeis quando viva, mas em estado sonambúlico?

*Resp.* – Melhor ainda.

21. Qual o agente ou intermediário que vos faz ver?

*Resp.* – Meu Espírito. Não tenho olhos nem pupilas, nem retina, nem cílios e, entretanto, vejo melhor do que vedes os vossos vizinhos; vedes por meio dos olhos, mas na verdade quem vê é o vosso Espírito.

22. Tendes consciência da obscuridade?

*Resp.* – Sei que ela existe para vós, não para mim.

OBSERVAÇÃO – Isso confirma o que sempre nos foi dito: a faculdade de ver é uma propriedade inerente à própria natureza do Espírito, residindo em todo o seu ser, enquanto no corpo é localizada.

23. A dupla vista pode ser comparada ao estado sonambúlico?

*Resp.* – Sim; trata-se de uma faculdade que não procede do corpo.

24. O fluido magnético emana do sistema nervoso ou está espalhado na atmosfera?

*Resp.* – Do sistema nervoso, mas o sistema nervoso o extrai da atmosfera, sua fonte principal. A atmosfera não o possui em si; ele vem dos seres que povoam o universo: o nada não o produz. É, ao contrário, um acúmulo de vida e de eletricidade, liberada dessa multidão de existências.

25. O fluido nervoso é um fluido próprio ou resultaria da combinação de todos os outros fluidos imponderáveis que penetram nos corpos, tal como o calórico, a luz, a eletricidade?

*Resp.* – Sim e não. Não conheceis bastante esses fenômenos para falardes assim; vossos termos não exprimem aquilo que quereis dizer.

26. De onde provém o entorpecimento causado pela ação magnética?

*Resp.* – Agitação produzida pela sobrecarga do fluido que o magnetizado concentra.

27. O poder magnético do magnetizador depende de sua constituição física?

*Resp.* – Sim, mas muito mais de seu caráter; numa palavra: de si mesmo.

28. Quais as qualidades morais que no sonâmbulo podem auxiliá-lo a desenvolver a sua faculdade?

*Resp.* – As boas. Perguntastes as que podem auxiliar.

29. Quais os defeitos que mais o prejudicam?

*Resp.* – A má-fé.

30. Quais são as qualidades mais essenciais para o magnetizador?

*Resp.* – As do coração; as boas intenções sempre firmes; o desinteresse.

31. Quais os defeitos que mais o prejudicam?

*Resp.* – As más inclinações, ou melhor, o desejo de prejudicar.

32. Quando viva e no estado sonambúlico víeis os Espíritos?

*Resp.* – Sim.

33. Por que nem todos os sonâmbulos os veem?

*Resp.* – Todos os veem por momentos e em diversos graus de clareza.

34. De onde vem a certas pessoas que não são sonâmbulas a faculdade de ver os Espíritos no estado de vigília?

*Resp.* – Isso é dom de Deus, como para outros o são a inteligência e a bondade.

35. Essa faculdade procede de uma organização física especial?

*Resp.* – Não.

36. Pode-se perder essa faculdade?

*Resp.* – Sim, como pode ser adquirida.

37. Quais são as causas que podem determinar a sua perda?

*Resp.* – Já o dissemos: as más intenções. Como primeira condição, é necessário que se proponha a fazer bom uso dela; isso posto, deve-se julgar se tal favor é merecido, porquanto ele não é dado inutilmente. O que prejudica os que a possuem é que ela se mescla quase sempre a essa infeliz paixão humana que tão bem conheceis — o orgulho — mesmo quando desejam levar a melhores resultados. Vangloriam-se daquilo que não é senão obra de Deus e, muitas vezes, querem tirar proveito. Adeus.

38. Deixando-nos agora ireis a que lugar?

*Resp.* – Às minhas ocupações.

39. Poderíeis dizer-nos quais são essas ocupações?

*Resp.* – Como vós, tenho algumas. Primeiro procuro instruir-me e, para isso, frequento a sociedade dos que são melhores do que eu; como entretenimento, faço o bem e minha vida se passa na esperança de alcançar uma felicidade maior. Não temos nenhuma necessidade material a satisfazer e, consequentemente, toda a nossa atividade se volta para o nosso progresso moral.

## Hitoti, chefe taitiano

Um oficial da marinha, presente à sessão da Sociedade no dia 4 de fevereiro último, mostrou desejo de evocar um chefe taitiano chamado Hitoti, que conhecera pessoalmente durante sua passagem na Oceania.

1. *Evocação.*

*Resp.* – Que quereis?

2. Poderíeis dizer-nos por que preferistes abraçar a causa francesa na Oceania?

*Resp.* – Eu gostava dessa nação. Aliás, meu interesse a tanto me obrigava.

3. Ficastes satisfeito com a viagem à França que facultamos ao vosso neto e com os cuidados que lhe dispensamos?

*Resp.* – Sim e não. Talvez essa viagem tenha aperfeiçoado bastante o seu Espírito, mas o tornou completamente estranho à sua pátria, facultando-lhe certas ideias que jamais brotariam dele.

4. Das recompensas que recebestes do governo francês, quais as que vos deram maior satisfação?

*Resp.* – As condecorações.

5. E entre essas condecorações, qual a que preferis?

*Resp.* – A da Legião de Honra.

OBSERVAÇÃO – Essa circunstância era ignorada do médium e de todos os assistentes; foi confirmada pela pessoa que fazia a evocação. Embora o médium que servia de intermediário fosse intuitivo, e não mecânico, como tal pensamento poderia ser dele mesmo? Poder-se-ia admiti-lo se tratando de uma pergunta banal, mas isso não seria admissível quando se trata de um fato positivo, do qual nada podia dar-lhe uma ideia.

6. Sois mais feliz agora do quando éreis vivo?

*Resp.* – Sim, muito mais.

7. Em que estado se encontra o vosso Espírito?

*Resp.* – Errante, mas devo reencarnar brevemente.

8. Quais as vossas ocupações nessa vida errante?

*Resp.* – Instruir-me.

OBSERVAÇÃO – Essa resposta é quase geral em todos os Espíritos errantes; os que se acham mais avançados moralmente acrescentam que se ocupam em fazer o bem, assistindo os que necessitam de seus conselhos.

9. De que maneira vos instruís, porquanto não deveis fazê-lo da mesma maneira que o fazíeis quando vivo?

*Resp.* – Não; trabalho meu Espírito; viajo. Para vós, compreendo que isto é pouco inteligível; mais tarde vireis a sabê-lo.

10. Quais as regiões que frequentais com mais boa vontade?

*Resp.* – Regiões? Persuadi-vos de que não viajo mais à vossa Terra. Vou mais alto, mais baixo, acima e abaixo, moral e fisicamente. Vi e examinei com o maior cuidado mundos ao nascente e ao poente e que ainda se acham em estado de terrível barbárie e outros que se encontram imensamente acima de vós.

11. Dissestes que em breve reencarnaríeis; sabeis em que mundo?

*Resp.* – Sim; nele já estive várias vezes.

12. Podereis designá-lo?

*Resp.* – Não.

13. Por que em vossas viagens negligenciais a Terra?

*Resp.* – Já a conheço.

14. Embora não viajeis mais pela Terra, pensais ainda em algumas pessoas que nela amastes?

*Resp.* – Pouco.

15. Não vos ocupais, portanto, das pessoas que vos dispensaram afeição?

*Resp.* – Pouco.

16. Lembrai-vos delas?

*Resp.* – Muito bem, mas nós nos veremos e espero pagar tudo isso. Perguntam-me se me preocupo com isso? Não, mas nem por isso os esqueço.

17. Não revistes esse amigo ao qual eu aludia há pouco e que, como vós, está morto?

*Resp.* – Sim, mas nós nos veremos mais materialmente: encarnaremos na mesma esfera e nossas existências se aproximarão.

18. Nós vos agradecemos por terdes atendido ao nosso apelo.

*Resp.* – Adeus. Trabalhai e pensai.

OBSERVAÇÃO – A pessoa que fez a evocação e que conhece os costumes desses povos declara que esta última frase está de acordo com os seus hábitos; entre eles é uma locução de uso um tanto banal, e que o médium não podia adivinhar. Reconhece também que a entrevista, na sua inteireza, condiz com o caráter do Espírito evocado, e que sua identidade é evidente.

A resposta à pergunta 17 oferece uma particularidade notável: *Encarnaremos na mesma esfera e nossas existências se aproximarão.* É evidente que os seres que se amaram encontrar-se-ão no mundo dos Espíritos, mas, segundo várias respostas análogas, algumas vezes parece que eles podem seguir-se numa outra existência corporal, na qual as circunstâncias os aproximam sem que de nada desconfiem, quer por laços de parentesco, quer por relações amigáveis. Isto nos dá a razão de certas simpatias.

## UM ESPÍRITO TRAVESSO

O Sr. J..., um de nossos colegas da Sociedade, por diversas vezes tinha visto chamas azuis passeando sobre o seu leito. Certo de que se tratava de uma manifestação, no dia 20 de janeiro último tivemos a ideia de evocar um desses Espíritos, a fim de nos instruirmos sobre a sua natureza.

1. *Evocação.*
*Resp.* – Que queres de mim?

2. Com que objetivo te manifestaste na casa do Sr. J...?
*Resp.* – Que te importa?

3. A mim pouco importa, é verdade, mas para ele é diferente.
*Resp.* – Ah! Bela razão!

OBSERVAÇÃO – Essas primeiras perguntas foram feitas pelo Sr. Kardec. O Sr. J... prosseguiu com o interrogatório.

4. É que não recebo de bom grado qualquer pessoa em minha casa.

*Resp.* – Não tens razão; sou muito bom.

5. Dize, então, por favor, o que vinhas fazer em minha casa?

*Resp.* – Por acaso acreditas que, pelo fato de ser bom, eu te deva obedecer?

6. Disseram-me que és um Espírito muito leviano.

*Resp.* – Julgaram-me muito mal a esse respeito.

7. Se é uma calúnia, prova-o.

*Resp.* – Não me incomodo.

8. Eu poderia empregar um meio para obrigar-te a dizer quem és.

*Resp.* – Palavra de honra, isso não poderia senão me divertir um pouco.

9. Intimo-te a dizer-me o que vens fazer em minha casa.

*Resp.* – Não tinha senão um propósito: divertir-me.

10. Isso não tem relação com o que me foi dito pelos Espíritos superiores.

*Resp.* – Fui mandado à tua casa e já conheces a razão. Estás satisfeito?

11. Mentiste, pois?

*Resp.* – Não.

12. Não tinhas, então, más intenções?

*Resp.* – Não, disseram-te o mesmo que eu.

13. Poderias dizer-nos qual é a tua posição entre os Espíritos?

*Resp.* – Tua curiosidade me agrada.

14. Pois que pretendes ser bom, por que me respondes de maneira tão pouco conveniente?

*Resp.* – Acaso eu te insultei?

15. Não; entretanto, por que respondes de maneira evasiva, recusando-te a dar as informações que te peço?

*Resp.* – Sob o comando de certos Espíritos, sou livre para fazer o que quiser.

16. Ora, ora, vejo que começas a ficar mais razoável e imagino que iremos ter relações mais amigáveis.

*Resp.* – Deixa de palavreado: será muito melhor.

17. Sob que forma te apresentas aqui?

*Resp.* – Não tenho mais forma.

18. Sabes o que é o perispírito?

*Resp.* – Não; a menos que seja o vento.

19. Que poderia eu fazer para te ser agradável?

*Resp.* – Já te disse: cala-te.

20. A missão que vieste cumprir em minha casa fez que avançasses como Espírito?

*Resp.* – Isto é outra coisa; não me faças tais perguntas. Já sabes que obedeço a certos Espíritos; dirige-te a eles. Quanto a mim, peço para ir embora.

21. Acaso teríamos tido más relações em outra existência e seria isso a causa do teu mau humor?

*Resp.* – Não te lembras de quanto disseste mal de mim, a quem quisesse ouvir? Cala-te, digo-te eu.

22. De ti não falei senão o que foi dito pelos Espíritos superiores a teu respeito.

*Resp.* – Disseste também que eu te havia obsidiado.

23. Ficaste satisfeito com o resultado que obtiveste?

*Resp.* – Isso não é contigo.

24. Preferes então que eu conserve de ti uma má impressão?

*Resp.* – É possível. Vou-me embora.

Observação – Pelas conversas relatadas podemos constatar a extrema diversidade que existe na linguagem dos Espíritos, conforme o seu grau de elevação. A dos Espíritos desta natureza é quase sempre caracterizada pela grosseria e pela impaciência. Quando são chamados às reuniões sérias sentimos que não comparecem de bom grado; têm pressa de partir porque não se sentem à vontade no meio de seus superiores e das pessoas que os embaraçam com perguntas. Não se dá o mesmo nas reuniões frívolas, em que nos divertimos com as suas facécias: estão no seu próprio ambiente e o aproveitam com alegria.

# Plínio, o moço

## Carta de Plínio, o moço, a Sura – Livro VII – Carta 27

"O repouso que desfrutamos permite que ensineis e me permite aprender. Gostaria, pois, de saber se os fantasmas têm algo de real, se têm uma verdadeira fisionomia, se são gênios ou se não passam de imagens vãs, delineadas por imaginações perturbadas pelo temor. O que me leva a crer que há verdadeiros espectros é o que me disseram ter acontecido a Curtius Rufus. Na época em que ele não possuía nem fortuna nem nome, havia acompanhado à África aquele a quem coubera o governo. Ao cair da noite, passeava sob um pórtico quando uma mulher, de imagem e de beleza sobre-humanas, se lhe apresentou e disse-lhe: 'Eu sou a África. Venho predizer o que te vai acontecer. Irás a Roma, ocuparás os maiores cargos e, em seguida, voltarás para governar esta província, onde morrerás.'

Tudo aconteceu como ela havia predito. Diz-se mesmo que aportando em Cartago, ao sair do navio, a mesma figura se apresentou a ele, vindo ao seu encontro no cais.

O que há de verdade é que ele caiu doente e, julgando o futuro pelo passado, a infelicidade que o ameaçava pela boa sorte que havia desfrutado, logo desesperou de sua cura, a despeito da opinião otimista dos seus.

Mas eis aqui outra história, não menos surpreendente e bem mais aterradora. Vou narrá-la tal qual a recebi:

'Havia em Atenas uma casa muito grande e muito confortável, mas desacreditada e deserta. No mais profundo silêncio da noite ouviam-se ruídos de ferros e, caso se prestasse mais atenção, um ruído de correntes, que de início parecia vir de longe para, em seguida, aproximar-se. Logo surgia um espectro semelhante a um velho, muito magro, bastante abatido, com uma longa barba, cabelos arrepiados, corrente nos pés e nos pulsos, que sacudia horrivelmente. Daí as noites horrorosas e insones para os habitantes daquela casa. A insônia prolongada trazia a doença, e esta, redobrando o pavor, era seguida da morte. Durante o dia, embora o espectro não aparecesse, a impressão que havia deixado o revivia sempre aos olhos de todos e o medo causado provocava novo temor. Por fim, a casa foi abandonada e deixada inteiramente ao fantasma. Entretanto, puseram um aviso de que estava exposta à venda ou para alugar, no pressuposto de que alguém, menos avisado de tão terrível incômodo, viesse a ser enganado.

O filósofo Atenodoro veio a Atenas. Viu o aviso e perguntou o preço. A modicidade fez que desconfiasse; procurou informar-se. Contaram-lhe a história e, longe de interromper o negócio, cuidou de concluí-lo sem demora. Instalou-se e à tarde ordenou que preparassem seu leito no aposento da frente, que lhe trouxessem suas tabuinhas de escrever, sua pena e uma luz, e que as demais pessoas se retirassem para os fundos da casa. Temendo que sua imaginação chegasse a um temor tão frívolo que o fizesse acreditar em fantasmas, aplicou sua mente, seus olhos e sua mão a escrever. No início da noite um profundo silêncio reinou pela casa como por toda parte. Em seguida começou a ouvir o entrechoque de ferros e o barulho das correntes; não levantou os olhos nem deixou sua pena; tranquilizou-se e se esforçou para escutar. O ruído aumentava e se achegava a ele; parecia surgir ao lado da porta do quarto. Ele olhou e percebeu o espectro, tal qual lho haviam descrito. O fantasma estava de pé e o chamava com o dedo. Com a mão Atenodoro fez-lhe um sinal para que esperasse um pouco, continuando a escrever como se nada estivesse acontecendo. O espectro recomeçou o barulho com as correntes, ferindo os ouvidos do filósofo. Este olhou ainda uma vez e percebeu que continuava sendo chamado com o dedo. Então, sem mais demora, levantou-se, tomou da luz e o seguiu. O fantasma marchava a passo lento, como se o peso das correntes o oprimisse. Chegando ao pátio da casa, desapareceu de repente, deixando ali nosso filósofo, que apanhou ervas e folhas e as colocou no local em que ele o havia deixado, a fim de o poder reconhecer. No dia seguinte foi procurar os magistrados e pediu que mandassem escavar aquele lugar. Cavaram e encontraram ossos ainda presos às correntes; o tempo havia consumido as carnes. Depois que tudo foi cuidadosamente reunido, fizeram o enterro publicamente, prestaram ao morto as derradeiras homenagens e, desde então, nada mais perturbou o sossego daquela casa.'

O que acabo de relatar eu o creio sob a palavra de outrem. Mas eis o que posso assegurar aos outros sob a minha própria fé:

Tenho um liberto chamado Marcus, que absolutamente não é ignorante. Estava deitado com o seu irmãozinho quando lhe pareceu ver alguém sentado em seu leito e que aproximava uma tesoura de sua cabeça e chegava a cortar-lhe os cabelos acima da fronte. Quando o dia nasceu percebeu que os cabelos haviam sido cortados no alto da cabeça e estavam espalhados à sua volta. Pouco depois semelhante aventura aconteceu com um de meus familiares e não mais me permiti duvidar da veracidade da outra. Um de meus jovens escravos dormia com seus companheiros no lugar que lhes era destinado. Dois homens vestidos de branco — é assim que ele o contava — vieram pela janela, rasparam-lhe a cabeça quando estava deitado e se foram como tinham vindo. À luz do dia seguinte encontraram-no tosquiado, como haviam encontrado o outro, e os cabelos cortados achavam-se esparsos no chão.

Essas aventuras não tiveram nenhuma consequência, a não ser que fui acusado perante Domiciano, sob cujo império elas ocorreram. Eu não teria escapado se ele tivesse vivido, pois encontraram em sua pasta uma petição contra mim, dada por Carus. Daí se pode conjecturar que, como o costume dos acusados é negligenciar os cabelos e deixá-los crescer, aqueles que haviam cortado os da minha gente indicavam que eu estava fora de perigo. Suplico, pois, que ponhais aqui toda a vossa erudição. O assunto é digno de profunda meditação e talvez eu não seja indigno de participar de vossas luzes. Se, conforme é vosso costume, fizerdes um balanço das duas opiniões contrárias, fazei com que a balança penda para algum lado, a fim de me tirar da inquietude em que me encontro, já que não vos consulto senão por isso. Adeus."

Respostas de Plínio, o moço, às perguntas que lhe foram dirigidas na sessão da Sociedade do dia 28 de janeiro de 1859.

1. *Evocação*.

*Resp.* – Falai; eu responderei.

2. Embora estejais morto há 1.743 anos, tendes recordação de vossa existência em Roma ao tempo de Trajano?

*Resp.* – Por que, então, nós, Espíritos, não nos haveríamos de recordar? Lembrais-vos de muitos atos de vossa infância. Que é, pois, para o Espírito uma existência passada, senão a infância das existências pelas quais devemos passar antes de chegarmos ao fim de nossas provas? Toda existência terrena ou envolvida pelo véu material é uma caminhada para o éter e, ao mesmo tempo, uma infância espiritual e material: espiritual porque o Espírito ainda se acha no começo das provas; e material porque apenas está adentrando as fases mais grosseiras pelas quais deve passar, a fim de depurar-se e instruir-se.

3. Poderíeis dizer-nos o que tendes feito desde aquela época?

*Resp.* – Seria longo dizer o que fiz; procurei fazer o bem; sem dúvida não quereis passar horas inteiras até que eu conte tudo; contentai-vos, pois, com uma resposta. Repito: procurei fazer o bem, instruir-me e levei criaturas terrestres e errantes a se aproximarem do Criador de todas as coisas, daquele que nos dá o pão da vida espiritual e material.

4. Que mundo habitais agora?

*Resp.* – Pouco importa; estou um pouco em toda parte; o espaço é o meu domínio, bem como o de muitos outros. São questões que um Espírito sábio e esclarecido pela luz santa e divina não deve responder ou somente fazê-lo em ocasiões muito raras.

5. Numa carta que escrevestes a Sura relatais três casos de aparição. Lembrai-vos deles?

*Resp.* – Eu os confirmo, porque são verdadeiros. Tendes fatos semelhantes diariamente, aos quais não prestais a menor atenção; são bastante simples, contudo; à época em que eu vivia, nós os achávamos surpreendentes. Não vos deveis admirar; deixai de lado essas coisas, pois tendes outras bem mais extraordinárias.

6. Entretanto, gostaríamos de vos dirigir algumas perguntas a respeito.

*Resp.* – Contanto que eu vos responda de maneira geral; isto vos deve bastar. Perguntai, pois, se fazeis questão absoluta; serei, no entanto, lacônico em minhas respostas.

7. No primeiro caso, uma mulher aparece a Curtius Rufus e lhe diz que é a África. Quem era essa mulher?

*Resp.* – Uma grande figura. Parece-me que ela é muito simples para homens esclarecidos, tais os do século XIX.

8. Qual a razão que impelia o Espírito que apareceu a Atenodoro, e por que aquele ruído de correntes?

*Resp.* – Marca da escravidão, manifestação; meio de convencer os homens, de chamar-lhes a atenção, fazendo falar da coisa e provar a existência do mundo espiritual.

9. Defendias, perante Trajano, a causa dos cristãos perseguidos. Foi por simples razões humanitárias ou por convicção da veracidade de sua doutrina?

*Resp.* – Eu tinha os dois motivos, mas o aspecto humanitário ocupava o segundo lugar.

10. Que pensais do vosso panegírico de Trajano?

*Resp.* – Ele teria necessidade de ser refeito.

11. Escrevestes uma história do vosso tempo que se perdeu. Poderíeis reparar essa perda no-la ditando?

*Resp.* – O mundo dos Espíritos não se manifesta especialmente por estas coisas. Tendes certos tipos de manifestações, mas elas têm o seu objetivo: são outras tantas balizas, fincadas à direita e à esquerda na grande estrada da verdade, mas deixai-as de lado e não vos ocupeis com isso nem a isso consagreis os vossos estudos. A nós compete o cuidado de ver e julgar aquilo que vos importa saber.

Cada coisa tem seu tempo; não vos afasteis, pois, da linha que vos traçamos.

12. Folgamos em prestar justiça às vossas boas qualidades e, sobretudo, ao vosso desinteresse. Dizem que não exigíeis coisa alguma dos clientes que defendíeis. Esse desinteresse era assim tão grande em Roma quanto o é entre nós?

*Resp.* – Não lisonjeeis as minhas qualidades passadas. Não lhes atribuo nenhuma importância. O desinteresse não é muito cultivado em vosso século. Em cada duzentos homens, encontrareis apenas um ou dois verdadeiramente desinteressados; bem sabeis que é o século do egoísmo e do dinheiro. Os homens do presente são feitos de lama e revestidos de metal. Outrora havia coração, a verdadeira força dos Antigos; hoje só existe a posição social.

13. Sem pretender absolver nosso século, parece-nos que ainda é preferível àquele em que vivestes, em que a corrupção atingia o seu apogeu e a delação nada conhecia de sagrado.

*Resp.* – Faço uma generalização que é bem verdadeira. Sei que à época em que eu vivia não existia muito desinteresse; entretanto, havia aquilo que não possuís ou, pelo menos, que o possuís em dose muito fraca: o amor do belo, do nobre, do grande. Falo para todo o mundo. O homem do presente, sobretudo os povos do Ocidente, os franceses particularmente, têm o coração pronto para fazer grandes coisas, mas isso não passa de um relâmpago. Logo vem a reflexão e a reflexão pondera e diz: o positivo, o positivo antes de tudo; e o dinheiro e o egoísmo voltam a tomar a frente. Nós nos manifestamos justamente porque vos afastais dos grandes princípios dados por Jesus. Adeus. Ainda não o compreendeis.

Observação – Compreendemos muito bem que nosso século ainda deixa muito a desejar; sua chaga é o egoísmo e o egoísmo gera a cupidez e a sede das riquezas. Sob esse aspecto está longe do desinteresse de que o povo romano ofereceu tantos exemplos sublimes em certa época, mas que não foi a de Plínio. No entanto, seria injusto desconhecer a sua superioridade em mais de um ponto, mesmo sobre os mais belos tempos de Roma, que também tiveram os seus exemplos de barbárie. Havia, então, ferocidade até na grandeza e no desinteresse, ao passo que o nosso século será marcado pelo abrandamento dos costumes, pelos sentimentos de justiça e de humanidade que presidem a todas as instituições que vê nascer e, até, nas querelas entre os povos.

Allan Kardec

# Revista Espírita
Jornal de Estudos Psicológicos
ANO II    ABRIL DE 1859    Nº 4

## Quadro da vida espírita

Todos nós, sem exceção, mais cedo ou mais tarde atingiremos o termo fatal da vida; nenhuma força nos poderá subtrair a essa necessidade, eis o que é positivo. As preocupações do mundo muitas vezes nos desviam o pensamento daquilo que se passa Além-Túmulo; quando, porém, chega o momento supremo, poucos são os que não se perguntam em que se transformarão, pois a ideia de deixar a existência sem possibilidade de retorno tem algo que corta o coração. Realmente, quem poderia encarar com indiferença a hipótese de uma separação absoluta e eterna de tudo quanto amou? Quem poderia ver sem pavor abrir-se à sua frente o imenso abismo do nada, em que iriam desaparecer para sempre todas as nossas faculdades, todas as nossas esperanças? "Quê! depois de mim o nada; nada mais que o vazio; tudo acabado e sem retorno; mais alguns dias e a minha lembrança se apagará na memória dos que me sobreviverem; em breve não restará nenhum traço de minha passagem na Terra; o próprio bem que fiz será esquecido pelos ingratos a quem obsequiei; e nada compensará tudo isso, nenhuma outra perspectiva a não ser meu corpo sendo roído pelos vermes." Este quadro do fim de um materialista, traçado por um Espírito que tinha vivido esses pensamentos, não tem algo de horrível, de glacial? Ensina-nos a religião que não pode ser assim, e a razão no-lo confirma. Mas essa existência futura, vaga e indefinida, nada tem que satisfaça o nosso amor do que é positivo. É isso que gera a dúvida em muitas pessoas. Consideremos que tenhamos uma alma. Mas o que é a nossa alma? Terá uma forma, uma aparência qualquer? É um ser limitado ou indefinido? Dizem uns que é um sopro de Deus; outros que é uma centelha; outros, que é uma parte do grande todo, o princípio da vida e da inteligência. Mas o que significa tudo isso? Diz-se, ainda, que é imaterial. Mas uma coisa imaterial não poderia ter propriedades definidas; para nós isto nada representa. Ensina-nos ainda a religião que seremos felizes ou infelizes, conforme o bem ou o mal que houvermos feito. Mas o que é essa felicidade que nos espera no seio de Deus? Será uma beatitude, uma contemplação eterna, sem outro objetivo além de cantar louvores ao Criador? Serão as chamas do inferno uma realidade ou uma ficção? A própria Igreja o entende nesta última acepção, mas quais são esses sofrimentos? Onde o lugar do suplício? Em suma, o que se faz e o que se vê nesse mundo que nos espera a todos? Diz-se que ninguém voltou até agora para nos dar informações. Eis aí um erro, e a missão do Espiritismo é precisamente esclarecer-nos sobre esse futuro, fazendo-nos, até certo ponto, tocá-lo e vê-lo, não mais pelo raciocínio, mas pelos fatos. Graças às comunicações espíritas isso já não é uma presunção, uma probabilidade, sobre a qual cada um imagina à vontade, os poetas embelezam com as suas ficções ou semeiam de imagens alegóricas e enganadoras; é a própria realidade que nos aparece, pois são os próprios seres de Além-Túmulo que nos vêm descrever a sua situação e dizer-nos o que fazem, permitindo-nos, por assim dizer, assistir a todas as peripécias de sua nova vida e mostrando-nos, desse modo, a sorte inevitável que nos aguarda, conforme nossos méritos e deméritos. Haverá nisso algo de antirreligioso? Muito ao contrário, pois os incrédulos nele encontram a fé e os tíbios uma renovação do fervor e da confiança. O Espiritismo é, pois, o mais poderoso auxiliar da religião. Se existe é porque Deus o permite, para reanimar nossas esperanças vacilantes e nos reconduzir à senda do bem, pela perspectiva do futuro que nos aguarda.

As conversas familiares de Além-Túmulo que publicamos, relatando a situação dos Espíritos que nos falam, dão-nos conta de suas penas, de suas alegrias e ocupações; são o quadro animado da vida espírita e nele podemos encontrar as analogias que nos interessam pela própria variedade dos assuntos tratados. Tentaremos resumir o seu conjunto.

Consideremos, em primeiro lugar, a alma ao deixar este mundo e vejamos o que se passa nessa transmigração. Extinguindo-se as forças vitais, o Espírito se desprende do corpo no momento em que cessa a vida orgânica, mas a separação não é brusca ou instantânea, por vezes começando antes da cessação completa da vida; nem sempre é completa no instante da morte. Já sabemos que entre o Espírito e o corpo há um laço semimaterial que constitui um primeiro envoltório: é esse laço que não se quebra subitamente e, enquanto perdura, fica o Espírito num estado de perturbação comparável ao que acompanha o despertar. Muitas vezes duvida de sua morte; sente que existe, vê-se e não compreende que possa viver sem o corpo, do qual se percebe separado; os laços que ainda o prendem à matéria o tornam acessível a certas sensações, que toma como sensações físicas. Não é senão quando se acha completamente livre que o Espírito se reconhece: até então não percebe a sua situação. Como já o dissemos em outras ocasiões, a duração desse estado de perturbação é muito variável: pode ser de algumas horas como de vários meses, mas é raro que ao cabo de alguns dias o Espírito não se reconheça mais ou menos bem. Entretanto, como tudo lhe é estranho e desconhecido, falta-lhe certo tempo para familiarizar-se com a sua nova maneira de perceber as coisas.

É solene o instante em que um deles vê cessar a sua escravização pela ruptura dos laços que o prendiam ao corpo; à sua entrada no mundo dos Espíritos ele é acolhido pelos amigos que o vêm receber, como se voltasse de penosa viagem. Se a travessia foi feliz, isto é, se o tempo de exílio foi empregado de maneira proveitosa para si e o elevou na hierarquia do mundo dos Espíritos, eles o felicitam. Ali reencontra os conhecidos, mistura-se aos que o amam e com ele simpatizam, começando, então, verdadeiramente, para ele, sua nova existência.

O envoltório semimaterial do Espírito constitui uma espécie de corpo de forma definida, limitada e análoga à nossa. Mas esse corpo não tem os nossos órgãos e não pode sentir todas as nossas impressões. Entretanto, percebe tudo quanto percebemos: a luz, os sons, os odores etc. Por nada terem de material, nem por isso essas sensações deixam de ser menos reais; têm, até, algo de mais claro, de mais preciso, de mais sutil, porque lhe chegam sem intermediário, sem passar pela fieira dos órgãos que as enfraquecem. A faculdade de perceber é inerente ao Espírito: é um atributo de todo o seu ser; as sensações lhe chegam de todas as partes, e não por canais circunscritos. Um deles nos dizia, falando da visão: "É uma faculdade do Espírito, e não do corpo; vedes pelos olhos, mas não é o olho que vê, é o Espírito."

Pela conformação de nossos órgãos, temos necessidade de certos veículos para as sensações; é assim que nos é necessária a luz para refletir os objetos e o ar para transmitir o som. Esses veículos se tornam inúteis, desde que não temos mais os intermediários que os tornavam necessários. O Espírito, pois, vê sem o auxílio da nossa luz, ouve sem necessidade das vibrações do ar; eis por que, para ele, não há obscuridade. Mas as sensações perpétuas e indefinidas, por mais agradáveis que sejam, tornar-se-iam fatigantes com o tempo, se não lhe fosse possível subtrair-se a elas. Assim, tem o Espírito a faculdade de suspendê-las; pode deixar de ver à vontade, ouvir ou sentir tais coisas e, consequentemente, não ver, não ouvir e não sentir o que não queira. Essa faculdade está na razão de sua superioridade, porquanto há coisas que os Espíritos inferiores não podem evitar, pelo que se torna penosa a sua situação.

É essa nova maneira de sentir que o Espírito não compreende no início, da qual só aos poucos se dá conta. Aqueles cuja inteligência é ainda muito atrasada não a compreendem de forma alguma e sentiriam muita dificuldade em descrevê-la: absolutamente como entre nós os ignorantes veem e se movem, sem saber como e por quê.

Essa impossibilidade de compreender o que está acima de seu alcance, associada à fanfarrice, companheira ordinária da ignorância, é a fonte das teorias absurdas dadas por certos Espíritos e que nos induziriam em erro, caso as aceitássemos sem controle e não nos assegurássemos do grau de confiança que merecem, pelos meios proporcionados pela experiência e pelo hábito de com eles conversar.

    Há sensações que têm sua fonte no próprio estado de nossos órgãos. Ora, as necessidades inerentes ao nosso corpo não podem ocorrer, desde que o corpo não existe mais. O Espírito, portanto, não experimenta fadiga nem necessidade de repouso ou de nutrição, porque não tem nenhuma perda a reparar, como não é acometido por nenhuma de nossas enfermidades. As necessidades do corpo determinam as necessidades sociais que, para os Espíritos, não mais existem, tais como as preocupações dos negócios, as discórdias, as mil e umas tribulações do mundo e os tormentos a que nos entregamos para garantirmos as necessidades ou as coisas supérfluas da vida. Eles sentem piedade pelos esforços que despendemos em razão das futilidades; quanto mais felizes são os Espíritos elevados, tanto maior sofrimento experimentam os inferiores. Entretanto, esses sofrimentos se expressam como angústias que, embora nada tenham de físico, nem por isso são menos pungentes; eles têm todas as paixões e todos os desejos que tinham em vida — falamos dos Espíritos inferiores — e seu castigo é não os poder satisfazer. Isso representa uma verdadeira tortura, que julgam perpétua, porque sua própria inferioridade não lhes permite ver o termo, o que, para eles, também é um castigo.

    A palavra articulada também é uma necessidade de nossa organização. Não necessitando de vibrações sonoras para lhes ferir os ouvidos, os Espíritos se entendem pela simples transmissão do pensamento, assim como muitas vezes nos entendemos por meio de um simples olhar. Todavia, os Espíritos fazem barulho. Sabemos que podem agir sobre a matéria e esta nos transmite o som. É assim que se dão a entender, seja por meio de pancadas, seja por gritos que vibram no ar, mas, então, é por nós que o fazem, e não por eles. Voltaremos ao assunto em artigo especial, em que trataremos da faculdade dos médiuns audientes.

Enquanto arrastamos o nosso corpo pesado e material pela terra, como o trabalhador forçado a sua corrente, o dos Espíritos, vaporoso e etéreo, transporta-se sem fadiga de um a outro lugar, vencendo o espaço com a rapidez do pensamento e em tudo penetrando, visto que a matéria não lhe opõe nenhum obstáculo.

O Espírito vê tudo o que vemos, e mais claramente do que nós. Além disso, vê aquilo que nossos sentidos limitados não nos permitem ver; penetrando a própria matéria, ele descobre o que a matéria subtrai à nossa vista.

Os Espíritos não são, pois, seres vagos, indefinidos, conforme as definições abstratas da alma a que nos referimos pouco atrás. São seres reais, determinados, circunscritos, gozando de todas as nossas faculdades e de muitas outras que nos são desconhecidas, porque inerentes à sua natureza; têm as qualidades da matéria que lhes é peculiar e constituem o mundo invisível que povoa o espaço, cercando-nos e se acotovelando incessantemente conosco. Suponhamos, por um instante, que o véu material que os oculta à nossa vista seja rasgado: ver-nos-íamos envolvidos por uma multidão de seres que vão e vêm, agitando-se à nossa volta e nos observando, como o faríamos se nos encontrássemos em uma assembleia de cegos. Para os Espíritos nós somos os cegos e eles são os videntes.

Dissemos que ao entrar em sua nova vida o Espírito necessita de algum tempo para se reconhecer, que tudo lhe é estranho e desconhecido. Sem dúvida haverão de perguntar como pode ser assim, já que ele teve outras existências corporais. Essas existências foram separadas por intervalos, durante os quais ele habitava o mundo dos Espíritos; tal mundo, portanto, não lhe deveria ser desconhecido, considerando que não o vê pela primeira vez.

Várias causas contribuem para que essas percepções lhe pareçam novas, embora já as tenha experimentado. Dissemos que a morte é sempre seguida por um instante de perturbação, que pode ser de curta duração. Nesse estado, suas ideias são sempre vagas e confusas; de alguma sorte a vida corporal se confunde com a vida espírita e ele ainda não as pode separar em seu pensamento. Dissipada a primeira impressão, as ideias pouco a pouco se tornam claras e, com elas, a lembrança do passado, que não volta senão gradualmente à memória, porquanto jamais essa memória irrompe bruscamente. Apenas quando ele se encontra completamente desmaterializado é que o passado se desdobra à sua frente, como algo impreciso, saindo de um nevoeiro. Somente então ele se recorda de todos os atos de sua última existência, seguidos dos atos das existências anteriores e de suas diversas passagens pelo mundo dos Espíritos. Concebe-se, pois, que durante certo tempo esse mundo lhe deva parecer novo, até que ele se tenha reconhecido completamente e a lembrança das sensações ali experimentadas lhe tenha voltado de maneira precisa. Mas a esta causa deve juntar-se uma outra, não menos preponderante.

    O estado do Espírito, como Espírito, varia extraordinariamente, na razão do grau de sua elevação e pureza. À medida que se eleva e se depura, suas percepções e sensações se tornam menos grosseiras, adquirindo mais primor, mais sutileza e mais delicadeza; vê, sente e compreende coisas que não podia ver, nem sentir, nem compreender numa condição inferior. Ora, cada existência corporal, sendo para ele uma oportunidade de progresso, condu-lo a um novo meio, porque se encontra, caso haja progredido, entre Espíritos de outra ordem, cujas ideias, pensamentos e hábitos são diferentes. Acrescente-se que tal depuração lhe permite penetrar, sempre como Espírito, em mundos inacessíveis aos Espíritos inferiores, como entre nós os salões da alta sociedade são interditos às pessoas mal-educadas. Quanto menos esclarecido, tanto mais limitado é o seu horizonte; à medida que se eleva e se depura, esse horizonte se amplia e, com ele, o círculo de suas ideias e percepções. A seguinte comparação nos permite compreendê-lo. Suponhamos um camponês bruto e ignorante, vindo a Paris pela primeira vez. Conhecerá e compreenderá a Paris do mundo sábio e elegante? Não, porque frequentará apenas as pessoas de sua classe e os bairros que elas habitam. Mas se, no intervalo de uma segunda viagem, esse camponês se desenvolveu, havendo adquirido instrução e boas maneiras, outros serão seus hábitos e as suas relações. Verá, então, um mundo novo para ele, que em nada se assemelhará à Paris de outrora. O mesmo acontece com os Espíritos; nem todos, porém, experimentam esse mesmo grau de incerteza. À medida que progridem, suas ideias se desenvolvem e a memória se aperfeiçoa: familiarizam-se antecipadamente com a sua nova situação; seu retorno entre os outros Espíritos nada mais tem que os surpreenda; encontram-se em seu meio normal e, passado o primeiro momento de perturbação, reconhecem-se quase imediatamente.

Tal é a situação geral dos Espíritos, no chamado estado de erraticidade. Mas o que fazem nesse estado? Como passam o tempo? Para nós essas questões são de interesse capital e eles mesmos é que vão respondê-las, como foram eles que nos deram as explicações que acabamos de fornecer, pois nada disso é produto de nossa imaginação; não se trata de um sistema saído de nosso cérebro: julgamos conforme vemos e ouvimos. Abstraindo-nos de qualquer opinião sobre o Espiritismo, haveremos de convir que essa teoria da vida de Além-Túmulo nada tem de irracional; ela apresenta uma sequência e um encadeamento perfeitamente lógicos, que honrariam mais de um filósofo.

Seria erro pensar que a vida espírita seja uma vida ociosa. É, ao contrário, essencialmente ativa, e todos nos falam de suas ocupações; tais ocupações diferem necessariamente, conforme seja o Espírito errante ou encarnado. No estado de encarnação, elas são relativas à natureza dos globos por eles habitados, às necessidades que dependem do estado físico e moral desses mundos, bem como da organização dos seres vivos. Não é isso que vamos tratar aqui; falaremos somente dos Espíritos errantes. Entre os que alcançaram certo grau de elevação, uns velam pela realização dos desígnios de Deus nos grandes destinos do universo; dirigem a marcha dos acontecimentos e concorrem para o progresso de cada mundo; outros tomam os indivíduos sob sua proteção, constituindo-se em seus gênios tutelares e anjos da guarda, acompanhando-os desde o nascimento até a morte, buscando encaminhá-los na senda do bem: é uma felicidade para eles quando os seus esforços são coroados de sucesso. Alguns encarnam em mundos inferiores, para neles realizarem missões de progresso; por seus trabalhos, exemplos, conselhos e ensinamentos procuram fazer que uns progridam nas Ciências ou nas Artes, outros na moral. Submetem-se, então, voluntariamente às vicissitudes de uma vida corporal muitas vezes penosa, com vistas a fazer o bem, e o bem que fazem lhes é levado em conta. Outros, finalmente, não têm atribuições especiais: vão a toda parte onde a sua presença pode ser útil, dão conselhos, inspiram boas ideias, sustentam a coragem dos que vacilam, fortificam os fracos e castigam os presunçosos.

Se considerarmos o número infinito de mundos que povoam o universo e o incalculável número de seres que o habitam, compreenderemos que os Espíritos têm muito em que se ocupar; tais ocupações, porém, nada têm de penosas; eles as realizam com alegria, voluntariamente, sem constrangimento, e sua felicidade é triunfar naquilo que empreendem; ninguém pensa numa ociosidade eterna, que seria um verdadeiro suplício. Quando as circunstâncias o exigem, reúnem-se em conselho, deliberam sobre a marcha a seguir, conforme os acontecimentos, dão ordens aos Espíritos que lhes são subordinados e vão para onde o dever os chama. Essas assembleias são mais ou menos gerais ou particulares, conforme a importância do assunto; nenhum lugar especial e circunscrito é destinado a essas reuniões: o espaço é o domínio dos Espíritos. Entretanto, elas se realizam de preferência nos globos onde estão os seus objetivos. Os Espíritos encarnados, que neles estão em missão, delas participam conforme a sua elevação; enquanto o corpo repousa, vão haurir conselhos dos outros Espíritos e, muitas vezes, receber ordens sobre a conduta que devem adotar como homens. É verdade que ao despertar não conservam uma lembrança precisa daquilo que se passou, delas guardando a intuição, que os leva a agir como se o fizessem por conta própria.

Descendo na hierarquia, encontramos Espíritos menos elevados, menos depurados e, consequentemente, menos esclarecidos; nem por isso deixam de ser bons, preenchendo funções análogas nas esferas de atividades mais restritas. Sua ação, em vez de estender-se aos diferentes mundos, exerce-se mais especialmente num globo determinado e está relacionada com o seu grau de desenvolvimento; sua influência é mais individual e tem como objetivo coisas de menor importância.

A seguir vem a multidão de Espíritos vulgares, mais ou menos bons ou maus, que pululam à nossa volta. Eles se elevam pouco a pouco acima da humanidade, da qual representam todos os matizes e os refletem, pois que dela guardam os vícios e as virtudes. Em grande número deles encontramos os gostos, as ideias e inclinações que possuíam em vida. Suas faculdades são limitadas, seu julgamento falível como o dos homens e, muitas vezes, errôneo e imbuído de preconceitos.

Em outros o senso moral é mais desenvolvido; sem terem grande superioridade nem grande profundidade, julgam com mais acerto, condenando muitas vezes o que fizeram, disseram ou pensaram em vida. Ademais, há uma coisa notável: mesmo entre os Espíritos mais vulgares, a maioria tem sentimentos mais depurados como Espíritos do que como homens, desde que a vida espírita os esclarece sobre os seus defeitos; salvo poucas exceções, arrependem-se amargamente e lamentam o mal que fizeram, porque lhes sofrem mais ou menos cruelmente as consequências. Vimos alguns deles que não eram melhores do que o haviam sido em vida; jamais, porém, piores. O endurecimento absoluto é muito raro e apenas temporário, porque, cedo ou tarde, acabam padecendo a sua posição e pode-se mesmo dizer que todos aspiram ao aperfeiçoamento, porque compreendem que este é o único meio de sair da sua inferioridade. Instruir-se, esclarecer-se, eis aí a sua grande preocupação, *e eles se sentem felizes quando a isso podem acrescentar pequenas missões de confiança que os elevam aos seus próprios olhos.*

Têm, também, suas assembleias, mais ou menos sérias, conforme a natureza de seus pensamentos. Falam-nos, veem e observam o que se passa; imiscuem-se em nossas reuniões, em nossos jogos, em nossas festas e espetáculos, bem como em nossas ocupações sérias. Ouvem nossas conversas: os mais levianos para se divertirem, para rirem à nossa custa ou para nos pregarem alguma peça, caso o possam; os outros para se instruírem. Observam os homens, analisam o seu caráter e fazem o que chamam estudo de costumes, com vistas à escolha de sua futura existência.

Vimos o Espírito no momento em que, deixando o corpo, entra em sua nova vida. Analisamos as suas sensações e seguimos o desenvolvimento gradual de suas ideias. Os primeiros momentos são empregados em se reconhecerem e em se darem conta do que com eles se passa. Em suma, experimentam, por assim dizer, suas faculdades, como a criança que, pouco a pouco, vê crescer suas forças e pensamentos. Falamos dos Espíritos vulgares, porquanto os outros, como já dissemos, de alguma sorte estão previamente identificados com o estado espírita, que nenhuma surpresa lhes causa, a não ser a alegria de se encontrarem livres dos entraves e dos sofrimentos corporais. Entre os Espíritos inferiores muitos sentem saudades da vida terrena, porque sua situação como Espírito é cem vezes pior. Eis por que buscam uma distração na visão do que outrora constituíam as suas delícias, embora até mesmo essa visão lhes seja um suplício, já que sentem desejos, mas não os podem satisfazer.

A necessidade de progredir é geral entre os Espíritos; é isso que os impele ao trabalho por seu melhoramento, porque compreendem que é este o preço de sua felicidade. Nem todos, porém, experimentam tal necessidade no mesmo grau, sobretudo no início; alguns chegam mesmo a comprazer-se numa espécie de vagabundagem, mas que não dura muito tempo; logo a atividade se torna para eles uma necessidade imperiosa, à qual, aliás, são impelidos por outros Espíritos, que lhes estimulam os sentimentos do bem.

Vem a seguir o que se pode chamar de escória do mundo espírita, constituída de todos os Espíritos impuros, cuja única preocupação é o mal. Sofrem e desejariam que todos sofressem como eles. A inveja lhes torna odiosa toda superioridade; o ódio é a sua essência. Não podendo assenhorear-se dos Espíritos, apoderam-se dos homens, atacando os que lhes parecem mais fracos. Excitar as más paixões, insuflar a discórdia, separar os amigos, provocar rixas, alimentar o orgulho dos ambiciosos para, em seguida, se darem ao prazer de abatê-los, espalhando o erro e a mentira — numa palavra, desviar do bem — tais são os seus pensamentos dominantes.

Mas por que permite Deus que assim seja? Deus não tem que nos prestar contas. Dizem-nos os Espíritos superiores que os maus são provações para os bons, e que não há virtude onde não há vitória a conquistar. Ademais, se esses Espíritos malfazejos se reúnem na Terra, é que nela encontram eco e simpatia. Consolemo-nos imaginando que, acima desta abjeção que nos cerca, há seres puros e benevolentes que nos amam, sustentam-nos, encorajam-nos e nos estendem os braços para nos levarem até eles, conduzindo-nos a mundos melhores onde o mal não encontra acesso, caso saibamos fazer aquilo que é preciso para merecê-lo.

## Fraudes espíritas[22]

Os que não admitem a realidade das manifestações físicas geralmente atribuem à fraude os efeitos produzidos. Baseiam-se no fato de que os prestidigitadores hábeis fazem coisas que parecem prodígios, para quem não lhes conhece os segredos, concluindo que os médiuns não passam de escamoteadores. Já refutamos este argumento, ou melhor, esta opinião, principalmente nos nossos artigos sobre o Sr. Home e nos números da *Revista Espírita* de janeiro e fevereiro de 1858. Aqui, pois, diremos apenas algumas palavras, antes de falarmos de coisa mais séria.

[...]

---

[22] Nota do tradutor: Vide *O livro dos médiuns*, Segunda parte, cap. XXVIII, it. 314 a 316.

Pelo fato de haver charlatães que recomendam drogas nas praças públicas, mesmo de haver médicos que, sem irem à praça pública, iludem a confiança de seus clientes, seguir-se-á que todos os médicos são charlatães e a classe médica haja perdido a consideração que merece? De haver indivíduos que vendem tintura por vinho, conclui-se que todos os negociantes de vinho são falsificadores e que não há vinho puro? Abusa-se de tudo, mesmo das coisas mais respeitáveis e bem se pode dizer que a fraude também tem o seu gênio. Mas a fraude visa sempre a um fim, a um interesse material qualquer; onde nada haja a ganhar, não há nenhum interesse em enganar. Foi por isso que dissemos, falando dos médiuns mercenários, que a melhor de todas as garantias é o desinteresse absoluto.

Dir-se-á que essa garantia não é única, porque em matéria de prestidigitação há amadores muito hábeis, que visam apenas a distrair a sociedade e disso não fazem uma profissão. Não poderia dar-se o mesmo com os médiuns? Sem dúvida que por alguns momentos podemos nos divertir, divertindo os outros; porém, para nisso passar horas inteiras, durante semanas, meses e anos, fora necessário que se estivesse verdadeiramente possuído do demônio da mistificação, e o primeiro mistificado seria o mistificador. Não repetiremos aqui tudo que já foi dito sobre a boa-fé dos médiuns e dos assistentes, quanto a serem joguetes de uma ilusão ou de uma fascinação. A isso já respondemos inúmeras vezes, bem como a todas as outras objeções, pelo que remetemos o leitor à nossa *Instrução prática sobre as manifestações*, e aos nossos artigos anteriores da *Revista*. Nosso objetivo aqui não é convencer os incrédulos. Se não se convencem pelos fatos, não se deixarão convencer pelo raciocínio; seria, pois, perder nosso tempo. Ao contrário, dirigimo-nos aos adeptos, a fim de preveni-los contra os subterfúgios de que poderiam ser vítimas da parte de pessoas interessadas, por um motivo qualquer, em simular certos fenômenos; dizemos certos fenômenos porque alguns há que evidentemente desafiam toda habilidade de prestidigitação, tais como o movimento de objetos sem contato, a suspensão de corpos pesados no espaço, os golpes desferidos em diferentes posições, as aparições etc. E, ainda, para alguns desses fenômenos, até certo ponto seria possível a simulação, tal o progresso realizado pela arte da imitação.

O que é necessário fazer em semelhantes casos é observar atentamente as circunstâncias e, sobretudo, levar em conta o caráter e a posição das pessoas, a finalidade e o interesse que poderiam ter em enganar: eis aí o melhor de todos os controles, pois há circunstâncias que afastam todo motivo de suspeita. Desse modo, estabelecemos como princípio que é preciso desconfiar de todos quantos fizessem desses fenômenos um espetáculo ou um objeto de curiosidade e de divertimento, ou que deles tirassem qualquer proveito, por menor que fosse, vangloriando-se de produzi-los à vontade e a qualquer momento. Nunca seria demasiado repetir que as inteligências ocultas que se manifestam têm suas susceptibilidades e querem provar-nos que também possuem livre-arbítrio e não se submetem aos nossos caprichos.

De todos os fenômenos físicos, um dos mais comuns é o dos golpes internos, vibrados na própria substância da madeira, com ou sem movimento da mesa ou de qualquer objeto que possa ser utilizado. Ora, sendo esse efeito um dos mais fáceis de imitar e também um dos mais frequentemente produzidos, julgamos de utilidade revelar uma pequena astúcia com a qual podemos ser enganados: basta colocar as mãos abertas sobre a mesa, suficientemente próximas para que as unhas dos polegares se apoiem fortemente uma na outra; então, por um movimento muscular absolutamente imperceptível, produz-se um atrito semelhante a um ruído seco, muito parecido com o da tiptologia interna. Esse ruído repercute na madeira e produz uma ilusão completa. Nada mais fácil do que fazer ouvir tantos golpes quanto se queira, uma batida de tambor etc., responder a certas perguntas pelo sim e pelo não, pelos números e até mesmo pela indicação das letras do alfabeto.

Uma vez prevenidos, o meio de reconhecer a fraude é bem simples. Não será mais possível se as mãos ficarem afastadas uma da outra e se estivermos seguros de que nenhum outro contato possa produzir o ruído. Aliás, os golpes autênticos oferecem essa característica: mudam de lugar e de timbre à vontade, o que não ocorre quando se devem à causa que assinalamos ou a outra análoga qualquer; que eles deixam a mesa para se fazerem ouvir em outra peça de mobiliário que ninguém toca; que, enfim, respondem a perguntas não previstas pelos assistentes.

Chamamos, pois, a atenção das pessoas de boa-fé para esse pequeno estratagema, bem como para outros que possam reconhecer, a fim de denunciá-los sem cerimônia. A possibilidade de fraude e de imitação não impede a realidade dos fatos, não podendo o Espiritismo senão ganhar em desmascarar os impostores. Se alguém nos disser: Vi tal fenômeno, mas havia fraude, responderemos que é possível; nós mesmos vimos pretensos sonâmbulos simularem o sonambulismo com muita habilidade, o que não impede que o sonambulismo deixe de ser um fato. Todo mundo já viu negociantes venderem algodão por seda, o que também não impede que haja verdadeiros tecidos de seda. É preciso examinar todas as circunstâncias e verificar se a dúvida tem fundamento. Nisso, porém, como em todas as coisas, é preciso ser perito. Ora, nós não poderíamos reconhecer como juiz de uma questão alguém que dela nada conhecesse.

Dizemos outro tanto dos médiuns escreventes. Pensa-se comumente que aqueles que são mecânicos oferecem mais garantias, não apenas pela independência das ideias, mas também contra o embuste. Pois bem! Isto é um erro! A fraude insinua-se por toda parte e sabemos com que habilidade é possível dirigir à vontade uma cesta ou uma prancheta que escreve, dando-lhes toda a aparência de movimentos espontâneos. O que levanta todas as dúvidas são os pensamentos expressos, venham de um médium mecânico, intuitivo, audiente, falante ou vidente. Há comunicações que escapam de tal forma das ideias, conhecimentos e, até mesmo, do alcance intelectual do médium, que seria necessário que nos enganássemos excessivamente para lhes dar crédito. Reconhecemos no charlatanismo uma grande habilidade e fecundos recursos, conquanto ainda não lhe reconheçamos o dom de dar saber a um ignorante, ou talento a quem não o tenha.

## Problema moral

### Os canibais

Um de nossos assinantes dirigiu-nos a seguinte pergunta, rogando-nos que fosse respondida pelos Espíritos que nos assistem, caso ainda não a tivesse sido.

"Os Espíritos errantes, depois de um lapso de tempo mais ou menos longo, desejam e pedem a Deus a reencarnação como meio de progresso espiritual. Escolhem as provas e, usando o livre-arbítrio, elegem naturalmente aquelas que lhes parecem mais apropriadas a esse progresso, no mundo onde a reencarnação lhes é permitida. Ora, durante sua existência errante, que empregam em instruir-se (são eles que nos dizem), ficam sabendo quais as nações que melhor podem fazê-los atingir o fim a que se propõem. Veem populaças ferozes, antropófagas e têm a certeza de que, nelas encarnando, tornar-se-ão ferozes e comedores de carne humana. Seguramente não é nesse meio que haverão de realizar o progresso espiritual; seus instintos brutais apenas terão adquirido mais consistência pela força do hábito. Eis então prejudicado o seu objetivo, quanto à escolha das encarnações entre tal ou qual povo.

"O mesmo acontece com certas posições sociais. Entre estas, certamente há as que apresentam obstáculos invencíveis ao progresso espiritual. Citarei apenas os magarefes nos matadouros, os carrascos etc. Dizem que tais criaturas são necessárias: umas, porque não podemos passar sem alimentação animal; outras, porque é preciso executar as decisões da justiça, requeridas pela nossa organização social. Não é menos verdade que, reencarnando no corpo de uma criança destinada a abraçar uma ou outra dessas profissões, deve o Espírito saber que envereda por caminho errado e que se priva voluntariamente dos meios que o podem conduzir à perfeição. Não poderia acontecer, com a permissão de Deus, que nenhum Espírito quisesse esses gêneros de existência e, nesse caso, qual a necessidade dessas profissões em nosso estamento social?"

A resposta a essa questão decorre de todos os ensinamentos que nos têm sido dados. Podemos, pois, respondê-la, sem ter que submetê-la novamente aos Espíritos.

É evidente que um Espírito já elevado, por exemplo, o de um europeu esclarecido, não poderá escolher como meio de progresso uma existência selvagem: em vez de avançar, retrogradaria. Mas sabemos que nossos próprios antropófagos não se encontram no último degrau da escala e que há mundos onde o embrutecimento e a ferocidade não têm analogia na Terra. Esses Espíritos ainda são inferiores aos mais atrasados Espíritos de nosso mundo e renascer entre nossos selvagens é, para eles, um progresso. Se não visam mais alto, é que sua inferioridade moral não lhes permite compreender um progresso mais completo. O Espírito não pode avançar senão gradualmente; deve passar sucessivamente por todos os graus, de forma que cada passo à frente seja uma base para assentar um novo progresso. Ele não pode transpor de um salto a distância que separa a barbárie da civilização, como o escolar não pode ser promovido, sem transição, do á-bê-cê à retórica. É nisso que vemos uma das necessidades da reencarnação, que está verdadeiramente conforme à Justiça de Deus. Não fora assim, em que se transformariam esses milhões de seres que morrem no último estado de degradação, caso não tivessem meios de atingir a superioridade? Por que os teria Deus deserdado dos favores concedidos aos outros homens? Nós o repetimos, por ser um ponto essencial: em razão de sua inteligência limitada, não compreendem o que é melhor senão do seu ponto de vista e dentro de estreitos limites. Há, entretanto, alguns que se transviam por quererem subir muito alto, e que nos oferecem o triste espetáculo da ferocidade no meio da civilização. Estes, voltando entre os canibais, lucrarão ainda.

Essas considerações também se aplicam às profissões de que fala o nosso correspondente. É evidente que oferecem superioridade relativa para certos Espíritos e não é nesse sentido que se deve compreender a escolha que farão. Pelo mesmo motivo, elas podem ser escolhidas como expiação ou como missão, porquanto nenhuma existe na qual não se possa encontrar oportunidade de fazer o bem e de progredir, pela própria maneira com que são exercidas.

Quanto à questão de saber em que se tornariam essas profissões, caso nenhum Espírito as quisesse abraçar, está respondida pelos fatos. Desde que os Espíritos que as alimentam procedem de mais baixo, não se deve temer o desemprego. Quando o progresso social permitir a supressão do ofício de carrasco, desaparecerá essa classe, e não os candidatos, que se irão apresentar entre outros povos ou em outros mundos menos adiantados.

## A indústria

*Comunicação espontânea do Sr. Croz, médium psicógrafo, lida na Sociedade no dia 21 de janeiro de 1859*

As empresas que vemos surgir diariamente são atos providenciais e o desenvolvimento de germes sedimentados pelos séculos. A humanidade e o planeta por ela habitado têm uma mesma existência, cujas fases se encadeiam e se correspondem.

Logo que se acalmam as grandes convulsões da natureza, passa a febre que impulsionava as guerras de extermínio, brilha a Filosofia, desaparece a escravidão e florescem as Ciências e as Artes.

A perfeição divina pode resumir-se no belo e no útil; e se Deus fez o homem à sua imagem é porque queria que ele vivesse de sua inteligência, como Ele próprio vive no seio dos esplendores da Criação.

Os empreendimentos que Deus abençoa, sejam quais forem as suas proporções, são aqueles que correspondem aos seus desígnios, trazendo o seu concurso à obra coletiva, cuja lei está escrita no universo: o belo e o útil. A Arte, filha do repouso e da inspiração, é o belo; a indústria, filha da ciência e do trabalho, é o útil.

OBSERVAÇÃO – Esta comunicação é mais ou menos a iniciação de um médium que acaba de se desenvolver com admirável rapidez; é de convir que, como experiência, promete muito. Desde a primeira sessão ele escreveu, sem interrupção, quatro páginas que não desmerecem o que se acaba de ler, pela profundeza dos pensamentos, o que nele denota uma extraordinária aptidão em servir de intermediário a todos os Espíritos, para comunicações particulares. A propósito, necessitamos de mais estudos nesse particular, já que essa flexibilidade não é dada a todos. Conhecemos alguns médiuns que só podem servir de intérpretes a determinados Espíritos e para certa ordem de ideias.

Depois que esta nota foi escrita, chegamos a constatar o progresso do médium, cuja faculdade oferece características especiais e dignas da maior atenção do observador.

# Conversas familiares de Além-Túmulo

## BENVENUTO CELLINI[23]

Sessão da Sociedade Parisiense de Estudos Espíritas

11 de março de 1859

1. *Evocação*.

*Resp.* – Interrogai; estou pronto. Demorai como quiserdes, pois tenho tempo para vos dar.

---

[23] N.E.: Benvenuto Cellini (1500–1571), ourives, escultor e escritor italiano.

2. Lembrais-vos da existência que tivestes na Terra, no século XVI , entre 1500 e 1570?

*Resp.* – Sim, sim.

3. Atualmente, qual a vossa situação como Espírito?

*Resp.* – Vivi em vários outros mundos e estou muito satisfeito com a posição que hoje ocupo; não é um trono, mas estou a caminho.

4. Tivestes outras existências corporais na Terra depois daquela que conhecemos?

*Resp.* – Corporal, sim; na Terra, não.

5. Quanto tempo ficastes errante?

*Resp.* – Não o posso calcular: alguns anos.

6. Quais eram as vossas ocupações nesse estado errante?

*Resp.* – Trabalhava por mim mesmo.

7. Voltastes algumas vezes à Terra?

*Resp.* – Poucas.

8. Assistis ao drama em que sois representado? Que pensais dele?

*Resp.* – Fui vê-lo várias vezes; senti-me lisonjeado como Cellini, mas pouco como Espírito que havia progredido.

9. Antes da existência que conhecemos, tivestes outras na Terra?

*Resp.* – Não, nenhuma.

10. Poderíeis dizer o que éreis em vossa precedente existência?

*Resp.* – Minhas preocupações eram completamente diferentes daquelas que tive na Terra.

11. Que mundo habitais?

*Resp.* – Não o conheceis e não o vedes.

12. Poderíeis dar-nos a sua descrição, do ponto de vista físico e moral?

*Resp.* – Sim, facilmente.

Do ponto de vista físico, meus caros amigos, alegrei-me com a sua beleza plástica: ali nada choca os olhos; todas as linhas se harmonizam perfeitamente; a mímica é a forma de expressão constante; os perfumes nos envolvem e não temos nada a desejar para o nosso bem-estar físico, uma vez satisfeitas as necessidades pouco numerosas a que estamos submetidos.

Do ponto de vista moral, a perfeição é menor, pois ali ainda se pode ver consciências perturbadas e Espíritos inclinados ao mal. Não será a perfeição — longe disso — mas, como já falei, é o seu caminho e todos esperamos um dia alcançá-la.

13. Quais as vossas ocupações no mundo que habitais?

*Resp.* – Trabalhamos as Artes. Sou artista.

14. Em vossas memórias relatais uma cena de feitiçaria e de sortilégio que se teria passado no Coliseu, em Roma, e na qual teríeis tomado parte. Lembrais-vos dela?

*Resp.* – Sem muita clareza.

15. Se procedêssemos à sua leitura, teríeis a lembrança despertada?

*Resp.* – Sim, isso poderia dar-me uma ideia.

Fez-se então a leitura do seguinte trecho de suas memórias:

Em meio a essa vida estranha eu me liguei a um sacerdote siciliano, de espírito muito distinto e profundamente versado nas letras gregas e latinas. Conversando com ele certo dia, o assunto caiu sobre necromancia e lhe confessei que em toda a minha vida havia ardentemente desejado ver e aprender algo dessa arte. "Para abordar semelhante empresa, é necessário ter uma alma firme e intrépida", respondeu-me o padre.

Uma noite, porém, o sacerdote fez os seus preparativos e me disse que procurasse um ou dois companheiros. Associou-se a um homem de Pistoia, que também se ocupava de necromancia e nos dirigimos ao Coliseu. Aí o padre vestiu-se à maneira dos necromantes, depois começou a desenhar círculos no chão, com as mais belas cerimônias que se possa imaginar. Havia trazido perfumes preciosos, drogas fétidas e fogo. Quando tudo estava em ordem ele fez uma abertura no círculo e ali nos introduziu, tomando-nos um a um pela mão. Em seguida distribuiu os papéis. Pôs o talismã nas mãos de seu amigo necromante, encarregou os outros da vigilância do fogo e dos perfumes e, finalmente, começou as conjurações. Essa cerimônia durou mais de uma hora e meia. O Coliseu encheu-se de legiões de Espíritos infernais. Quando o sacerdote viu que eram bastante numerosos, voltou-se para mim, que cuidava dos perfumes, e disse: "Benvenuto, pede-lhes alguma coisa." Respondi que desejava reunir-me à minha siciliana Angélica. Embora não obtivéssemos resposta naquela noite, fiquei encantado com o que tinha visto. O necromante me disse que era preciso retornar uma segunda vez e que eu obteria tudo quanto pedisse, contanto que trouxesse um rapazinho ainda virgem. Escolhi um de meus aprendizes e trouxe ainda dois dos meus amigos.

Ele pôs-me nas mãos o talismã, dizendo-me que o voltasse em direção aos locais que me fossem designados. Meu aprendiz foi colocado debaixo do talismã. O necromante começou suas terríveis evocações, chamou pelo nome uma multidão de chefes de legiões infernais, exprimindo suas ordens em hebraico, grego e latim, em nome do Deus incriado, vivo e eterno. Logo o Coliseu encheu-se de uma quantidade de demônios cem vezes mais considerável que da primeira vez. A conselho do necromante, pedi novamente para me encontrar com Angélica. Ele se voltou para mim e me disse: "Não os ouvistes anunciar que dentro de um mês estarias com ela?" E pediu-me que tivesse firmeza, porque havia mil legiões além das que tinham sido chamadas, acrescentando que eram mais perigosas e que, desde que haviam respondido ao meu pedido, era necessário tratá-las com brandura e despedi-las tranquilamente. Por outro lado, o jovem rapaz exclamava com espanto que percebia um milhão de homens terríveis que nos ameaçavam, e quatro enormes gigantes, armados dos pés à cabeça, que pareciam querer penetrar em nosso círculo. Durante esse tempo o necromante, tremendo de medo, tentava conjurá-los, imprimindo à voz a mais doce entonação. O menino escondia a cabeça entre os joelhos e gritava: "Quero morrer assim! Estamos mortos!" Então eu lhe disse: "Estas criaturas estão todas abaixo de nós e o que vês não passa de fumaça e sombra; assim, levanta os olhos." Apenas me havia obedecido, retomou: "Todo o Coliseu queima e o fogo vem sobre nós." O necromante ordenou que fosse queimada assa-fétida. Encarregado dos perfumes, Agnolo estava semimorto de pavor.

A esse barulho e ao terrível mau cheiro o garoto arriscou-se a levantar a cabeça. Ouvindo o meu riso, tranquilizou-se um pouco e disse que os demônios começavam a retirada. Permanecemos assim até o momento em que soaram as matinas. Disse-nos o jovem que só percebia alguns demônios e, mesmo assim, a grande distância. Finalmente, quando o necromante concluiu os rituais e desparamentou-se, saímos do círculo. Enquanto caminhávamos para nossos lares, pela Rua Banchi, ele assegurava que dois demônios davam cambalhotas à nossa frente, ora correndo sobre os telhados, ora pelo chão.

O necromante jurava que, desde que havia posto o pé num círculo mágico, nunca lhe havia acontecido nada assim tão extraordinário. Tentou, depois, convencer-me a unir-me a ele para nos consagrarmos a um livro, que nos deveria proporcionar riquezas incalculáveis e fornecer-nos os meios de obrigar os demônios a nos indicar os locais onde se acham escondidos os tesouros que a Terra guarda em seu seio...

Após diferentes relatos mais ou menos vinculados ao que precede, conta Benvenuto como, ao cabo de 30 dias, isto é, dentro do prazo fixado pelos demônios, ele reencontrou sua Angélica.

16. Poderíeis dizer o que há de verdadeiro nessa cena?

*Resp.* – O necromante era um charlatão, eu era um romancista e Angélica, minha amante.

17. Revistes Francisco I,[24] vosso protetor?

*Resp.* – Certamente; ele viu muitos outros que não foram seus protegidos.

18. Como o julgáveis em vida e como o julgais agora?

*Resp.* – Dir-vos-ei como o julgava: como um príncipe e, nessa condição, enceguecido por sua educação e por aqueles que o cercavam.

19. E o que dizeis agora?

*Resp.* – Ele progrediu.

20. Era por sincero amor à Arte que ele protegia os artistas?

*Resp.* – Sim, e também por prazer e vaidade.

21. Onde se encontra ele atualmente?

*Resp.* – Ele vive.

---

[24] N.E.: Francisco I (1494–1547), rei da França de 1515 a 1547.

22. Está na Terra?

*Resp.* – Não.

23. Se o evocássemos agora, ele poderia vir e conversar conosco?

*Resp.* – Sim, mas não pressioneis assim os Espíritos. Que vossas evocações sejam preparadas com muita antecedência e, então, pouco tereis que perguntar aos Espíritos. Assim vos arriscais muito menos de serdes enganados, porque isso acontece algumas vezes. [Espírito São Luís.]

24. [Ao Espírito São Luís.] Podereis fazer com que dois Espíritos venham conversar?

*Resp.* – Sim.

– Nesse caso seria útil ter dois médiuns?

*Resp.* – Sim, necessariamente.

NOTA – Este diálogo ocorreu numa outra sessão; a ele voltaremos em nosso próximo número.

25. [Ao Espírito Cellini.] De onde procede vossa vocação para a Arte? Resultaria de um desenvolvimento especial anterior?

*Resp.* – Sim; por muito tempo estive ligado à poesia e à beleza da linguagem. Na Terra prendi-me à beleza como reprodução; hoje, ocupo-me dela como invenção.

26. Possuíeis também talento militar, pois o papa Clemente VII confiou-vos a defesa do Castelo de Santo Ângelo. Entretanto, vosso talento de artista não vos devia proporcionar muita aptidão para a guerra.

*Resp.* – Tinha talento e sabia aplicá-lo. Em tudo é necessário discernimento, sobretudo na arte militar daquele tempo.

27. Poderíeis dar alguns conselhos aos artistas que procuram seguir vossos passos?

*Resp.* – Sim. Dir-lhes-ei simplesmente que busquem a pureza e a verdadeira beleza, mais do que o fazem e mais do que eu próprio fiz. Eles me compreenderão.

28. A beleza não é relativa e convencional? O europeu se julga mais belo que o negro, e este mais belo que o branco. Se há uma beleza absoluta, qual é o seu tipo? Podeis dar a vossa opinião a respeito?

*Resp.* – Com prazer. Não quis fazer alusão a uma beleza convencional; pelo contrário. A beleza está em toda parte, é o reflexo do Espírito no corpo, e não apenas a forma corpórea. Como dissestes, um negro pode ser belo, de uma beleza que será apreciada somente por seus semelhantes, é verdade. Do mesmo modo nossa beleza terrestre é deformidade para o Céu, como para vós, brancos, o belo negro vos parece quase disforme. Para o artista a beleza é a vida, o sentimento que sabe dar à sua obra. Com isso imprimirá beleza às coisas mais vulgares.

29. Poderíeis guiar um médium na execução de uma modelagem, como o fez Bernard Palissy em relação aos desenhos?

*Resp.* – Sim.

30. Poderíeis levar o médium de que vos servis de intérprete a fazer alguma coisa agora?

*Resp.* – Como também os outros, embora preferisse um artista que conhecesse os truques da minha arte.

OBSERVAÇÃO – Prova a experiência que a aptidão de um médium para tal ou qual gênero de produção vai depender da flexibilidade que ele apresenta ao Espírito, e isso abstração feita do seu talento. O conhecimento do ofício e os meios materiais de execução não constituem o talento, mas é concebível que o Espírito que dirige o médium nele encontre menor dificuldade mecânica a vencer. Entretanto, há médiuns que fazem coisas admiráveis, das quais lhes faltam as primeiras noções, tais como a poesia, desenhos, gravuras, música etc.; mas, então, é que neles existe uma aptidão inata, sem dúvida resultante de um desenvolvimento anterior, do qual só conservaram a intuição.

31. Poderíeis dirigir a Sra. G. S., aqui presente, e que é artista, embora jamais tenha conseguido produzir qualquer coisa como médium?

*Resp.* – Tentarei, se ela o desejar.

32. [Sra. G. S.] Quando queres começar?

*Resp.* – Quando quiseres, a partir de amanhã.

33. Mas como saberei que a inspiração vem de ti?

*Resp.* – A convicção vem com as provas. Deixai-a vir lentamente.

34. Por que não obtive êxito até o momento?

*Resp.* – Pouca persistência e falta de boa vontade do Espírito evocado.

35. Agradeço-te a assistência que me prometes.

*Resp.* – Adeus. Até logo, companheira de trabalho.

NOTA – A Sra. G. S. pôs-se à obra, mas ainda não sabemos os resultados que obteve.

## SR. GIRARD DE CODEMBERG

Antigo aluno da Escola Politécnica, membro de várias sociedades científicas, autor de um livro intitulado: *Le monde spirituel, ou science chrétienne de communiquer intimement avec les puissances célestes et les* âmes *heureuses*. Falecido em novembro de 1858. Evocado na Sociedade a 14 de janeiro seguinte.

1. *Evocação.*

*Resp.* – Eis-me aqui. Que quereis?

2. Compareceis de boa vontade ao nosso apelo?

*Resp.* – Sim.

3. Podereis dizer-nos o que pensais atualmente do livro que publicastes?

*Resp.* – Cometi alguns erros, mas nele há coisas boas e sou levado a crer que vós mesmos concordaríeis com o que ali eu disse, sem qualquer receio de lisonjear-me.

4. Dizeis principalmente que tivestes comunicações com a mãe do Cristo. Vedes agora se era realmente ela?

*Resp.* – Não; não era ela, mas um Espírito que tomava seu nome.

5. Com que objetivo esse Espírito lhe tomava o nome?

*Resp.* – Ele me via seguir o caminho do erro e aproveitava para me comprometer ainda mais. Era um Espírito perturbador, um ser leviano, mais propenso ao mal que ao bem. Sentia-se feliz por ver a minha falsa alegria. Eu era o seu joguete, como muitas vezes vós outros o sois de vossos semelhantes.

6. Dotado de inteligência superior, como não percebestes o ridículo de certas comunicações?

*Resp.* – Eu estava fascinado e julgava bom tudo quanto me diziam.

7. Não julgais que essa obra possa fazer mal, no sentido de prestar-se ao ridículo em relação às comunicações de Além-Túmulo?

*Resp.* – Nesse sentido, sim. Mas eu disse também que há coisas boas e verdadeiras que, sob outro ponto de vista, impressiona os olhos das massas. Mesmo naquilo que nos parece mau, muitas vezes encontramos uma boa semente.

8. Sois mais feliz agora do que quando vivíeis?

*Resp.* – Sim, mas tenho muita necessidade de esclarecer-me, porque ainda me acho no nevoeiro que se segue à morte. Estou como o escolar que começa a soletrar.

9. Quando vivo conhecestes *O livro dos espíritos*?

*Resp.* – Jamais lhe havia prestado atenção. Tinha ideias preconcebidas; nisso eu pecava, pois nunca estudaremos e nos aprofundaremos bastante em todas as coisas. Mas o orgulho está sempre em ação, criando-nos ilusões. Aliás, isso é bem próprio dos ignorantes: não querem estudar senão aquilo que preferem e só dão ouvidos aos que os lisonjeiam.

10. Mas não éreis um ignorante; não o provam vossos títulos?

*Resp.* – O que é o sábio da Terra diante da ciência do Céu? Aliás, não há sempre a influência de certos Espíritos, interessados em afastar-nos da luz?

OBSERVAÇÃO – Isso corrobora o que já foi dito: certos Espíritos inspiram o afastamento das pessoas que poderiam dar conselhos úteis e frustrar as suas maquinações. Essa influência jamais será a de um Espírito bom.

11. E agora, que pensais do livro?

*Resp.* – Não o poderia dizer sem elogiar. Ora, nós não elogiamos, como bem o sabeis.

12. Vossa opinião sobre a natureza das penas futuras modificou-se?

*Resp.* – Sim. Eu acreditava nas penas materiais; agora creio nas penas morais.

13. Podemos fazer algo que vos seja agradável?

*Resp.* – Sempre. Fazei cada um de vós, esta noite, uma prece em minha intenção. Serei reconhecido; não o esqueçais.

Observação – O livro do Sr. de Codemberg provocou uma certa sensação e, devemos acrescentar, uma sensação penosa entre os partidários esclarecidos do Espiritismo, por causa da extravagância de certas comunicações que se prestam bastante ao ridículo. Sua intenção era louvável, pois era um homem sincero. Ele é um exemplo do domínio que certos Espíritos podem exercer, adulando e exagerando as ideias e os preconceitos daqueles que não avaliam com muita severidade os prós e os contras das comunicações espíritas. Mostra-nos, sobretudo, o perigo de espalhá-los muito levianamente no público, visto poderem tornar-se motivo de repulsa, fortalecendo certas pessoas na incredulidade e fazendo, assim, mais mal do que bem, já que fornecem armas aos inimigos da causa. Nunca seríamos bastante cautelosos a esse respeito.

## Sr. Poitevin, aeronauta

Morto há cerca de dois meses, de febre tifoide, contraída em consequência de uma descida forçada em pleno mar

Sessão da Sociedade Parisiense de Estudos Espíritas

11 de fevereiro de 1859

1. *Evocação*.
*Resp.* – Eis-me aqui. Falai.

2. Tendes saudades da vida terrena?
*Resp.* – Não.

3. Sois mais feliz agora do que quando vivo?
*Resp.* – Muito.

4. Qual o motivo que vos levou para as experiências aeronáuticas?

*Resp.* – A necessidade.

5. Tínheis ideia de servir à Ciência?

*Resp.* – De modo algum.

6. Vedes agora a ciência aeronáutica de um ponto de vista diferente daquele que tínheis em vida?

*Resp.* – Não; eu a via como a vejo agora, pois a via bem. Via muitos aperfeiçoamentos a introduzir, mas não os podia desenvolver por falta de conhecimentos. Mas esperai. Virão homens que lhe darão o destaque que ela merece e merecerá um dia.

7. Acreditais que a ciência aeronáutica venha a tornar-se um dia objeto de utilidade pública?

*Resp.* – Sim, certamente.

8. A grande preocupação dos que se ocupam dessa ciência é a pesquisa dos meios de dirigir os balões. Pensais que o conseguirão?

*Resp.* – Sim, certamente.

9. Em vossa opinião, qual a maior dificuldade que apresenta a dirigibilidade dos balões?

*Resp.* – O vento, as tempestades.

10. Então não é a dificuldade de encontrar um ponto de apoio?

*Resp.* – Se dirigíssemos os ventos, dirigiríamos os balões.

11. Poderíeis assinalar o ponto para o qual conviria dirigir as pesquisas a esse respeito?

*Resp.* – Deixemos isso de lado.

12. Quando vivo estudastes os vários sistemas propostos?

*Resp.* – Não.

13. Poderíeis dar conselhos aos que se ocupam de tais pesquisas?

*Resp.* – Pensais que seguiriam vossos conselhos?

14. Não seriam os nossos, mas os vossos conselhos.

*Resp.* – Quereis um tratado? Eu o mandarei fazer.

15. Por quem?

*Resp.* – Pelos amigos que me guiaram.

16. Aqui estão dois inventores distintos em matéria de aerostação, o Sr. Sanson e o Sr. Ducroz, que obtiveram benefícios científicos muito honrosos. Fazeis uma ideia de seu sistema?

*Resp.* – Não. Há muito a dizer. Não os conheço.

17. Admitindo resolvido o problema da dirigibilidade, credes na possibilidade de uma navegação aérea em grande escala, como sobre o mar?

*Resp.* – Não; jamais como pelo telégrafo.

18. Não falo da rapidez das comunicações, que nunca poderão ser comparadas à do telégrafo, mas do transporte de grande número de pessoas e de objetos materiais. Que resultado se pode esperar nesse sentido?

*Resp.* – Pouca celeridade.

19. Quando em perigo iminente, pensastes no que seríeis após a morte?

*Resp.* – Não; estava inteiramente voltado para as minhas manobras.

20. Que impressão vos causava o perigo que corríeis?

*Resp.* – O hábito tornara o medo mais fraco.

21. Que sensação experimentáveis quando estáveis perdido no espaço?

*Resp.* – Perturbação, mas felicidade; meu Espírito parecia escapar do vosso mundo. Entretanto, as necessidades de manobrar despertavam-me para a realidade e me faziam cair na fria e perigosa posição em que me achava.

22. Vedes com prazer vossa esposa seguir a mesma carreira aventurosa?

*Resp.* – Não.

23. Qual a vossa situação como Espírito?

*Resp.* – Vivo como vós, isto é, posso prover à minha vida espiritual como proveis à vossa vida material.

OBSERVAÇÃO – As curiosas experiências do Sr. Poitevin, sua intrepidez, sua notável habilidade na manobra dos balões, fazia-nos esperar dele maior elevação e grandeza de ideias. O resultado não correspondeu à nossa expectativa. Para ele, como pudemos ver, a aerostação era apenas uma indústria, uma maneira de viver por um gênero particular de espetáculo; todas as suas faculdades estavam concentradas nos meios de excitar a curiosidade pública. Assim é que, nestas conversas familiares de Além-Túmulo, as previsões são muitas vezes incertas; ora são ultrapassadas, ora ficam aquém do que se esperava, prova evidente da independência das comunicações.

Numa sessão particular, e pelo mesmo médium, Poitevin ditou os conselhos a seguir, para cumprir a promessa que acabava de fazer. Cada um poderá apreciar-lhes o valor; nós os damos como objeto de estudo sobre a natureza dos Espíritos, e não por seu mérito científico, mais que contestável.

"Para dirigir um balão cheio de gás, encontrareis sempre as maiores dificuldades: a imensa superfície que ele oferece como presa aos ventos; a insignificância do peso que o gás pode suportar; a fragilidade do envoltório, reclamada por esse ar sutil. Todas essas causas jamais permitirão dar ao sistema aerostático a grande extensão que desejaríeis vê-lo tomar. Para que o aeróstato tenha uma utilidade real, é preciso que seja um sistema de comunicação poderosa e dotado de certa presteza, mas sobretudo poderoso. Dissemos que guardaria o meio-termo entre a eletricidade e o vapor; sim, e por duas razões:

1ª) Deve transportar os passageiros mais rapidamente do que as ferrovias e as mensagens mais vagarosamente do que o telégrafo.

2ª) Não se mantém como meio-termo entre esses dois sistemas porque participa, ao mesmo tempo, do ar e da terra, ambos servindo-lhe de caminho: está entre o céu e o mundo.

Não me perguntastes se, por esse meio, conseguiríeis visitar os outros planetas. Entretanto, semelhante pensamento inquietou muitas cabeças e a sua solução encheria de espanto o vosso mundo inteiro. Não, não conseguireis. Imaginai que, para atravessar esses espaços extraordinários, de milhões e milhões de léguas, a luz leva anos. Vede, pois, quanto tempo seria necessário para atingi-los, mesmo levados pelo vapor ou pelo vento.

Para voltar ao assunto principal, eu vos dizia, ao começar, que não seria preciso esperar muito de vosso sistema atual, mas que obteríeis muito mais agindo sobre o ar por compressão forte e extensa. O ponto de apoio que procurais está diante de vós e vos cerca por todos os lados; com ele vos chocais a cada um de vossos movimentos; diariamente ele entrava a vossa rota e influi principalmente no que tocais. Pensai bem nisso e tirai dessa revelação tudo quanto puderdes: suas deduções são enormes. Não vos podemos tomar a mão e levar-vos a forjar as ferramentas necessárias a esse trabalho; não vos podemos dar uma indução, palavra por palavra. É preciso que o vosso Espírito trabalhe e amadureça seus projetos; sem isso não compreenderíeis aquilo que faríeis e não saberíeis manejar vossos instrumentos. Seríamos obrigados a girar e a abrir os vossos pistões: as circunstâncias imprevistas que, mais dia menos dia, viessem dificultar vossos esforços, lançar-vos-iam em vossa primitiva ignorância.

Trabalhai, pois, e encontrareis o que tiverdes procurado. Conduzi vosso Espírito para a direção que vos indicamos e aprendei pela experiência, porquanto não vos induzimos em erro."

OBSERVAÇÃO – Embora encerrando verdades incontestáveis, nem por isso estes conselhos denotam um Espírito esclarecido, sob certos pontos de vista, uma vez que parece ignorar a verdadeira causa da impossibilidade de atingir outros planetas. É uma prova a mais da diversidade de aptidões e de luzes encontradas no mundo dos Espíritos, assim como ocorre na Terra. É pela multiplicidade das observações que se chega a conhecer, a compreender e a julgar. Eis por que damos modelos de todos os gêneros de comunicações, tendo o cuidado de fazer ressaltar o forte e o fraco. A de Poitevin termina por uma consideração muito justa, que nos parece ter sido suscitada por um Espírito mais filosófico do que o seu. Ademais, ele havia dito que tais conselhos seriam redigidos por seus amigos que, absolutamente, nada ensinam.

Aqui encontramos mais uma prova de que nem sempre os homens que tiveram uma especialidade na Terra são os mais adequados a nos esclarecer como Espíritos, sobretudo se não forem bastante elevados para se desprenderem da vida terrena.

Para o progresso da aeronáutica é lamentável que a maior parte desses homens intrépidos não possa colocar a sua experiência a serviço da Ciência, ao passo que os teóricos, alheios à prática, assemelham-se a marinheiros que jamais viram o mar. Incontestavelmente, um dia haverá engenheiros em aerostática, como há engenheiros navais, mas apenas quando tiverem visto e sondado diretamente as profundezas do oceano aéreo. Quantas ideias não lhes seriam dadas pelo contato real dos elementos, ideias que escapam às pessoas do ramo! Porque, seja qual for o seu saber, não podem eles, do fundo de seu coração, perceber todos os escolhos; entretanto, se um dia essa ciência tornar-se uma realidade, não o será senão por seu intermédio. Aos olhos de muitas pessoas isso ainda é uma quimera, razão por que os inventores, que geralmente não são capitalistas, não encontram o apoio nem o encorajamento necessários. Quando a aerostação produzir dividendos, mesmo em esperanças, e puder ser admitida nas transações oficiais da Bolsa, não lhe faltarão capitais. Até lá, é necessário contar apenas com o devotamento daqueles que veem o progresso antes da especulação. Enquanto houver parcimônia nos meios de execução haverá derrotas, pela impossibilidade de fazer ensaios em larga escala ou em condições convenientes. Seremos forçados a proceder de modo mesquinho e o faremos mal, nisso como em todas as coisas. O sucesso não será obtido senão a preço de muitos sacrifícios para entrar no caminho da prática, o que significa sacrifício e exclusão de qualquer ideia de benefício. Esperemos que a ideia de dotar o mundo da solução de um grande problema, ainda que não fosse do ponto de vista da Ciência, inspire um desinteresse generoso. Mas a primeira coisa a fazer seria fornecer aos teóricos os meios de aquisição de experiência do ar, mesmo por intermédio dos meios imperfeitos que possuímos. Se Poitevin houvera sido um homem de saber, e tivera inventado um sistema de locomoção aérea, sem dúvida teria inspirado mais confiança do que aqueles que jamais deixaram a Terra e, provavelmente, teria encontrado os recursos que aos outros são recusados.

## Pensamentos poéticos

Ditados pelo Espírito Alfred de Musset à Sra. M***

Se tu sofres na Terra,
Ó aflito coração,
Tua vida se aferra

Em justa expiação;
Se esse é pois teu cadinho,
Pensa na tua dor,
Pode ser-te o caminho
A um destino melhor

Os desgostos da vida
Quanto maiores são
Mais dizem da assumida
Falta em teu coração,
Será tal preço, em dores
Por depurar teu ser,
Tão alto se onde fores
No Céu terás prazer?

———

A vida é uma passagem
Cujo curso te diz:
Se sábio, na viagem,
Serás sempre feliz.

OBSERVAÇÃO – O médium que serviu de intérprete não só é estranho às regras mais elementares da poesia, como jamais fez um único verso. Ele os escreve com extraordinária facilidade, sob o ditado dos Espíritos e, embora seja médium há pouco tempo, já possui uma coleção numerosa e muito interessante. Entre outros, já vimos alguns, encantadores e bastante oportunos, que lhe foram ditados pelo Espírito de uma pessoa viva, que ele evocou e que reside a 200 léguas. Quando em vigília essa pessoa não é mais poeta que o médium.

## SONÂMBULOS ASSALARIADOS

Um de nossos correspondentes nos escreve a propósito de nosso último artigo sobre os médiuns mercenários, perguntando se nossas observações também se aplicam aos sonâmbulos assalariados.

Se quisermos remontar à origem do fenômeno, veremos que, embora possa ser considerado como uma variedade de médium, o sonâmbulo é um caso diferente do médium propriamente dito. Com efeito, este último recebe suas comunicações de Espíritos estranhos, que podem vir ou não, conforme as circunstâncias ou as simpatias que encontram. O sonâmbulo, ao contrário, age por si mesmo. É o seu próprio Espírito que se desprende da matéria e vê mais ou menos bem, conforme o desprendimento seja mais ou menos completo. É verdade que o sonâmbulo se acha em contato com outros Espíritos que o assistem mais ou menos de boa vontade, em razão de suas simpatias, mas, definitivamente, é o seu Espírito que vê e pode, até certo ponto, dispor de si mesmo, sem que outros tenham o que repetir e sem que seu concurso seja indispensável. Disso resulta que o sonâmbulo que busca uma compensação material, à custa de um esforço por vezes grande, decorrente do exercício de sua faculdade, não tem de vencer as mesmas susceptibilidades que o médium, que não passa de um instrumento.

Além disso, sabe-se que a lucidez sonambúlica se desenvolve pelo exercício. Ora, aquele que disso faz uma ocupação exclusiva, adquire tanto maior facilidade quanto mais coisas vê, com as quais termina por se identificar, assim como com certos termos especiais que lhe voltam mais facilmente à memória. Numa palavra, ele se familiariza com esse estado que, por assim dizer, torna-se o seu estado normal: nada mais o surpreende. Os fatos, aliás, estão aí para provar com que presteza e com que clareza podem eles ver, donde concluímos que a retribuição paga a certos sonâmbulos não constitui obstáculo ao desenvolvimento de sua lucidez.

A isso fazem uma objeção. Como a lucidez muitas vezes é variável e depende de causas fortuitas, pergunta-se se a atração do lucro não poderia induzir o sonâmbulo a fingir essa lucidez, mesmo quando ela lhe faltasse, por fadiga ou outra causa; inconveniente que não ocorre quando não há interesse em jogo. Isso é verdade; respondemos, porém, dizendo que tudo tem o seu lado mau. Pode-se abusar de tudo e por toda parte em que si insinua a fraude é necessário desacreditá-la. O sonâmbulo que assim agisse faltaria com a lealdade, o que, infelizmente, se encontra também nos que não dormem. Com um pouco de hábito podemos percebê-lo facilmente, e seria difícil enganar por muito tempo um observador experimentado. Nisso, como em todas as coisas, o essencial é nos assegurarmos do grau de confiança que merece a pessoa à qual nos dirigimos. Se o sonâmbulo não assalariado não oferece esse inconveniente, não se deve supor que sua lucidez seja infalível; como qualquer outro, ele pode enganar-se, caso esteja em más condições. A esse respeito a experiência é o melhor guia. Em resumo, não preconizamos ninguém. Chegamos a constatar notáveis serviços por uns e por outros. Nosso objetivo era somente provar que se podem encontrar bons sonâmbulos numa e noutra daquelas condições.

## Aforismos espíritas e pensamentos avulsos

Os Espíritos se encarnam homens ou mulheres, porque não têm sexo. Como devem progredir em tudo, cada sexo, como cada posição social, lhes impõe provas e deveres especiais, bem assim ocasião de adquirir experiência. Aquele que fosse sempre homem não saberia senão o que sabem os homens.

\* \* \*

Pela Doutrina Espírita, a solidariedade não mais se restringe à sociedade terrena: abarca todos os mundos; pelas relações que os Espíritos estabelecem entre as diferentes esferas, a solidariedade é universal, porquanto de um mundo a outro os seres vivos se prestam mútuo apoio.

## Aviso

Incessantemente recebemos cartas de nossos correspondentes, pedindo-nos a *História de Joana d'Arc*[25] *e a de Luís XI*, das quais publicamos extratos, bem como o álbum de desenhos do Sr. Victorien Sardou.

---

[25] N.E.: Joana d'Arc (1412–1431), heroína francesa.

Lembramos aos nossos leitores que a *História de Joana d'Arc* está completamente esgotada; que a vida de *Luís XI*, bem como a de *Luís IX*, ainda não foram publicadas. Esperamos que o sejam um dia e, então, será para nós um prazer anunciá-las em nossa coleção. Até lá qualquer pedido dessas obras não alcançará o seu objetivo. O mesmo se dá com o álbum do Sr. Sardou. O desenho que publicamos da casa de Mozart[26] é o único que se encontra à venda na casa do Sr. Ledoyen.

Allan Kardec

---

[26] N.E.: Wolfgang Amadeus Mozart (1756–1791), compositor austríaco.

# Revista Espírita
Jornal de Estudos Psicológicos
ANO II    MAIO DE 1859    Nº 5

## Cenas da vida privada espírita

Em nosso último número apresentamos o quadro da vida espírita em conjunto; seguimos os Espíritos desde o instante em que deixam o corpo terreno e fizemos um rápido esboço de suas ocupações. Propomo-nos hoje mostrá-los em ação, reunindo num mesmo quadro diversas cenas íntimas, cujo testemunho nos foi dado por meio das comunicações. As numerosas conversas familiares de Além-Túmulo, já publicadas nesta *Revista*, podem dar uma ideia da situação dos Espíritos, conforme o seu grau de adiantamento, mas aqui há um caráter especial de atividade, que nos faz conhecer ainda melhor o papel que, mau grado nosso, representam entre nós. O tema do estudo, cujas peripécias vamos relatar, se nos ofereceu espontaneamente; apresenta interesse maior porque tem, como herói principal, não um desses Espíritos Superiores que habitam mundos desconhecidos, mas um desses que, por sua própria natureza, ainda estão presos à Terra, um contemporâneo que nos deu provas manifestas de sua identidade. É entre nós que a ação se passa e cada um de nós nela representa um papel.

Além disso, esse estudo dos costumes espíritas tem de particular o fato de nos mostrar a progressão dos Espíritos na erraticidade e como podemos concorrer para a sua educação.

Um de nossos amigos, após longas experiências infrutíferas, das quais triunfou a sua paciência, de repente tornou-se excelente médium escrevente e audiente. Certa vez ele estava ocupado a psicografar com outro médium, seu amigo, quando, a uma pergunta dirigida a um Espírito, obteve resposta bastante estranha e pouco séria, na qual não reconhecia o caráter do Espírito evocado. Tendo interpelado o autor da resposta, depois de o haver intimado em nome de Deus para se dar a conhecer, aquele assinou *Pierre Le Flamand*, nome completamente desconhecido do médium. Estabeleceu-se, então, entre ambos, e mais tarde entre nós e esse Espírito, uma série de conversas que passaremos a relatar.

## Primeira conversa

1. Quem és? Não conheço ninguém com esse nome.

*Resp.* – Um de teus antigos camaradas de colégio.

2. Não tenho a menor lembrança.

*Resp.* – Lembra-te da surra que um dia levaste?

3. É possível; entre escolares isso acontece algumas vezes. Realmente, lembro-me de algo assim, mas também me recordo de ter pago com a mesma moeda.

*Resp.* – Era eu, mas não te quero mal.

4. Obrigado. Tanto quanto me recordo, tu eras um biltre bastante mau.

*Resp.* – Eis tua memória que volta. Enquanto vivi, não mudei. Eu tinha a cabeça dura, mas no fundo não era mau; batia-me com o primeiro que aparecesse: em mim isso era uma necessidade. Depois, ao dar as costas, já não pensava em nada.

5. Quando e com que idade morreste?

*Resp.* – Há quinze anos; eu tinha cerca de 20 anos.

6. De que faleceste?

*Resp.* – Uma leviandade de rapaz... consequência de minha falta de juízo...

7. Ainda tens família?

*Resp.* – Perdi meus pais há muito tempo; morava com um tio, meu único parente...; se fores a Cambrai, promete procurá-lo; é um bravo homem, a quem muito aprecio, embora me tenha tratado duramente, mas eu o merecia.

8. Ele tem o teu mesmo nome?

*Resp.* – Não; em Cambrai não há mais ninguém com o meu nome; ele se chama W...; mora na Rua... nº...; verás que sou eu mesmo que te falo.

OBSERVAÇÃO – O fato foi verificado pelo próprio médium numa viagem que empreendeu algum tempo depois. Encontrou o Sr. W... no endereço indicado; disse-lhe este que realmente havia tido um sobrinho com esse nome, bastante estouvado e inconveniente, falecido em 1844, pouco tempo depois de ter sido sorteado para o serviço militar. Esta circunstância não havia sido indicada pelo Espírito; mais tarde ele o fez espontaneamente. Veremos em que ocasião.

9. Por obra de que acaso vieste à minha casa?

*Resp.* – Por acaso, se quiseres; creio, porém, que foi o meu bom gênio que me impeliu a ti, por me parecer que só teremos a ganhar com o restabelecimento de nossas relações... Eu estava aqui ao lado, na casa do teu vizinho, ocupado em olhar os quadros... nada de retratos de Igreja...; de repente eu te avistei e vim. Percebi que estavas ocupado, a conversar com outro Espírito, e quis intrometer-me na conversa.

10. Mas por que respondeste às perguntas que eu fazia a outro Espírito? Isso não parece provir de um bom camarada.

*Resp.* – Encontrava-me na presença de um Espírito sério e que não parecia disposto a responder; respondendo em seu lugar, eu imaginava que ele soltasse a língua, mas não tive êxito. Não dizendo a verdade, eu queria obrigá-lo a falar.

11. Isto não é certo, pois poderia ter resultado em coisas desagradáveis, caso eu não tivesse percebido o embuste.

*Resp.* – Haverias de o saber sempre, mais cedo ou mais tarde.

12. Dize-me mais ou menos como entraste aqui.

*Resp.* – Bela pergunta! Acaso temos necessidade de puxar o cordão da campainha?

13. Podes, então, ir a toda parte, entrar em qualquer lugar?

*Resp.* – Claro!... E sem me fazer anunciar! Não somos Espíritos a troco de nada.

14. Entretanto eu julgava que certos Espíritos não tivessem o poder de penetrar em todas as reuniões.

*Resp.* – Acreditas, por acaso, que teu quarto é um santuário e que eu seja indigno de nele penetrar?

15. Responde com seriedade à minha pergunta e deixa de lado as graçolas de mau gosto. Vês que não tenho humor para suportá-las e que os Espíritos mistificadores são mal recebidos em minha casa.

*Resp.* – É verdade que há reuniões em que Espíritos tratantes, como nós outros, não podem entrar, mas são os Espíritos Superiores que nos impedem, e não os homens. Aliás, quando vamos a algum lugar, sabemos muito bem manter-nos calados e afastados, se necessário. Escutamos e, quando nos aborrecemos, vamo-nos embora... Ah!... sim! Parece que não estás satisfeito com a minha visita.

16. É que não recebo de bom grado o primeiro que aparece e, francamente, não fiquei satisfeito por vires perturbar uma conversa séria.

*Resp.* – Não te zangues..., não desejo perturbar-te... sou sempre um bom rapaz...; de outra vez far-me-ei anunciar.

17. Lá se vão quinze anos que estás morto...

*Resp.* – Entendamo-nos. Quem está morto é meu corpo, mas eu, que te falo, não estou morto.

Observação – Muitas vezes, mesmo entre os Espíritos levianos e brincalhões, encontram-se palavras de grande profundidade. Esse *eu* que não está morto é absolutamente filosófico.

18. É bem assim que compreendo. A propósito, conta-me uma coisa: tal como agora te encontras, podes ver-me com tanta clareza como se estivesses em teu corpo?

*Resp.* – Vejo-te ainda melhor; eu era míope; foi por isso que quis me livrar do serviço militar.

19. Lá se vão, dizia eu, quinze anos que estás morto e me pareces tão estouvado quanto antes; não avançaste, pois?

*Resp.* – Sou o que era antes: nem melhor, nem pior.

20. Como passas o tempo?

*Resp.* – Não tenho outras ocupações, a não ser divertir-me e informar-me dos acontecimentos que podem influenciar o meu destino. Vejo muito. Passo parte do tempo ora em casa de amigos, ora no teatro... Por vezes surpreendo coisas muito engraçadas... Se as pessoas soubessem que têm testemunhas quando pensam estar sós!... Enfim, procedo de maneira que o tempo me seja o menos pesado possível... Dizer quanto tempo isso haverá de durar, eu não o saberia e, entretanto, há algum tempo que vivo assim... Tens explicações convincentes para isso?

21. Em suma, és mais feliz do que eras quando estavas vivo?

*Resp.* – Não.

22. O que te falta? Não tens necessidade de coisa alguma; não sofres mais; não temes ser arruinado; vais a toda parte e tudo vês; não temes as preocupações, nem as doenças, nem as enfermidades da velhice. Não será isto uma existência feliz?

*Resp.* – Falta-me a realidade dos prazeres; não sou bastante evoluído para fruir uma felicidade moral; desejo tudo que vejo, e é isso que me tortura; aborreço-me e procuro matar o tempo como posso!... Mas até quando?... Experimento um mal-estar que não posso definir...; preferia sofrer as misérias da vida a esta ansiedade que me oprime.

OBSERVAÇÃO – Não está aqui um quadro eloquente dos sofrimentos morais dos Espíritos inferiores? Invejar tudo quanto veem; ter os mesmos desejos e realmente nada desfrutar deve ser verdadeira tortura.

23. Disseste que ias ver os amigos; não será uma distração?

*Resp.* – Meus amigos não percebem que estou com eles; aliás, nem mesmo pensam em mim. Isso me faz mal.

24. Não tens amigos entre os Espíritos?

*Resp.* – Estouvados e tratantes como eu, que, como eu, se aborrecem. Sua companhia não é muito agradável; aqueles que são felizes e raciocinam afastam-se de mim.

25. Pobre rapaz! Eu te lamento e, se te pudesse ser útil, o faria com prazer.

*Resp.* – Se soubesses o quanto essas palavras me fazem bem! É a primeira vez que as ouço.

26. Não poderias encontrar ocasião de ver e ouvir coisas boas e úteis que contribuiriam para o teu progresso?

*Resp.* – Sim, mas para isso é necessário que eu saiba aproveitar as lições. Confesso que prefiro assistir às cenas de amor e de deboche, que não têm influenciado o meu Espírito para o bem. Antes de entrar em tua casa, lá me achava a considerar quadros que despertavam em mim certas ideias..., mas deixemos isso de lado... No entanto eu soube resistir à vontade de pedir para reencarnar, a fim de desfrutar os prazeres de que tanto abusei. Vejo, agora, quanto teria errado. Vindo à tua casa, sinto que fiz bem.

27. Muito bem! Espero, futuramente, que me dês o prazer, caso queiras a minha amizade, de não mais concentrar a atenção nesses quadros que podem despertar más ideias e que, ao contrário, possas pensar naquilo que aqui ouvirás de bom e de útil para ti. Tu te sentirás bem, podes crer.

*Resp.* – Se esse é o teu pensamento, também será o meu.

28. Quando vais ao teatro, experimentas as mesmas emoções que sentias quando vivo?

*Resp.* – Várias emoções diferentes; a princípio, aquelas; depois me misturo nas conversas... e escuto coisas singulares.

29. Qual o teu teatro predileto?

*Resp.* – *Les Variétés*. Muitas vezes acontece que eu os veja todos na mesma noite. Também vou aos bailes e às reuniões em que há divertimento.

30. De modo que, enquanto te divertes, te instruis, visto ser impossível observar bastante na tua posição.

*Resp.* – Sim, mas o que mais aprecio são certos colóquios. É realmente curioso ver a manobra de algumas criaturas, sobretudo das que ainda querem passar por jovens. Em toda essa lenga-lenga ninguém diz a verdade: assim como o rosto, o coração se maquia, de modo que ninguém se entende. Acerca disso realizei um estudo dos costumes.

31. Pois bem! Não vês que poderíamos ter boas conversas, como esta, da qual ambos podemos tirar proveito?

*Resp.* – Sempre; como dizes, a princípio para ti; depois, para mim. Tens ocupações necessárias ao teu corpo; quanto a mim, posso dar todos os passos possíveis para instruir-me sem prejudicar a minha existência.

32. Já que é assim, continuarás as tuas observações ou, como dizes, teus estudos sobre os costumes; até o momento não os aproveitaste muito. É preciso que eles sirvam ao teu esclarecimento e, para isso, é necessário que o faças com um objetivo sério, e não como diversão e para matar o tempo. Dir-me-ás o que viste: raciocinaremos e tiraremos as conclusões para a nossa mútua instrução.

*Resp.* – Será realmente bastante interessante. Sim, com certeza estou a teu serviço.

33. Não é tudo. Gostaria de proporcionar-te ocasião para praticares uma boa ação. Queres?

*Resp.* – De todo o coração! Dir-se-á que poderei servir para alguma coisa. Fala-me logo o que é preciso que eu faça.

34. Nada de pressa! Não confio missões tão delicadas assim àqueles a quem não tenho confiança. Tens boa vontade, não há dúvida, mas terás a perseverança necessária? Eis a questão. É preciso, pois, que eu te ensine a te conheceres melhor, para saber de que és capaz e até que ponto posso contar contigo. Conversaremos sobre isso uma outra vez.

*Resp.* – Tu o verás.

35. Adeus, pois, por hoje.

*Resp.* – Até breve.

## Segunda conversa

36. Então, meu caro Pierre, refletiste seriamente naquilo que conversamos o outro dia?

*Resp.* – Mais seriamente do que imaginas, pois faço questão de te provar que valho mais do que pareço. Sinto-me mais à vontade, desde que tenho algo a fazer. Agora tenho um objetivo e não mais me aborreço.

37. Falei de ti ao Sr. Allan Kardec; comuniquei-lhe nossas conversas e ele ficou muito contente; deseja entrar em contato contigo.

*Resp.* – Já o sei; estive em sua casa.

38. Quem te conduziu até lá?

*Resp.* – Teu pensamento. Voltei aqui depois daquele dia. Vi que querias falar-lhe a meu respeito e disse a mim mesmo: Vamos lá primeiro; provavelmente encontrarei material de observação e, quem sabe, uma ocasião de ser útil.

39. Gosto de ver-te com esses pensamentos sérios. Que impressão tiveste da visita?

*Resp.* – Oh! Muito grande. Ali aprendi coisas que nem suspeitava e que me esclareceram quanto ao futuro. É como uma luz que se fizesse em mim. Agora compreendo tudo quanto tenho a ganhar no meu aperfeiçoamento... É preciso...; é preciso.

40. Posso, sem cometer indiscrição, perguntar-te o que viste na casa dele?

*Resp.* – Certamente. Lá, como na casa de outras pessoas, vi tantas coisas que não falarei senão quando quiser... ou quando puder.

41. O que queres dizer com isso? Não podes dizer tudo quanto queres?

*Resp.* – Não. Desde alguns dias vejo um Espírito que parece seguir-me por toda parte, que me impele ou me contém; dir-se-ia que me dirige; sinto um impulso, do qual não me dou conta e ao qual obedeço, mau grado meu. Se quero dizer ou fazer algo inconveniente, posta-se à minha frente..., olha-me... e eu me calo... e me detenho.

42. Quem é esse Espírito?

*Resp.* – Nada sei, mas ele me domina.

43. Por que não lho perguntas?

*Resp.* – Não tenho coragem. Quando lhe quero falar, ele me olha e sinto a língua travada.

OBSERVAÇÃO – É evidente que aqui a palavra *língua* é uma figura, já que os Espíritos não possuem linguagem articulada.

44. Deves ver se é bom ou mau.

*Resp.* – Deve ser bom, pois que me impede de dizer tolices, mas é severo... Por vezes tem um ar irritado; doutras, parece olhar-me com ternura... Veio-me a ideia de que poderia ser o Espírito de meu pai, que não quer se dar a conhecer.

45. Isso parece plausível. Ele não deve estar muito satisfeito contigo. Ouve-me bem. Vou dar-te um conselho a respeito. Sabemos que os pais têm por missão educar os filhos e encaminhá-los na senda do bem. Consequentemente, são responsáveis pelo bem ou pelo mal que eles praticam, conforme a educação que receberam, com o que sofrem ou são felizes no mundo dos Espíritos. A conduta dos filhos, pois, influi até certo ponto sobre a felicidade ou a infelicidade dos pais após a morte. Como tua conduta na Terra não foi muito edificante, e como desde a tua morte não fizeste grande coisa de bom, teu pai deve sofrer por isso, caso tenha algo a censurar-se por não te haver guiado bem...

*Resp.* – Se não me tornei um homem de bem, não foi por me ter faltado, mais de uma vez, a corrigenda necessária.

46. Talvez não tivesse sido a melhor maneira de corrigir-te; seja como for, sua afeição por ti é sempre a mesma e ele to prova aproximando-se de ti, se de fato é ele, como presumo. Deve sentir-se feliz com a tua mudança, o que explica a alternância de ternura e de irritação. Quer auxiliar-te no bom caminho em que acabas de entrar e, quando te vir realmente empenhado nisso, estou certo de que se dará a conhecer. Desse modo, trabalhando por tua própria felicidade, trabalharás pela dele. Nem mesmo me surpreenderia caso tivesse sido ele próprio quem te impeliu a vir à minha casa. Se não o fez antes foi porque quis dar-te o tempo de compreender o vazio de tua existência sem realizações e sentir-lhes os dissabores.

*Resp.* – Obrigado! Obrigado...! Ele lá está, atrás de ti... Pôs a mão na tua cabeça, como se te ditasse as palavras que acabas de proferir.

47. Voltemos ao Sr. Allan Kardec.

*Resp.* – Fui à sua casa anteontem à noite. Estava ocupado, escrevendo em seu gabinete..., trabalhando numa nova obra em preparo... Ah! Ele cuida bem de nós, pobres Espíritos; se não nos conhecem não é por sua culpa.[27]

48. Estava só?

*Resp.* – Só, sim, isto é, não havia ninguém com ele, mas havia ao seu redor uma vintena de Espíritos que murmuravam acima de sua cabeça.

49. Ele os escutava?

*Resp.* – Ouvia-os tão bem que olhava para todos os lados de onde provinha o ruído, para ver se não eram milhares de moscas; depois abriu a janela para olhar se não seria o vento ou a chuva.

OBSERVAÇÃO – O fato era absolutamente exato.

---

[27] Nota do tradutor: Trata-se da obra *O que é o espiritismo*. Vide a *Revista Espírita* de julho de 1859.

50. Entre tantos Espíritos reconheceste algum?

*Resp.* – Não; não são aqueles com quem me reunia. Eu tinha a impressão de ser um intruso e pus-me a um canto a fim de observar.

51. Esses Espíritos pareciam estar interessados por aquilo que ele escrevia?

*Resp.* – Creio que sim. Dois ou três, sobretudo, sopravam o que ele escrevia e davam a impressão de ouvir a opinião dos outros; quanto a Kardec, acreditava piamente que as ideias eram suas, parecendo satisfeito com isso.

52. Foi tudo o que viste?

*Resp.* – Depois chegaram oito ou dez pessoas que se reuniram num outro aposento com Kardec. Puseram-se a conversar; faziam perguntas; ele respondia e explicava.

53. Conheces as pessoas que lá estavam?

*Resp.* – Não; sei apenas que havia pessoas importantes, pois a uma deles se referiam sempre como príncipe, e a outra como Sr. duque. Os Espíritos também chegaram em massa; havia pelo menos uma centena, dos quais vários tinham sobre a cabeça uma espécie de coroa de fogo. Os outros se mantinham afastados e ouviam.

54. E tu, que fazias?

*Resp.* – Eu também ouvia, mas sobretudo observava. Veio-me, então, a ideia de fazer uma artimanha para ser útil a Kardec; dir-te-ei mais tarde o que era, quando eu tiver alcançado êxito. Então deixei a reunião e, vagando pelas ruas, divertia-me em frente às lojas, misturando-me com a multidão.

55. De sorte que, em vez de ir aos teus negócios, perdias o tempo?

*Resp.* – Não o perdi, pois que impedi um roubo.

56. Ah! Tu te metes também em assuntos da polícia?

*Resp.* – Por que não? Passando defronte de uma loja fechada, notei que lá dentro se passava algo estranho; entrei e vi um rapaz muito agitado, indo e vindo, como se quisesse ir ao caixa do lojista. Com ele havia dois Espíritos, um dos quais lhe soprava ao ouvido: "Vamos, covarde! A gaveta está cheia; poderás te divertir à vontade etc."; o outro tinha o semblante de uma mulher, bela e cheia de nobreza, qualquer coisa de celeste e de bondade no olhar; dizia-lhe: "Vai embora, vai embora! Não te deixes tentar"; e lhe soprava as palavras: prisão, desonra.

O rapaz hesitava. No momento em que se aproximava do caixa, interpus-me à sua frente para detê-lo. O Espírito mau pediu-me que não me metesse. Eu lhe disse que queria impedir o moço de cometer uma má ação e, talvez, de ser condenado às galés. Então o Espírito bom aproximou-se de mim e me disse: É preciso *que ele sofra a tentação; é uma prova; se sucumbir, será por sua culpa*. O ladrão ia triunfar quando o Espírito mau empregou um artifício abominável, que deu resultado: fez-lhe ver uma garrafa sobre uma mesinha: era aguardente; inspirou-lhe a ideia de beber, para criar coragem. O infeliz está perdido, pensei comigo... procuremos ao menos salvar alguma coisa. Eu não tinha outro recurso, a não ser advertir o patrão... depressa! Num piscar de olhos, eis-me em sua casa. Estava jogando cartas com a esposa; era preciso encontrar um meio de fazê-lo sair.

57. Se ele fosse médium, ter-lhe-ias feito escrever o que quiséssemos. Ele acreditaria pelo menos nos Espíritos?

*Resp.* – Não tinha bastante espírito para saber o que é isso.

58. Eu te ignorava o talento para fazer trocadilhos.

*Resp.* – Se me interrompes, não direi mais nada. Provoquei-lhe um violento espirro; ele quis aspirar rapé, mas havia deixado na loja a tabaqueira. Chamou o filho, que dormia num canto, e disse-lhe para ir buscá-la...; não era bem isso que eu desejava; o menino despertou resmungando... Soprei à mãe, que dissesse: "Não acorde a criança; tu podes muito bem ir buscá-la." — Finalmente ele se decidiu... e eu o acompanhei, para que fosse mais depressa. Chegando à porta percebeu luz na loja e ouviu um ruído. Ficou tomado de medo; tremiam-lhe as pernas; empurrei-o para que avançasse; se tivesse entrado subitamente, pegaria o ladrão como numa armadilha. Em vez disso, o imbecil pôs-se a gritar: "Pega o ladrão!" O ladrão escapou, mas, em sua precipitação, perturbado também pela aguardente, esqueceu-se de apanhar o boné. O dono da loja entrou quando já não havia ninguém... O que acontecerá com o boné não é da minha conta... Aquele sujeito está metido em maus lençóis. Graças a mim não houve tempo de consumar-se o furto, do qual livrou-se o comerciante pelo medo. Isso, porém, não o impediu de dizer, ao retornar à sua casa, que havia derrubado um homem de seis pés de altura. — "Veja só" — disse ele — "como as coisas acontecem! Se eu não tivesse tido a ideia de aspirar rapé!..." — "E se eu não te houvesse impedido de mandar o menino!" — retrucou a mulher. — "É preciso convir que tivemos sorte. Olha o que é o acaso!"

Eis, meu amigo, como nos agradecem!

59. És um bravo rapaz, meu caro Pierre, parabéns. Não te desanimes com a ingratidão dos homens; encontrarás muitos outros assim, agora que te comprometes a lhes prestar serviço, até mesmo entre os que creem na intervenção dos Espíritos.

*Resp.* – Sim, e sei que os ingratos um dia serão pagos com ingratidão.

60. Vejo agora que posso contar contigo e que te tornas verdadeiramente sério.

*Resp.* – Mais tarde verás que serei eu a te ensinar moral.

61. Como qualquer outro, eu o necessito e receberei de bom grado os conselhos, venham de onde vierem. Eu te disse que queria que praticasses uma boa ação; estás disposto?

*Resp.* – Podes duvidar disso?

62. Creio que um de meus amigos está ameaçado de grandes decepções, se continuar seguindo o mau caminho em que se encontra, suas ilusões poderão perdê-lo. Gostaria que tentasses reconduzi-lo ao bom caminho, por meio de algo que o pudesse impressionar vivamente. Compreendes o meu pensamento?

*Resp.* – Sim; gostarias que eu lhe produzisse alguma manifestação agradável, uma aparição, por exemplo; mas isso não depende de mim. Entretanto, posso dar provas sensíveis da minha presença quando isso me for permitido. Bem o sabes.

OBSERVAÇÃO – O médium ao qual este Espírito parece estar ligado é advertido de sua presença por uma impressão muito sensível, mesmo quando não pensa em chamá-lo. Reconhece-o por uma espécie de arrepio que sente nos braços, no dorso e nas espáduas, mas algumas vezes os efeitos são mais enérgicos. Numa reunião que ocorreu em nossa casa, no dia 24 de março passado, este Espírito respondeu às perguntas por outro médium. Falava-se de sua força física; de repente, como que para dar uma prova, ele agarrou um dos assistentes pela perna e, por meio de um abalo violento, levantou-o da cadeira e o atirou, assombrado, do outro lado da sala.

63. Farás o que quiseres, ou melhor, o que puderes. Aviso-te que ele possui alguma mediunidade.

*Resp.* – Tanto melhor; tenho meu plano.

64. Que esperas fazer?

*Resp.* – Primeiro vou estudar a situação; ver de que Espíritos ele se acha cercado e se há meios de fazer algo com estes. Uma vez em sua casa eu me anunciarei, como fiz na tua. Interpelar-me-ão e responderei: "Sou eu, Pierre Le Flamand, mensageiro espiritual, que venho pôr-me ao vosso serviço e que, ao mesmo tempo, desejaria vos agradecer. Ouvi dizer que acalentais certas esperanças que vos transtornam a cabeça e já vos fazem virar as costas aos amigos; creio de meu dever, em vosso próprio interesse, advertir-vos de quanto vossas ideias estão longe de ser proveitosas à vossa felicidade futura.

Palavra de Le Flamand, posso garantir que vos venho visitar imbuído das melhores intenções. Temei a cólera dos Espíritos e, mais ainda, a de Deus, e crede nas palavras de vosso servidor, que garante que a sua missão é inteiramente voltada ao bem." (*sic*)

Se me expulsarem, voltarei três vezes e depois verei o que terei a fazer. É isso?

65. Muito bem, meu amigo, mas não digas nem mais, nem menos.

*Resp.* – Palavra por palavra.

66. Mas se te perguntarem quem te encarregou dessa missão, o que responderás?

*Resp.* – Que foram os Espíritos Superiores. Para o bem, posso não dizer toda a verdade.

67. Tu te enganas; desde que agimos para o bem, é sempre por inspiração dos Espíritos bons. Assim, tua consciência pode ficar tranquila, porquanto os Espíritos maus jamais nos impelem a fazer boas coisas.

*Resp.* – Está entendido.

68. Agradeço-te e te felicito pelas tuas boas disposições. Quando queres ser chamado para me dares conta do resultado de tua missão?

*Resp.* – Eu te avisarei.

(*Continua no próximo número.*)

## Música de Além-Túmulo

O Espírito Mozart acaba de ditar ao nosso excelente médium, Sr. Bryon-Dorgeval, um fragmento de sonata. Como meio de controle este último o fez ouvir por diversos artistas, sem lhes indicar a fonte, simplesmente perguntando-lhes o que achavam do trecho. Todos reconheceram, sem hesitação, o estilo de Mozart. Foi executado na sessão da Sociedade do dia 8 de abril passado, na presença de numerosos peritos, pela Srta. de Davans, aluna de Chopin[28] e pianista distinta, que houve por bem prestar seu concurso. Como elemento de comparação, a Srta. De Davans executou previamente uma sonata que Mozart compusera quando vivo. Todos foram concordes em reconhecer não apenas a perfeita identidade do gênero, mas ainda a superioridade da composição espírita. Em seguida um trecho de Chopin foi executado pela mesma pianista que, novamente, revelou o seu talento habitual. Não poderíamos perder essa ocasião para invocar os dois compositores, com os quais tivemos a seguinte conversa:

## Mozart

1. Sem dúvida sabeis o motivo por que vos chamamos.

*Resp.* – Vosso chamado me dá imenso prazer.

2. Reconheceis como tendo sido por vós ditado o trecho que acabamos de ouvir?

*Resp.* – Sim, muito bem. Reconheço-o perfeitamente. O médium que me serviu de intérprete é um amigo que não me traiu.

3. Qual dos dois trechos preferis?

*Resp.* – Sem comparação, o segundo.

4. Por quê?

*Resp.* – Nele a doçura e o encanto são, ao mesmo tempo, mais vivos e mais ternos.

---

[28] N.E.: Frédéric François Chopin (1810–1849), pianista polonês radicado na França e compositor para piano da era romântica. É amplamente conhecido como um dos maiores compositores para piano e um dos pianistas mais importantes da História.

OBSERVAÇÃO – Com efeito, são qualidades reconhecidas no trecho.

5. A música do mundo que habitais pode ser comparada à nossa?

*Resp.* – Teríeis dificuldade em compreendê-la. Temos sentidos que, por ora, ainda não possuís.

6. Disseram-nos que em vosso mundo há uma harmonia natural, universal, que não encontramos na Terra.

*Resp.* – É verdade. Em vosso planeta fazeis a música; aqui, a natureza inteira faz ouvir sons melodiosos.

7. Poderíeis tocar piano?

*Resp.* – Sem dúvida que posso, mas não o quero. Seria inútil.

8. Entretanto, seria poderoso motivo de convicção.

*Resp.* – Não estais convencidos ainda?

OBSERVAÇÃO – Sabe-se que os Espíritos jamais se submetem a provas. Muitas vezes fazem espontaneamente aquilo que não lhes pedimos. Esta, aliás, entra na categoria das manifestações físicas, com as quais não se ocupam os Espíritos elevados.

9. Que pensais da recente publicação de vossas cartas?

*Resp.* – Reavivaram bastante a minha lembrança.

10. Vossa lembrança está na memória de todo o mundo. Poderíeis avaliar o efeito que essas cartas produziram na opinião pública?

*Resp.* – Sim; tornei-me mais amado e as criaturas se apegaram muito mais a mim como homem do que antes.

Observação – Estranha à Sociedade, a pessoa que fez estas últimas perguntas confirma que foi exatamente essa a impressão produzida por aquela publicação.

11. Desejamos interrogar Chopin. Será possível?

*Resp.* – Sim; ele é mais triste e mais sombrio do que eu.

## CHOPIN

12. [Após a evocação.] – Poderíeis dizer-nos em que situação vos encontrais como Espírito?

*Resp.* – Ainda errante.

13. Tendes saudades da vida terrena?

*Resp.* – Não sou infeliz.

14. Sois mais feliz do que antes?

*Resp.* – Sim, um pouco.

15. Dizeis *um pouco*, o que significa que não há grande diferença. O que vos falta para serdes mais feliz?

*Resp.* – Digo um pouco em relação àquilo que poderia ter sido, porque, com minha inteligência, eu poderia ter avançado mais do que o fiz.

16. Esperais alcançar um dia a felicidade que vos falta atualmente?

*Resp.* – Certamente ela virá. Antes, porém, serão necessárias novas provas.

17. Disse Mozart que sois sombrio e triste. Por quê?

*Resp.* – Mozart disse a verdade. Entristeço-me por haver empreendido uma prova que não realizei bem e por não ter mais coragem de recomeçá-la.

18. Como considerais as vossas produções musicais?

*Resp.* – Eu as prezo muito, mas em nosso meio fazemo-las melhores; sobretudo as executamos melhor. Dispomos de mais recursos.

19. Quem são, pois, os vossos executantes?

*Resp.* – Sob nossas ordens temos legiões de executantes que tocam nossas composições com mil vezes mais arte do qualquer um dos vossos. São músicos completos. O instrumento de que se servem é, por assim dizer, a própria garganta; são auxiliados por alguns instrumentos, espécies de órgãos de uma precisão e de uma melodia que, parece, ainda não podeis compreender.

20. Sois errante?

*Resp.* – Sim; isto é, não pertenço, com exclusividade, a nenhum planeta.

21. Os vossos executantes também são errantes?

*Resp.* – Errantes como eu.

22. [A Mozart.] – Poderíeis explicar-nos o que acaba de dizer Chopin? Não compreendemos essa execução por Espíritos errantes.

*Resp.* – Compreendo vossa surpresa; entretanto, já vos dissemos que há mundos particularmente destinados aos seres errantes, mundos que lhes podem servir de habitação temporária, espécies de bivaques, de campos em que descansem de uma demasiada longa erraticidade, estado este sempre um tanto penoso.

23. [A Chopin.] – Reconheceis aqui um de vossos alunos?

*Resp.* – Sim, parece.

24. Assistiríeis à vontade a execução de um trecho de vossa composição?

*Resp.* – Isso me dará muito prazer, sobretudo se executado por alguém que de mim guardou uma boa recordação. Que ela receba os meus agradecimentos.

25. Qual a vossa opinião sobre a música de Mozart?

*Resp.* – Aprecio-a bastante. Considero Mozart como meu mestre.

26. Partilhais de sua opinião sobre a música de hoje?

*Resp.* – Mozart disse que a música era mais bem compreendida em seu tempo do que hoje: isso é verdade. Entretanto, objetarei que ainda existem verdadeiros artistas.

Nota – O fragmento de sonata ditado pelo Espírito Mozart acaba de ser publicado. Pode ser adquirido no Escritório da *Revista Espírita* ou na livraria espírita do Sr. Ledoyen, Palais Royal, Galerie d'Orléans, 31. Preço: 2 francos. – Será remetida sem despesas de Correio, contra vale postal naquela importância.

# Mundos intermediários ou transitórios[29]

Numa das respostas que foram dadas em nosso número anterior, vimos que haveria, ao que parece, mundos destinados aos Espíritos errantes. A ideia de tais mundos não se achava na mente de nenhum dos assistentes e ninguém nela teria pensado não fosse a revelação espontânea de Mozart, nova prova de que as comunicações espíritas podem ser independentes de qualquer opinião preconcebida. Visando aprofundar essa questão, nós a submetemos a outro Espírito, fora da Sociedade e por meio de outro médium, que não lhe tinha nenhum conhecimento.

---

[29] Nota do tradutor: *Vide O livro dos espíritos*, Livro segundo, cap. VI – *Pluralidade das existências*.

1. [A Santo Agostinho.] – Há, de fato, como já foi dito, mundos que servem de estações ou pontos de repouso aos Espíritos errantes?

*Resp.* – Sim, mas eles são gradativos, isto é, entre os outros mundos ocupam posições intermédias, de acordo com a natureza dos Espíritos que a eles podem ter acesso e onde gozam de maior ou menor bem-estar.

2. Os Espíritos que habitam esses mundos podem deixá-los livremente?

*Resp.* – Sim, os Espíritos que se encontram nesses mundos podem deixá-los, a fim de irem para onde devam ir. Figurai-os como bandos de aves que pousam numa ilha, para aí aguardarem que se lhes refaçam as forças, a fim de seguirem seu destino.

3. Enquanto permanecem nos mundos transitórios, os Espíritos progridem?

*Resp.* – Certamente. Os que vão a tais mundos o fazem com o objetivo de se instruírem e de poderem mais facilmente obter permissão para passar a outros lugares melhores e chegar à perfeição que os eleitos atingem.

4. Pela sua natureza especial, os mundos transitórios conservam-se perpetuamente destinados aos Espíritos errantes?

*Resp.* – Não, a condição deles é meramente temporária.

5. Esses mundos são ao mesmo tempo habitados por seres corpóreos?

*Resp.* – Não.

6. Têm uma constituição semelhante à dos outros planetas?

*Resp.* – Sim, mas estéril é neles a superfície.

7. Por que essa esterilidade?

*Resp.* – Os que os habitam de nada precisam.

8. É permanente essa esterilidade e decorre da natureza especial que apresentam?

*Resp.* – Não; são estéreis transitoriamente.

9. Os mundos dessa categoria carecem então de belezas naturais?

*Resp.* – A natureza reflete as belezas da imensidade, que não são menos admiráveis do que aquilo a que dais o nome de belezas naturais.

10. Há desses mundos em nosso sistema planetário?

*Resp.* – Não.

11. Sendo transitório o estado de semelhantes mundos, a Terra pertencerá algum dia ao número deles?

*Resp.* – Já pertenceu.

12. Em que época?

*Resp.* – Durante a sua formação.

OBSERVAÇÃO – Mais uma vez esta comunicação confirma a grande verdade: nada é inútil em a natureza; tudo tem um fim, uma destinação. Em lugar algum há o vazio; tudo é habitado, há vida em toda parte. Assim, durante a dilatada sucessão dos séculos que passaram antes do aparecimento do homem na Terra, durante os lentos períodos de transição que as camadas geológicas atestam, antes mesmo da formação dos primeiros seres orgânicos, naquela massa informe, naquele árido caos, em que os elementos se achavam em confusão, não havia ausência de vida. Seres isentos das nossas necessidades, das nossas sensações físicas, lá encontravam refúgio. Quis Deus que, mesmo assim, ainda imperfeita, a Terra servisse para alguma coisa. Quem ousaria afirmar que, entre os milhares de mundos que giram na imensidade, um só, um dos menores, perdido no seio da multidão infinita deles, goza do privilégio exclusivo de ser povoado? Qual então a utilidade dos demais? Tê-los-ia Deus feito unicamente para nos recrearem a vista? Suposição absurda, incompatível com a sabedoria que esplende em todas as suas obras. Ninguém contestará que, nesta ideia da existência de mundos ainda impróprios para a vida material e, não obstante, já povoados de seres vivos apropriados a tal meio, há qualquer coisa de grande e sublime, em que talvez se encontre a solução de mais de um problema.

## Ligação entre o Espírito e o corpo

Uma de nossas amigas, a Sra. Schutz, que pertence a este mundo e que parece não querer deixá-lo tão cedo, havendo sido evocada durante o sono, mais de uma vez deu-nos a prova da perspicácia de seu Espírito em tal estado. Um dia, ou melhor, uma noite, depois de uma longa conversa, disse: "Estou fatigada; tenho necessidade de repouso; estou quase a dormir, meu corpo precisa descansar."

Diante disso, fiz-lhe notar o seguinte: "Vosso corpo pode repousar; falando-vos, eu não o prejudico; é vosso Espírito que está aqui, e não o vosso corpo. Podeis, pois, entreter-vos comigo, sem que o corpo sofra."

Ela respondeu: "Enganai-vos, pensando assim; meu Espírito se destaca um pouco de meu corpo, tal como se fora um balão cativo retido por cordas. Quando o balão é agitado pelo vento, o poste que o mantém cativo ressente-se dos abalos transmitidos pelas amarras. Meu corpo representa o papel de poste para o meu Espírito, com a diferença de que experimenta sensações desconhecidas do poste e que tais sensações fatigam bastante o cérebro. Eis por que o meu corpo, assim como o Espírito, necessita de repouso."

Conforme nos declarou aquela senhora, durante a vigília jamais havia pensado em tal explicação, o que vem mostrar perfeitamente as relações existentes entre o corpo e o Espírito, enquanto este último desfruta uma parte de sua liberdade. Sabíamos perfeitamente que a separação absoluta só ocorre depois da morte e, até mesmo, algum tempo depois. Jamais, porém, essa ligação nos havia sido descrita por uma imagem tão clara e tão interessante. Por isso felicitamos sinceramente aquela senhora por haver tão bem demonstrado as suas faculdades espirituais quando dormia.

Entretanto, para nós isto não passava de uma comparação engenhosa; ultimamente, porém, a imagem tomou proporções de realidade.

O Sr. R., antigo ministro-residente dos Estados Unidos junto ao Rei de Nápoles, homem muito esclarecido sobre o Espiritismo, fazendo-nos uma visita, perguntou-nos se, nos fenômenos de aparição, já tínhamos observado uma particularidade distintiva entre o Espírito de uma pessoa viva e o de um morto. Numa palavra, se teríamos um meio seguro de reconhecer se a pessoa está morta ou viva quando um Espírito aparece espontaneamente, em vigília ou durante o sono. Ao responder-lhe que não tínhamos outro meio senão perguntando ao Espírito, disse-nos que conhecia, na Inglaterra, um médium vidente dotado de grande poder que, toda vez que se lhe apresentava o Espírito de uma pessoa viva, notava um rastro luminoso que partia do peito e atravessava o espaço, sem ser interrompido por nenhum obstáculo material, indo terminar no corpo. Era uma espécie de cordão umbilical que unia as duas partes momentaneamente separadas do ser vivo. Nunca o observou quando a vida corporal já se havia extinguido e era por esse sinal que reconhecia se o Espírito pertencia a uma pessoa morta ou a alguém que ainda vivia.

A comparação da Sra. Schutz nos veio à mente e encontramos a sua confirmação no fato que acabamos de relatar. Faremos, todavia, uma observação a respeito.

Sabe-se que no momento da morte a separação não é brusca; o perispírito se desprende pouco a pouco e, enquanto dura a perturbação, conserva uma certa afinidade com o corpo. Não seria possível que o laço observado pelo médium vidente, de que acabamos de falar, persistisse ainda quando o Espírito aparece, no exato momento da morte, ou poucos instantes depois, como acontece tantas vezes? Nesse caso, a presença do cordão não seria um indicativo de que a pessoa estivesse viva. O Sr. R... não soube dizer se o médium teria feito essa observação. Em todo caso, ela não é menos importante e lança uma nova luz sobre aquilo que podemos chamar de fisiologia dos Espíritos.

## Refutação de um artigo do *Univers*

O jornal *Univers*, em sua edição de 13 de abril passado, traz um artigo do abade Chesnel em que a questão do Espiritismo é longamente discutida. Nós o teríamos deixado de lado, como o fazemos a tantos outros aos quais não ligamos nenhuma importância, se se tratasse de uma dessas diatribes grosseiras que revelam, da parte de seus autores, a mais absoluta ignorância daquilo que atacam. Temos a satisfação de reconhecer que o artigo do abade Chesnel é redigido num espírito completamente diferente. Pela moderação e conveniência da linguagem ele merece uma resposta, tanto mais necessária quanto o artigo contém um erro grave e pode dar uma ideia muito falsa, quer do Espiritismo em geral, quer em particular do caráter e do objetivo dos trabalhos da Sociedade Parisiense de Estudos Espíritas. Eis o artigo na íntegra:

> Todos conhecem o espiritualismo do Sr. Cousin, essa filosofia destinada a substituir lentamente a Religião. Sob o mesmo título, hoje possuímos um corpo de doutrinas *reveladas*, que pouco a pouco se vai completando, e um culto muito simples, é verdade, mas de eficácia maravilhosa, pois que poria os devotos em comunicação real, sensível e quase permanente com o mundo sobrenatural.
>
> Esse culto tem reuniões periódicas, iniciadas pela invocação de um santo canonizado. Depois de constatada, entre os fiéis, a presença de São Luís, rei da França, pedem-lhe que proíba a entrada dos Espíritos malignos ao templo e leem a ata da sessão anterior. Em

seguida, a convite do presidente, um *médium* se aproxima do secretário encarregado de anotar as perguntas feitas por um dos fiéis e as respostas que serão ditadas ao *médium* pelo Espírito invocado. A assembleia assiste gravemente, piedosamente, a essa cena de necromancia, por vezes bastante longa e, quando a ordem do dia se esgota, as pessoas se retiram mais convencidas do que nunca da veracidade do espiritualismo. No intervalo entre duas sessões, cada fiel aproveita a ocasião para manter um comércio assíduo, mas privado, com os Espíritos que lhe são mais acessíveis ou mais queridos. Os *médiuns* se multiplicam e quase não existem segredos na outra vida que eles não acabem por penetrar. Uma vez revelados aos fiéis, esses segredos não são ocultados ao público. A *Revue Spiritualiste*, que é publicada regularmente todos os meses, não recusa nenhuma assinatura profana e quem quiser poderá comprar os livros que contêm o texto revelado, com seu autêntico comentário.

Seríamos levados a crer que uma Religião que consiste unicamente na evocação dos mortos fosse muito hostil à Igreja Católica, que jamais deixou de proibir a prática da necromancia. Mas esses pensamentos mesquinhos, por mais naturais que pareçam, não são menos estranhos, assegura-se, ao coração dos espiritualistas. Eles fazem justiça ao Evangelho e a seu Autor; confessam que Jesus viveu, agiu, falou e sofreu como narram os nossos quatro evangelistas. A doutrina evangélica é verdadeira, mas essa revelação, de que Jesus foi o instrumento, longe de excluir o progresso, deve ser completada. É o espiritualismo que dará ao Evangelho a sã interpretação que lhe falta e a complementação que ele espera há dezoito séculos.

Entretanto, quem demarcará os limites ao progresso do Cristianismo ensinado, interpretado e desenvolvido tal qual o é pelas almas desprendidas da matéria, estranhas às paixões terrenas, aos nossos preconceitos e aos interesses humanos? O próprio infinito se nos desdobra. Ora, o infinito não tem limites e tudo nos leva a esperar que a revelação do infinito será continuada sem interrupção; à medida que se escoarem os séculos ver-se-ão revelações acrescidas a revelações, sem que jamais se esgotem esses mistérios, cuja extensão e profundidade parece aumentarem à medida que se liberam da obscuridade que até agora os envolvia.

Daí a consequência de que o espiritualismo é uma religião, porque nos põe intimamente em relação com o infinito e absorve, alargando-o, o Cristianismo que, de todas as formas religiosas, presentes ou passadas, é, como facilmente se confessa, a mais elevada, a mais pura e a mais perfeita. Mas engrandecer o Cristianismo é tarefa difícil, que não pode ser realizada sem derrubar as barreiras por detrás das quais ele se mantém entrincheirado. Os racionalistas não respeitam nenhuma barreira; menos ardentes, ou melhor, avisados, os espiritualistas só encontram duas, cuja redução parece indispensável, a saber: a autoridade da Igreja Católica e o dogma das penas eternas.

Esta vida constitui a única prova que ao homem é dado atravessar? A árvore ficará eternamente do lado em que caiu? O estado da alma, após a morte, é definitivo, irrevogável e eterno? Não, responde a necromancia espiritualista. A morte nada acaba, tudo recomeça. Para cada um de nós a morte é o ponto de partida de uma encarnação nova, de uma nova vida e de uma nova experiência.

Segundo o panteísmo alemão, Deus não é o ser, mas o tornar-se eterno. Seja o que for de Deus, para os espiritualistas parisienses o homem não tem outro destino senão tornar-se progressivo ou regressivo, conforme seus méritos e obras. A lei moral ou religiosa tem uma verdadeira sanção nas outras vidas, nas quais os bons são recompensados e os maus punidos, mas durante um período mais ou menos longo, de anos ou de séculos, e não por toda a eternidade.

Seria o espiritualismo a forma mística de erro de que o Sr. Jean Reynaud é o mais lídimo representante? Talvez. É permitido ir mais longe e dizer que entre o Sr. Reynaud e os novos sectários existe um laço mais estreito que o da comunidade de doutrinas? Talvez ainda. Mas essa questão, por falta de informações seguras, não será aqui resolvida de maneira decisiva.

Mais que o parentesco ou as alianças heréticas do Sr. Jean Reynaud, o que importa muito mais é a confusão de ideias, de que é sinal o progresso do espiritualismo; é a ignorância em matéria de Religião que torna possível tanta extravagância; é a leviandade com que homens, aliás estimáveis, acolhem essas revelações do outro mundo, que não possuem nenhum mérito, nem mesmo o da novidade.

Não é necessário remontar a Pitágoras[30] e aos sacerdotes egípcios para descobrirmos as origens do espiritualismo contemporâneo. Encontrá-las-emos ao manusear as atas do magnetismo animal.

Desde o século XVIII a necromancia já desempenhava um grande papel nas práticas do magnetismo e, vários anos antes que se manifestassem os Espíritos batedores na América, dizia-se que certos magnetizadores franceses obtinham, da boca dos mortos ou dos demônios, a confirmação das doutrinas condenadas pela Igreja, notadamente a dos erros de Orígenes,[31] relativos à conversão futura dos anjos maus e dos réprobos.

Igualmente é preciso dizer que o médium espiritualista, no exercício de suas funções, pouco difere do *sujeito* nas mãos do magnetizador, e que o círculo abraçado pelas revelações do primeiro também não ultrapassa aquele que é delimitado pela visão do segundo.

Os ensinamentos que a curiosidade pública obtém nos negócios privados, por meio da necromancia, em geral nada revelam além daquilo que antes já era sabido. A resposta do médium espiritualista é obscura nos pontos em que nossas pesquisas pessoais não puderam esclarecer; é clara e precisa naquilo que bem conhecemos; muda em tudo quanto escapa aos nossos estudos e esforços. Numa palavra, parece que o médium tem uma visão magnética de nossa alma, mas nada descobre além do que nela se encontra gravado.

---

[30] N.E.: Pitágoras (582 a.C.–496 a.C.), matemático e filósofo grego.
[31] N.E.: Orígenes (185–253), teólogo cristão. Defendeu algumas teses consideradas heréticas, como a criação *ab aeterno*, a função mediadora do Filho entre Deus e o mundo, a temporalidade das penas infernais; todas condenadas em 543.

Mas essa explicação, que parece muito simples, está, entretanto, sujeita a graves dificuldades. Supõe, com efeito, que uma alma possa ler naturalmente no fundo de outra alma, sem o concurso de sinais e independentemente da vontade daquele que, à primeira vista, se tornasse um livro aberto e muito legível. Ora, os anjos bons ou maus naturalmente não possuem esse privilégio, nem quanto a nós, nem nas relações diretas que mantêm entre si. Somente Deus penetra imediatamente os Espíritos e perscruta até o fundo dos corações mais obstinadamente fechados à sua luz.

Se os mais estranhos fatos espiritualistas que se contam são autênticos, será preciso, para explicá-los, que se recorra a outros princípios. Esquece-se com frequência que esses fatos geralmente se referem a um objeto que preocupa fortemente o coração ou a inteligência, que provocou longas pesquisas e do qual muitas vezes falamos fora da consulta espiritualista. Nessas condições, que não devem ser perdidas de vista, um certo conhecimento das coisas que nos interessam não ultrapassa absolutamente os limites naturais do poder dos Espíritos.

Seja como for, no espetáculo que hoje nos oferecem nada mais há que a evolução do magnetismo, que se esforça por tornar-se uma Religião.

Sob a forma dogmática e polêmica que deve a nova religião ao Sr. Jean Reynaud, ela incorreu na condenação do Concílio de Périgueux, cuja autoridade, como todos estão lembrados, foi gravemente negada pelo culpado.

Na forma mística que hoje assume em Paris, ela merece ser estudada, pelo menos como sinal dos tempos em que vivemos. O Espiritualismo já recrutou um certo número de homens, entre os quais diversos são honrosamente conhecidos no mundo. Esse poder de sedução que ele exerce, o lento, mas ininterrupto progresso, que lhe é atribuído por testemunhas dignas de fé, as pretensões que apregoa, os problemas que apresenta, o mal que pode fazer às almas, eis, sem dúvida, motivos por demais reunidos para atrair a atenção dos católicos. Guardemo-nos de atribuir à nova seita mais importância do que realmente merece. Mas para evitar o exagero, que tudo amplia, não caiamos também na mania de negar ou de amesquinhar todas as coisas. *Nolite omni spiritui credere, sed probate spiritus si ex Deo sint: Quoniam multi pseudoprophetoe exierunt in mundum.* (*I Joan*. IV. 1).

Abade François Chesnel

"Senhor abade,

O artigo que publicastes no *Univers*, relativamente ao Espiritismo, contém vários erros que importa retificar e que procedem, fora de dúvida, de um incompleto estudo da matéria. Para refutá-los a todos, fora preciso retomar, desde o princípio, os diversos pontos da teoria, bem como os fatos que lhe servem de base, o que absolutamente não tenho a intenção de fazer aqui. Limito-me, pois, aos pontos principais.

Fizestes bem em reconhecer que as ideias espíritas '*recrutaram* um certo número de homens honrosamente conhecidos no mundo'. Esse fato, cuja realidade ultrapassa de muito aquilo que acreditais, incontestavelmente merece a atenção de todo homem sério, pois tantas personalidades, eminentes pela inteligência, pelo saber e pela posição social não se apaixonariam por uma ideia despida de algum fundamento. A conclusão natural é que no fundo de tudo isso deve haver alguma coisa.

Talvez objeteis que certas doutrinas, meio religiosas, meio sociais, nos últimos anos encontraram sectários nas próprias fileiras da aristocracia intelectual, o que não as impediu de cair no ridículo. Assim, pois, os homens de inteligência podem se deixar seduzir pelas utopias. A isso responderei que as utopias têm o seu tempo: cedo ou tarde a razão lhes faz justiça. Assim será com o Espiritismo, se ele não for uma utopia. Mas se for uma verdade, triunfará de todas as oposições, de todos os sarcasmos; direi mesmo, de todas as perseguições, se estas ainda pertencessem ao nosso século, e os detratores nada aproveitarão. Custe o que custar, seus opositores serão obrigados a aceitá-lo, como aceitaram tantas coisas contra as quais se havia protestado supostamente em nome da razão. O Espiritismo é uma verdade? O futuro o julgará. Parece, no entanto, que já se pronuncia, tal a rapidez com que essas ideias se propagam. E, notai bem, não é na classe ignorante e analfabeta que se encontram aderentes, mas, bem ao contrário, entre as pessoas esclarecidas.

É de notar-se ainda que todas as doutrinas filosóficas constituem obra de homens, imbuídos de ideais mais ou menos grandes, mais ou menos justas; todas têm um chefe, em torno do qual se agruparam outros homens que partilham do mesmo ponto de vista. Quem é o autor do Espiritismo? Verdadeira ou falsa, quem imaginou essa teoria? É verdade que se procurou coordená-la, formulá-la, explicá-la. Mas quem concebeu a ideia primeira? Ninguém; ou, melhor dizendo, todo mundo, porque todos puderam ver, e os que não viram foram aqueles que não quiseram ver ou o quiseram à *sua maneira, sem sair do círculo das ideias preconcebidas*, o que fez com que vissem e julgassem mal. O Espiritismo decorre de observações que cada um pode fazer e que não constituem privilégio de ninguém, o que explica a sua irresistível propagação. Não é o produto de nenhum sistema individual, e é isso que o distingue de todas as outras doutrinas filosóficas.

Dissestes que essas revelações do outro mundo nem mesmo têm o mérito da novidade. Seria, pois, um mérito a novidade? Quem alguma vez pretendeu que fosse uma invenção moderna? Sendo uma consequência da natureza humana, e ocorrendo pela vontade de Deus, essas comunicações fazem parte das leis imutáveis pelas quais Ele rege o mundo; devem ter existido, pois, desde que o homem existe na Terra. Eis por que as encontramos na mais remota Antiguidade, entre todos os povos, tanto na história profana quanto na história sagrada. A ancianidade e a universalidade dessa crença são argumentos em seu favor. Daí a tirar conclusões desfavoráveis seria, acima de tudo, faltar de todo com a lógica.

Em seguida dissestes que a faculdade dos médiuns *pouco* difere da dos sujeitos na mão do magnetizador, de outra maneira dito sonâmbulo, mas admitamos até que haja perfeita identidade. Qual poderia ser a causa dessa admirável clarividência sonambúlica que não encontra obstáculo nem na matéria nem na distância, e que se exerce sem o concurso dos órgãos da visão? Não seria a mais patente demonstração da existência e da individualidade da alma, pivô da Religião? Se eu fosse sacerdote, e se durante o sermão quisesse provar que há em nós algo mais que o corpo, demonstrá-lo-ia de maneira irrecusável pelos fenômenos do sonambulismo, natural ou artificial. Se a mediunidade nada mais é que uma variedade do sonambulismo, nem por isso seus efeitos são menos dignos de observação. Neles eu encontraria uma prova a mais em favor de minha tese e dela faria uma nova arma contra o ateísmo e o materialismo. Todas as nossas faculdades são obra de Deus. Quanto maiores e mais maravilhosas, mais elas atestam o seu poder e a sua bondade.

Para mim, que durante trinta e cinco anos fiz um estudo especial do sonambulismo; que nele vi uma variedade não menos profunda de quantas modalidades existem de médiuns, asseguro, como todos aqueles que não julgam à vista de uma só face do problema, que o médium é dotado de uma faculdade particular, que não se pode confundir com o sonâmbulo, e que a perfeita independência de seu pensamento é provada por fatos da maior evidência, por todos aqueles que se colocam nas condições requeridas para observar sem parcialidade. Abstração feita das comunicações escritas, qual o sonâmbulo que jamais fez brotar um pensamento de um corpo inerte? Que produziu aparições visíveis e até mesmo tangíveis? Que pôde manter um corpo pesado no espaço sem ponto de apoio? Terá sido por efeito sonambúlico que um médium desenhou, há quinze dias, em minha casa, na presença de vinte testemunhas, o retrato de uma pessoa jovem, falecida há dezoito meses, que ele não havia jamais conhecido, retrato reconhecido pelo pai, que se achava presente na sessão? Será por efeito sonambúlico que uma mesa responde com precisão às perguntas propostas, inclusive a perguntas mentais? Certamente, se admitirmos que o médium esteja num estado magnético, parece difícil acreditar que a mesa seja sonâmbula.

Dizeis que o médium não fala com clareza senão das coisas que conhece. Como explicar o seguinte fato, e centenas de outros do mesmo gênero, que se reproduziram inúmeras vezes e que são do meu conhecimento pessoal? Um de meus amigos, excelente médium psicógrafo, pergunta a um Espírito se uma pessoa que ele não via há quinze anos ainda pertencia a este mundo. 'Sim, ela ainda vive; mora em Paris, à rua tal, número tanto.' Ele vai e encontra a pessoa no endereço indicado. Foi uma ilusão? Seu pensamento poderia sugerir-lhe essa resposta? Se, em certos casos, as respostas podem coincidir com o pensamento, é racional concluir que se trata de uma lei geral? Nisso, como em todas as coisas, os julgamentos precipitados são sempre perigosos, porque podem ser desmentidos pelos fatos que não foram observados.

Apesar disso, Sr. abade, minha intenção não é dar aqui um curso de Espiritismo, nem discutir se ele é certo ou errado. Seria preciso, como o disse há pouco, relembrar os numerosos fatos que citei na *Revista Espírita*, bem como as explicações dadas em meus diversos escritos. Chego, enfim, à parte de vosso artigo que me parece mais importante.

Intitulais vosso artigo: *Uma nova religião em Paris*. Admitindo que tal fosse, com efeito, o caráter do Espiritismo, aí haveria um primeiro erro, considerando-se que ele está longe de circunscrever-se a Paris. Conta milhões de aderentes espalhados nas cinco partes do mundo e Paris não foi o foco primitivo. Em segundo lugar, o Espiritismo é uma religião? Fácil é demonstrar o contrário.[32]

---

[32] Nota do tradutor: Em vão se tentará negar o aspecto religioso do Espiritismo, tomando por base, de forma isolada, o presente raciocínio de Allan Kardec. Há que se examinar o conjunto de sua obra, a fim de não se chegar a conclusões precipitadas. Na *Revista Espírita* de dezembro de 1868 o Codificador defende de maneira peremptória o caráter religioso da Doutrina Espírita.

## Maio de 1859

O Espiritismo está baseado na existência de um mundo invisível, formado de seres incorpóreos que povoam o espaço e que nada mais são do que as almas dos que viveram na Terra ou em outros globos, onde deixaram os seus invólucros materiais. São esses seres que havíamos dado, ou melhor, que se deram o nome de *Espíritos*. Esses seres, que nos rodeiam incessantemente, exercem sobre os homens, mau grado seu, uma grande influência; desempenham um papel muito ativo no mundo moral e, até certo ponto, no mundo físico. O Espiritismo, pois, está em a natureza e pode-se dizer que, numa certa ordem de ideias, é uma força, como a eletricidade também o é sob diferente ponto de vista, assim como a gravitação universal, igualmente.

Ele nos desvenda o mundo dos invisíveis, como o microscópio nos desvendou o mundo dos infinitamente pequenos, cuja existência nem suspeitávamos. Os fenômenos cuja fonte é esse mundo invisível devem ter-se produzido e se produziram em todos os tempos, razão por que a história de todos os povos lhes faz menção. Apenas os homens, em sua ignorância, os atribuíram a causas mais ou menos hipotéticas e, a propósito, deram livre curso à imaginação, como o fizeram com todos os fenômenos cuja natureza só imperfeitamente conheciam. O Espiritismo, melhor observado desde que se vulgarizou, vem lançar luz sobre uma multidão de problemas até aqui insolúveis ou mal resolvidos. Seu verdadeiro caráter é, pois, o de uma *ciência*, e não o de uma religião, e a prova disso é que conta, entre seus aderentes, homens de todas as crenças, e que nem por isso renunciaram às suas convicções: católicos fervorosos, que praticam todos os deveres de seu culto, protestantes de todas as seitas, israelitas, muçulmanos e até budistas e bramanistas. Há de tudo, exceto materialistas e ateus, porque essas ideias são incompatíveis com as *observações espíritas*. O Espiritismo, pois, repousa sobre princípios gerais, independentes de toda questão dogmática. É verdade que tem consequências morais, como todas as ciências filosóficas. Essas consequências são no sentido do Cristianismo, porque, de todas as doutrinas, o Cristianismo é a mais esclarecida, a mais pura, razão por que, de todas as seitas religiosas do mundo, são as cristãs as mais aptas a compreendê-lo em sua verdadeira essência.

O Espiritismo não é, pois, uma religião. Se o fosse teria seu culto, seus templos, seus ministros. Sem dúvida cada um pode fazer uma religião de suas opiniões e interpretar à vontade as religiões conhecidas, mas daí à constituição de uma nova Igreja há uma grande distância e creio que seria imprudência seguir tal ideia. Em resumo, o Espiritismo se ocupa da observação dos fatos, e não das particularidades de tal ou qual crença, da pesquisa das causas, da explicação que esses fatos podem dar de fenômenos conhecidos, assim na ordem moral como na ordem física, e não impõe nenhum culto aos seus partidários, como a Astronomia não impõe o culto dos astros, nem a pirotecnia o culto do fogo. Ainda mais: do mesmo modo que o sabeísmo nasceu da Astronomia mal compreendida, o Espiritismo, mal compreendido na Antiguidade, foi a fonte do politeísmo. Hoje, graças às luzes do Cristianismo, podemos julgá-lo com mais critério. Ele nos põe em guarda contra os sistemas errôneos, frutos da ignorância, e a própria religião nele pode haurir a prova palpável de muitas verdades contestadas por certas opiniões. Eis por que, contrariando a maior parte das ciências filosóficas, um dos seus efeitos é reconduzir às ideias religiosas aqueles que se extraviaram num ceticismo exagerado.

A Sociedade a que vos referis define seu objetivo no próprio título; a denominação *Sociedade Parisiense de Estudos Espíritas* não se assemelha ao de nenhuma seita; tão diferente é o seu caráter que seu estatuto proíbe tratar de questões religiosas; está classificada na categoria das sociedades científicas, porque, com efeito, seu objetivo é estudar e aprofundar todos os fenômenos que resultam das relações entre os mundos visível e invisível; tem seu presidente, seu secretário e seu tesoureiro, como todas as sociedades; não convida o público às suas sessões; ali não se faz nenhum discurso, nem coisa alguma que tenha o caráter de um culto qualquer. Conduz os seus trabalhos com calma e recolhimento, primeiro porque é uma condição necessária para as observações e, segundo, porque sabe que devem ser respeitados aqueles que não vivem mais na Terra. Ela os chama em nome de Deus porque crê em Deus, em sua Onipotência e sabe que nada se faz neste mundo sem a sua permissão. Abre as sessões com um apelo geral aos

Espíritos bons, uma vez que, sabendo que os há bons e maus, cuida para que estes últimos não venham se misturar fraudulentamente nas comunicações que recebe e induzi-la em erro. O que prova isso? Que não somos ateus, mas de modo algum implica que sejamos partidários de uma Religião. Disso deveria ter ficado convencida a pessoa que vos descreveu o que se passa entre nós, se tivesse acompanhado os nossos trabalhos e, sobretudo, se os tivesse julgado com menos leviandade e talvez com espírito menos prevenido e menos apaixonado. Assim, os próprios fatos protestam contra a qualificação de *nova seita* que destes à Sociedade, certamente por não a conhecerdes melhor.

Terminais vosso artigo chamando a atenção dos católicos para o mal que o Espiritismo pode fazer às almas. Se as consequências do Espiritismo fossem a negação de Deus, da alma, de sua individualidade após a morte, do livre-arbítrio do homem, das penas e recompensas futuras, seria uma doutrina profundamente imoral. Longe disso, ele prova, não pelo raciocínio, mas pelos fatos, essas bases fundamentais da Religião, cujo inimigo mais poderoso é o materialismo. Mais ainda: por suas consequências ensina a suportar com resignação as misérias desta vida; acalma o desespero; ensina os homens a se amarem como irmãos, conforme os divinos preceitos de Jesus. Se soubésseis, como eu, quantos incrédulos endurecidos ele fez renascer; quantas vítimas arrancou ao suicídio pela perspectiva da sorte reservada aos que abreviam a vida, contrariando a vontade de Deus; quantos ódios acalmou, quantos inimigos aproximou! É a isso que chamais fazer mal às almas? Não; não podeis pensar assim. Prefiro supor que, se o conhecêsseis melhor, o julgaríeis de outra maneira. Direis que a Religião pode fazer tudo isso. Longe de mim contestá-lo. Mas acreditais que teria sido melhor, para aqueles que ela encontrou rebeldes, permanecerem numa incredulidade absoluta? Se o Espiritismo triunfou sobre eles, se lhes tornou claro o que antes era obscuro, evidente o que lhes parecia duvidoso, onde o mal? Para mim, em lugar de perder almas, ele as salvou.

Aceitai etc."

ALLAN KARDEC

## *O livro dos espíritos* entre os selvagens[33]

Sabíamos que *O livro dos espíritos* tem leitores simpáticos em todas as partes do mundo, mas certamente não teríamos suspeitado encontrá-lo entre os selvagens da América do Sul, não fosse uma carta que nos fora enviada de Lima, há poucos meses, cuja tradução integral julgamos por bem tornar pública, à vista do fato significativo que ela encerra, sendo o seu alcance facilmente compreendido. Traz consigo o seu comentário, ao qual não acrescentaremos nenhuma reflexão.

"Excelentíssimo Senhor Allan Kardec,

Desculpai-me por não vos escrever em francês; compreendo essa língua pela leitura, mas não sou capaz de escrevê-la correta e inteligentemente.

Há mais de dez anos frequento os povos aborígenes que habitam a encosta oriental dos Andes, nestas regiões americanas dos confins do Peru. Vosso *O livro dos espíritos*, que adquiri numa viagem a Lima, acompanha-me nestas solidões. Dizer-vos que o li com avidez e que o releio continuamente não vos deve surpreender. Assim, eu não viria incomodá-lo por tão pouco se não fossem certas informações que vos poderão interessar, ou o desejo de obter alguns conselhos que espero de vossa bondade, pois não duvido que os vossos sentimentos humanos estejam de acordo com os sublimes princípios de vosso livro.

Estes povos que chamamos selvagens o são menos do que geralmente se pensa. Se por isso quisermos dizer que eles moram em cabanas em vez de palácios; que não conhecem nossas Artes e Ciências; que ignoram a etiqueta das pessoas civilizadas, realmente são verdadeiros selvagens. Mas em relação à inteligência, neles encontramos ideias de uma justeza surpreendente, uma grande finura

---

[33] N.E.: Ver *Nota Explicativa*, p. 535.

de observação e sentimentos nobres e elevados. Compreendem com muita facilidade e têm o espírito incomparavelmente menos grosseiro que os camponeses da Europa. Desprezam o que lhes parece inútil, em relação à simplicidade que lhes é suficiente ao gênero de vida que levam. A tradição de sua antiga independência é sempre viva entre eles, razão por que têm uma aversão insuperável aos seus conquistadores; mas, se odeiam a raça em geral, vinculam-se aos indivíduos que lhes inspiram uma confiança absoluta. É por conta dessa confiança que privo de sua intimidade e, quando me acho no meio deles, sinto-me em maior segurança do que em muitas metrópoles. Ficam tristes quando os deixo e me fazem prometer voltar. Quando volto, toda a tribo está em festa.

Estas explicações eram necessárias pelo que virá em seguida.

Disse-vos que tinha comigo *O livro dos espíritos*. Um dia ousei traduzir algumas passagens e fiquei bastante surpreendido ao ver que eles o compreendiam muito melhor do que eu havia pensado, considerando-se certas observações muito judiciosas que faziam. Eis aqui um exemplo:

A ideia de reviver na Terra lhes parece perfeitamente natural. Certo dia um deles nos perguntou: — Quando morrermos poderemos renascer entre os brancos? — Certamente — respondi. — Então serias, talvez, um de nossos parentes? — É possível. — Sem dúvida é por isso que és bom e nós te amamos? — Também é possível. — Então, quando encontrarmos um branco não lhe devemos fazer mal, porque talvez seja um dos nossos irmãos.

Como eu, senhor, certamente vos admirais dessa conclusão de um selvagem, bem como do sentimento de fraternidade que nele despertou. Ademais, a ideia dos Espíritos não é nova para eles; está em suas crenças e eles estão persuadidos de que é possível conversar com os parentes falecidos que os vêm visitar. O ponto importante de tudo isso é tirar partido para moralizá-los, e não creio que seja impossível, porquanto ainda não têm os vícios de nossa civilização. É aqui que precisaria de vossos conselhos e de vossa experiência. A meu ver, labora-se em erro quando se imagina que só podemos influenciar as criaturas ignorantes falando-lhes aos sentidos. Penso, ao contrário, que será entretê-las nessas ideias acanhadas e neles desenvolver o pendor à superstição. Creio que o raciocínio, quando o soubermos colocar ao alcance das inteligências, terá sempre um domínio mais duradouro.

Aguardando a resposta que, por certo, me favorecereis, recebei etc."

Dom Fernando Guerrero.

## Aforismos espíritas e pensamentos avulsos

Quando quiserdes estudar a aptidão de um médium, não evoqueis de imediato, por seu intermédio, o primeiro Espírito que aparecer, pois nunca afirmamos que o médium esteja apto a servir de intérprete a todos os Espíritos, nem que os Espíritos leviano não possam usurpar o nome daquele que chamais. Evocai de preferência o seu Espírito familiar, porque este virá sempre; então o julgareis por sua linguagem e podereis melhor apreciar a natureza das comunicações que o médium recebe.

\* \* \*

Os Espíritos encarnados agem por si mesmos, conforme sejam bons ou maus. Podem agir também sob o estímulo de Espíritos desencarnados, de que se fazem instrumento para o bem ou para o mal, ou para a realização de certos fatos. Somos, assim, à nossa revelia, os agentes da vontade dos Espíritos para aquilo que se passa no mundo, tanto no interesse geral quanto no individual. Dessa forma, encontramos alguém que nos leva a fazer ou deixar de fazer alguma coisa; pensamos que é o acaso que no-lo envia, quando, na maioria das vezes, são os Espíritos que nos impelem uns para os outros, porque esse encontro deve conduzir a um resultado determinado.

\* \* \*

Encarnando em diferentes posições sociais, os Espíritos são como atores que, fora de cena, se vestem como todo mundo e no palco fazem uso de todos os costumes, representando todos os papéis, desde o rei até o catador de lixo.

\* \* \*

Há criaturas que não temem a morte, que cem vezes a afrontaram e que experimentam certo temor na obscuridade. Não receiam os ladrões e, entretanto, no isolamento, num cemitério, à noite, têm medo de alguma coisa. São os Espíritos que se acham ao lado delas, cujo contato lhes produz uma impressão que resulta num temor do qual não se apercebem.

\* \* \*

As origens que certos Espíritos nos dão, pela revelação de pretensas existências anteriores, muitas vezes são um meio de sedução e uma tentação para o nosso orgulho, que se envaidece de ter sido tal ou qual personagem.

ALLAN KARDEC

# Revista Espírita
Jornal de Estudos Psicológicos
ANO II    JUNHO DE 1859    Nº 6

## O músculo estalante

  Os adversários do Espiritismo acabam de fazer uma descoberta que deve contrariar sobremaneira os Espíritos batedores; para eles é um desses golpes de clava do qual dificilmente se restabelecerão. Com efeito, que devem pensar esses pobres Espíritos da terrível cutilada com que o Sr. Schiff acaba de atingi-los, e depois o Sr. Jobert, de Lamballe e, por fim, o Sr. Velpeau? Parece-me vê-los bastante confusos, argumentando mais ou menos assim: "Pois bem, meu caro, estamos em maus lençóis! Estamos perdidos! Não havíamos contado com a anatomia, que descobriu as nossas artimanhas. Decididamente, não há condições de se viver num país onde há gente que enxerga com tanta clareza." — "Vamos, senhores patetas, que acreditastes em todas essas histórias inverossímeis; impostores que nos quisestes fazer acreditar na existência de seres que não vemos; ignorantes que imaginais possa existir algo que escape ao nosso escalpelo, *inclusive a vossa alma*; e todos vós, escritores espíritas ou espiritualistas, mais ou menos espirituosos, inclinai-vos e reconhecei que não passais de tolos, de charlatães e até mesmo de velhacos e de imbecis: esses senhores vos deixam a escolha, porque aqui está a luz, a verdade pura."

Academia das Ciências [Sessão de 18 de abril de 1859.] — DA CONTRAÇÃO RÍTMICA MUSCULAR INVOLUNTÁRIA. — O Sr. Jobert (de Lamballe) comunica um fato curioso de contração rítmica involuntária do pequeno perônio lateral direito, que confirma a opinião do Sr. Schiff relativamente ao fenômeno oculto dos *Espíritos batedores*.

A senhorita X..., de 14 anos, forte, bem constituída, desde os 6 anos é acometida de movimentos involuntários regulares do músculo pequeno perônio lateral direito e de batidas que são ouvidas por detrás do maléolo externo direito, com a regularidade do pulso. Apareceram pela primeira vez na perna direita, durante a noite, acompanhados de dor muito forte. Pouco tempo depois, o pequeno perônio lateral esquerdo foi atingido por uma afecção da mesma natureza, embora de menor intensidade.

O efeito desses batimentos é o de causar dor, produzir claudicações e, até mesmo, provocar quedas. A jovem doente declarou-nos que a extensão do pé e a compressão exercida sobre certos pontos do pé e da perna chegam a detê-los, não obstante continue sentindo dores e fadiga no membro.

Quando essa interessante criatura se nos apresentou, eis em que estado a encontramos: ao nível do maléolo externo direito, em direção ao bordo superior dessa saliência óssea, era fácil constatar um batimento regular, acompanhado de intumescência passageira e de um levantamento das partes moles da região, os quais eram seguidos por um ruído seco que se sucedia a cada contração muscular. Esse ruído era ouvido no leito, fora dele e a uma distância assaz considerável do local onde a jovem repousava. Notável pela sua regularidade e pelo seu estrépito, tal ruído a acompanhava por toda parte. Aplicando a orelha à perna, ao pé ou ao maléolo, distinguia-se um choque incômodo que atingia todo o trajeto percorrido pelo músculo, absolutamente como se fora um golpe que se transmitisse de uma a outra extremidade de uma viga. Por vezes o ruído se assemelhava a um atrito, a uma raspadela, desde que as contrações fossem menos intensas. Esses mesmos fenômenos sempre se reproduziam, estivesse a doente em pé, sentada ou deitada, independentemente da hora do dia ou da noite em que a examinávamos.

Se estudarmos o mecanismo dos batimentos produzidos, e se, para maior clareza, dividirmos cada batimento em dois tempos, veremos que:

No primeiro tempo o tendão do pequeno perônio lateral se desloca, ao sair de sua goteira, levantando necessariamente o grande perônio lateral e a pele;

No segundo tempo, realizado o fenômeno de contração, seu tendão se relaxa e se movimenta na goteira, produzindo, contra ela, o ruído seco e sonoro de que acabamos de falar.

Repetia-se, por assim dizer, de segundo em segundo, e cada vez o pequeno artelho sentia um abalo e a pele que recobre o quinto metatarso era levantada pelo tendão. Cessava quando o pé era fortemente estendido. Cessava, ainda, quando se exercia pressão sobre o músculo ou a bainha dos perônios.

Nestes últimos anos os jornais franceses e estrangeiros têm falado muito de ruídos semelhantes a golpes de martelo, ora se sucedendo com regularidade, ora afetando um ritmo particular, que se produziam em volta de certas pessoas deitadas em seu leito.

Os charlatães se apoderaram desses fenômenos singulares, cuja realidade, aliás, é atestada por testemunhas dignas de fé. Tentaram relacioná-los à intervenção de uma causa sobrenatural, deles se servindo para explorar a credulidade pública.

A observação da senhorita X... mostra como os tendões deslocados, no momento em que retornam à goteira óssea, podem produzir batimentos, sob a influência da contração muscular, anunciando, assim, para certas pessoas, a presença de Espíritos batedores.

Exercitando-se, qualquer pessoa pode adquirir a faculdade de produzir, à vontade, semelhantes deslocamentos de tendões e batimentos secos que se ouvem a distância.

Repelindo qualquer ideia de intervenção sobrenatural e notando que esses batimentos e ruídos estranhos se passavam sempre ao pé do leito dos indivíduos agitados pelos Espíritos, o Sr. Schiff se interrogou se a sede desses ruídos não estaria neles próprios, em vez de se situarem exteriormente. Seus conhecimentos anatômicos levaram-no a pensar que bem podia ser na perna, na região peroneal, na qual se encontra uma superfície óssea, tendões e uma bainha comum.

Estando bem sedimentada em seu espírito essa maneira de ver, fez ele experiências e tentativas em si mesmo, que lhe não permitiram duvidar que o ruído tivesse sua sede por detrás do maléolo externo e nas bainhas dos tendões do perônio.

Logo o Sr. Schiff foi capaz de executar ruídos voluntários, regulares, harmoniosos e, perante um grande número de pessoas, cerca de cinquenta, pôde imitar os prodígios dos Espíritos batedores, com ou sem sapatos, de pé ou deitado.

Concluiu o Sr. Schiff que todos esses ruídos se originam no tendão do grande perônio, quando passa na goteira peroneal, acrescentando que eles coexistem com um adelgaçamento ou ausência da bainha comum no grande e no pequeno perônio. Quanto a nós, admitindo inicialmente que todos esses batimentos fossem produzidos pela queda de um tendão contra a superfície óssea peroneal, pensamos, entretanto, não haver necessidade de uma anomalia da bainha para os percebermos. Basta a contração do músculo, o deslocamento do tendão e seu retorno à goteira para que o ruído aconteça. Além disso, somente o pequeno perônio é o agente do ruído em questão. Com efeito, ele ostenta uma direção mais reta que o grande perônio, que sofre vários desvios em seu trajeto; situa-se profundamente na goteira; recobre completamente a goteira óssea, sendo natural concluirmos que o ruído é produzido pelo choque desse tendão contra as partes sólidas da goteira; apresenta fibras musculares até a entrada do tendão na goteira comum, ao passo que se dá o contrário com o grande perônio.

O ruído é variável em sua intensidade e, com efeito, nele podemos distinguir diversos matizes. É assim que, desde o barulho estridente, que se percebe a distância, encontramos variedades de ruídos, de atritos, de serra etc.

Utilizando o método subcutâneo fizemos incisões repetidas através do corpo do pequeno perônio lateral direito e no corpo do mesmo músculo do lado esquerdo de nossa doente e mantivemos os membros imobilizados com o auxílio de um aparelho. Reunidas as partes, as funções dos dois membros foram restabelecidas sem qualquer traço dessa singular e rara afecção.

Sr. Velpeau. — Os ruídos de que acaba de tratar o Sr. Jobert em seu interessante comunicado parecem ligados a uma questão muita vasta. Com efeito, observam-se esses mesmos ruídos em diversas regiões. O quadril, a espádua, a face interna do pé frequentemente se lhe tornam a sede. Entre outros vi uma dama que, auxiliada por certos movimentos de rotação da coxa, produzia uma espécie de música assaz manifesta para ser ouvida de um a outro lado do salão. O tendão da porção longa do bíceps braquial a produz facilmente ao sair de sua bainha, quando os feixes fibrosos que o retêm naturalmente se relaxam ou se rompem. O mesmo acontece com o músculo posterior da perna ou com o músculo flexor do grande artelho, por trás do maléolo interno. Tais ruídos se explicam, como bem o compreenderam os Srs. Schiff e Jobert, pela fricção ou pelos sobressaltos dos tendões nas ranhuras ou contra os bordos das superfícies sinoviais. Consequentemente, são possíveis numa infinidade de regiões ou na vizinhança de uma porção de órgãos. Ora claros e bem audíveis, ora surdos ou obscuros, por vezes úmidos, outras vezes secos, variam, aliás, extremamente de intensidade.

Esperemos que o exemplo dado a respeito pelos Srs. Schiff e Jobert levem os fisiologistas a se ocuparem seriamente com esses vários ruídos e que um dia eles deem a explicação racional de fenômenos incompreendidos ou até aqui atribuídos a causas ocultas e sobrenaturais.

Sr. Jules Cloquet. — Em apoio às observações do Sr. Velpeau sobre os ruídos anormais que os tendões podem produzir nas diversas regiões do corpo, cita o exemplo de uma moça de 16 a 18 anos que lhe foi apresentada no Hospital São Luís, numa época em que os senhores Velpeau e Jobert eram vinculados a esse mesmo estabelecimento. O pai da jovem, que se intitulava *pai de um fenômeno*, espécie de saltimbanco, esperava tirar partido da filha, exibindo-a publicamente. Anunciou que ela tinha no ventre um movimento de pêndulo. A moça estava perfeitamente conformada. Por um leve movimento de rotação na região lombar da coluna vertebral, ela produzia estalidos muito fortes, mais ou menos regulares, segundo o ritmo de ligeiros movimentos que imprimia à parte inferior do tronco. Esses ruídos anormais podiam ser ouvidos perfeitamente a mais de 25 pés de distância e assemelhavam-se ao ruído das antigas máquinas de assar carne; eram interrompidos à vontade da moça e pareciam ter sua sede nos músculos da região lombodorsal da coluna vertebral.

Extraído da *Abeille médicale*, julgamo-nos no dever de transcrever este artigo integralmente para a edificação de nossos leitores, a fim de não sermos acusados de querer esquivar-nos a certos argumentos que ele contém. Com algumas variantes, foi reproduzido em diferentes jornais, acompanhados dos costumeiros epítetos. Não temos o hábito de ressaltar as grosserias; deixamo-las de lado, porque o nosso bom senso nos diz que nada se prova com tolices e injúrias, por mais sábio que se seja. Se o artigo em questão se tivesse limitado a banalidades, que nem sempre são marcadas pelo cunho da urbanidade e da boa educação, não o teríamos mencionado. Mas ele trata a questão do ponto de vista científico; sobrecarrega-nos com demonstrações, com as quais pretende pulverizar-nos; vejamos, pois, se de fato estamos mortos pelo decreto da Academia das Ciências, ou se temos alguma chance de viver, como o pobre louco Fulton,[34] cujo sistema foi declarado um sonho vazio e impraticável pelo Instituto, o que apenas privou a França da iniciativa do navio a vapor; e quem sabe as consequências que tal poderio, nas mãos de Napoleão I,[35] poderia ter acarretado sobre os acontecimentos ulteriores!

Faremos apenas um breve reparo sobre a qualificação de charlatães, atribuída aos partidários das ideias novas. Ela nos parece um tanto arriscada, quando se aplica a milhões de criaturas que delas não tiram qualquer proveito e quando alcança os planos mais elevados da escala social. Esquecem que o Espiritismo fez, em alguns anos, incríveis progressos em todas as partes do mundo; que não se propaga entre os ignorantes, mas no seio das classes esclarecidas; que conta em suas fileiras um grande número de médicos, magistrados, eclesiásticos, artistas, homens de letras e altos funcionários, pessoas às quais geralmente se reconhece algumas luzes e um mínimo de bom senso. Ora, confundi-los no mesmo anátema e remetê-los sem qualquer cerimônia para os hospícios é agir com excessiva prepotência.

Mas, direis, trata-se de criaturas de boa-fé, vítimas de uma ilusão; não negamos o efeito, apenas contestamos a causa que lhe atribuís. A Ciência acaba de descobrir a verdadeira causa, tornando-a conhecida e, por isso mesmo, fazendo desabar todo esse altar de fantasias místicas de um mundo invisível, que pode seduzir as imaginações exaltadas, embora sinceras.

Não nos vangloriamos de sabedoria, nem muito menos ousaríamos colocar-nos no mesmo nível de nossos honrados adversários. Diremos tão só que nossos estudos pessoais de Anatomia e de Ciências físicas e naturais, que tivemos a honra de professar, nos permitem compreender a sua teoria, e que de modo algum nos sentimos aturdidos por essa avalancha de palavreado técnico.

---

[34] N.E.: Robert Fulton (1765–1815), mecânico americano: Construiu o primeiro submarino movido à hélice, o Nautilus (1800), e realizou industrialmente a propulsão dos navios a vapor (1807).

[35] N.E.: Napoleão Bonaparte (1769–1821), imperador da França.

Os fenômenos de que falam são-nos perfeitamente conhecidos. Em nossas observações sobre os efeitos atribuídos aos seres invisíveis tivemos o cuidado de não negligenciar uma causa tão patente de desprezo. Quando um fato se apresenta, não nos contentamos com uma única observação; queremos vê-lo sob todos os ângulos, sob todas as faces e, antes de aceitar uma teoria, imaginamos se ela corresponde a todas as circunstâncias, se nenhum fato desconhecido virá contradizê-la; numa palavra, se resolve todas as questões. A verdade tem o seu preço. Admitis bem, senhores, que esta maneira de proceder é bastante lógica. Pois bem! Malgrado todo o respeito devido ao vosso saber, apresentam-se algumas dificuldades na aplicação de vosso sistema àquilo que se costuma chamar de Espíritos batedores. Em primeiro lugar, é no mínimo singular que essa faculdade, até o momento excepcional e vista como um caso patológico, qualificada pelo Sr. Jobert (de Lamballe) de *rara e singular afecç*ão, de repente se tenha tornado tão comum. É verdade que o Sr. de Lamballe diz que todo homem pode adquiri-la pelo exercício, mas como também afirmou que ela se faz acompanhar de dor e fadiga, o que é bastante natural, é de convir que precisamos ter uma vontade de mistificar muito forte para fazer nosso músculo estalar durante duas ou três horas seguidas, quando isso a nada leva, e pelo só prazer de divertir as pessoas.

No entanto, falemos seriamente. Isto é mais grave, porque é Ciência. Esses senhores, que descobriram esta maravilhosa propriedade do grande perônio, não desconfiam absolutamente de tudo quanto pode fazer esse músculo. Ora, eis aí um belo problema a resolver. Os tendões deslocados não batem somente nas goteiras ósseas; por um efeito verdadeiramente bizarro, também vão bater nas portas, paredes e tetos, e isso à vontade, exatamente nos locais designados. Mas se quereis algo ainda mais forte, vede o quanto a Ciência estava longe de suspeitar de todas as virtudes desse músculo estalador: ele tem o poder de levantar uma mesa sem a tocar, de fazê-la andar com os pés, de caminhar na sala, de manter-se no espaço sem ponto de apoio; de abri-la e de fechá-la e, julgai com que força! de fazê-la quebrar-se ao tombar no chão. Pensais que se trata de uma mesa frágil e leve como uma pena, que a gente levanta com um sopro? Acordai, senhores, trata-se de mesas pesadas e maciças, de 50 a 60 quilos, que obedecem a moçoilas e crianças. Mas, dirá o Sr. Schiff, nunca vi esses prodígios. Isso é fácil de compreender: ele não quis ver senão as pernas.

Em suas observações terá o Sr. Schiff considerado a necessária independência das ideias? Estava imune de qualquer prevenção? Temos o direito de duvidar; e não somos nós que o dizemos, é o Sr. Jobert. Segundo ele, o Sr. Schiff perguntou, ao falar de médiuns, se a sede desses ruídos não estaria de preferência neles, e não fora deles; *seus conhecimentos anatômicos o levaram a pensar que bem podia ser na perna. Estando esse modo de ver bem sedimentado em seu espírito* etc. Assim, conforme a confissão do Sr. Jobert, o Sr. Schiff tomou por ponto de partida não os fatos, mas sua própria ideia, sua ideia preconcebida, *bem sedimentada*. Daí as pesquisas num sentido exclusivo e, consequentemente, uma teoria exclusiva que explica perfeitamente o fato que ele viu, mas não aqueles que não viu. E por que não os viu? Porque em seu pensamento só havia um ponto de partida verdadeiro, e uma explicação verdadeira. Partindo daí, todo o resto deveria ser falso e não merecia exame. Disso resultou que, em sua ânsia de destruir os médiuns, errou o alvo.

Senhores, imaginais conhecer todas as virtudes do grande perônio porque o surpreendestes a tocar violão em sua bainha? Ora, ora! Eis aqui algo muito diferente a registrar nos anais da Anatomia. Pensastes que o cérebro fosse a sede do pensamento. Errado! Pode-se pensar pelo tornozelo. As batidas dão provas de inteligência; portanto, venham esses golpes exclusivamente do perônio, venham do grande perônio, conforme o Sr. Schiff, venham do pequeno, conforme o Sr. Jobert — seria preciso que eles se entendessem a respeito — é porque o perônio é inteligente. Isto nada tem de surpreendente. Fazendo estalar o seu músculo à vontade, o médium executará o que quiserdes: imitará a serra, o martelo, baterá a chamada e o ritmo de uma ária pedida. Que seja! Mas quando o ruído responde a alguma coisa que o médium ignora completamente; quando revela pequenos segredos que somente vós conheceis, segredos que desejaríamos esconder de nossa própria sombra, é preciso convir que o pensamento vem de outra parte que não o cérebro. De onde virá, então? Meu Deus do céu! Do grande perônio. E isso não é tudo: esse grande perônio também é poeta, desde que pode compor versos encantadores, não obstante o médium jamais os tenha feito em sua vida; ele é poliglota, porque dita coisas verdadeiramente muito sensatas, em línguas de que o médium não conhece uma só palavra; ele é músico... nós bem o sabemos, pois o Sr. Schiff fez o seu executar sons harmoniosos, com ou sem sapatos, perante cinquenta pessoas. Sim, mas também compõe. Vós, Sr. Dorgeval, que ultimamente nos destes uma encantadora sonata, acreditais realmente ter sido o Espírito Mozart que vo-la ditou? Acordai: era o vosso grande perônio que tocava piano. Na verdade, senhores médiuns, não desconfiáveis possuir tanto espírito em vossos calcanhares. Glória, pois, aos que fizeram essa descoberta; que seus nomes sejam inscritos em letras maiúsculas para a edificação da posteridade e honra de sua memória!

  Dirão que gracejamos com coisas sérias. Mas os gracejos não são raciocínios, do mesmo modo que também não o são as tolices e as grosserias. Confessando nossa ignorância junto a esses senhores, aceitamos a sua sábia demonstração e a tomamos muito a sério. Pensávamos que certos fenômenos eram produzidos por seres invisíveis que se deram o nome de Espíritos; é possível que tenhamos nos enganado. Como procuramos a verdade, não alimentamos a ridícula pretensão de insistir numa ideia que, de maneira tão peremptória, nos demonstram ser falsa. Desde que o Sr. Jobert, por meio de uma incisão subcutânea, solapou os Espíritos, é porque já não existem Espíritos. Considerando que, segundo ele, todos os ruídos vêm do perônio, é preciso acreditá-lo e admiti-lo em todas as suas consequências. Assim, quando as batidas são dadas na parede ou no teto, ou o perônio lhes corresponde ou a parede tem um perônio; quando esses golpes ditam versos por intermédio de uma mesa que bate o pé, de duas coisas uma: ou a mesa é poetisa ou o perônio é poeta. Isso nos parece lógico.

Junho de 1859

Vamos ainda mais longe: certo dia em que fazia experiências espíritas, um oficial de nosso conhecimento recebeu, por mão invisível, um par de bofetadas tão bem aplicadas que ainda as sentia duas horas depois. Ora, como provocar uma reparação? Se semelhante fato acontecesse com o Sr. Jobert, ele não se inquietaria: apenas diria ter sido agredido pelo grande perônio.

Eis o que lemos a respeito no jornal *La Mode*, de 1º de maio de 1859:

> A Academia de Medicina continua a cruzada dos espíritos positivos contra o maravilhoso de qualquer gênero. Depois de haver, com justa razão, mas talvez um tanto desajeitadamente, fulminado o famoso doutor negro, pela voz do Sr. Velpeau, eis que acaba de ouvir o Sr. Jobert (de Lamballe) declarar, em pleno Instituto, o segredo daquilo que ele chama a grande comédia dos *Espíritos batedores*, que foi representada com tanto sucesso nos dois hemisférios.
>
> Segundo o célebre cirurgião, todo *toc toc*, todo *pan pan* que faz estremecer as pessoas que os escutam; todos esses ruídos singulares, esses golpes secos, vibrados sucessivamente e como que cadenciados, precursores da chegada, sinais evidentes da presença dos habitantes do outro mundo, resultam simplesmente de um movimento imprimido a um músculo, a um nervo, a um tendão! Trata-se de uma bizarrice da natureza, habilmente explorada para produzir, sem que se possa constatar, essa música misteriosa que encantou e seduziu tanta gente.
>
> A sede da orquestra é na perna. É o tendão do perônio, tocando no interior da bainha, que produz todos esses ruídos que são ouvidos sob as mesas ou a distância, ao bel prazer do prestidigitador.
>
> De minha parte duvido muito que o Sr. Jobert tenha posto a mão, como imagina, no segredo daquilo que ele mesmo chama "uma comédia", parecendo-me que os artigos publicados nesse mesmo jornal, por nosso confrade Sr. Escande, sobre os mistérios do mundo

oculto, apresentam a questão com uma amplidão bem diferente, sincera e filosófica, no bom sentido da palavra.

Entretanto, se os charlatães de todos os matizes incomodam pelo barulho que fazem, temos de convir que esses sábios senhores por vezes não o são menos, com a esponja que pretendem aplicar sobre tudo quanto escape ao brilho dos candelabros oficiais.

Não compreendem que a sede do maravilhoso, que devora nossa época, deve-se justamente aos excessos do positivismo para onde certos espíritos quiseram arrastá-la. A alma humana tem necessidade de crer, de admirar e de contemplar o infinito. Trabalharam para fechar as janelas que o catolicismo lhe abria; por isso ela olha pelas claraboias, sejam quais forem.

Henry de Pène

Nosso excelente amigo, Sr. Henry de Pène, certamente nos permitirá uma observação. Ignoramos quando o Sr. Jobert fez essa imortal descoberta e qual o dia memorável em que a comunicou ao Instituto. O que sabemos é que essa original explicação já havia sido dada por outros. Em 1854, o Dr. Rayer, um célebre clínico, que naquela época não deu provas de grande perspicácia, também apresentou, ao Instituto, um alemão, cuja habilidade, segundo ele, dava a chave de todos os *knokings* e *rappings* dos dois mundos. Tratava-se, como hoje, do deslocamento de um dos tendões musculares da perna, chamado o *grande perônio*. Sua demonstração foi feita numa sessão e a Academia expressou o seu reconhecimento por intermédio dessa interessante comunicação. Alguns dias depois, um professor substituto da Faculdade de Medicina consignou o fato no jornal *Constitutionnel* e teve a coragem de acrescentar que "finalmente os cientistas se haviam pronunciado e o mistério estava esclarecido". Essa declaração não impediu que o mistério persistisse e aumentasse, a despeito da Ciência que, recusando-se a fazer experiências, contentava-se em atacá-lo por meio de explicações ridículas e burlescas, como estas a que acabamos de nos referir. Em respeito ao

Sr. Jobert (de Lamballe), apraz-nos pensar que lhe atribuíram uma experiência que absolutamente não lhe pertence. Algum jornal, ansioso por novidades, terá encontrado nalgum recanto esquecido de sua pasta a antiga comunicação do Sr. Rayer e a terá ressuscitado, publicando-a sob o seu patrocínio, a fim de variar um pouco. *Mutato nomine, de te fabula narratur*. É lastimável, sem dúvida, mas ainda é melhor do que se o jornal tivesse dito a verdade.

A. Escande

# Intervenção da Ciência no Espiritismo

A intervenção das corporações científicas é um dos argumentos invocados incessantemente pelos adversários do Espiritismo. Por que não se apropriaram do fenômeno das mesas girantes? Se nele tivessem visto algo de sério, dizem, não se poriam em guarda contra fatos tão extraordinários e, muito menos, os tratariam com desprezo, ao passo que agora são todos contra vós. Não são os cientistas o feixe de luz das nações e não será seu dever espalhá-lo? Por que queríeis que eles o abafassem, quando se lhes apresentava tão bela ocasião de revelarem ao mundo uma força nova?

Em primeiro lugar, é um erro muito grave afirmar que todos os cientistas estejam contra nós, considerando-se que o Espiritismo se propaga justamente na classe esclarecida. Só existem cientistas na ciência oficial e nos corpos constituídos. Pelo fato de o Espiritismo não desfrutar ainda dos direitos de cidadania no âmbito da ciência oficial, poder-se-ia prejulgar a questão? É conhecida a circunspeção daquela em relação às ideias novas. Se a Ciência jamais se tivesse enganado, sua opinião poderia pesar na balança; a experiência, infelizmente, prova o contrário. Não repeliu como quimeras uma imensidão de descobertas que, mais tarde, ilustraram a memória de seus autores? Por isso deve-se concluir que os sábios sejam ignorantes? Isso justifica os epítetos triviais à custa do mau gosto que certas pessoas se aprazem em prodigalizar-lhes? Não, certamente. Não há ninguém de bom senso que não faça justiça aos sábios, embora reconhecendo que não são infalíveis e que seu julgamento, assim, não representa a última instância. Seu erro é resolver certas questões um pouco levianamente, confiando demasiado em suas luzes, antes que o tempo se tenha pronunciado, e assim se expondo a receber os desmentidos da experiência.

  Cada um só tem competência para julgar o que conhece. Se quisermos construir uma casa, chamaremos um músico? Se estivermos doentes, seremos tratados por um arquiteto? Se tivermos um processo, buscaremos a opinião de um dançarino? Enfim, se se tratar de uma questão de Teologia, pediremos a sua solução a um químico ou a um astrônomo? Não; cada qual no seu ofício. As ciências vulgares repousam sobre as propriedades da matéria, que podemos manipular à vontade; os fenômenos que ela produz têm como agentes forças materiais. Os do Espiritismo têm como agente inteligências que possuem sua independência, seu livre-arbítrio, e de modo algum se submeteriam aos nossos caprichos; escapam, dessa forma, aos nossos processos anatômicos e laboratoriais, bem como aos nossos cálculos e, assim, não são da competência da Ciência propriamente dita. A Ciência se enganou ao querer experimentar os Espíritos como se o fizesse a uma pilha voltaica; partiu de uma ideia fixa, preconcebida, à qual se aferra, e quer forçosamente ligá-la à ideia nova. Fracassou, e assim devia acontecer, porque agiu tendo em vista uma analogia que não existe. Depois, sem ir mais longe, concluiu pela negativa: julgamento temerário que o tempo diariamente se encarrega de reformar, como reformou tantos outros, e aqueles que o pronunciaram muito se envergonharão por haverem levianamente assumido uma falsa posição contra o poder infinito do Criador. Assim, pois, as corporações científicas não devem, nem jamais deverão pronunciar-se sobre o assunto; ele não é da sua alçada, assim como também não o é o direito de decretar se Deus existe. É, pois, um erro constitui-las em juiz. Mas quem será o juiz? Os Espíritos se julgam no direito de impor suas ideias? Não; o grande juiz, o juiz soberano, é a opinião pública. Quando essa opinião se formar pela aquiescência das massas e dos homens esclarecidos, os cientistas oficiais a aceitarão como indivíduos e sofrerão a força das circunstâncias. Deixai passar uma geração e, com ela, os preconceitos do amor-próprio que se obstina, e veremos dar-se com o Espiritismo o mesmo que se deu com tantas outras verdades combatidas, que atualmente seria ridículo pôr em dúvida. Hoje, os crentes são chamados de loucos; amanhã será a vez dos que não creem, exatamente como outrora eram tratados de loucos os que acreditavam que a Terra girasse, o que não a impediu de girar.

Mas nem todos os sábios julgaram do mesmo modo. Alguns fizeram o seguinte raciocínio: Não há efeito sem causa, e os mais vulgares efeitos podem abrir caminho aos maiores problemas. Se Newton[36] houvesse menosprezado a queda de uma maçã; se Galvani[37] tivesse repelido a sua doméstica, tratando-a de louca e de visionária, quando ela lhe falou das rãs que dançavam no prato, talvez ainda estivéssemos procurando a admirável lei da gravidade e as fecundas propriedades da pilha. O fenômeno designado sob o burlesco nome de dança das mesas não é mais ridículo do que o da dança das rãs, e talvez encerre alguns desses segredos da natureza que revolucionarão a humanidade, quando possuirmos a sua chave. Além disso, eles disseram: "Desde que tanta gente se ocupa de tais fatos e desde que homens muito sérios os estudaram, é porque existe alguma coisa; uma ilusão, uma loucura, se quisermos, não pode ter esse caráter de generalidade; poderá seduzir um círculo, um grupelho, mas não fará a volta ao mundo."

Eis principalmente o que nos dizia ilustre doutor em Medicina, incrédulo até pouco tempo atrás e hoje fervoroso adepto:

"Dizem que os seres invisíveis se comunicam; e por que não? Antes da invenção do microscópio suspeitávamos da existência dessa miríade de animálculos que causam tanta devastação na economia? Onde a impossibilidade material da existência, no espaço,

---

[36] N.E.: Isaac Newton (1642–1727), físico e matemático inglês. Responsável pela descoberta da lei da gravidade universal.
[37] N.E.: Luigi Galvani (1737–1798), médico italiano. Fez experiências com eletricidade aplicada a rãs, resultando na base da teoria sobre a natureza elétrica do sistema nervoso.

de seres que escapam aos nossos sentidos? Alimentaríamos, por acaso, a ridícula pretensão de tudo saber e dizer a Deus que ele não mais nos pode ensinar? Se esses seres invisíveis que nos cercam são inteligentes, por que não se comunicariam conosco? Se estão em relação com os homens, devem representar um papel no destino e nos acontecimentos. Quem sabe se não serão uma das potências da natureza, uma dessas forças ocultas que não suspeitamos? Que novo horizonte se abre ao nosso pensamento! Que vasto campo de observação! A descoberta do mundo invisível seria bem diversa daquela dos infinitamente pequenos; seria mais que uma descoberta: seria uma completa revolução nas ideias. Quanta luz daí pode jorrar! Que de coisas misteriosas seriam explicadas! Os que assim acreditam são ridicularizados. Mas o que isso prova? Não aconteceu o mesmo com todas as grandes descobertas? Cristóvão Colombo[38] não foi repelido duramente, coberto de desgostos e tratado como insensato? Disseram que essas ideias são tão estranhas que a razão as recusa. Há somente meio século teríamos rido na cara de quem tivesse dito que em apenas alguns minutos seria possível corresponder-nos de um extremo a outro do mundo; que em algumas horas atravessaríamos a França; que com o vapor exalado de um pouco de água em ebulição um navio navegaria contra o vento; que da água seriam tirados os meios de iluminar e de aquecer. Propusesse alguém uma maneira de iluminar Paris inteira em um minuto, com uma única fonte de substância invisível, e o teriam enviado ao hospício. Haveria, então, mais prodígio em se imaginar fosse o espaço povoado de seres pensantes que, após terem vivido na Terra, nela deixaram o seu invólucro material? Não encontraríamos nesse fato a explicação de uma infinidade de crenças que remontam à mais alta Antiguidade? Não seria a confirmação da existência da alma, de sua individualidade após a morte? A prova da origem da própria Religião? Entretanto, só vagamente nos diz a Religião em que se tornam as almas, enquanto o Espiritismo o define. A tudo isso, que podem argumentar os materialistas e os ateus? Semelhantes coisas merecem ser aprofundadas."

---

[38] N.E.: Cristóvão Colombo (1451–1506), navegante genovês, descobridor da América.

## Junho de 1859

Eis aí as reflexões de um cientista, mas de um cientista despretensioso. São, também, as de uma significativa parcela de homens esclarecidos que refletiram, estudaram seriamente e sem ideias preconcebidas e tiveram a modéstia de não dizer: "Não compreendo, portanto isso não existe." Sua convicção formou-se pela observação e no recolhimento. Se tais ideias fossem quimeras, seria possível imaginar que tantas pessoas de escol as tivessem adotado? que durante tanto tempo tivessem sido vítimas de uma ilusão? Não há, pois, nenhuma impossibilidade material à existência de seres para nós invisíveis e que povoam o espaço. Somente essa consideração deveria fazer-nos agir com um pouco mais de circunspeção. Até algum tempo atrás, quem teria pensado que uma gota de água límpida pudesse conter milhares de seres vivos, de uma pequenez que confunde a nossa imaginação? Ora, à razão era mais difícil conceber seres assim tão sutis, providos de todos os nossos órgãos e funcionando como nós, do que admitir aqueles a quem chamamos de Espíritos.

Perguntam os adversários por que motivo os Espíritos, que se deveriam empenhar em fazer prosélitos, não se prestam melhor ao trabalho de convencer certas criaturas, cuja opinião teria grande influência. Acrescentam que os acusamos de falta de fé e a isto respondem, e com razão, que não podem acreditar por antecipação.

É um erro pensar que a fé seja necessária, mas a *boa-fé* é outra coisa. Há céticos que negam até a evidência, e os próprios milagres não os convenceriam. Há mesmo os que ficariam muito aborrecidos de serem forçados a crer, pois o seu amor-próprio sofreria ao reconhecerem que se enganaram. O que responder a certas pessoas que, em toda parte, não enxergam senão charlatanismo e ilusão? Nada. É preciso deixá-las em paz para que digam, enquanto queiram, que nada viram e, até mesmo, que nada lhes pudemos fazer ver. A par desses céticos endurecidos, há os que querem ver a seu modo; aqueles que, formada uma opinião, a ela tudo querem submeter, por não compreenderem a existência de fenômenos que não lhes obedecem à vontade. Ou não sabem, ou não querem dobrar-se às condições necessárias. Se os Espíritos não demonstram tanto zelo em conquistá-los por meio de prodígios é porque, no momento, pelo menos aparentemente, pouco interesse têm em convencer certas pessoas, cuja importância não medem como elas próprias o fazem. Precisamos convir que é pouco lisonjeiro, mas não lhes governamos a opinião. Os Espíritos têm uma maneira de julgar as coisas que nem sempre é a nossa; veem, pensam e agem de acordo com outros elementos. Enquanto nossa vista é circunscrita pela matéria, limitada pelo estreito círculo em meio ao qual nos achamos, eles tudo abarcam; o tempo, que nos parece tão longo, para eles é um instante, e a distância, nada mais que um passo; certos detalhes, que nos parecem de extrema importância, a seus olhos não passam de infantilidades, ao passo que julgam essenciais certas coisas cujo alcance não apreendemos. Para compreendê-los, é preciso nos elevemos, pelo pensamento, acima do nosso horizonte material e moral e nos coloquemos sob o seu ponto de vista. Não lhes compete descer até nós: nós é que devemos subir até eles, conduzidos pelo estudo e pela observação. Os Espíritos apreciam os observadores assíduos e conscienciosos, para os quais multiplicam as fontes de luz; o que os afasta não é a dúvida originada da ignorância, mas a fatuidade desses pretensos observadores que nada observam, que aspiram a pô-los em xeque e a manobrá-los como marionetes. É, sobretudo, o sentimento de hostilidade e de descrédito que trazem, sentimentos que estão na mente, quando não nas palavras, malgrado os protestos em contrário. Para estes nada fazem os Espíritos, muito pouco se importando com o que possam dizer ou pensar, porque chegará a sua vez. Eis por que dissemos não ser a fé necessária, mas a boa-fé.

Ora, perguntamos se os nossos sábios adversários estarão sempre nessas condições. Querem os fenômenos às suas ordens, mas os Espíritos não lhes obedecem ao comando: destes é necessário esperar a boa vontade. Não basta dizer: mostrai-me tal fato e acreditarei; é preciso ter vontade e perseverança, deixar que os fatos se produzam espontaneamente, sem querer forçá-los ou dirigi-los. Aquilo que desejardes será precisamente o que não havereis de obter, mas outros se apresentarão, e aquilo que desejais virá provavelmente no momento em que menos esperais. Aos olhos do observador atento e assíduo surge uma multidão de fenômenos, que se corroboram reciprocamente. Mas aquele que imagina ser suficiente girar a manivela para movimentar a máquina engana-se redondamente. Que faz o naturalista que deseja estudar os costumes de um animal? Ordena-lhe fazer tal ou qual coisa para se dar ao prazer de observá-lo à vontade, e de acordo com a sua conveniência? Não, pois sabe perfeitamente que não será obedecido. Em vez disso, *espreita* as manifestações espontâneas de seu instinto; espera-as e as surpreende de passagem. O simples bom senso nos mostra, com mais forte razão, que assim deve acontecer com os Espíritos, que são inteligências muito mais independentes que a dos animais.

## Conversas familiares de Além-Túmulo

### Espírito Alexandre de Humboldt[39]

Falecido em 6 de maio de 1859; evocado na Sociedade Parisiense de Estudos Espíritas nos dias 13 e 20 do mesmo mês

[A São Luís.] – Poderíamos evocar o Espírito Alexandre de Humboldt, que acaba de falecer?

*Resp.* – Se quiserdes, amigos.

1. *Evocação.*

*Resp.* – Eis-me aqui. Como isto me espanta!

2. Por que isto vos espanta?

*Resp.* – Estou longe do que era, há apenas alguns dias.

3. Se vos pudéssemos ver, como seríeis visto?

*Resp.* – Como homem.

4. Nosso chamado vos contraria?

---

[39] N.E.: Alexander von Humboldt (1769–1859), naturalista e explorador alemão.

*Resp.* – Não.

5. Tivestes consciência de vosso novo estado logo após a morte?

*Resp.* – Eu a esperava há muito tempo.

OBSERVAÇÃO – Entre homens que, como o Sr. Humboldt, morrem de morte natural, pela extinção gradual das forças vitais, o Espírito se reconhece muito mais prontamente do que naqueles em que a vida é bruscamente interrompida por um acidente ou morte violenta, posto já existir um começo de desprendimento antes de cessar a vida orgânica. No Sr. Humboldt a superioridade do Espírito e a elevação dos pensamentos facilitaram esse desprendimento, sempre mais lento e mais penoso naqueles cuja vida é inteiramente material.

6. Tendes saudades da vida terrestre?

*Resp.* – Não, absolutamente. Sinto-me feliz; não me vejo mais na prisão; meu Espírito é livre... Que alegria! E que doce momento me trouxe esta nova graça de Deus!

7. Que pensais da estátua que vos será erigida na França, embora sejais estrangeiro?

*Resp.* – Meus agradecimentos pessoais pela honra que me é feita. O que, sobretudo, aprecio em tudo isso é o sentimento de união que o fato demonstra, o desejo de ver extintos todos os ódios.

8. Vossas crenças mudaram?

*Resp.* – Sim, muito. Mas ainda não *revi* tudo. Esperai um pouco, antes de me falardes com mais profundidade.

OBSERVAÇÃO – Esta resposta e o termo *revi* são característicos do estado em que ele se encontra. Apesar do pronto desprendimento de seu Espírito, existe ainda certa confusão de ideias.

Havendo deixado o corpo apenas há oito dias, ainda não teve tempo de comparar suas ideias terrestres com as que pode ter atualmente.

9. Estais satisfeito com o emprego que fizestes de vossa existência terrena?

*Resp.* – Sim. Cumpri mais ou menos o objetivo a que me propus. Servi à humanidade, razão por que hoje sou feliz.

10. Quando vos propusestes este objetivo?

*Resp.* – Ao vir para Terra.

OBSERVAÇÃO – Desde que se propôs um objetivo ao vir à Terra, é porque tinha realizado um progresso anterior e sua alma não nascera ao mesmo tempo que o corpo. Essa resposta espontânea não pode ter sido provocada pela natureza da pergunta ou pelo pensamento do interlocutor.

11. Escolhestes esta existência terrena?

*Resp.* – Havia numerosos candidatos a esta obra; roguei ao Ser por excelência que ma concedesse, e a obtive.

12. Lembrai-vos da existência que precedeu a que acabais de deixar?

*Resp.* – Sim; ela se passou longe de vós, num mundo muito diferente da Terra.

13. Esse mundo é igual, inferior ou superior à Terra?

*Resp.* – Desculpai; é superior.

14. Sabemos que nosso mundo está longe da perfeição e, consequentemente, não nos sentimos humilhados por haver outros acima de nós. Mas, então, como viestes a um mundo inferior àquele que habitáveis?

*Resp.* – Não damos aos ricos? Eu quis dar; por isso desci à cabana do pobre.

15. Poderíeis dar-nos uma descrição dos seres animados do mundo em que habitáveis?

*Resp.* – Ao vos falar há pouco, tinha esse desejo, mas compreendi, em tempo, que teria dificuldade de vo-lo explicar perfeitamente. Ali os seres são bons, *muito bons*; já compreendeis esse ponto, que é a base de todo o resto do sistema moral naqueles mundos: nada ali entrava o desenvolvimento dos bons pensamentos; nada lembra os maus; tudo é felicidade, porquanto cada um está contente consigo mesmo e com todos os que o cercam. Em relação à matéria e aos sentidos, qualquer descrição seria inútil. Que simplificação na engrenagem de uma sociedade! Hoje, que me acho em condição de comparar as duas, surpreendo-me com a distância. Não penseis que assim falo para vos desanimar; não, muito ao contrário. É necessário que o vosso Espírito fique bem convencido da existência de tais mundos; então sentireis um ardente desejo de alcançá-los e o trabalho vos abrirá o caminho.

16. Esse mundo faz parte do nosso sistema planetário?

*Resp.* – Sim; está muito próximo de vós. Entretanto, não podeis vê-lo, porque não tem luz própria e não recebe nem reflete a luz dos sóis que o rodeiam.

17. Há pouco havíeis dito que vossa precedente existência se passara longe de nós e agora dizeis que esse mundo é muito próximo. Como conciliar as duas coisas?

*Resp.* – Considerando-se as vossas distâncias e medidas terrenas, ele está longe de vós. Se, entretanto, tomardes o compasso de Deus e, num volver de olhos, tentardes abranger toda a Criação, estará próximo.

Observação – Evidentemente podemos considerá-lo longe se tomarmos como termo de comparação as dimensões de nosso globo, mas está perto em relação aos mundos que se encontram a distâncias incalculáveis.

18. Poderíeis precisar a região do espaço em que se acha esse mundo?

*Resp.* – É inútil. Os astrônomos jamais a conhecerão.

19. A densidade desse mundo é idêntica à do nosso globo?

*Resp.* – A proporção é infinitamente menor.

20. Seria esse mundo da natureza dos cometas?

*Resp.* – Não; absolutamente.

21. Se não tem luz própria, e não recebe nem reflete a luz solar, nele reinará uma perpétua escuridão?

*Resp.* – Os seres que lá vivem não necessitam absolutamente de luz; a obscuridade não existe para eles; não a compreendem. Pensaríeis, caso fôsseis cegos, que ninguém pudesse dispor do sentido da visão?

22. Conforme certos Espíritos, o planeta Júpiter é muito superior à Terra; isso é exato?

*Resp.* – Sim; tudo quanto vos disseram é verdade.

23. Revistes Arago depois que voltastes ao mundo dos Espíritos?

*Resp.* – Foi ele que me estendeu a mão quando deixei o vosso.

24. Em vida conhecestes o Espiritismo?

*Resp.* – O Espiritismo, não; o magnetismo, sim.

25. Qual a vossa opinião sobre o futuro do Espiritismo entre as corporações científicas?

*Resp.* – Grande, mas seu caminho será penoso.

26. Pensais seja ele aceito algum dia pelas organizações científicas?

*Resp.* – Certamente. Acreditais, entretanto, que isso seja indispensável? Ocupai-vos, antes de tudo, em inocular os seus primeiros preceitos no coração dos infelizes que enchem o vosso mundo: é o bálsamo que acalma os desesperos e dá esperança.

OBSERVAÇÃO – Havendo sido chamado na sessão de 27 de maio, por intermédio de outro médium, François Arago[40] assim respondeu a perguntas análogas:

– Em vida, qual era a vossa opinião sobre o Espiritismo?

*Resp.* – Eu o conhecia muito pouco e, em consequência, não lhe atribuía muita importância; deixo-vos concluir se mudei de opinião.

– Pensais seja ele um dia aceito e reconhecido pelas corporações científicas? Refiro-me à ciência oficial, pois há muitos cientistas que individualmente o aceitam.

*Resp.* – Não somente o penso, como tenho certeza; ele terá o destino de todas as descobertas úteis à humanidade: achincalhado, a princípio, pelos sábios orgulhosos e pelos tolos e ignorantes, acabará sendo por todos reconhecido.

27. Qual a vossa opinião sobre o Sol que nos ilumina?

*Resp.* – Aqui ainda nada aprendi sobre Ciência; entretanto, sempre acreditei que o Sol não passa de um vasto centro elétrico.

28. Essa opinião é reflexo da que tínheis como homem ou é a vossa como Espírito?

---

[40] N.E.: François Jean Dominique Arago (1786–1853), físico, astrônomo e político francês.

*Resp.* – É a minha opinião quando vivia, corroborada pelo que sinto atualmente.

29. Pois que procedes de um mundo superior à Terra, como é possível que não adquiristes conhecimentos precisos sobre estas coisas, antes da vossa última existência e dos quais hoje vos lembraríeis?

*Resp.* – Certamente os tinha, mas o que perguntais não tem nenhuma relação com tudo quanto me foi possível aprender nas existências anteriores, tão diferentes da que deixei; a Astronomia, por exemplo, para mim foi uma ciência inteiramente nova.

30. Muitos Espíritos nos têm dito que habitavam ou haviam habitado outros planetas, mas nenhum nos dissera habitar o Sol. Por quê?

*Resp.* – O Sol é um centro elétrico, e não um mundo; é um instrumento, e não uma habitação.

– Então não tem habitantes?

*Resp.* – Habitantes fixos, não; visitantes, sim.

31. Acreditais que, dentro de algum tempo, quando vos tiver sido possível fazer novas observações, podereis fornecer-nos melhores informações sobre a natureza do sol?

*Resp.* – Sim, talvez; será um prazer. Entretanto, não espereis muito de mim; não errarei por muito tempo.

32. Onde pensais ir quando deixardes a erraticidade?

*Resp.* – Deus haverá de permitir-me repousar por algum tempo; vou desfrutar dessa liberdade para reunir-me aos amigos muito caros que me esperam. Depois, não sei ainda.

33. Pedimos permissão para ainda vos dirigir algumas perguntas, considerando que os vossos conhecimentos de História Natural sem dúvida permitem que respondais.

A sensitiva e a dioneia têm movimentos que denotam grande sensibilidade e, em certos casos, uma espécie de vontade, como a última, por exemplo, cujos lóbulos apanham a mosca que sobre ela vem pousar para sorver o seu suco; parece que o vegetal lhe estende uma armadilha, para em seguida matá-la. Perguntamos se essas plantas são dotadas da faculdade de pensar, se têm uma vontade e se formam uma classe intermediária entre a natureza vegetal e a natureza animal; numa palavra, se representam a transição de uma à outra.

*Resp.* – Tudo é transição em a natureza, pelo próprio fato de que nada é semelhante e, entretanto, tudo se encadeia. Essas plantas não pensam e, assim, não têm vontade. As ostras que se abrem, assim como todos os zoófitos, não pensam. Possuem apenas um instinto natural.

34. As plantas experimentam sensações dolorosas quando são mutiladas?

*Resp.* – Não.

OBSERVAÇÃO – Um membro da Sociedade manifesta a opinião de que os movimentos das plantas sensitivas são análogos aos que se produzem nas funções digestivas e circulatórias do organismo animal, e que ocorrem sem a participação da vontade. Com efeito, não se vê o piloro contrair-se ao contato de certos corpos para recusar-lhes a passagem? O mesmo deve ocorrer com a sensitiva e a dioneia, nas quais os movimentos não implicam absolutamente a necessidade de uma percepção e, menos ainda, de uma vontade.

35. Haverá homens fósseis?

*Resp.* – O tempo os destruíram pouco a pouco.

36. Acreditais tenham existido homens na Terra antes do dilúvio geológico?

*Resp.* – Seria bom que te explicasses claramente sobre esse ponto, antes de fazeres a pergunta. O homem estava na Terra muito antes dos dilúvios.

37. Adão não foi, então, o primeiro homem?

*Resp.* – Adão é um mito; onde colocas Adão?

38. Mito ou não, falo da época que a História lhe assinala.

*Resp.* – É pouco calculável para vós; é mesmo impossível avaliar o número de anos em que os primeiros homens permaneceram em estado selvagem e bestial, que não cessou senão muito tempo depois de seu primeiro aparecimento sobre o globo.

39. A Geologia fará com que um dia sejam descobertos os traços materiais da existência do homem na Terra, antes do período adâmico?

*Resp.* – A Geologia, não; o bom senso, sim.

40. O progresso do reino orgânico na Terra está marcado pelo aparecimento sucessivo dos acotiledôneos, dos monocotiledôneos e dos dicotiledôneos. O homem existia antes dos dicotiledôneos?

*Resp.* – Não; sua fase seguiu aquela.

41. Agradecemos por haverdes atendido ao nosso apelo, bem como os ensinamentos que nos fornecestes.

*Resp.* – Foi um prazer. Adeus; até a vista.

OBSERVAÇÃO – Esta comunicação se distingue por um caráter geral de bondade, de benevolência e de uma grande modéstia, sinal incontestável da superioridade desse Espírito. Aí, com efeito, não há nenhum traço de jactância, de bazófia, de desejo de dominar e de impor-se, que se nota nos que pertencem à classe dos pseudossábios, Espíritos sempre mais ou menos imbuídos de sistemas e de preconceitos, que procuram fazer prevalecer. Tudo no Espírito Humboldt, mesmo os pensamentos mais belos, respira simplicidade e denota ausência de pretensão.

# Goethe[41]

Sociedade Parisiense de Estudos Espíritas

25 de março de 1856

1. *Evocação.*

*Resp.* – Estou convosco.

2. Em que situação vos encontrais como Espírito: errante ou reencarnado?

*Resp.* – Errante.

3. Sois mais feliz do que quando vivo?

*Resp.* – Sim, pois me desembaracei do corpo grosseiro e percebo o que antes não via.

4. Parece-me que em vida não tínheis uma situação infeliz. Em que consiste a superioridade de vossa atual situação?

*Resp.* – Acabo de dizê-lo; vós, adeptos do Espiritismo, deveis compreender essa situação.

5. Qual a vossa opinião atual sobre o *Fausto*?[42]

*Resp.* – É uma obra que tinha como objetivo mostrar a vaidade e o vazio da ciência humana e, por outro lado, naquilo que havia de belo e de puro, exaltar o sentimento do amor, castigando-o no que continha de desregrado e de mau.

6. Foi por uma certa intuição do Espiritismo que descrevestes a influência dos Espíritos maus sobre o homem? Como fostes levado a fazer essa descrição?

---

[41] N.E.: Johann Wolfgang von Goethe (1749–1832), poeta alemão.
[42] N.E.: Drama de Goethe baseado em um personagem real, Georg ou Johann Faust, protagonista de numerosas obras literárias desde o século XVI.

*Resp.* – Eu tinha a lembrança quase exata de um mundo onde via atuar a influência dos Espíritos sobre os seres materiais.

7. Lembráveis, então, de uma precedente existência?

*Resp.* – Sim, certamente.

8. Poderíeis dizer-nos se tal existência ocorreu na Terra?

*Resp.* – Não, porque aqui não se vê os Espíritos agindo; foi realmente num outro mundo.

9. Mas, então, devia tratar-se de um mundo superior à Terra, desde que aí podíeis ver os Espíritos em ação. Como pudestes vir de semelhante mundo para reencarnar num orbe inferior como o nosso? Retrogradastes? Dignai-vos explicar o que se passou.

*Resp.* – Era um mundo superior até certo ponto, mas não como o entendeis. Nem todos os mundos têm a mesma organização, sem que, por isso, tenham uma grande superioridade. Ademais, sabeis perfeitamente que entre vós eu cumpria uma missão que não podeis dissimular, porque ainda representais as minhas obras. Não houve retrogradação, considerando-se que servi e ainda sirvo para a vossa moralização. Eu aplicava aquilo que podia haver de superior no mundo precedente para corrigir as paixões de meus heróis.

10. De fato, vossas obras ainda são representadas. Acabam de fazer a versão teatralizada do *Fausto*. Assististes à sua encenação?

*Resp.* – Sim.

11. Poderíeis externar a opinião sobre a maneira pela qual o Sr. Gounod[43] interpretou vosso pensamento por meio da música?

*Resp.* – Gounod evocou-me sem o saber. Compreendeu-me perfeitamente. Como músico alemão eu não teria feito melhor. Talvez ele pense como músico francês.

---

[43] N.E.: Charles Gounod (1818–1893), compositor francês.

12. Que pensais de Werther?[44]

*Resp.* – Hoje eu lhe censuro o desfecho.

13. Essa obra não teria feito muito mal ao exaltar as paixões?

*Resp.* – Fez e causou desgraças.

14. Foi a causa de muitos suicídios. Sois responsável por isso?

*Resp.* – Se houve uma influência nociva espalhada por mim, é por isso mesmo que ainda sofro e disso me arrependo.

15. Creio que em vida nutríeis grande antipatia pelos franceses. Dá-se o mesmo atualmente?

*Resp.* – Sou muito patriota.

16. Estais ainda ligado a um país, de preferência a outro?

*Resp.* – Amo a Alemanha por seu pensamento e por seus costumes quase patriarcais.

17. Poderíeis dar-nos a vossa opinião sobre Schiller?[45]

*Resp.* – Somos irmãos pelo Espírito e pelas missões. Schiller tinha uma alma grande e nobre, que se fazia refletir em suas obras; fez menos mal que eu. É-me bastante superior, porque era mais simples e mais verdadeiro.

18. Qual a vossa opinião sobre os poetas franceses em geral, comparados aos poetas alemães? Não se trata de um vão sentimento de curiosidade, mas de nossa instrução. Confiamos que os vossos elevados sentimentos nos dispensarão da necessidade de

---

[44] N.E.: Alusão ao romance *A paixão do jovem Werther* de Goethe.
[45] N.E.: Friedrich Schiller (1759–1805), escritor alemão. Conheceu Goethe em 1794. Fundou a revista *Die Horen* (1794) e o *Musenalmanach* (1797), na qual Goethe e W. von Humboldt escreveram frequentemente.

pedir que o façais imparcialmente, pondo de lado qualquer preconceito nacional.

*Resp.* – Sois bastante curiosos, mas vou satisfazer-vos:

Os franceses modernos muitas vezes escrevem belos poemas; entretanto utilizam mais palavras bonitas do que bons pensamentos; deveriam consagrar-se mais ao coração do que ao espírito. Falo em geral, mas faço algumas exceções em favor de alguns: um grande poeta pobre, entre outros.

19. Um nome é sussurrado na assembleia; é a ele que vos referis?

*Resp.* – Pobre, ou que passa por tal.

20. Sentir-nos-íamos felizes se obtivéssemos uma dissertação sobre assunto de vossa escolha, para a nossa instrução. Teríeis a bondade de ditar-nos alguma coisa?

*Resp.* – Fa-lo-ei mais tarde, e por outros médiuns; evocai-me em outra ocasião.

## O NEGRO PAI CÉSAR[46]

Pai César, homem livre, de cor, falecido em 8 de fevereiro de 1859, com 138 anos, perto de Covington, nos Estados Unidos. Nasceu na África e foi levado para a Louisiana com cerca de 15 anos. Os restos mortais desse patriarca da raça negra foram acompanhados ao campo de repouso por certo número de habitantes de Covington, e uma multidão de pessoas de cor.

Sociedade, 25 de março de 1859

1. [A São Luís.] – Poderíeis dizer-nos se podemos invocar o preto pai César, a quem acabamos de nos referir?

*Resp.* – Sim; eu o auxiliarei a vos responder.

---

[46] N.E.: Ver *Nota Explicativa*, p. 535.

OBSERVAÇÃO – Esse começo faz pressagiar o estado do Espírito que desejamos interrogar.

2. *Evocação.*

*Resp.* – O que desejais de mim? O que faz um pobre Espírito como eu numa reunião como a vossa?

3. Sois mais feliz agora do que em vida?

*Resp.* – Sim, porquanto não era boa a minha situação na Terra.

4. Entretanto, estáveis livre; em que sois mais feliz agora?

*Resp.* – Porque meu Espírito não é mais negro.

OBSERVAÇÃO – Essa resposta é mais sensata do que parece à primeira vista. Certamente o Espírito jamais é negro; ele quer dizer que, como Espírito, não sofre mais as humilhações a que está exposta a raça negra.

5. Vivestes muito tempo. Isso aproveitou ao vosso progresso?

*Resp.* – Eu me aborreci na Terra e, numa certa idade, não sofria bastante para ter a felicidade de progredir.

6. Em que empregais o tempo atualmente?

*Resp.* – Procuro esclarecer-me e saber em que corpo poderei fazê-lo.

7. Quando estáveis na Terra o que pensáveis dos brancos?

*Resp.* – São bons, mas orgulhosos e vãos, devido a uma alvura de que não foram responsáveis.

8. Considerais a brancura como uma superioridade?

*Resp.* – Sim, visto ter sido desprezado como negro.

9. [A São Luís.] – A raça negra é de fato uma raça inferior?

*Resp.* – A raça negra desaparecerá da Terra. Foi feita para uma latitude diversa da vossa.

10. [Ao pai César.] – Dissestes que procurais um corpo por meio do qual podereis progredir. Escolheríeis um corpo branco ou um corpo negro?

*Resp.* – Um branco, porque o desprezo me faria mal.

11. Vivestes realmente até a idade que vos é atribuída: 138 anos?

*Resp.* – Não contei bem, pela razão que já disse.

OBSERVAÇÃO – Acabamos de observar que os negros, não possuindo registro civil de nascimento, só de maneira aproximada podem ter a idade avaliada, sobretudo a daqueles que nasceram na África.

12. [A São Luís.] – Algumas vezes os brancos reencarnam em corpos negros?

*Resp.* – Sim. Quando, por exemplo, um senhor maltratou um escravo, pode acontecer que peça, como expiação, para viver num corpo de negro, a fim de sofrer, por sua vez, o que fez padecer os outros, progredindo por esse meio e obtendo o perdão de Deus.

# Variedades

## A PRINCESA DE RÉBININE

(Extraído do *Courrier de Paris*, de ... de maio de 1859)

Sabeis que todos os sonâmbulos, todas as mesas girantes, todas as aves magnetizadas, todos os lápis simpáticos e todas as cartomantes predizem a guerra há muito tempo?... Profecias nesse sentido têm sido feitas a uma multidão de personagens importantes que, afetando pouco importar-se com essas pretensas revelações do mundo sobrenatural, não deixaram de ficar vivamente preocupadas. De nossa parte, sem resolver de pronto a questão num ou noutro sentido, e achando, aliás, que naquilo que o próprio François Arago duvidava, pelo menos é permitido não nos pronunciarmos, limitando-nos a relatar, sem os comentar, alguns fatos de que fomos testemunhas.

Há oito dias tínhamos sido convidados para uma reunião espírita na casa do Barão de G... À hora indicada todos os convidados, em número de apenas doze, achavam-se em volta da mesa... miraculosa, aliás uma simples mesa de acaju, sobre a qual, para começar, foi servido chá com os sanduíches de costume. Dos doze convivas, apressamo-nos em dizer, nenhum poderia razoavelmente incorrer na pecha de charlatanismo. O dono da casa, que conta com ministros entre seus parentes próximos, pertence a uma grande família estrangeira.

Quanto aos *fiéis*, compunham-se de dois oficiais ingleses muito distintos, um oficial de marinha francês, um príncipe russo bastante conhecido, um médico muito habilidoso, um milionário, um secretário de embaixada e duas ou três pessoas importantes do bairro de Saint-Germain. Éramos o único *profano* entre esses maiorais do *Espiritismo*, embora a nossa qualidade de cronista parisiense e de cético por dever não permitisse fôssemos acusados de uma credulidade... excessiva. A reunião, pois, não podia ser suspeita de representar uma comédia. E que comédia! Uma comédia inútil e ridícula, em que cada um teria voluntariamente aceitado o duplo papel de mistificador e de mistificado? Isso não é admissível. E, afinal de contas, com que propósito? Com que interesse? Não seria o caso de perguntar: *A quem se engana aqui?*

Não, ali não havia má-fé nem loucura... Se quiserem, digamos que houve acaso... É tudo quanto nossa consciência permite conceder. Ora, eis o que se passou:

Depois de haverem interrogado o *Espírito* sobre mil coisas, perguntaram-lhe se as esperanças de paz, que então pareciam muito grandes, tinham fundamento.

— Não — respondeu ele com muita clareza em duas ocasiões diferentes.

— Teremos, pois, a guerra?

— Certamente.

— Quando?

— Em oito dias.

— Entretanto, o Congresso não se reúne senão no próximo mês... Isto afasta bastante a eventualidade de um começo de hostilidades.

— Não haverá Congresso.

— Por quê?

— A Áustria se recusará.

— E qual a causa que triunfará?

— A da justiça e do direito... a da França.

— E a guerra, como será?

— Curta e gloriosa.

Isto nos traz à memória outro fato do mesmo gênero que se passou igualmente sob nossos olhos alguns anos atrás.

Quando da guerra da Crimeia, todos se recordam que o imperador Nicolau chamou à Rússia os súditos que residiam na França, sob pena de confiscar-lhes os bens, caso recusassem a obedecer a essa ordem.

Então nos encontrávamos em Leipzig, na Saxônia, onde, assim como em toda parte, havia um vivo interesse pela campanha que acabara de começar. Um dia recebemos o seguinte bilhete:

"Estou aqui por algumas horas apenas. Vinde ver-me no Hotel da Polônia, nº 13! Princesa de Rébinine."

Já conhecíamos bastante a princesa Sofia de Rébinine, uma mulher distinta e encantadora, cuja história era todo um romance, que escreveremos algum dia, e que nos dispensava consideração chamando-nos seu amigo. Apressamo-nos em atender ao amável convite, tão agradavelmente surpreendido e encantado ficamos, quando da sua passagem por Leipzig.

Era domingo, 13 e o tempo estava naturalmente cinzento e triste, como sempre ocorre nesta parte da Saxônia. Encontramos a princesa em sua casa, mais graciosa e espirituosa que nunca, apenas um pouco pálida e algo melancólica. Fizemos-lhe mesmo esta observação.

— Para começar — respondeu ela —, parti como uma bomba. Tinha de ser assim, pois estamos em guerra e sinto-me um pouco fatigada da viagem. Depois, embora atualmente sejamos inimigos, não vos ocultarei que deixo Paris com muito pesar. Já me considerava quase francesa há muito tempo e a ordem do Imperador fez-me romper com um velho e doce hábito.

— Por que não ficastes tranquilamente no vosso bonito apartamento da Rua Rumfort?

— Porque me teriam cortado os subsídios.

— Mas como! Não contais entre nós com tão numerosos e bons amigos?

— Sim... pelo menos o creio, mas na minha idade uma mulher não gosta de se dar em hipoteca... os juros a pagar por vezes ultrapassam o capital! Ah! Se eu fosse velha seria outra coisa... Mas então não me emprestariam.

Nesse momento a Princesa mudou de assunto.

— Ah! — disse ela — sabeis que tenho uma natureza muito absorvente. Aqui não conheço ninguém... Posso contar convosco durante o dia todo?

É fácil de adivinhar a nossa resposta.

A uma hora ouvimos o sino no pátio e descemos para o almoço no salão do hotel. Naquele momento todo mundo falava da guerra... e das mesas girantes.

No que concerne à guerra, a Princesa estava certa de que a frota inglesa seria destruída no mar Negro e ela mesma se teria encarregado bravamente de incendiá-la, se o Imperador lhe houvesse confiado essa perigosa e delicada missão. Quanto às mesas girantes, sua fé era menos sólida, mas, mesmo assim, propôs que fizéssemos algumas experiências, com outro de nossos amigos, que lhe havíamos apresentado à sobremesa. Subimos então para os seus aposentos. Foi-nos servido café e, como chovesse, passamos a tarde inteira a interrogar uma mesinha redonda de apenas um pé, dessas que ainda se vê por aqui.

— E a mim — perguntou de repente a Princesa —, nada tens a dizer?

— Não.

— Por quê?

A mesinha bateu treze pancadas. Ora, deve-se lembrar de que era um dia 13 e que o apartamento da Sra. Rébinine tinha o número 13.

— Isso quer dizer que o número 13 me é fatal? — perguntou a Princesa, um pouco supersticiosa com esse número.

— Sim — bateu a mesa.

— Não importa!... Sou um Bayard do sexo feminino e podes falar sem medo, seja o que for que tenhas a me anunciar.

Interrogamos a pequena mesa, que de início persistiu na sua prudente reserva, conseguindo, por fim, arrancar-lhe as seguintes palavras:

— Doente... oito dias... Paris... morte violenta!

A Princesa achava-se muito bem; acabara de deixar Paris e não esperava rever a França tão cedo... A profecia da mesa era, pois, no mínimo absurda quanto aos três primeiros pontos... Quanto ao último, é inútil acrescentar que nele nem quisemos nos deter.

A Princesa devia partir às oito horas da noite, pelo trem de Dresden, a fim de chegar a Varsóvia dois dias depois, pela manhã, mas perdeu o trem.

— O que posso fazer? — disse ela. — Vou deixar aqui minha bagagem e tomarei o trem das quatro horas da manhã.

— Então retornareis ao hotel para dormir?

— Voltarei para lá, mas não me deitarei... Assistirei, do alto do *camarote dos estrangeiros*, ao baile desta noite... Quereis servir-me de cavalheiro?

O Hotel da Polônia, cujos imensos e magníficos salões não comportavam menos de 2.000 pessoas, quase que diariamente dava um grande baile, tanto no verão como no inverno, organizado por alguma sociedade do lugar, reservando para a assistência, no alto, uma galeria particular destinada aos viajantes que desejassem desfrutar do animado espetáculo e da excelente música.

Na Alemanha, aliás, os estrangeiros jamais são esquecidos e em toda parte têm seus camarotes reservados, o que explica por que os alemães que vêm a Paris pela primeira vez solicitam sempre, nos teatros e concertos, o *camarote dos estrangeiros*.

O baile daquele dia era muito brilhante e, embora fosse a Princesa mera espectadora, tomava-se de verdadeiro prazer. Assim havia esquecido completamente a mesinha e sua sinistra predição, quando um dos garçons do hotel lhe trouxe um telegrama que acabava de chegar, concebido nos seguintes termos:

"*Senhora Rébinine, Hotel da Polônia, Leipzig; presença indispensável Paris; graves interesses!*", seguindo-se a assinatura do procurador da Princesa. Algumas horas mais tarde ela retomava a rota de Colônia, em vez de tomar o trem para Dresden. Oito dias depois soubemos que havia morrido!

Paulin Niboyet

## O major Georges Sydenham

Encontramos o relato seguinte numa notável coleção de autênticas histórias de aparições e de outros fenômenos espíritas, publicado em Londres no ano de 1682, pelo reverendo J. Granville e pelo Dr. H. More. Intitula-se: *Aparição do Espírito major Georges Sydenham ao capitão V. Dyke*, extraída de uma carta do Sr. Jacques Douche, de Mongton, ao Sr. J. Granville.

> ...Pouco tempo após a morte do major Georges, o Dr. Th. Dyke, parente próximo do capitão, foi chamado para tratar de uma criança doente. O médico e o capitão deitaram-se no mesmo leito. Após dormirem um pouco, o capitão chamou o criado e ordenou-lhe que trouxesse duas velas acesas, as maiores e mais grossas que encontrasse. O doutor perguntou-lhe o que isso significava.

"— Conheceis — disse o capitão — minhas discussões com o major, relativamente à existência de Deus e à imortalidade da alma: não nos foi possível esclarecer esses dois pontos, muito embora sempre o tivéssemos desejado.

"Ficou combinado entre nós dois que aquele que morresse primeiro viria na terceira noite após os funerais, entre meia-noite e uma hora, ao jardim desta pequena casa e ali esclarecer o sobrevivente sobre o assunto. É hoje mesmo" — disse o capitão —, "que o major deve cumprir a promessa." Em consequência, pôs o relógio perto dele e, às 23h30 levantou-se, tomou uma vela em cada mão, saiu pela porta dos fundos e passeou no jardim durante duas horas e meia. Ao retornar, declarou ao médico nada ter visto, nem nada ouvido que não fosse muito natural, mas, acrescentou: — "sei que meu major teria vindo, caso pudesse".

Seis semanas depois, acompanhado pelo doutor, o capitão foi a Eaton, a fim de colocar o filho no colégio. Hospedaram-se num albergue chamado *Saint-Christophe*, ali permanecendo dois ou três dias, mas não dormiram juntos, como em Dulversan: ocuparam quartos separados.

Certa manhã o capitão permaneceu no quarto mais tempo que de costume, antes de chamar o doutor. Por fim entrou no quarto deste último, a fisionomia completamente alterada, os cabelos eriçados, os olhos desvairados e o corpo todo a tremer. "— Que aconteceu, primo capitão?" — disse o major. O capitão respondeu: "— Vi meu major." O doutor parecia sorrir. "— Eu vos afirmo que jamais o vi em minha vida, ou o vi hoje." Então fez-me o seguinte relato: "Esta manhã, ao romper do dia, alguém se postou à beira do meu leito, arrancou as cobertas e gritou: '— *Cap, cap*' [Era a maneira familiar que o major empregava para chamar o capitão]. Respondi: '— Ora! Meu major?' Ele continuou: '— Não pude vir no dia aprazado, mas, agora, eis-me aqui a dizer-vos: Há um Deus, muito justo e terrível; se não mudardes de pele, vereis quando aqui chegardes.'"

"Sobre a mesa havia uma espada que o major me tinha dado. Depois de ter dado duas ou três voltas no quarto, tomou da espada, desembainhou-a e, não a encontrando tão polida como deveria estar, disse: '— Cap, cap, esta espada era melhor cuidada quanto estava comigo.' A estas palavras desapareceu subitamente."

Não somente o capitão ficou perfeitamente persuadido da realidade do que tinha visto e ouvido, como desde então se tornou muito mais sério. Seu caráter, outrora jovial e leviano, modificou-se notavelmente. Quando convidava os amigos tratava-os com generosidade, mas se mostrava muito sóbrio consigo mesmo. As pessoas que o conheciam asseguravam que muitas vezes ele pensava ouvir, repetindo-se em seus ouvidos, as palavras do major, e isso durante os dois anos em que viveu após essa aventura.

Allan Kardec

# Revista Espírita
Jornal de Estudos Psicológicos
ANO II     JULHO DE 1859     Nº 7

## Sociedade Parisiense de Estudos Espíritas

### Discurso de encerramento do ano social 1858–1859

Senhores,

No momento em que expira o vosso ano social, permiti vos apresente um breve resumo da marcha e dos trabalhos da Sociedade.

Conheceis a sua origem: ela foi formada sem desígnio premeditado, sem projeto preconcebido. Alguns amigos se reuniram em minha casa num pequeno comitê; pouco a pouco esses amigos me pediram permissão para apresentar seus amigos. Então não havia um presidente: eram reuniões íntimas, de oito a dez pessoas, semelhantes às que existem às centenas em Paris e alhures. Todavia, era natural que em minha casa eu tivesse a direção do que ali se fazia, seja como dono, seja também em decorrência dos estudos especiais que havia feito e que me davam certa experiência na matéria.

O interesse que despertavam essas reuniões ia crescendo, embora não nos ocupássemos senão de coisas muito sérias; pouco a pouco, um a um foi crescendo o número dos assistentes, de tal forma que o meu modesto salão, muito pouco adequado para uma assembleia, tornou-se insuficiente. Foi então que alguns dentre vós propuseram que se procurasse outro cômodo e que nos cotizássemos para cobrir as despesas, pois não achavam justo que eu as suportasse sozinho, como até então ocorria. Entretanto, para nos reunirmos regularmente, além de um certo número e num local diferente, era necessário que nos conformássemos com as prescrições legais, ter um regulamento e, consequentemente, um presidente designado. Enfim, era preciso constituir-se uma sociedade; foi o que aconteceu, com o assentimento da autoridade constituída, cuja benevolência não nos faltou. Era também necessário imprimir aos trabalhos uma direção metódica e uniforme, e decidistes encarregar-me de continuar aquilo que fazia em casa, nas nossas reuniões privadas.

Dei às minhas funções, que posso dizer laboriosas, toda a exatidão e todo o devotamento de que fui capaz. Do ponto de vista administrativo, esforcei-me por manter nas sessões uma ordem rigorosa e lhes dar um caráter de gravidade, sem o qual o prestígio de assembleia séria logo teria desaparecido. Agora que minha tarefa está terminada e que o impulso foi dado, devo comunicar-vos a resolução que tomei, de futuramente renunciar a qualquer tipo de função na Sociedade, mesmo a de diretor de estudos. Não ambiciono senão um título: o de simples membro titular, com o qual me sentirei sempre honrado e feliz. O motivo de minha determinação está na multiplicidade de meus trabalhos, que aumentam diariamente pela extensão de minhas relações, considerando-se que, além daqueles que conheceis, preparo outros mais consideráveis, que exigem longos e laboriosos estudos e por certo não absorverão menos de dez anos.[47] Ora, os trabalhos da Sociedade não deixam de tomar muito tempo, tanto na preparação quanto na coordenação e na redação

---

[47] Nota do tradutor: Allan Kardec não poderia ter sido mais exato em sua previsão, considerando-se que então lhe restavam precisamente dez anos de atividades na seara espírita, antes de desencarnar em Paris em 31 de março de 1869.

final. Além disso, reclamam uma assiduidade por vezes prejudicial às minhas ocupações pessoais e tornam indispensável a iniciativa quase exclusiva que me conferistes. É por essa razão, senhores, que tantas vezes tive de tomar a palavra, lamentando que os membros eminentemente esclarecidos que possuímos nos privassem de suas luzes. Há muito eu desejava demitir-me de minhas funções; deixei isso bastante claro em diversas circunstâncias, seja aqui, seja em particular, a vários de meus colegas, notadamente ao Sr. Ledoyen. Tê-lo-ia feito mais cedo, sem receio de trazer perturbação à Sociedade, retirando-me ao meio do ano, mas poderia parecer uma defecção, além do que me veria obrigado a dar satisfação aos nossos adversários. Tive, pois, de cumprir a minha tarefa até o fim. Hoje, porém, que tais motivos não mais subsistem, apresso-me em vos dar parte de minha resolução, a fim de não entravar a escolha que fareis. É justo que cada um participe dos encargos e das honras.

Há um ano a Sociedade viu crescer rapidamente a sua importância; o número de membros titulares triplicou em alguns meses; tendes numerosos correspondentes nos dois continentes, e os ouvintes teriam ultrapassado o limite do possível se não puséssemos um freio pela estrita execução do regulamento. Entre estes últimos, contastes as mais altas notabilidades sociais e mais de uma figura ilustrada. A pressa com que solicitam admissão em vossas sessões testemunha o interesse que elas despertam, não obstante a ausência de qualquer experimentação destinada a satisfazer a curiosidade ou, talvez, em razão de sua própria simplicidade. Se nem todos saem convencidos, o que seria exigir o impossível, as pessoas sérias, as que não vêm com a ideia preconcebida de denegrir, levam da seriedade de vossos trabalhos uma impressão que as predispõe a aprofundar essas questões. Aliás, não temos senão que aplaudir as restrições que fizemos à admissão de ouvintes estranhos, assim evitando uma multidão de curiosos importunos. A medida pela qual limitastes essa admissão a determinadas sessões, reservando as demais apenas para os membros da Sociedade, teve como resultado conceder-vos mais liberdade nos estudos, que poderiam ser dificultados pela presença de pessoas ainda não iniciadas e cuja simpatia não estivesse assegurada.

Essas restrições parecerão muito naturais aos que conhecem a finalidade de nossa instituição e sabem que somos, antes de tudo, uma Sociedade de estudos e de pesquisas, e não uma arena de propaganda. É por essa razão que não admitimos em nossas fileiras aqueles que, não possuindo as primeiras noções da ciência, nos fariam perder tempo em demonstrações elementares, incessantemente repetidas. Desejaríamos, sem dúvida, a propagação das ideias que professamos, porque as julgamos úteis e, para isso, cada um de nós contribui com a sua parte. Sabemos, no entanto, que a convicção só é adquirida em observações seguidas, e não por meio de alguns fatos isolados, sem continuidade e sem raciocínio, contra os quais a incredulidade sempre poderá levantar objeções. Dir-se-á que um fato é sempre um fato; sem dúvida é um argumento irretorquível, desde que não seja contestado nem contestável. Quando um fato sai do círculo de nossas ideias e de nossos conhecimentos, à primeira vista parece impossível; quanto mais extraordinário for, maiores objeções levantará. Eis por que o contestam. Aquele que lhe sonda a causa e a descobre encontra-lhe uma base e uma razão de ser; compreende a sua possibilidade e, desde então, não mais o rejeita. Muitas vezes um fato não é inteligível senão por sua ligação com outros fatos; tomado isoladamente, pode parecer estranho, incrível, absurdo mesmo. Mas se for um dos elos da cadeia, se tiver uma base racional, se se puder explicá-lo, desaparecerá qualquer anomalia. Ora, para conceber esse encadeamento, para apreender esse conjunto a que somos conduzidos de consequência em consequência, é necessário em todas as coisas, e talvez no Espiritismo mais ainda, uma série de observações racionais. O raciocínio é, pois, um poderoso elemento de convicção, hoje mais do que nunca, em que as ideias positivas nos levam a saber o porquê e o como de cada coisa.

Surpreendemo-nos com a persistente incredulidade, em matéria de Espiritismo, da parte de pessoas que viram, enquanto outras, que nada viram, são crentes inabaláveis. Seriam estas últimas criaturas superficiais, que aceitam sem exame tudo quanto se lhes diz? Não; é exatamente o contrário: os primeiros viram, mas não compreendem; os segundos não viram, mas compreendem; e somente compreendem porque raciocinam. O conjunto dos raciocínios sobre os quais se apoiam os fatos constitui a ciência, ciência ainda muito imperfeita, é verdade, cujo apogeu ninguém pretende ter atingido; enfim, uma ciência em seus primórdios, e vossos estudos se dirigem para a pesquisa de tudo quanto possa alargá-la e constituí-la. Eis o que importa seja bem-sabido fora deste recinto, a fim de que não haja equívoco sobre o objetivo a que nos propomos; sobretudo, a fim de não pensarem encontrar, ao virem aqui, uma exibição de Espíritos a se oferecerem em espetáculo.

A curiosidade tem um termo. Quando está satisfeita procura um novo motivo para distração; aquele que não se detém na superfície, que vê além do efeito material, tem sempre alguma coisa a aprender; para ele, o raciocínio é uma fonte inesgotável: não tem limites. Aliás, nossa linha de conduta não poderia ser melhor traçada do que por essas admiráveis palavras que o Espírito São Luís nos dirigiu, e que não deveríamos jamais perder de vista: "Zombaram das mesas girantes, mas não zombarão jamais da filosofia, da sabedoria e da caridade que brilham nas comunicações sérias. Que vejam aqui, que escutem ali, mas que entre vós haja *compreensão* e amor."

Essas palavras: *Que entre vós haja compreensão*, encerram todo um ensinamento. Devemos compreender, e procuramos compreender, porque não queremos crer como cegos: o raciocínio é o facho luminoso que nos guia. Mas o raciocínio de uma só pessoa pode transviar-se, razão por que quisemos nos reunir em sociedade, a fim de nos esclarecermos mutuamente pelo concurso recíproco de nossas ideias e observações. Ao nos colocarmos neste terreno, assimilamos todas as outras instituições científicas e os nossos trabalhos produzirão mais prosélitos sérios do que se passarmos o tempo a fazer com que as mesas se movam e deem pancadas. Em breve estaríamos fartos disso. Nosso pensamento exige um alimento mais sólido, daí por que buscamos penetrar os mistérios do mundo invisível, cujos primeiros indícios são esses fenômenos elementares. Os que sabem ler se divertem a repetir sem cessar o alfabeto? Talvez tivéssemos maior afluência de curiosos, que se sucederiam em nossas sessões como personagens de um panorama mutável. Mas esses curiosos, que não poderiam improvisar uma convicção pela visão de um fenômeno para eles inexplicado, que o julgariam sem nele se aprofundarem, seriam antes um obstáculo aos nossos trabalhos. Eis por que, não nos querendo desviar de nosso caráter científico, afastamos todos quantos não se deixarem atrair por um objetivo sério. O Espiritismo tem consequências de tal gravidade, toca em questões de alcance tão elevado, fornece a chave de tantos problemas; enfim, nele haurimos tão profundos ensinos filosóficos que, ao lado de tudo isso, uma mesa girante é mera infantilidade.

Dizíamos que a observação dos fatos sem o raciocínio é insuficiente para levar a uma completa convicção, sendo considerada leviana a pessoa que se declarasse convencida de um fato cuja compreensão lhe escapasse. Essa maneira de proceder tem outro inconveniente que deve ser assinalado e do qual cada um de nós pode dar testemunho: é a mania da experimentação, que é a sua consequência natural. Aquele que vê um fato espírita, sem lhe haver estudado todas as circunstâncias, geralmente não vê senão o fato material e, desde então, o julga do ponto de vista de suas próprias ideias, sem pensar que, fora das leis conhecidas pode e deve haver leis desconhecidas. Acredita poder manobrá-lo à vontade, impõe condições e somente se deixará convencer se o fato ocorrer de uma certa maneira, e não de outra. Imagina que se fazem experiências com os Espíritos como se estes fossem uma pilha elétrica; não lhes conhecendo a natureza, nem a sua maneira de ser, porquanto não as estudaram, supõe ser possível impor-lhes a vontade e pretende que eles devam agir a um simples sinal, pelo mero prazer de convencê-lo. Porque se dispõe a ouvi-los durante um quarto de hora, imagina que devem ficar às suas ordens. Esses são os erros em que não caem os que se dão ao trabalho de aprofundar os estudos; conhecem os obstáculos e não exigem o impossível. Em lugar de quererem convencer de seu ponto de vista os Espíritos, coisa a que estes não se prestam de bom grado, colocam-se no ponto de vista dos Espíritos, o que faz com que os fenômenos mudem de aspecto. Para isso necessitamos de paciência, perseverança e uma vontade firme, sem a qual não se chegará a coisa alguma.

Aquele que realmente quer saber deve submeter-se às condições da coisa estudada, e não querer que esta se submeta às suas próprias condições. Eis por que a Sociedade não se presta a experimentações que não dariam resultado, visto saber, por experiência, que o Espiritismo, como qualquer outra ciência, não se aprende por osmose e em algumas horas. Como é uma Sociedade séria, só quer tratar com gente séria, que compreende as obrigações impostas por semelhante estudo, caso se queira fazê-lo conscienciosamente. Ela não reconhece como sérios os que dizem: "Deixem que eu veja um fato e me convencerei." Significa isso que desprezamos os fatos? Muito ao contrário, pois toda a nossa ciência está baseada nos fatos. Pesquisamos com interesse todos aqueles que nos oferecem um objeto de estudo ou confirmam princípios admitidos. Quero apenas dizer que não perdemos tempo em reproduzir os fatos que já conhecemos, do mesmo modo que um físico não se diverte em repetir incessantemente experiências que nada lhe ensinam de novo. Dirigimos nossas investigações sobre tudo quanto possa esclarecer a nossa marcha, fixando-nos de preferência às comunicações inteligentes, fontes da filosofia espírita, cujo campo é ilimitado e bem mais amplo do que as manifestações puramente materiais, que só despertam interesse momentâneo.

Dois sistemas igualmente preconizados e praticados se apresentam na maneira de receber as comunicações de Além-Túmulo; uns preferem esperar as comunicações espontâneas; outros as provocam por um apelo direto, dirigido a este ou àquele Espírito. Pretendem os primeiros que na ausência de controle para se constatar a identidade dos Espíritos, esperando a sua boa vontade, ficamos menos expostos a ser induzidos em erro; uma vez que o Espírito fala, só o fará se estiver presente e quiser falar, ao passo que não temos certeza se aquele que chamamos pode vir ou responder. Os outros objetam que deixar falar o primeiro que aparecer é abrir a porta aos bons e maus. A incerteza da identidade não é uma objeção séria, pois muitas vezes dispomos de meios para constatá-la, sendo aliás essa constatação objeto de um estudo vinculado aos próprios princípios da ciência. O Espírito que fala espontaneamente limita-se quase sempre às generalidades, enquanto as perguntas lhe traçam um quadro mais positivo e mais instrutivo. Quanto a nós, não condenamos senão os sistemas exclusivistas. Sabemos que são obtidas excelentes coisas de um e de outro modo e, se damos preferência ao segundo, é porque a experiência nos ensina que nas comunicações espontâneas os Espíritos mistificadores não vacilam em adornar-se de nomes respeitáveis, como também ocorre nas evocações. Têm mesmo o campo mais livre, ao passo que no sistema de perguntas nós os dominamos muito mais facilmente, sem contar que as questões são de incontestável utilidade nos estudos. Deve-se a esse modo de investigar a quantidade de observações que recolhemos diariamente e que nos fazem penetrar mais profundamente nesses extraordinários mistérios. Quanto mais avançamos, mais se nos dilata o horizonte, mostrando o quanto é vasto o campo que nos compete ceifar.

As numerosas evocações que temos feito permitiram-nos que dirigíssemos o olhar investigador sobre o mundo invisível, da base até o ápice, isto é, naquilo que ele tem de mais ínfimo quanto de mais sublime. A inumerável variedade de fatos e de caracteres emanados desses estudos, realizados com profunda calma, sustentada atenção e prudente circunspeção de observadores sérios, abriu-nos os arcanos desse mundo, para nós tão novo. A ordem e o método utilizados em vossas pesquisas eram elementos indispensáveis para o sucesso. Com efeito, já sabeis pela experiência que não basta chamar casualmente o Espírito de tal ou qual pessoa. Os Espíritos não vêm assim ao sabor de nosso capricho, nem respondem a tudo quanto a fantasia nos leva a lhes perguntar.

Com os seres de Além-Túmulo necessitamos de habilidade e de uma linguagem apropriada à sua natureza, às suas qualidades morais, ao grau de sua inteligência e à posição que ocupam; ser com eles dominador ou submisso, conforme as circunstâncias, compassivo com os que sofrem, humilde e respeitoso com os superiores, firme com os maus e os voluntariosos, que só subjugam aqueles que os escutam complacentemente. Enfim, é preciso saber formular e encadear metodicamente as perguntas, para que sejam obtidas respostas mais explícitas, assimilando nas respostas as nuances que muitas vezes constituem traços característicos e revelações importantes que escapam ao observador superficial, inexperiente ou ocasional. A maneira de conversar com os Espíritos é, pois, uma verdadeira arte, que exige tato, conhecimento do terreno que pisamos, constituindo, a bem dizer, o Espiritismo prático. Sabiamente dirigidas, as evocações podem ensinar grandes coisas; oferecem um potente elemento de interesse, de moralidade e de convicção: de interesse, por nos fazerem conhecer o estado do mundo que a todos nos aguarda e do qual algumas vezes fazemos uma ideia tão extravagante; de moralidade, porque nelas podemos ver, por analogia, nossa sorte futura; de convicção, porque nessas conversações íntimas encontramos a prova manifesta da existência e da individualidade dos Espíritos, que nada mais são do que nossas próprias almas, desprendidas da matéria terrestre. Estando formada a vossa opinião sobre o Espiritismo, não tendes necessidade de assentar as vossas convicções na prova material das manifestações físicas. Também quisestes, aconselhados pelos Espíritos, ater-vos ao estudo dos princípios e dos problemas morais, sem, por isso, negligenciar o exame dos fenômenos que podem auxiliar a pesquisa da verdade.

    A crítica contumaz censurou-nos por aceitarmos muito facilmente as doutrinas de certos Espíritos, sobretudo no que diz respeito às questões científicas. Tais pessoas revelam, por isso mesmo, que ignoram o verdadeiro objetivo da ciência espírita, assim como desconhecem aquele a que nos propomos, facultando-nos o direito de lhes devolver a censura de leviandade com que nos julgaram. Certamente não nos compete ensinar a reserva com a qual deve ser acolhido aquilo que vem dos Espíritos; estamos longe de tomar todas as suas palavras como artigos de fé. Sabemos que entre eles há os que se encontram em todos os graus, de saber e de moralidade; para nós, é uma população que apresenta variedades muito mais numerosas que as que percebemos entre os homens; o que queremos é estudar essa população; é chegar a conhecê-la e compreendê-la. Para isto, estudamos as individualidades, observamos as pequenas diferenças e procuramos apreender os traços distintivos de seus costumes, de seus hábitos e de seu caráter; enfim, queremos nos identificar tanto quanto possível com o estado desse mundo.

Antes de ocupar uma residência queremos saber como é ela, se ali estaremos confortavelmente instalados, assim como conhecer os hábitos dos vizinhos e o tipo de sociedade que poderemos frequentar. Pois bem! É a nossa morada futura, são os costumes do povo em meio ao qual iremos viver que os Espíritos nos dão a conhecer. Mas assim como entre nós há pessoas ignorantes e de visão acanhada, que fazem uma ideia incompleta de nosso mundo material e do meio que não lhe é próprio, também os Espíritos de horizonte moral limitado não podem assimilar o conjunto e ainda se acham sob o império dos preconceitos e dos sistemas. Não podem, pois, instruir-nos a respeito de tudo quanto se relacione com o mundo espírita, da mesma forma que um camponês não o poderia fazer em relação à alta sociedade parisiense ou ao mundo científico. Seria, portanto, fazer de nosso raciocínio um deplorável juízo pensar que escutamos todos os Espíritos como se fossem oráculos. Os Espíritos são o que são e nós não podemos alterar a ordem das coisas. Como nem todos são perfeitos, não aceitamos suas palavras senão com reservas e jamais com a credulidade infantil. Julgamos, comparamos, tiramos consequências de nossas observações e os seus próprios erros constituem ensinamentos para nós, pois não renunciamos ao nosso discernimento.

Essas observações aplicam-se igualmente a todas as teorias científicas que os Espíritos podem dar. Seria muito cômodo ter apenas que interrogá-los para encontrar a Ciência pronta e acabada e possuir todos os segredos industriais. Só conquistaremos a Ciência à custa de trabalho e de pesquisas. A missão dos Espíritos não é eximir-nos dessa obrigação. Aliás, não apenas estamos conscientes de que nem todos sabem tudo, como sabemos que entre eles, como sói acontecer entre os homens, existem pseudossábios, que julgam saber o que não sabem e falam daquilo que ignoram com imperturbável atrevimento. Pelo fato de um Espírito dizer que é o Sol que gira em torno da Terra, nem por isso essa teoria será mais verdadeira.

Saibam, pois, aqueles que nos atribuem uma credulidade tão pueril, que tomamos toda opinião emitida por um Espírito como uma opinião pessoal; que não a aceitamos senão após havê-la submetido ao controle da lógica e dos meios de investigação que a própria ciência espírita nos fornece, meios que todos conheceis.

Tal é, senhores, o fim a que se propõe a Sociedade. Certamente não me compete ensinar-lhes coisa alguma, embora me agrade recordá-lo aqui, a fim de que minhas palavras repercutam lá fora e ninguém se equivoque quanto ao seu verdadeiro sentido. De minha parte sinto-me feliz por não ter tido senão que vos acompanhar neste caminho sério, que eleva o Espiritismo à categoria das ciências filosóficas. Vossos trabalhos já produziram frutos, mas os que produzirão mais tarde são incalculáveis se, como não duvido, vos mantiverdes em condições propícias para atrair os Espíritos bons ao vosso meio.

O concurso dos Espíritos bons é, com efeito, a condição sem a qual ninguém pode esperar a verdade; ora, depende de nós obtermos esse concurso. A primeira de todas as condições para granjearmos a sua simpatia é o recolhimento e a pureza das intenções. Os Espíritos sérios comparecem onde são chamados seriamente, com fé, fervor e confiança. Não gostam de servir de experiência nem de dar espetáculo; ao contrário, gostam de instruir aqueles que os interrogam sem pensamento preconcebido. Os Espíritos levianos, que se divertem de todas as maneiras vão a toda parte e, de preferência, aonde encontram ocasião para mistificar; os maus são atraídos pelos maus pensamentos, e por maus pensamentos devemos entender todos aqueles que não se acham de acordo com os preceitos da caridade evangélica. Em toda reunião, portanto, aquele que albergar sentimentos contrários a esses preceitos traz consigo Espíritos desejosos de semear a perturbação, a discórdia e o desamor.

A comunhão de pensamentos e de sentimentos para o bem é, desse modo, uma condição de primeira necessidade, não podendo ser encontrada num meio heterogêneo onde têm acesso as paixões inferiores do orgulho, da inveja e do ciúme, paixões que sempre se revelam pela malevolência e pela acrimônia de linguagem, por mais espesso seja o véu com que se procure cobri-las; é o á-bê-cê da ciência espírita. Se quisermos fechar aos Espíritos maus a porta desse recinto, fechemos-lhes primeiramente a porta de nossos corações e evitemos tudo quanto lhes possa outorgar poder sobre nós. Se algum dia a Sociedade se tornasse joguete de Espíritos mistificadores, é que a ela teriam sido atraídos. Por quem? Por aqueles nos quais encontrassem eco, pois só comparecem onde sabem que serão ouvidos. Conhecemos o provérbio: *Dize-me com quem andas e te direi quem és*. Podemos parodiá-lo em relação aos nossos Espíritos simpáticos, dizendo assim: *Dize-me o que pensas e te direi com quem andas*. Ora, os pensamentos se traduzem por atos. Se admitirmos que a discórdia, o orgulho, a inveja e o ciúme só podem ser insuflados pelos Espíritos maus, aqueles que aqui trouxessem elementos de desunião suscitariam entraves, acusando, por isso mesmo, a natureza de seus satélites ocultos, e não poderíamos senão lamentar a sua presença no seio da Sociedade. Queira Deus que isso jamais aconteça, como o espero. Auxiliados pelos Espíritos bons, se a eles nos tornarmos favoráveis, a Sociedade se consolidará, tanto pela consideração que tiver merecido, quanto pela utilidade de seus trabalhos.

Se tivéssemos em vista apenas experiências voltadas para a satisfação da curiosidade, a natureza das comunicações seria mais ou menos indiferente, pois somente as tomaríamos pelo que elas representam. Como, porém, em nossos estudos não buscamos uma diversão, nem para nós nem para o público, o que queremos são comunicações verdadeiras. Para isso, necessitamos da simpatia dos Espíritos bons, e tal simpatia só é adquirida pelos que afastam os maus com a sinceridade de suas almas. Dizer que Espíritos leviano jamais se tenham imiscuído conosco, a fim de ocultar o nosso lado vulnerável, seria muita presunção de perfeição; os Espíritos Superiores chegam mesmo a permiti-lo, a fim de experimentar a nossa perspicácia e o nosso zelo na pesquisa da verdade. O nosso raciocínio, porém, deve pôr-nos em guarda contra as armadilhas que nos podem ser estendidas e, em todos os casos, nos fornece os meios de evitá-la.

O objetivo da Sociedade não consiste apenas na pesquisa dos princípios da ciência espírita; vai mais longe: estuda também as suas consequências morais, pois é principalmente nelas que encontra a sua verdadeira utilidade.

Ensinam nossos estudos que o mundo invisível que nos circunda reage constantemente sobre o mundo visível; eles no-lo mostram como uma das potências da natureza. Conhecer os efeitos dessa força oculta que nos domina e subjuga mau grado nosso, não será ter a chave de mais de um problema, a explicação de uma multidão de fatos que passam despercebidos? Se esses efeitos podem ser funestos, conhecer a causa do mal não será ter um meio de preservar-se contra ele, como o conhecimento da eletricidade possibilitou-nos atenuar os efeitos desastrosos do raio? Se então sucumbirmos não poderemos queixar senão de nós mesmos, visto não termos a ignorância como desculpa. O perigo está no domínio que os Espíritos maus exercem sobre os indivíduos, e esse domínio não é apenas funesto do ponto de vista dos erros de princípio que podem propagar, mas também do ponto de vista dos interesses materiais. Ensina a experiência que jamais é impunemente que nos abandonamos à sua dominação, desde que suas intenções nunca podem ser boas. Para chegar a tal fim, uma de suas táticas é a desunião, porque sabem muito bem que podem facilmente dominar quem se encontra privado de apoio. Assim, quando querem apoderar-se de alguém, o seu primeiro cuidado é sempre inspirar-lhe a desconfiança e o isolamento, a fim de que ninguém os possa desmascarar, esclarecendo as pessoas prejudicadas com conselhos salutares. Uma vez senhores do terreno, podem fasciná-las à vontade, por intermédio de promessas sedutoras, e subjugá-las por meio da lisonja às suas inclinações, aproveitando os lados fracos que descobrem para, em seguida, melhor fazê-las sentir a amargura das decepções, feri-las em seus afetos, humilhá-las em seu orgulho e, muitas vezes, soerguê-las por um instante tão só para precipitá-las de mais alto.

Eis aí, senhores, o que nos mostram os exemplos que a cada instante se desdobram aos nossos olhos, tanto no mundo dos

Espíritos quanto no mundo corpóreo, situação que podemos aproveitar para nós próprios, ao mesmo tempo que procuramos torná-la proveitosa aos outros. No entanto, perguntarão, não iremos atrair os Espíritos maus, evocando criaturas que pertenceram à escória da sociedade? Não, porque jamais sofremos a sua influência. Só há perigo quando é o Espírito que se *impõe*; nunca, porém, quando somos nós que *nos impomos* a ele. Sabeis perfeitamente que esses Espíritos não acodem ao vosso chamado senão constrangidos e forçados; que, em geral, se acham tão incomodados em vosso meio que sempre têm pressa em retirar-se. Para nós sua presença é objeto de estudo, porque para conhecer é preciso ver tudo. O médico só chega ao apogeu do saber quando explora as chagas mais repugnantes. Ora, essa comparação do médico é muito justa, desde que sabeis a quantidade de chagas que temos cicatrizado e os sofrimentos que aliviamos. Nosso dever é mostrar-nos caridosos e benevolentes com os seres de Além-Túmulo, assim como devemos proceder com os nossos semelhantes.

Senhores, pessoalmente eu desfrutaria de um privilégio inconcebível se tivesse ficado ao abrigo da crítica. Não nos pomos em evidência sem nos exporrmos aos dardos daqueles que não pensam como nós. Mas há duas espécies de crítica: uma que é malévola, acerba, envenenada, em que a inveja se trai em cada palavra; a outra, que visa à sincera pesquisa da verdade, tem características completamente diversas. A primeira não merece senão o desdém; jamais com ela me incomodei. Somente a segunda é discutível.

Algumas pessoas disseram que fui muito precipitado nas teorias espíritas, que ainda não era tempo de estabelecê-las e que as observações não se achavam ainda bastante completas. Permiti-me algumas palavras sobre o assunto.

Duas coisas devem ser consideradas no Espiritismo: a parte experimental e a parte filosófica, ou teórica. Abstração feita do ensino dos Espíritos, pergunto se, em meu nome, não tenho o direito, como qualquer outra pessoa, de lucubrar um sistema filosófico. O campo das opiniões não se encontra aberto a todo mundo? Por que, então, não poderia dar a conhecer o meu? Compete ao público julgar se ele tem ou não tem sentido. Mas essa teoria, em vez de me conferir qualquer mérito, se mérito existe, eu declaro que emana inteiramente dos Espíritos. — Seja — dirão alguns —, mas estais indo muito longe. Aqueles que pretendem dar a chave dos mistérios da Criação, desvendar o princípio das coisas e da natureza infinita de Deus, não vão muito mais longe do que eu, que declaro, da parte dos Espíritos, que não é dado ao homem aprofundar essas coisas, sobre as quais não podemos estabelecer senão conjecturas mais ou menos prováveis. — Andais muito depressa. — Seria um erro tomar a dianteira de certas pessoas? Aliás, quem as impede de caminhar? — Os fatos não se acham ainda perfeitamente observados. — Mas se eu, certo ou errado, creio tê-los observado suficientemente, devo esperar a boa vontade daqueles que ficaram para trás? Minhas publicações não barram o caminho a ninguém. — Estando os Espíritos sujeitos a erro, quem garante que aqueles que vos ensinaram não se terão enganado? — Com efeito, toda a questão se resume nisso, considerando-se que a objeção de precipitação é muito pueril. Pois bem! Devo dizer em que se funda a minha confiança na veracidade e na superioridade dos Espíritos que me instruíram. Primeiramente direi que, conforme o seu conselho, nada aceito sem controle e sem exame; não adoto uma ideia senão quando me parece racional, lógica, concorde com os fatos e as observações e se nada de sério vem contradizê-la. Mas meu julgamento não poderá ser um critério infalível. O assentimento que encontrei da parte de numerosas pessoas mais esclarecidas do que eu me fornece a primeira garantia. Mas eu encontro outra, não menos preponderante, no caráter das comunicações que foram obtidas desde que me ocupo de Espiritismo. Posso dizer que jamais escapou uma só dessas palavras, um único desses sinais pelos quais sempre se traem os Espíritos inferiores, mesmo os mais astuciosos. Jamais dominação; jamais conselhos equívocos ou contrários à caridade e à benevolência; jamais prescrições ridículas. Longe disso; neles não encontrei senão pensamentos generosos, nobres, sublimes, isentos de pequenez e de mesquinharia. Numa palavra: suas relações comigo, nas menores como nas maiores coisas, sempre foram de tal modo que, se tivesse sido um homem a me falar, eu o teria considerado o melhor, o mais sábio, o mais prudente, o mais moralizado e o mais esclarecido.

Eis aí, senhores, os motivos de minha confiança, corroborada pela identidade do ensino dado a uma porção de outras pessoas, antes e depois da publicação de minhas obras. O futuro dirá se estou certo ou errado. Enquanto isso, eu creio ter auxiliado o progresso do Espiritismo, trazendo algumas pedras ao seu edifício. Mostrando que os fatos podem assentar-se no raciocínio, terei contribuído para fazê-lo sair do atalho frívolo da curiosidade, a fim de fazê-lo adentrar no caminho sério da demonstração, isto é, na única via que pode satisfazer os homens que pensam e que não se detêm na superfície.

Termino, senhores, pelo rápido exame de uma questão de atualidade. Fala-se de outras sociedades que desejam rivalizar com a nossa. Dizem que uma já conta com trezentos membros e possui recursos financeiros apreciáveis. Prefiro crer que não seja uma fanfarrice, tão pouco lisonjeira para os Espíritos que a tivessem suscitado, quanto para aqueles que se lhe fizeram eco. Se for uma realidade, nós a felicitamos sinceramente, caso obtenha a necessária unidade de sentimentos para frustrar a influência dos Espíritos maus e consolidar a sua existência.

Ignoro completamente quais são os elementos da sociedade, ou das sociedades que dizem querer formar-se. Farei apenas uma observação geral.

Em Paris e alhures há uma porção de reuniões íntimas, como outrora foi a nossa, em que as pessoas se ocupam mais ou menos seriamente com as manifestações espíritas, sem falar dos Estados Unidos, onde elas se contam aos milhares. Conheço algumas em que as evocações são feitas nas melhores condições, obtendo-se coisas notáveis. É a consequência natural do número crescente de médiuns, que se desenvolvem de todos os lados, a despeito dos sarcasmos; quanto mais avançarmos, mais esses centros se multiplicarão. Formados espontaneamente de elementos muito pouco numerosos e variáveis, tais centros nada têm de fixo ou de regular e não constituem sociedades propriamente ditas. Para uma sociedade regularmente organizada são necessárias condições de vitalidade muito diferentes, justamente em razão do número de pessoas que a compõem, de sua estabilidade e de sua permanência. A primeira de todas é a *homogeneidade* de princípios e da maneira de ver. Toda sociedade composta de elementos heterogêneos traz em si o germe da dissolução; podemos considerá-la morta por antecipação, seja qual for o seu objetivo: político, religioso, científico ou econômico.

Uma sociedade espírita requer outra condição — a assistência dos Espíritos bons — se quisermos obter comunicações sérias. A não ser assim, caso permitamos aos maus tomarem pé, não obteremos senão mentiras, decepções e mistificações. Esse é o preço de sua própria existência, visto que os maus serão os primeiros agentes de sua destruição. Eles a minarão pouco a pouco, caso não a façam desabar logo de início. Sem homogeneidade, nada de comunhão de pensamentos e, portanto, nada da calma nem do recolhimento que se deseja. Ora, os bons só comparecem onde encontram essas condições; como encontrá-las numa reunião cujas crenças são divergentes, onde alguns membros nem mesmo creem e, em consequência, o espírito de oposição e de controvérsia domina incessantemente? Eles só assistem aqueles que desejam ardentemente esclarecer-se para o bem, sem pensamento preconcebido, e não para satisfazer a vã curiosidade. Querer formar uma sociedade espírita fora dessas condições seria dar provas da mais absoluta ignorância dos princípios mais elementares do Espiritismo.

Seríamos os únicos capazes de reuni-las? Seria lastimável e muito ridículo assim pensar. O que fizemos, por certo outros poderão fazê-lo. Que outras sociedades se ocupem, portanto, de trabalhos iguais aos nossos, que prosperem e se multipliquem mil vezes melhor, porque será um sinal de progresso nas ideias morais; tanto melhor, sobretudo se forem bem assistidas e se tiverem boas comunicações, pois não temos a pretensão de ser os únicos privilegiados nesse campo. Como só visamos à nossa instrução pessoal e ao interesse da ciência, que nossa sociedade não oculte nenhum pensamento de especulação, *nem direto nem indireto*, nenhuma visão ambiciosa;

que sua existência não repouse sobre uma questão de dinheiro e que as demais sociedades sejam consideradas como irmãs nossas, e não como concorrentes. Se formos invejosos, provaremos que somos assistidos pelos Espíritos maus. Caso uma dessas sociedades se formasse tendo em vista a nos criar rivalidade, com a ideia preconcebida de nos suplantar, revelaria, por seu objetivo, a própria natureza dos Espíritos que presidiram à sua formação, já que esse pensamento não seria bom, nem caridoso, nem os Espíritos bons simpatizam com os sentimentos de ódio, ciúme e ambição.

De mais a mais, temos um meio infalível para não temer nenhuma rivalidade. É São Luís que no-lo oferece: *Que entre vós haja compreensão e amor* — disse-nos ele. Trabalhemos, pois, para nos compreendermos; lutemos com os outros, mas lutemos com caridade e abnegação. Que o amor do próximo esteja inscrito em nossa bandeira e seja a nossa divisa. Com isso afrontaremos a zombaria e a influência dos Espíritos maus. Nesse terreno, tanto melhor que se nos igualem, pois serão irmãos que chegam; depende apenas de nós, no entanto, jamais sermos ultrapassados.

Mas, dirão, tendes uma maneira de ver que não é a nossa; não podemos simpatizar com princípios que não admitimos, pois nada prova que estejais com a verdade. A isso responderei: Nada prova que estejais mais certos do que nós, porque ainda duvidais e a dúvida não é uma doutrina. Pode-se diferir de opinião sobre pontos da ciência sem se morder nem atirar pedras, o que seria pouco digno e pouco científico. Procurai, pois, do vosso lado, como pesquisamos do nosso. O futuro dará razão a quem de direito. Se nos enganarmos, o tolo amor-próprio não nos tornará obstinados por ideias falsas. Há, porém, princípios sobre os quais temos certeza de não estar enganados: é o amor do bem, a abnegação, a abjuração de todo sentimento de inveja e de ciúme. Esses são os nossos princípios; com eles podemos sempre simpatizar sem nos comprometermos; é o laço que deve unir todos os homens de bem, seja qual for a divergência de suas opiniões. Somente o egoísmo interpõe uma barreira intransponível.

Tais são, senhores, as observações que julguei por bem apresentar-vos, ao deixar as funções que me houvestes confiado. Agradeço do fundo do coração a todos aqueles que me testemunharam simpatia. Aconteça o que acontecer, minha vida está consagrada à obra que empreendemos e sentir-me-ei feliz se meus esforços puderem ajudar a fazê-la entrar no caminho sério que é a sua essência, o único que lhe pode assegurar o futuro. A finalidade do Espiritismo é tornar melhores os que o compreendem. Esforcemo-nos por dar o exemplo e mostremos que, para nós, a Doutrina não é uma letra morta. Numa palavra, sejamos dignos dos Espíritos bons, se quisermos que eles nos assistam. O bem é uma couraça contra a qual virão sempre se quebrar as armas da malevolência.

ALLAN KARDEC

# Boletim da Sociedade Parisiense de Estudos Espíritas

Daqui em diante publicaremos regularmente o relato das sessões da Sociedade. Esperávamos fazê-lo a partir deste número, mas a abundância de matérias nos obriga a adiá-lo para a próxima edição. Os sócios que não residem em Paris e os membros correspondentes poderão, assim, acompanhar os trabalhos da Sociedade. Hoje limitamo-nos a dizer que o Sr. Allan Kardec, a despeito da intenção expressa em seu discurso de encerramento — de renunciar à presidência, quando da renovação de sua diretoria — foi reeleito por unanimidade, à exceção de um voto contrário e uma abstenção.

Ele julgou deselegante sustentar essa decisão diante de um testemunho deveras lisonjeiro. Contudo, só o aceitou condicionalmente e sob reserva *expressa* de demitir-se de suas funções no momento em que a Sociedade estiver em condições de oferecer a presidência a alguém, cujo nome e posição social sejam capazes de imprimir-lhe maior relevo. Seu desejo era poder consagrar todo o seu tempo aos trabalhos e aos estudos que vem desenvolvendo.[48]

# Conversas familiares de Além-Túmulo

## Notícias da guerra

O governo permitiu que jornais avessos à política dessem notícias da guerra; como, porém, são abundantes os relatos de todos os gêneros, seria inútil repeti-los aqui. O que talvez constitua mais novidade para os nossos leitores é um relato que procede do outro mundo. Embora não seja extraído da fonte oficial do *Moniteur*, nem por isso oferece menor interesse, do ponto de vista dos nossos estudos. Assim, pensamos em interrogar algumas das gloriosas vítimas da vitória, presumindo aí pudéssemos encontrar alguma instrução de utilidade. Tais assuntos de observação e, sobretudo, de atualidade, não se apresentam todos os dias. Não conhecendo pessoalmente nenhum dos participantes da última batalha, rogamos aos Espíritos assistentes que nos enviassem alguém. Pensamos até mesmo encontrar mais liberdade num desconhecido do que na presença de amigos ou parentes dominados pela emoção. Logrando resposta afirmativa, obtivemos as seguintes conversas:

### O zuavo de Magenta

Primeira conversa
(Sociedade, 10 de junho de 1859)

1. Rogamos a Deus Todo-Poderoso permitir ao Espírito de um dos militares mortos na batalha de Magenta que se comunique conosco.

*Resp.* – Que quereis saber?

---

[48] Nota do tradutor: Parece que esse momento jamais chegaria, pois Allan Kardec, mau grado seu, permaneceu à frente da Sociedade Parisiense de Estudos Espíritas até a sua desencarnação, em 1869.

2. Onde vos encontráveis quando vos chamamos?

*Resp.* – Não saberia dizer.

3. Quem vos preveniu que desejaríamos nos entreter convosco?

*Resp.* – Alguém mais astuto do que eu.

4. Quando na carne duvidáveis que os mortos pudessem vir conversar com os vivos?

*Resp.* – Oh! Isso não!

5. Que sensação experimentais por vos encontrardes aqui?

*Resp.* – Isso me dá prazer; conforme dizem, deveis fazer grandes coisas.

6. A que Corpo do Exército pertencíeis? [Alguém diz em voz baixa: Pela linguagem deve ser um zuzu.]

*Resp.* – Ah! Dissestes bem.

7. Qual era o vosso posto?

*Resp.* – O de todo o mundo.

8. Como vos chamáveis?

*Resp.* – Joseph Midard.

9. Como morrestes?

*Resp.* – Quereis saber tudo sem nada pagar?

10. Ora, vamos! Não perdestes o vosso bom humor. Falai primeiro; depois pagaremos. Como morrestes?

*Resp.* – De uma ameixa que dispararam contra mim.

11. Ficastes contrariado com a morte?

*Resp.* – Não! palavra de honra! Estou bem aqui.

12. No momento da morte percebestes logo que havíeis morrido?

*Resp.* – Não; eu estava tão atordoado que não podia acreditar.

Observação – Isto concorda com o que temos observado nos casos de morte violenta; não se dando conta imediatamente de sua situação, o Espírito não se julga morto. Esse fenômeno se explica muito facilmente; é análogo ao dos sonâmbulos que não acreditam que estejam dormindo. Realmente, para o sonâmbulo, a ideia de sono é sinônimo de suspensão das faculdades intelectuais. Ora, como ele pensa, não acredita que dorme; só mais tarde reconhece a verdade, ao se familiarizar com o sentido ligado a essa palavra. Acontece a mesma coisa com o Espírito surpreendido por morte súbita, quando não se havia preparado para a separação do corpo. Para ele a morte é sinônimo de destruição, de aniquilamento. Ora, desde que vê, sente e raciocina, julga não ter morrido. É necessário certo tempo para poder reconhecer-se.

13. No momento em que morrestes a batalha não havia ainda terminado. Acompanhastes as suas peripécias?

*Resp.* – Sim, pois já vos disse que não me julgava morto; queria continuar maltratando os *cães* do outro lado.

14. Que sensação experimentáveis?

*Resp.* – Eu estava encantado; sentia-me muito leve.

15. Víeis os Espíritos dos vossos camaradas ao deixar o corpo?

*Resp.* – Não me preocupava com isso, pois não me julgava morto.

16. Nesse momento, em que se tornava essa multidão de Espíritos que deixava a vida no fragor da batalha?

*Resp.* – Creio que faziam o mesmo que eu.

17. Ao se acharem reunidos no mundo espiritual, que pensavam os Espíritos que se batiam mais encarniçadamente? Ainda revelavam animosidade uns contra os outros?

*Resp.* – Sim, durante algum tempo e conforme o seu caráter.

18. Reconhecei-vos melhor agora?

*Resp.* – Sem isso não me teriam enviado aqui.

19. Poderíeis dizer-nos se, entre os Espíritos de pessoas mortas há muito tempo, não se encontravam alguns interessados no desfecho da batalha? [Rogamos a São Luís que o auxiliasse em suas respostas, a fim de que, para a nossa instrução, fossem elas tão explícitas quanto possível.]

*Resp.* – Em grande quantidade. É bom saibais que esses combates e suas consequências são preparados com muita antecedência e que os nossos adversários não se envolveriam em crimes, como de fato ocorreu, se a isso não houvessem sido impelidos, tendo em vista as consequências futuras, que não tardareis a conhecer.

20. Deveria haver quem se interessasse pelo sucesso dos austríacos, estabelecendo dois campos entre eles?

*Resp.* – Evidentemente.

OBSERVAÇÃO – Não parece que aqui estamos vendo os deuses de Homero[49] a tomar partido, uns pelos gregos, outros pelos troianos? Com efeito, quem eram esses deuses do paganismo, senão os Espíritos que os Antigos haviam transformado em divindades?

---

[49] N.E.: Poeta épico grego, do século IX a.C., considerado o autor da *Ilíada* e da *Odisseia*.

Não temos razão quando dizemos que o Espiritismo é a luz que esclarecerá mais de um mistério, a chave de mais de um problema?

21. Eles exerciam uma influência qualquer sobre os combatentes?

*Resp.* – Muito considerável.

22. Poderíeis descrever a maneira pela qual eles exerciam essa influência?

*Resp.* – Da mesma maneira por que são exercidas todas as influências que os Espíritos produzem sobre os homens.

23. Que esperais fazer agora?

*Resp.* – Estudar mais do que o fiz durante minha última etapa.

24. Retornareis para assistir, como espectador, aos combates que ainda se travam?

*Resp.* – Ainda não sei. Tenho afeições que me prendem no momento. Contudo, de vez em quando pretendo dar umas escapadelas para me divertir com as escaramuças subsequentes.

25. Que gênero de afeição vos retém ainda?

*Resp.* – Uma velha mãe doente e sofredora, que chora por mim.

26. Peço me desculpeis o mau pensamento que acaba de me atravessar o Espírito, relativamente à afeição que vos retém.

*Resp.* – Não vos quero mal por isso. Falo tolices para que possais rir um pouco. É natural que não me tomeis por grande coisa, tendo em vista o honroso corpo a que pertencia. Ficai tranquilos, eu só me engajei por causa de minha pobre mãe. Mereço um pouco que me tenham mandado a vós.

27. Quando vos encontrastes entre os Espíritos, ouvíeis o rumor da batalha? Víeis as coisas tão claramente como em vida?

*Resp.* – A princípio eu a perdi de vista, mas depois de algum tempo via muito melhor, porque percebia todas as artimanhas.

28. Pergunto se ouvíeis o troar dos canhões.

*Resp.* – Sim.

29. No momento da ação, pensáveis na morte e naquilo em que vos tornaríeis, caso fôsseis morto?

*Resp.* – Eu pensava no que seria de minha mãe.

30. Era a primeira vez que entráveis no fogo de uma batalha?

*Resp.* – Não, não; e a África?

31. Vistes a entrada dos franceses em Milão?

*Resp.* – Não.

32. Aqui sois o único dos que morreram na Itália?

*Resp.* – Sim.

33. Pensais que a guerra durará muito?

*Resp.* – Não. É fácil e, ademais, de pouco valor essa predição.

34. Quando entre os Espíritos vedes um de vossos chefes, ainda o reconheceis como vosso superior?

*Resp.* – Se ele o for, sim; se não, não.

Observação – Em sua simplicidade e em seu laconismo, esta resposta é eminentemente profunda e filosófica. No mundo espírita a superioridade moral é a única que se reconhece. Quem não a teve na Terra, qualquer que tenha sido a sua posição, não terá nenhuma superioridade. Naquele mundo o chefe pode estar abaixo do soldado, o patrão em posição inferior à do servo. Que lição para o nosso orgulho!

35. Pensais na Justiça de Deus e vos inquietais por isso?

*Resp.* – Quem não pensaria? Mas, felizmente, não tenho muito a temer. Resgatei, por algumas ações que Deus considerou boas, as raras escapadelas que pude cometer na qualidade de zuzu, conforme dissestes.

36. Assistindo a um combate, poderíeis proteger um de vossos camaradas e desviar-lhe um golpe fatal?

*Resp.* – Não; isso não está em nosso poder; a hora da morte é marcada por Deus. Se devemos passar por ela, nada o poderá impedir, como ninguém a poderia atingir se sua hora não houvesse soado.

37. Vedes o general Espinasse?

*Resp.* – Ainda não o vi, mas espero vê-lo em breve.

Segunda conversa
(17 de junho de 1859)

38. *Evocação.*

*Resp.* – Presente! Firme! Em frente!

39. Lembrai-vos de ter vindo aqui há oito dias?

*Resp.* – Claro!

40. Dissestes ainda não ter visto o general Espinasse; como poderíeis reconhecê-lo, já que ele não estará envergando o seu hábito de general?

*Resp.* – De fato, mas eu o conheço de vista; além disso, temos uma porção de amigos sempre prontos a nos dar a senha. Aqui não é como aí, pois não temos medo de trombar com ninguém e vos asseguro que somente os velhacos ficam sozinhos.

41. Sob que aparência vos encontrais aqui?

*Resp.* – Zuavo.

42. Se vos pudéssemos ver, como vos veríamos?

*Resp.* – De turbante e culote.

43. Pois bem! Supondo-se que nos aparecêsseis de turbante e culote, perguntamos onde adquiristes essas roupas, considerando-se que deixastes as vossas no campo de batalha.

*Resp.* – Ora essa! Não sei de nada; tenho um alfaiate que me consegue algumas.

44. De que são feitos o turbante e o culote que usais? Tendes alguma ideia?

*Resp.* – Não; isto concerne ao negociante de roupas usadas.

Observação – Esta questão da vestimenta dos Espíritos, e várias outras não menos interessantes que se ligam ao mesmo princípio, são completamente elucidadas por novas observações, feitas no seio da Sociedade. Delas daremos conta no próximo número. Nosso bravo zuavo não se acha assaz adiantado para resolver por si mesmo. Para isso foi-nos necessário o concurso de circunstâncias que se apresentaram fortuitamente e que nos puseram no caminho certo.

45. Dai-vos conta da razão por que nos vedes, ao passo que não vos podemos ver?

*Resp.* – Acho que vossos óculos estão muito fracos.

46. Não será por essa mesma razão que não podeis ver o general em uniforme?

*Resp.* – Sim, mas ele não o veste todos os dias.

47. Em que dias o veste?

*Resp.* – Ora essa! Quando o chamam ao palácio.

48. Por que estais aqui vestido de zuavo, já que não vos podemos ver?

*Resp.* – Naturalmente porque ainda sou zuavo, lá se vão quase oito anos e, também, porque entre os Espíritos conservamos a forma durante muito tempo. Mas isso é apenas entre nós; compreendeis que quando vamos a um mundo completamente estranho, como a Lua ou Júpiter, não nos damos muito ao trabalho de fazer toalete.

49. Falais da Lua e de Júpiter; já os visitastes depois de morto?

*Resp.* – Não; não me compreendeis. Depois da morte já percorremos bastante o universo. Não nos explicaram uma porção de problemas da nossa Terra? Não conhecemos Deus e os outros seres muito melhor do que há quinze dias? Com a morte o Espírito passa por uma metamorfose que não podeis compreender.

50. Revistes o corpo que deixastes no campo de batalha?

*Resp.* – Sim; ele não está nada belo.

51. Que impressão vos deixou tal visão?

*Resp.* – Tristeza.

52. Tendes conhecimento de vossa existência anterior?

*Resp.* – Sim, mas não era bastante gloriosa para que eu possa envaidecer-me.

53. Dizei-nos apenas o gênero de vida que levastes.

*Resp.* – Simples mercador de peles selvagens.

54. Agradecemos por haverdes voltado uma segunda vez.

*Resp.* – Até breve. Isto me diverte e me instrui; desde que me tolerem bem aqui, retornarei de bom grado.

## Um oficial superior morto em Magenta

(Sociedade, 10 de junho de 1859)

1. *Evocação*.
*Resp.* – Eis-me aqui.

2. Poderíeis dizer-nos como atendestes tão prontamente ao nosso apelo?

*Resp.* – Eu estava prevenido do vosso desejo.

3. Por quem fostes prevenido?

*Resp.* – Por um emissário de Luís.[50]

4. Tínheis conhecimento da existência de nossa Sociedade?

*Resp.* – Vós o sabeis.

Observação – O oficial em questão tinha realmente auxiliado a Sociedade para a obtenção do seu registro de funcionamento.[51]

---

[50] Nota do tradutor: São Luís [Luís IX, rei da França] patrono da Sociedade Parisiense de Estudos Espíritas.

[51] Nota do tradutor: Desde 1854, quando pela primeira vez ouviu falar das mesas girantes, até a sua desencarnação, em 1869, Allan Kardec conviveu com a França de Napoleão III. Esse sobrinho do grande corso, por meio de um Golpe de Estado desferido em dezembro de 1851, abriu caminho para ser proclamado Imperador no ano seguinte. Reconhecendo intimamente a fragilidade do regime que fundara, adotou medidas coercitivas e autoritárias de modo a garantir a sua permanência no poder, entre as quais a censura à imprensa e a

5. Sob que ponto de vista consideráveis a nossa Sociedade quando concorrestes para a sua formação?

*Resp.* – Eu não estava ainda inteiramente decidido, mas me inclinava muito a crer; não fossem os acontecimentos que sobrevieram, por certo teria ido instruir-me no vosso círculo.

6. Há criaturas deveras notáveis que comungam as ideias espíritas, mas que não o confessam de público. Seria desejável que as pessoas influentes desfraldassem abertamente essa bandeira?

*Resp.* – Paciência; Deus o quer e, desta vez, a expressão é verdadeira.

7. De que classe influente da sociedade pensais deverá partir em primeiro lugar o exemplo?

*Resp.* – No início, de algumas; depois, de todas.

8. Do ponto de vista do estudo, poderíeis dizer-nos se vossas ideias são mais lúcidas que as do zuavo que há pouco esteve aqui, embora ambos hajam falecido mais ou menos na mesma época?

*Resp.* – Muito. Aquilo que ele vos disse, testemunhando certa elevação de pensamento, foi-lhe soprado, porque ele é bom, mas muito ignorante e um tanto leviano.

9. Ainda vos interessais pelo sucesso de nossos exércitos?

*Resp.* – Muito mais do que nunca, pois hoje conheço o seu objetivo.

10. Tende a bondade de definir o vosso pensamento; o objetivo sempre foi abertamente confessado e, sobretudo em vossa posição, devíeis conhecê-lo?

---

proibição de reuniões em recintos fechados, além de outros expedientes que restringiam a liberdade do povo francês. Assim, compreendemos melhor por que o Codificador encontrou alguns obstáculos para registrar a Sociedade Parisiense de Estudos Espíritas nos organismos oficiais competentes.

*Resp.* – O fim que Deus se propôs, vós o sabeis?

OBSERVAÇÃO – Ninguém desconhecerá a gravidade e a profundeza desta resposta. Assim, quando vivo, ele conhecia o objetivo dos homens; como Espírito, vê o que há de providencial nos acontecimentos.

11. Que pensais da guerra em geral?

*Resp.* – Desejo que progridais rapidamente, a fim de que ela se torne tão impossível quanto inútil. Eis a minha opinião.

12. Acreditais que chegará o dia em que ela será impossível e inútil?

*Resp.* – Sim, não tenho dúvida, e posso dizer que esse momento não está tão longe quanto pensais, embora não vos possa dar esperança de que o vereis.

13. Vós vos reconhecestes imediatamente no momento da morte?

*Resp.* – Quase que imediatamente, graças às vagas noções que possuía do Espiritismo.

14. Podeis dizer algo a respeito de M..., morto também na última batalha?

*Resp.* – Ele ainda se encontra enredado na matéria; sente muita dificuldade em se desvencilhar; seus pensamentos não se tinham voltado para este lado.

OBSERVAÇÃO – O conhecimento do Espiritismo auxilia o desprendimento da alma após a morte; assim, concebe-se que abrevie o período de perturbação que acompanha a separação; *o Espírito conhecia antecipadamente o mundo em que ora se encontra.*

15. Assististes à entrada de nossas tropas em Milão?

*Resp.* – Sim, e com alegria. Fiquei encantado pela ovação com que nossas armas foram acolhidas, a princípio por patriotismo; depois, pelo futuro que as aguarda.

16. Como Espírito, podeis exercer uma influência qualquer sobre as disposições estratégicas?

*Resp.* – Acreditais que isso não tenha sido feito desde o princípio, e tendes dificuldade de adivinhar por quem?

17. Como foi possível que os austríacos abandonassem tão rapidamente uma praça forte como Pavia?

*Resp.* – Medo.

18. Então estão desmoralizados?

*Resp.* – Completamente. De mais a mais, se agimos sobre os nossos num sentido, deveis pensar que sobre eles age uma influência de outra natureza.

Observação – Aqui a intervenção dos Espíritos nos acontecimentos é inequívoca. Eles preparam os caminhos para a realização dos desígnios da Providência. Os Antigos teriam dito que era obra dos deuses; nós dizemos que é dos Espíritos, por ordem de Deus.

19. Podeis dar a vossa opinião sobre o general Giulay, como militar, pondo de lado qualquer sentimento nacionalista?

*Resp.* – Pobre, pobre general!

20. Voltaríeis de bom grado se vos pedíssemos?

*Resp.* – Estou à vossa disposição e prometo vir, mesmo sem ser chamado. A simpatia que eu nutria por vós não fez senão aumentar. Adeus.

Julho de 1859

# Resposta à réplica do abade Chesnel no *Univers*

O jornal *Univers* inseriu, em seu número de 28 de maio último, a resposta que havíamos dado ao artigo do abade Chesnel sobre o Espiritismo, fazendo-a seguir de uma réplica deste último. Reproduzindo todos os argumentos do primeiro, menos a urbanidade da forma com que todo mundo concordou em fazer justiça, não poderíamos responder a esse segundo artigo senão repetindo o que já havíamos dito, o que nos parece totalmente inútil. O abade Chesnel esforça-se sempre por provar que o Espiritismo é, deve ser e não pode deixar de ser senão uma religião nova, porque dele decorre uma filosofia e porque nele nos ocupamos da constituição física e moral dos mundos. Sob esse aspecto, todas as filosofias seriam religiões. Ora, como os sistemas afluem em abundância e todos eles têm partidários mais ou menos numerosos, isso restringiria singularmente o círculo do catolicismo. Não sabemos até que ponto seria imprudente e perigoso enunciar semelhante doutrina, porquanto é provocar uma cisão que não existe; é, pelo menos, dar-lhe uma ideia. Vede, um pouco, a que consequências chegais. Quando a Ciência veio contestar o sentido do texto bíblico dos seis dias da Criação, lançaram anátemas e disseram que era um ataque à religião. Hoje, que os fatos deram razão à Ciência, que já não há meios de os contestar a não ser negando a luz, a Igreja se pôs de acordo com a Ciência.

Suponhamos, então, que se tivesse dito que aquela teoria científica era uma religião nova, uma seita, porque *parecia* em contradição com os livros sagrados e porque lançava por terra uma interpretação dada há séculos, daí resultando que não era possível ser católico e adotar essas ideias novas. Pensemos, pois, a que se reduziria o número dos católicos, se fossem excluídos todos os que não acreditam que Deus fez a Terra em seis vezes vinte e quatro horas!

Sucede o mesmo com o Espiritismo. Se o olhais como uma religião nova, é que aos vossos olhos ele não é católico. Ora, acompanhai bem o nosso raciocínio. De duas uma: ou é uma realidade, ou uma utopia. Se é uma utopia, não há por que se preocupar com ele, já que cairá por si mesmo. Se é uma realidade, todos os raios não o impedirão de ser, da mesma forma que, outrora, a Terra jamais foi impedida de girar. Se, verdadeiramente, há um mundo invisível que nos circunda; se podemos entrar em comunicação com esse mundo e dele obter ensinamentos sobre o estado de seus habitantes — e todo o Espiritismo está aí contido — em pouco tempo isso parecerá tão natural como ver o Sol ao meio-dia ou encontrar milhares de seres vivos e invisíveis numa gota de água límpida. Essa crença se tornará tão comum que sereis forçados a vos render à evidência. Se aos vossos olhos essa crença é uma religião nova, ela está fora do catolicismo, porque não pode ser simultaneamente a religião católica e uma religião nova. Se, pela força das coisas e da evidência, ela se generalizar — e não poderá deixar de ser assim, já que se trata de uma lei da natureza — conforme o vosso ponto de vista não haveria mais católicos e vós mesmo não mais sereis católico, porque vos vereis forçado a agir como todo mundo.

Eis, senhor abade, o terreno sobre o qual nos arrasta a vossa doutrina, e ela é tão absoluta que já me gratificais com o título de sumo sacerdote dessa religião, uma honra da qual eu não suspeitava. Mas ides mais longe: na vossa opinião, todos os médiuns são sacerdotes dessa religião. Aqui eu vos detenho em nome da lógica. Até agora me havia parecido que as funções sacerdotais eram facultativas; que se era sacerdote apenas por um ato da própria vontade; que não se o era à revelia e em virtude de uma faculdade natural. Ora, a faculdade mediúnica é uma faculdade natural, que depende da sua organização, como a faculdade sonambúlica; não requer sexo, idade ou instrução, pois a encontramos nas crianças, nas mulheres e nos velhos, assim nos sábios como nos ignorantes. Seria compreensível que rapazes e moças fossem sacerdotes e sacerdotisas sem o querer e sem o saber? Em verdade, Sr. abade, é abusar do direito de interpretar as palavras. Como já disse, o Espiritismo está fora de todas as crenças dogmáticas, com as quais não se preocupa. Não o consideramos senão como ciência filosófica, que nos explica uma porção de coisas que não compreendemos e, por isso mesmo, em vez de abafar as ideias religiosas, como certas filosofias, faz brotá-las naqueles em que elas não existem. Mas se a todo custo o quiserdes elevar ao nível de uma religião, vós mesmos o lançais num caminho novo. É o que compreendem perfeitamente muitos eclesiásticos que, longe de se deixarem arrastar para o cisma, se esforçam por conciliar as coisas, em virtude deste raciocínio: Se há manifestações do mundo invisível, isso não pode ocorrer senão pela vontade de Deus e nós não podemos ir contra a sua vontade, a menos que digamos que, neste mundo, aconteça alguma coisa sem a sua permissão, o que seria uma impiedade. Se eu tivesse a honra de ser sacerdote, disto me serviria em favor da religião; dela faria uma arma contra a incredulidade e diria aos materialistas e ateus: Pedis provas? Ei-las: é Deus quem as envia.

## Variedades

### LORDE CASTLEREAGH E BERNADOTTE

Há cerca de quarenta anos aconteceu a seguinte aventura ao marquês de Londonderry, mais tarde lorde Castlereagh. Certo dia foi visitar um gentil-homem que privava da amizade de um de seus amigos, o qual residia num desses velhos castelos do norte da Irlanda, que os romancistas elegem para palco das aparições do outro mundo. O aspecto do apartamento do marquês estava em perfeita harmonia com o edifício. Com efeito, os vigamentos de madeira ricamente esculpidos e enegrecidos pelo tempo, o enorme arco da chaminé, semelhante à entrada de um túmulo, a tapeçaria pesada e repleta de pó que mascarava as estreitas janelas e circundava o leito, tudo era susceptível de dar uma feição melancólica aos pensamentos.

Lorde Londonderry examinou o seu dormitório e travou conhecimento com os antigos senhores do castelo que, retratados de pé nos quadros da parede, pareciam esperar a sua saudação. Depois de ter despedido o criado de quarto, foi deitar-se. Mal acabara de apagar a vela, percebeu um raio de luz a iluminar o cortinado superior de seu leito. Convencido de que não havia fogo na grelha, que as cortinas estavam fechadas e que alguns minutos antes o quarto estava mergulhado na mais completa escuridão, supôs que um intruso ali houvesse penetrado. Voltando-se rapidamente para o lado de onde vinha a luz e, com grande espanto, viu a figura de uma bela criança, completamente nimbada de luz.

Convencido da integridade de suas faculdades, mas desconfiando de uma mistificação de um dos numerosos hóspedes do castelo, lorde Londonderry avançou para a aparição, que se retirou de sua frente. À medida que se aproximava, ela recuava, até que, chegando finalmente sob o sombrio arco da imensa chaminé, precipitou-se chão adentro e desapareceu.

Lorde Londonderry não dormiu naquela noite.

Resolveu não fazer nenhuma alusão ao que lhe tinha acontecido, até que tivesse examinado atentamente o semblante de todas as pessoas da casa. Durante o café, em vão procurou surpreender alguns sorrisos disfarçados, olhares de conivência e piscar de olhos, que geralmente denunciam os autores dessas conspirações domésticas.

A conversação seguiu o seu curso ordinário; estava animada e nada revelava uma mistificação. Por fim o marquês não pôde resistir ao desejo de contar o que tinha visto. O senhor do castelo observou que o relato de lorde Londonderry devia parecer muito estranho aos que há muito tempo não visitavam o castelo e desconheciam as lendas da família. Então, voltando-se para lorde Londonderry, disse: "Vistes a *criança brilhante*; alegrai-vos, pois é o presságio de uma grande fortuna. Mas eu teria preferido que não se tratasse dessa aparição."

Em outra ocasião lorde Castlereagh viu a criança brilhante na Câmara dos Comuns. No dia de seu suicídio ele teve uma aparição semelhante.[52] Sabe-se que este lorde, um dos principais membros do Ministério Harrowby e o mais obstinado perseguidor

---

[52] Nota de Allan Kardec: *Forbes Winslow – Anatomy of suicide*, 1 vol. in-8º, p. 242. London, 1840.

de Napoleão durante o seu revés, seccionou a própria carótida no dia 22 de agosto de 1823, morrendo instantaneamente.

Dizem que a surpreendente fortuna de Bernadotte lhe havia sido predita por uma necromante famosa, que também anunciara a de Napoleão I e desfrutava da confiança da imperatriz Josefina.

Bernadotte estava convencido de que uma espécie de divindade tutelar se ligava a ele para protegê-lo. Talvez as tradições maravilhosas que cercaram o seu leito não fossem estranhas a esse pensamento, que jamais o abandonava. Com efeito, em sua família narrava-se uma antiga crônica segundo a qual uma fada, esposa de um de seus antepassados, havia predito que um rei ilustraria a sua posteridade.

Eis um fato que demonstra o quanto o maravilhoso havia conservado o seu império sobre o Espírito do rei da Suécia. Ele queria resolver à espada as dificuldades que a Noruega lhe opunha e enviar seu filho Oscar à frente de um exército para aniquilar os rebeldes. O Conselho de Estado fez viva oposição a esse projeto. Certo dia em que Bernadotte acabava de travar uma animada discussão sobre o assunto, montou a cavalo e afastou-se da capital à disparada. Depois de longo percurso chegou às bordas de uma sombria floresta. De repente apresentou-se aos seus olhos uma velha mulher, vestida de maneira extravagante e com os cabelos em desalinho: — Que quereis? — perguntou bruscamente o rei. A feiticeira respondeu sem se desconcertar: — Se Oscar combater nessa guerra que premeditas, não dará os primeiros golpes, mas os receberá.

Impressionado por essa aparição e por essas palavras, Bernadotte voltou ao palácio. No dia seguinte, denotando ainda no rosto os sinais de uma longa vigília cheia de agitação, apresentou-se ao Conselho: "Mudei de opinião; negociaremos a paz, desde que em condições honrosas."

Em sua *Vie de M. de Rancé*, fundador de La Trappe, conta Chateaubriand que um dia esse homem célebre, passeando na avenida do castelo de Veretz, julgou ver um grande incêndio que consumia as dependências destinadas às aves domésticas. Correu rápido para lá: o fogo diminuía à medida que ele se aproximava. A certa distância o braseiro transformou-se num lago de fogo, no meio do qual se erguia a meio corpo uma mulher devorada pelas chamas.

Tomado de pavor, retomou correndo o caminho de casa. Ao chegar, as forças lhe faltaram, atirando-se semimorto na cama. Não foi senão depois de longo tempo que contou a visão, cuja mera lembrança o fazia empalidecer.

Esses mistérios pertencem à loucura? O Sr. Brière de Boismont[53] parece atribuí-los a uma ordem de coisas mais elevada, e concordo com a sua opinião. Isso não desagrada ao meu amigo Dr. Lélut: prefiro acreditar no gênio familiar de Sócrates e nas vozes de Joana d'Arc a crer na demência do filósofo e da virgem de Domrémy.

Há fenômenos que ultrapassam a inteligência e que desconcertam as ideias recebidas, mas diante de cuja evidência é preciso que a lógica humana se incline humildemente. Nada é brutal, e sobretudo irrecusável, como um fato. Tal é a nossa opinião e, principalmente, a do Sr. Guizot:

"Qual a grande questão, a questão suprema que hoje preocupa os espíritos? É a questão levantada entre os que reconhecem e os que não reconhecem uma ordem sobrenatural, verdadeira e soberana, embora impenetrável à razão humana; é a questão levantada para chamar as coisas pelo seu nome, entre o *supernaturalismo* e o *racionalismo*. De um lado os incrédulos, os panteístas, os céticos de toda sorte, os puros racionalistas; do outro, os cristãos.

"Com vistas à nossa salvação presente e futura, é necessário que a fé, o respeito e a submissão à ordem sobrenatural penetrem no mundo e na alma humana, nos grandes espíritos como nos espíritos simples,

---

[53] N.E.: Alexandre-Jacques-François Brière de Boismont (1797–1881), médico psiquiatra francês.

nas regiões mais elevadas como nas mais humildes. A influência real, verdadeiramente eficaz e regeneradora das crenças religiosas tem essa condição. Fora daí são superficiais e muito perto de tornarem-se vãs." [Guizot.]

Não, a morte jamais haverá de separar para sempre, mesmo neste mundo, os eleitos que Deus recebeu em seu seio e os exilados que ficaram neste vale de lágrimas, *in hac lacrymarum valle*, para empregar as palavras melancólicas da *Salve Rainha*. Há horas misteriosas e benditas em que os mortos bem-amados se debruçam sobre aqueles que os pranteiam, murmurando-lhes aos ouvidos palavras de consolação e de esperança. O Sr. Guizot, esse Espírito severo e metódico, tem razão de professar: *"Fora daí as crenças religiosas são superficiais e muito perto de tornarem-se vãs."*

SAM

(Extraído da *Patrie*, de 5 de junho de 1859)

## *O que é o espiritismo*

Introdução ao conhecimento do mundo invisível ou dos Espíritos, contendo os princípios fundamentais da Doutrina Espírita e a resposta a algumas objeções prejudiciais.

por Allan Kardec

Autor de *O livro dos espíritos* e diretor da *Revista Espírita*.
Grand in-8 – Preço: 60 c.[54]

As pessoas, que do Espiritismo não possuem senão um conhecimento superficial, são naturalmente levadas a fazer certas perguntas, cujo estudo completo sem dúvida lhes daria a solução, mas o tempo e, muitas vezes, a vontade, lhes faltam para se entregarem a observações continuadas. Antes de empreenderem essa tarefa,

---

[54] Nota de Allan Kardec: Todas as obras do Sr. Allan Kardec se acham nas casas Ledoyen, Dentu e na redação da *Revista*.

desejariam ao menos saber do que se trata e se vale a pena ocupar-se dela. Assim, pareceu-nos útil apresentar, num quadro restrito, a resposta a algumas perguntas fundamentais que nos são diariamente endereçadas. Para o leitor será uma primeira iniciação e, para nós, tempo ganho pela dispensa de repetir constantemente a mesma coisa. A forma de diálogo nos pareceu mais conveniente, porque não tem a aridez do dogmatismo puro.

Terminamos essa introdução por um resumo que permitirá apreender, numa leitura rápida, o conjunto dos princípios fundamentais da ciência. Aqueles que, depois dessa rápida exposição, julgarem o assunto digno de atenção, poderão aprofundar-se com conhecimento de causa. Na maioria das vezes as objeções se originam das ideias falsas que fazemos *a priori* sobre aquilo que não conhecemos. Retificar tais ideias é prevenir as objeções: tal é o objetivo a que nos propusemos ao publicar esse livrete.

Em pouco tempo e com pouca despesa as pessoas estranhas ao Espiritismo nele encontrarão os meios de adquirir uma ideia do assunto, e as que já são iniciadas, a maneira de resolverem as principais dificuldades com que se defrontam. Contamos com o concurso de todos os amigos desta ciência para auxiliarem a difundir esse breve resumo.

Allan Kardec

# Revista Espírita
Jornal de Estudos Psicológicos
ANO II     AGOSTO DE 1859     Nº 8

## Mobiliário de Além-Túmulo

Extraímos a seguinte passagem de uma carta que um dos correspondentes do Departamento do Jura enviou à Sociedade Parisiense de Estudos Espíritas:

"[...] Como já vos tinha dito, senhor, os Espíritos gostavam da nossa velha habitação. No mês de outubro passado (1858), a senhora condessa de C., amiga íntima de minha filha, veio passar alguns dias em nossa mansão, acompanhada do filhinho de 8 anos. O menino dormia no mesmo apartamento que a mãe. A fim de que ele e minha filha pudessem prolongar as horas do dia e da conversa, a porta comum que comunicava seus quartos ficava aberta. O garoto não dormia e dizia à sua mãe: 'O que a senhora fará com esse homem que está sentado junto à sua cama? Ele fuma um grande cachimbo. Veja como enche o quarto de fumaça; mandai-o embora; ele sacode as cortinas.' Tal visão durou a noite inteira. A mãe não conseguiu fazer a criança calar e ninguém pôde pregar os olhos. Essa circunstância não surpreendeu a mim nem à minha filha, pois sabemos que há manifestações espíritas. Quanto à mãe, imaginou que o filho sonhava acordado ou se divertia.

Eis outro fato pessoal que comigo aconteceu no mesmo aposento, em maio de 1858. É a aparição do Espírito de uma *pessoa viva* que ficou muito admirada por ter vindo me visitar. Eis as circunstâncias: Eu estava muito doente e há tempos não dormia, quando vi, às dez horas da noite, um amigo da família sentado perto de meu leito. Manifestei-lhe minha surpresa por sua visita àquela hora. Disse-me ele: 'Não fale; venho velá-la; não fale; é preciso dormir.' E estendeu a mão sobre a minha cabeça. Abri os olhos várias vezes para saber se ele ainda estava lá, e de cada vez me fazia sinal para os fechar e calar-me. Ele girava uma caixa de rapé entre os dedos e, de quando em quando, tomava uma pitada, como o fazia costumeiramente. Por fim adormeci e, ao despertar, a visão havia desaparecido. Diferentes circunstâncias me provaram que no momento dessa visita inesperada eu estava perfeitamente acordada, e que aquilo não era um sonho. Quando de fato me visitou pela primeira vez, apressei-me em agradecer-lhe. Trazia a mesma caixa de rapé e, ao escutar-me, estampava o mesmo sorriso de bondade que eu notara quando me velava. Como me garantiu não ter vindo, o que aliás não me foi difícil acreditar, porquanto não teria havido nenhum motivo que o impelisse a vir a tal hora passar a noite junto a mim, compreendi que apenas o seu Espírito tinha vindo visitar-me, enquanto seu corpo repousava tranquilamente em sua casa."[55]

Os fatos de aparição são tão numerosos que seria impossível registrar todos aqueles que são do nosso conhecimento ou que foram obtidos de fontes perfeitamente autênticas. Aliás, hoje que os fatos estão explicados, e que nos damos conta exatamente da maneira por que são produzidos, sabemos que pertencem às leis da natureza e, portanto, nada têm de maravilhoso. Como já demos a sua teoria completa, apenas a recordaremos, em poucas palavras, para a desejável compreensão do que se segue.

Além do envoltório corporal, exterior, sabemos que o Espírito possui um outro, semimaterial, a que chamamos perispírito. A

---

[55] Nota do tradutor: Vide *O livro dos médiuns*. Segunda parte, Cap. VII, it. 116.

morte nada mais é do que a destruição do primeiro. Em seu estado errante o Espírito conserva o perispírito, que constitui uma espécie de corpo etéreo, invisível para nós em seu estado normal. Os Espíritos povoam o espaço e, se num determinado momento, o véu que no--los oculta fosse levantado, veríamos uma imensa população agitar-se à nossa volta e percorrer os ares. Temo-los constantemente ao nosso lado, observando-nos e, muitas vezes, associando-se às nossas ocupações e aos nossos prazeres, conforme o seu caráter. A invisibilidade não é uma propriedade absoluta dos Espíritos; muitas vezes eles se nos mostram sob a aparência que tinham em vida, e não são poucas as pessoas que, rebuscando as lembranças, não se recordem de algum fato desse gênero. A teoria dessas aparições é muito simples e se explica por uma comparação que nos é bastante familiar: a do vapor que, quando muito rarefeito, é completamente invisível. Um primeiro grau de condensação o torna nebuloso; cada vez mais condensado passa ao estado líquido, depois ao estado sólido. Algo semelhante se opera pela vontade dos Espíritos na substância do perispírito; como já dissemos, pretendemos estabelecer apenas uma comparação, e não uma assimilação. Servimo-nos do exemplo do vapor para mostrar as mudanças de aspecto que pode sofrer um corpo invisível, não se devendo concluir, por isso, que haja no perispírito uma condensação, no sentido próprio da palavra. Opera-se na sua contextura uma modificação molecular que o torna visível e mesmo tangível, podendo dar-lhe, até certo ponto, as propriedades dos corpos sólidos.

  Sabemos que os corpos perfeitamente transparentes tornam-se opacos por uma simples mudança na posição das moléculas, ou pela adição de outro corpo igualmente transparente, mas não sabemos bem como fazem os Espíritos para tornar visível o seu corpo etéreo. A maior parte deles não chega mesmo a dar-se conta disso, embora, pelos exemplos citados, compreendamos a sua possibilidade física, o que é suficiente para tirar do fenômeno aquilo que, à primeira vista, poderia parecer sobrenatural. Pode, pois, o Espírito operar, quer por simples modificação íntima, quer assimilando uma porção de fluido estranho que altera momentaneamente o aspecto de seu perispírito. É mesmo esta última hipótese que ressalta das explicações que nos têm sido dadas e que relatamos ao tratar do assunto (maio, junho e dezembro).

Até aí não há nenhuma dificuldade no que concerne à personalidade do Espírito. Sabemos, no entanto, que eles se apresentam com vestimentas, cujo aspecto mudam à vontade; muitas vezes até possuem certos acessórios de toalete, joias etc. Nas duas aparições que citamos no início, uma tinha um cachimbo e produzia fumaça; a outra possuía uma caixa de rapé e tomava pitadas; e notai bem o fato de que este Espírito pertencia a uma pessoa viva e que sua tabaqueira era em tudo semelhante à de que se servia habitualmente, e que ficara em sua casa. O que significaria essa caixa de rapé, esse cachimbo, essas vestimentas e essas joias? Teriam os objetos materiais terrenos uma representação etérea no mundo invisível? A matéria condensada que forma tais objetos teria uma parte quintessenciada, que escapa aos nossos sentidos? Eis aí um imenso problema, cuja solução pode dar a chave de uma multidão de coisas até então inexplicadas; e é essa tabaqueira que nos põe no caminho, não apenas desse fato, mas do fenômeno mais extraordinário do Espiritismo: o da pneumatografia ou escrita direta, de que falaremos logo em seguida.

Se alguns críticos ainda nos censuram pelo fato de estarmos avançando muito na teoria, responderemos que não vemos razão alguma para nos manter na retaguarda quando encontramos uma oportunidade para avançar. Se ainda estão se distraindo com as mesas girantes, sem saber por que giram, não é motivo para nos determos no caminho. O Espiritismo, sem dúvida, é uma ciência de observação, mas talvez ainda seja mais uma ciência de raciocínio; e o raciocínio é o único meio de fazê-lo progredir e triunfar de certas resistências. Tal fato é contestado unicamente por que não é compreendido; *a explicação lhe tira todo o caráter maravilhoso*, fazendo-o entrar nas leis gerais da natureza. Eis por que vemos diariamente pessoas que nunca viram e creram, simplesmente porque compreenderam, quando outras viram e não creem, porque não compreendem. Fazendo entrar o Espiritismo no caminho do raciocínio, nós o tornamos *aceitável* para aqueles que querem conhecer o porquê e o como de todas as coisas; e o número destes é grande neste século, pois a crença cega já não faz parte dos costumes. Ora, se não tivéssemos senão indicado a rota, já teríamos a consciência de haver contribuído para o progresso desta nova ciência, objeto de nossos constantes estudos. Mas voltemos à nossa tabaqueira.

Todas as teorias que apresentamos, relativamente ao Espiritismo, foram dadas pelos Espíritos, muitas vezes contrariando as nossas próprias ideias, como aconteceu no caso presente, provando que as respostas não eram o reflexo de nosso pensamento. Mas a maneira de obter-se uma solução não é coisa de somenos importância. Sabemos, por experiência, que não basta pedir bruscamente uma coisa para a obtermos; nem sempre as respostas são suficientemente explícitas; é necessário desenvolver o assunto com certa precaução, chegar ao fim gradativamente e por um encadeamento de deduções, que exigem um trabalho prévio. Em princípio, a maneira de formular as perguntas, a ordem, o método e a clareza são coisas que não devem ser negligenciadas e que agradam aos Espíritos sérios, porque veem nisso um sério objetivo.

Eis a conversa que tivemos com o Espírito São Luís, a propósito da tabaqueira, com vistas à solução do problema da produção de certos objetos no mundo invisível. (*Sociedade*, 24 de junho de 1859):

1. No relato da Sra. R..., trata-se de uma criança que viu, perto do leito de sua mãe, um homem a fumar um grande cachimbo. Compreende-se que esse Espírito possa ter tomado a aparência de um homem que fumava, mas parece que fumava realmente, pois o menino via o quarto repleto de fumaça. O que era essa fumaça?

*Resp.* – Uma aparência, produzida para o garoto.

2. A Sra. R... cita igualmente um caso de aparição pessoal, do Espírito de uma pessoa viva. Esse Espírito tinha uma caixa de rapé, do qual tomava pitadas. Experimentava ele a sensação que experimenta um indivíduo que faz o mesmo?

*Resp.* – Não.

3. Aquela caixa de rapé tinha a forma da que ele se servia habitualmente e que se achava guardada em sua casa. Que era a dita caixa nas mãos da aparição?

*Resp.* – Sempre aparência. Era para que a circunstância fosse notada, como realmente foi, e não tomassem a aparição por uma alucinação devida ao estado de saúde da vidente. O Espírito queria que a senhora em questão acreditasse na realidade da sua presença e, para isso, tomou todas as aparências da realidade.

4. Dizes que é uma aparência, mas uma aparência nada tem de real, é como uma ilusão de óptica. Desejaríamos saber se aquela tabaqueira era apenas uma imagem sem realidade, por exemplo, a de um objeto que se reflete num espelho.

[O Sr. Sanson, um dos membros da Sociedade, faz observar que na imagem reproduzida no espelho há qualquer coisa de real; se ela não fica nele é que nada a fixa, mas se fosse projetada sobre uma chapa do daguerreótipo deixaria uma impressão, prova evidente de que é produzida por uma substância qualquer, e não simplesmente uma ilusão de óptica.]

A observação do Sr. Sanson é perfeitamente justa. Teríeis a bondade de dizer-nos se existe alguma analogia com a caixa de rapé, isto é, se nela havia alguma coisa de material?

*Resp.* – Certamente. É com o auxílio deste princípio material que o perispírito toma a aparência de vestuários semelhantes aos que o Espírito usava quando encarnado.

OBSERVAÇÃO – É evidente, neste caso, que devemos entender a palavra *aparência* no seu sentido de aspecto, imitação. A caixa de rapé real não estava lá; a que o Espírito segurava era apenas a representação da verdadeira. Era, pois, com relação à caixa original, uma simples aparência, embora formada de um princípio material.

A experiência nos ensina que nem sempre devemos tomar ao pé da letra certas expressões utilizadas pelos Espíritos.

Interpretando-as de acordo com as nossas ideias, nós nos expomos a grandes equívocos. É por isso que precisamos aprofundar o sentido de suas palavras, todas as vezes que apresentarem a menor ambiguidade. Trata-se de uma recomendação que os próprios Espíritos nos fazem constantemente. Sem a explicação que provocamos, o termo *aparência*, incessantemente repetido nos casos análogos, poderia prestar-se a uma interpretação falsa.

5. A matéria inerte pode desdobrar-se? Porventura haveria no mundo invisível uma matéria essencial, capaz de tomar a forma dos objetos que vemos? Numa palavra, esses objetos terão o seu *duplo etéreo* no mundo invisível, como os homens são neles representados pelos Espíritos?

OBSERVAÇÃO – Trata-se de uma teoria como qualquer outra e esse era o nosso pensamento; o Espírito, porém, não a levou em consideração, o que absolutamente não nos humilhou, porque a sua explicação nos pareceu muito lógica e sustentada num princípio mais geral, cuja aplicação muitas vezes encontramos.

Resp. – Não é assim que as coisas se passam. Os Espíritos dispõem, sobre os elementos materiais disseminados por todos os pontos do espaço, na vossa atmosfera, de um poder que estais longe de suspeitar. Podem, pois, concentrar à vontade esses elementos e dar-lhes a forma aparente que corresponda à dos objetos materiais.

6. Faço novamente a pergunta, de modo categórico, a fim de evitar todo e qualquer equívoco: as vestes de que os Espíritos se cobrem são alguma coisa?

Resp. – Creio que a minha resposta precedente resolve a questão. Não sabes que o próprio perispírito é alguma coisa?

7. Presume-se, com base nesta explicação, que os Espíritos submetem a matéria etérea às transformações que bem entendam. Assim por exemplo, com relação à caixa de rapé, o Espírito não a encontrou completamente feita; ele mesmo a fez no momento em que

teve necessidade dela, por ato de sua vontade. E, do mesmo modo que a fez, pôde desfazê-la. É isso mesmo que acontece com todos os outros objetos, como vestuários, joias etc.

*Resp.* – Mas evidentemente.

8. A caixa de rapé era tão perfeita que produziu na mulher a ilusão de uma tabaqueira material. O Espírito poderia torná-la tangível para ela?

*Resp.* – Poderia.

9. Já que é assim, aquela senhora poderia tomá-la nas mãos, certa de estar segurando uma caixa de rapé verdadeira?

*Resp.* – Sim.

10. Se abrisse a caixa, encontraria rapé no seu interior? E se aspirasse o rapé, ele a faria espirrar?

*Resp.* – Sim.

11. Então o Espírito pode dar a um objeto não somente a forma, mas também propriedades especiais?

*Resp.* – Se o quiser. Foi baseado neste princípio que respondi afirmativamente às perguntas anteriores. Tereis provas da poderosa ação que os Espíritos exercem sobre a matéria, ação que estais longe de suspeitar, como eu disse há pouco.

12. Suponhamos, então, que quisesse fazer uma substância venenosa. Se uma pessoa a ingerisse, ficaria envenenada?

*Resp.* – Embora fosse capaz de fazê-la, o Espírito não o faria, porque isso não lhe é permitido.

13. Poderá fazer uma substância salutar que sirva para curar uma enfermidade? E já se terá apresentado algum caso destes?

*Resp.* – Sim, muitas vezes.

Observação – Encontramos um fato semelhante, acompanhado de interessante explicação teórica, no artigo que damos a seguir, sob o título *Um Espírito serviçal*.

14. Então, poderia fazer também uma substância alimentar? Suponhamos que tenha feito uma fruta, uma iguaria qualquer: se alguém pudesse comer a fruta ou a iguaria, ficaria saciado?

*Resp.* – Ficaria sim; mas não procureis tanto para achar o que é tão fácil de compreender. Basta um raio de sol para tornar perceptíveis aos vossos órgãos grosseiros essas partículas materiais que enchem o espaço onde viveis. Não sabeis que o ar contém vapores da água? Se os condensardes, eles voltarão ao estado normal. Privai do calor essas moléculas impalpáveis e invisíveis e elas se tornarão um corpo sólido e bem sólido; e, assim, muitas outras substâncias de que os químicos tirarão maravilhas ainda mais surpreendentes. É que os Espíritos dispõem de instrumentos mais perfeitos do que os vossos: a vontade e a permissão de Deus.

Observação – A questão da saciedade é aqui muito importante. Como uma substância pode produzir a saciedade, se sua existência e propriedades são meramente temporárias e, de certo modo, convencionais? O que acontece é que essa substância, pelo seu contato com o estômago, produz a *sensação* da saciedade, mas não a saciedade que resulta da plenitude. Desde que uma substância dessa natureza pode atuar sobre a economia e modificar um estado mórbido, também pode, perfeitamente, atuar sobre o estômago e produzir aí a impressão da saciedade. Rogamos, todavia, aos senhores farmacêuticos e donos de restaurantes que não se sintam enciumados, nem creiam que os Espíritos lhes venham fazer concorrência. Esses casos são raros, excepcionais e nunca dependem da vontade. Se não fosse assim, todos se alimentariam e se curariam a preço baratíssimo.

15. Da mesma forma poderia o Espírito fabricar moedas?

*Resp.* – Pela mesma razão.

16. Os objetos que se tornam tangíveis graças à vontade do Espírito poderiam permanecer com esse caráter e serem usados como objetos comuns?

*Resp.* – Isso poderia acontecer, *mas não se faz*. Está fora das leis.

17. Têm todos os Espíritos, no mesmo grau, esse poder?

*Resp.* – Não, não!

18. Quais são os que têm mais particularmente esse poder?

*Resp.* – Aqueles a quem Deus concede, quando isso é útil.

19. A elevação do Espírito tem alguma utilidade?

*Resp.* – Por certo; quanto mais elevado o Espírito, mais facilmente obtém esse poder, mas isso ainda depende das circunstâncias: Espíritos inferiores também podem ter esse poder.

20. A produção dos objetos semimateriais resulta sempre de um ato da vontade do Espírito, ou algumas vezes exerce ele esse poder, mau grado seu?

*Resp.* – Ele o exerce *frequentemente*, mesmo sem o saber.

21. Seria, então, esse poder um dos atributos, uma das faculdades inerentes à própria natureza do Espírito? Seria, de algum modo, uma de suas propriedades, como a de ver e ouvir?

*Resp.* – Certamente, embora muitas vezes ele próprio o ignore. Então, outro o exerce por ele, mau grado seu, quando as circunstâncias o exigem. O alfaiate do zuavo era justamente o Espírito de que acabo de falar e ao qual ele fazia alusão na sua linguagem espirituosa.

Observação – Encontramos uma comparação desta faculdade na de certos animais — o peixe-elétrico, por exemplo — que emite eletricidade sem saber o que faz, nem como isso se dá e, menos ainda, sem conhecer o mecanismo que a põe em ação. Frequentemente nós mesmos não produzimos certos efeitos por atos espontâneos, dos quais não nos damos conta? — Parece-nos, portanto, muito natural que o Espírito possa agir nesta circunstância por uma espécie de instinto. Ele produz por sua vontade, sem saber como, assim como andamos sem calcular as forças que estão em jogo.

22. Nos dois casos citados pela Sra. R..., compreendemos que um dos Espíritos quisesse ter um cachimbo e o outro uma caixa de rapé, para ferir os olhos de uma pessoa viva. Pergunto, porém, se o Espírito poderia pensar que possuía esses objetos, caso não tivesse chegado a fazê-la ver, criando, assim, uma ilusão para si mesmo.

*Resp.* – Não, se ele tiver certa superioridade, porque tem perfeita consciência de sua condição. Outro tanto não se dá com os Espíritos inferiores.

Observação – Tal era, por exemplo, o caso da Rainha de Oude, cuja evocação está relatada em nosso número de março de 1858 e que ainda se julgava coberta de diamantes.

23. É possível que dois Espíritos se reconheçam pela aparência material que possuíam em vida?

*Resp.* – Não é por esse meio que eles se reconhecem, porque não tomarão essa aparência um para o outro. Entretanto, se em certas circunstâncias se acharem em presença um do outro, revestidos dessa aparência, por que não se haveriam de reconhecer?

24. Como podem os Espíritos reconhecer-se em meio a uma multidão de outros Espíritos, e, sobretudo, como podem fazê-lo quando um deles vai procurar longe, e frequentemente em outros mundos, aqueles que o chamam?

*Resp.* – Isto é um problema cuja solução demandaria muito tempo; é preciso esperar. Não estais suficientemente adiantados. Contentai-vos, no momento, com a certeza de que assim o é, pois tendes provas suficientes.

25. Desde que o Espírito pode extrair do elemento universal os materiais para fazer todas as coisas, e com suas propriedades dar a elas uma realidade temporária, pode perfeitamente extrair o que lhe seja necessário para escrever. Consequentemente, isto nos dará a chave do fenômeno da escrita direta?

*Resp.* – Finalmente compreendestes.

26. Se a matéria de que se serve o Espírito não tem persistência, como não desaparecem os traços da escrita direta?

*Resp.* – Não julgueis ao pé da letra; desde o início eu não disse: jamais; tratava-se de um objeto material volumoso; aqui são sinais grafados que convém conservar e são conservados.

A teoria acima pode ser resumida assim: o Espírito atua sobre a matéria; da matéria cósmica universal tira os elementos necessários para formar, como bem entenda, objetos que tenham a aparência dos diversos corpos existentes na Terra. Pode igualmente, pela ação da sua vontade, operar sobre a matéria elementar uma transformação íntima, que lhe confira determinadas propriedades. Esta faculdade é inerente à natureza do Espírito, que muitas vezes a exerce de modo instintivo, quando necessário, sem nada perceber. Os objetos que o Espírito forma têm existência temporária, subordinada à sua vontade, ou a uma necessidade qualquer de sua parte. Em certos casos, esses objetos podem apresentar, aos olhos de pessoas vivas, todas as aparências da realidade, isto é, tornarem-se momentaneamente visíveis e até mesmo tangíveis. Há formação, e não criação, já que do nada, o Espírito não pode tirar coisa alguma.[56]

## Pneumatografia ou escrita direta

A *pneumatografia* é a escrita produzida diretamente pelo Espírito, sem intermediário algum; difere da *psicografia*, por ser esta a transmissão do pensamento do Espírito, mediante

---

[56] Nota do tradutor: Vide *O livro dos médiuns*. Segunda parte, Cap. VIII.

a escrita feita com a mão do médium. Demos essas duas palavras no *Vocabulário espírita*, posto no início de nossa *Instrução prática*, com a indicação de sua diferença etimológica. *Psicografia*, do grego *psykê*, borboleta, alma; e *graphus*, eu escrevo; *Pneumatografia*, de *pneuma*, ar, sopro, vento, Espírito. No médium escrevente a mão é um instrumento, mas a sua *alma*, ou Espírito encarnado, é o intermediário, o agente ou o intérprete do Espírito estranho que se comunica; na *Pneumatografia*, é o próprio Espírito estranho que escreve diretamente, sem intermediário.

O fenômeno da escrita direta é, inegavelmente, um dos mais extraordinários do Espiritismo. Por anormal que pareça à primeira vista, é hoje um fato verificado e incontestável. Se dele ainda não falamos, é que esperávamos poder dar-lhe a explicação e já ter procedido às observações necessárias, a fim de tratar a questão com conhecimento de causa. A teoria, sempre necessária para nos inteirarmos da possibilidade dos fenômenos espíritas em geral, talvez ainda se faça mais necessária neste caso que, sem contestação, é um dos mais estranhos que se possam apresentar, deixando, porém, de parecer sobrenatural, desde que se lhe compreenda o princípio.

Da primeira vez que este fenômeno se produziu, a dúvida foi o sentimento dominante que deixou. Logo acudiu aos que o presenciaram a ideia de um embuste. Toda gente, com efeito, conhece a ação das tintas chamadas simpáticas, cujos traços, a princípio completamente invisíveis, aparecem ao cabo de algum tempo. Podia, pois, dar-se que tivessem, por esse meio, abusado da credulidade dos assistentes, e longe nos achamos de afirmar que nunca o tenham feito. Estamos até convencidos de que algumas pessoas, não com propósito mercenário, mas unicamente por amor-próprio e para fazer acreditar nas suas faculdades, hão empregado subterfúgios.

Na terceira das cartas escritas de Montaigne, J.-J. Rousseau[57] refere o seguinte fato: "Em 1743 vi em Veneza uma nova espécie de

---

[57] N.E.: Jean-Jacques Rousseau (1712–1778), importante filósofo, teórico político e escritor suíço.

sortilégio, mais estranho que os de Préneste; quem o quisesse consultar entrava numa câmara, ali permanecendo sozinho, caso o desejasse. De um livro de folhas brancas tirava uma de sua escolha; depois, segurando essa folha, pedia mentalmente, e não em voz alta, aquilo que desejava saber; em seguida, dobrava a folha branca, depositava-a num envelope, lacrava-o e colocava-o, assim fechado, dentro de um livro. Finalmente e sem perder o livro de vista, depois de haver recitado algumas fórmulas muito extravagantes, verificava se o selo não tinha sido violado, abria o envelope, retirava o papel e encontrava escrita a resposta. O mágico que fazia estas sortes era o primeiro secretário da Embaixada da França e se chamava J.-J. Rousseau."

Duvidamos que Rousseau tenha conhecido a escrita direta, pois, do contrário, teria sabido outras coisas relativas às manifestações espíritas e não teria tratado do assunto com tanta leviandade. Como ele próprio reconheceu quando o interrogamos sobre este fato, é provável que utilizasse um processo que aprendera de um charlatão italiano.

Entretanto, do fato de se poder imitar uma coisa, fora absurdo concluir-se pela sua inexistência. Nestes últimos tempos, não se há encontrado meio de imitar a lucidez sonambúlica, a ponto de causar ilusão? Mas porque esse processo de saltimbanco se tenha exibido em todas as feiras, dever-se-á concluir que não haja verdadeiros sonâmbulos? Porque certos comerciantes vendem vinho falsificado, será uma razão para que não haja vinho puro? O mesmo sucede com a escrita direta. Bem simples e fáceis eram, aliás, as precauções a serem tomadas para garantir a realidade do fato e, graças a essas precauções, hoje ele já não pode constituir objeto da mais ligeira dúvida.

Considerando-se que a possibilidade de escrever sem intermediário representa um dos atributos do Espírito; uma vez que os Espíritos sempre existiram desde todos os tempos e que desde todos os tempos se hão produzido os diversos fenômenos que conhecemos, o da escrita direta igualmente se há de ter operado na Antiguidade, tanto quanto nos dias atuais. Deste modo é que se pode explicar o aparecimento das três palavras célebres, na sala do festim de Baltazar.⁵⁸ A Idade Média, tão fecunda em prodígios ocultos, mas que eram abafados por meio das fogueiras, também deve ter conhecido a escrita direta; igualmente é possível que, na teoria das modificações por que podem os Espíritos fazer passar a matéria, teoria que desenvolvemos em nosso artigo anterior, se encontre o fundamento da crença na transmutação dos metais. É um ponto que abordaremos qualquer dia.

Um de nossos assinantes ultimamente nos dizia que um de seus tios, cônego, que durante muitos anos havia sido missionário no Paraguai, obtinha, por volta do ano 1800, a escrita direta, juntamente com seu amigo, o célebre abade Faria. Seu processo, que nosso assinante jamais chegou a conhecer bem, e que de alguma sorte surpreendera casualmente, consistia numa série de anéis pendurados, aos quais eram adaptados lápis, dispostos em posição vertical, cujas pontas apoiavam-se no papel. Esse processo refletia a infância da Arte; depois progredimos.

Todavia, quaisquer que tenham sido os resultados obtidos em diversas épocas, só depois de vulgarizadas as manifestações espíritas foi que se tomou a sério a questão da escrita direta. Ao que parece, o primeiro a torná-la conhecida, estes últimos anos, em Paris, foi o barão de Guldenstubbé,⁵⁹ que publicou sobre o assunto uma obra muito interessante, com grande número de *fac-símiles* das escritas que obteve.⁶⁰ O fenômeno já era conhecido na América, havia algum tempo. A posição social do Sr. Guldenstubbé, sua independência, a consideração de que goza nas mais elevadas rodas incontestavelmente afastam toda suspeita de fraude intencional, porquanto não havia nenhum motivo de interesse a que ele

---

⁵⁸ N.E.: Ver *Daniel*, 5.
⁵⁹ N.E.: Barão Luis Guldenstubbé (1820–1873), médium pneumatógrafo sueco.
⁶⁰ Nota de Allan Kardec: *La realité des Esprits et de leurs manifestations, démontrée par le phenomène de l'écriture directe*, pelo barão de Guldenstubbé, 1 vol. in-8º, com 15 estampas e 93 fac-símiles. Preço 8 fr. Casa Frank, Rua Richelieu. Encontra-se também nas Casas Dentu e Ledoyen.

obedecesse. Quando muito, o que se poderia supor, é que fora vítima de uma ilusão; a isto, porém, um fato responde peremptoriamente: o de haverem outras pessoas obtido o mesmo fenômeno, cercadas de todas as precauções necessárias para evitar qualquer embuste e qualquer causa de erro.

A escrita direta é obtida, como em geral a maior parte das manifestações espíritas *não espontâneas*, por meio da concentração, da prece e da evocação. Tem-se produzido em igrejas, sobre túmulos, no pedestal de estátuas, ou imagens de personagens evocadas. Evidentemente, o local não exerce nenhuma outra influência, além da de facultar maior recolhimento espiritual e maior concentração dos pensamentos, porquanto provado está que o fenômeno se obtém, igualmente, sem esses acessórios e nos lugares mais comuns, sobre um simples móvel caseiro, desde que os que desejem obtê-lo se achem nas devidas condições morais e, entre esses, se encontre quem possua a necessária faculdade mediúnica.

Julgou-se, a princípio, ser preciso colocar aqui ou ali um lápis com o papel. O fato então podia, até certo ponto, explicar-se. É sabido que os Espíritos produzem o movimento e a deslocação dos objetos; que, algumas vezes, os tomam e atiram longe. Bem podiam, pois, tomar também do lápis e servir-se dele para traçar letras. Visto que o impulsionam, utilizando-se da mão do médium, de uma prancheta etc., podiam, do mesmo modo, impulsioná-lo diretamente. Não tardou, porém, se reconhecesse que o lápis era dispensável, que bastava um pedaço de papel, dobrado ou não, para que, ao cabo de alguns minutos, se achassem nele grafadas as letras. Aqui, o fenômeno já muda completamente de aspecto e nos transporta a uma ordem inteiramente nova de coisas. As letras hão de ter sido traçadas com uma substância qualquer. Ora, sendo certo que ninguém forneceu ao Espírito essa substância, segue-se que ele próprio a compôs. Donde a tirou? Esse o problema.

O general russo, conde de B... mostrou-nos uma estrofe de dez versos alemães obtida dessa maneira por intermédio da irmã do barão de Guldenstubbé, simplesmente colocando uma folha de papel, *arrancada de sua própria caderneta*, debaixo do pedestal do relógio da chaminé. Tendo-a retirado ao cabo de alguns minutos, nela encontrou versos em caracteres tipográficos alemães muito finos e de perfeita pureza. Por meio de um médium psicógrafo o Espírito lhe disse que queimasse esse papel; como hesitasse, lamentando sacrificar um espécimen tão precioso, o Espírito acrescentou: "Nada temais; dar-te-ei um outro." Com essa garantia, lançou o papel ao fogo, depois colocou uma segunda folha, igualmente tirada de sua carteira, sobre a qual os versos se achavam reproduzidos, exatamente da mesma maneira. Foi essa segunda edição que vimos e examinamos com o maior cuidado e, coisa bizarra, os caracteres apresentavam um relevo como se tivessem saído do prelo. Não é, pois, apenas o lápis que os Espíritos podem fazer, mas a tinta e os caracteres de imprensa.

Um dos nossos honrados colegas da Sociedade, o Sr. Didier obteve há alguns dias os resultados seguintes, que tivemos oportunidade de constatar, e cuja perfeita identidade podemos garantir. Tendo ido à Igreja de Nossa Senhora das Vitórias, com a Sra. Huet, que há pouco obteve sucesso em experiências desse gênero, tomou uma folha de papel de carta com o timbre de sua casa comercial, dobrou-a em quatro e a colocou sobre os degraus de um altar, rogando, em nome de Deus, que um Espírito bom se dignasse escrever alguma coisa. Ao cabo de dez minutos de recolhimento encontrou no interior e numa das partes dobradas da folha a palavra *fé* e num dos outros campos a palavra *Deus*. A seguir, tendo pedido ao Espírito que dissesse quem havia escrito aquilo, recolocou o papel no mesmo lugar e, após dez minutos, encontrou estas palavras: *por Fénelon*.

Oito dias mais tarde, a 12 de julho, quis repetir a experiência e dirigiu-se ao Louvre, à sala Coyzevox, situada sob o pavilhão do relógio. Sobre a base do busto de Bossuet[61] pôs uma folha de papel, dobrada como a primeira, mas nada obteve. Um menino

---

[61] N.E.: Jacques-Bénigne Bossuet (1627–1704), escritor e teólogo francês.

de 5 anos o acompanhava e seu boné foi deixado no pedestal da estátua de Luís XIV,[62] que se encontrava a alguns passos da primeira. Julgando que a experiência houvesse falhado, já se dispunha a sair quando, ao pegar o boné, percebeu embaixo deste, como se fora escrito a lápis sobre o mármore, a expressão *amai a Deus*, seguida da letra B. O primeiro pensamento que veio à mente dos assistentes foi o de que tais palavras poderiam ter sido escritas anteriormente por mãos estranhas, que não foram percebidas. Entretanto, quiseram tentar a prova novamente, recolocando a folha dobrada em cima dessas palavras, cobrindo-as com o boné. Decorridos alguns minutos perceberam que a folha continha três letras: *a i m*. Repuseram o papel e pediram fossem os escritos completados e obtiveram: *Amai a Deus*, isto é, aquilo que fora escrito no mármore, menos o B. Ficava assim evidente que as primeiras letras traçadas resultavam de escrita direta. Ressaltava, ainda, esse fato curioso: as letras foram grafadas sucessivamente, e não de uma vez; quando da primeira inspeção, não houvera tempo de concluir as palavras. Saindo do Louvre, o Sr. D... dirigiu-se à Igreja de Saint-Germain l'Auxerrois onde obteve, pelo mesmo processo, as palavras: *Sede humildes. Fénelon*, escritas de maneira muito clara e muito legível. Estas palavras ainda podem ser vistas no mármore da estátua a que nos referimos.

    A substância de que são feitos esses caracteres tem toda a aparência da grafita do lápis e é facilmente apagada com a borracha. Examinamo-la ao microscópio e constatamos que não é incorporada ao papel, mas simplesmente depositada na superfície, de maneira irregular, sobre as suas asperezas, formando arborescências muito semelhantes às de certas cristalizações. A parte apagada pela borracha deixa à mostra as camadas de matéria negra introduzida nas pequenas cavidades das rugosidades do papel. Destacadas e retiradas com cuidado, essas camadas são a própria matéria que se produz durante a operação. Lamentamos que a pequena quantidade recolhida não nos tenha permitido fazer a sua análise química, mas não perdemos a esperança de consegui-lo um dia.

---

[62] N.E.: Luís XIV (1638–1715), rei da França no período de 1643 a 1715, chamado o Rei-Sol.

## Agosto de 1859

Se nos reportarmos às explicações dadas no nosso artigo anterior, encontraremos a teoria completa do fenômeno. Para escrever dessa maneira, o Espírito não se serve das nossas substâncias nem dos nossos instrumentos. Ele próprio fabrica a matéria e os instrumentos de que precisa, tirando os seus materiais, do elemento primitivo universal e fazendo-os sofrer, pela ação da sua vontade, as modificações necessárias à produção do efeito desejado. Assim, tanto pode fabricar o lápis vermelho, a tinta de impressão tipográfica, a tinta comum, como o lápis preto e até mesmo caracteres tipográficos bastante resistentes para darem relevo à escrita, conforme tivemos ocasião de verificar. A filha de um senhor que conhecemos, menina de 12 a 13 anos, obteve páginas inteiras, escritas com uma substância análoga ao pastel.

Tal o resultado a que nos conduziu o fenômeno da tabaqueira, descrito em nosso número anterior, e sobre o qual nos estendemos longamente, porque nele percebemos a oportunidade de sondar uma das leis mais importantes do Espiritismo, lei cujo conhecimento pode esclarecer mais de um mistério, mesmo do mundo visível. É assim que de um fato aparentemente vulgar pode sair a luz. Basta observar com cuidado e isso todos podem fazer, como nós, desde que se não limitem a observar efeitos, sem procurarem as causas. Se a nossa fé se fortalece de dia para dia, é porque compreendemos. Tratai, pois, de compreender, se quiserdes conquistar adeptos sérios. A compreensão das causas tem ainda outro resultado: o de deixar estabelecer uma linha divisória entre a verdade e a superstição.

Considerando a escrita direta do ponto de vista das vantagens que possa oferecer, diremos que, até o momento, sua principal utilidade tem sido a comprovação material de um fato sério: a intervenção de um poder oculto que encontra nesse processo um meio a mais de se manifestar. Contudo, as comunicações assim obtidas raramente são extensas. Em geral são espontâneas e se limitam a algumas palavras, sentenças e sinais ininteligíveis. Têm sido dadas em todas as línguas: em grego, em latim, em siríaco, em caracteres hieroglíficos etc., mas ainda não se prestaram a dissertações seguidas e rápidas, como permite a psicografia ou a escrita pela mão do médium.[63]

# Um Espírito serviçal

Extraímos as passagens seguintes da carta de um dos nossos correspondentes de Bordeaux:

"Eis aqui, meu caro senhor Allan Kardec, um novo relato de fatos extraordinários que submeto à vossa apreciação, rogando tenhais a bondade de interrogar o Espírito que os produziu.

Uma jovem mulher, que chamaremos senhora Mally, é a pessoa por intermédio da qual se deram as manifestações que constituem o assunto desta carta. Ela reside em Bordeaux e tem três filhos.

Desde tenra idade, com cerca de 9 anos, tem tido visões. Certa noite, ao voltar a casa com a família, viu no canto da escada a forma muito distinta de uma tia, falecida há quatro ou cinco anos. Soltando uma exclamação, disse: 'Ah! Minha tia!' e a aparição desapareceu. Dois anos depois, ouviu uma voz que a chamava, nela julgando reconhecer a da tia morta. O chamado era tão forte que não pôde deixar de dizer: 'Entrai, minha tia!' Como a porta não se abrisse, ela mesma foi abri-la; não vendo ninguém, desceu à procura de sua mãe para se informar se alguém tinha subido.

Alguns anos depois encontramos essa senhora sob o domínio de um guia ou Espírito familiar, que parece encarregado de velar sobre sua pessoa e sobre seus filhos, e que presta uma porção de pequenos serviços em casa, entre outros: o de despertar os doentes à hora marcada para tomar o chá ou aqueles que desejam partir; por certas manifestações, ele revela o seu estado moral. Este Espírito tem um caráter pouco sério; entretanto, ao lado de sinais de leviandade, tem dado provas de sensibilidade e afeição. Geralmente a Sra. Mally

---

[63] Nota do tradutor: Vide *O livro dos médiuns*. Segunda Parte, Cap. XII.

o vê sob a forma de uma centelha ou de uma grande claridade, embora se manifeste a seus filhos sob a forma humana. Uma sonâmbula pretendia ter-lhe dado esse guia, sobre o qual parecia exercer certa influência. Quando a Sra. Mally ficava algum tempo sem se preocupar com seu guia, este cuidava de se fazer lembrado por algumas visões mais ou menos desagradáveis. Uma vez, por exemplo, quando ela descia sem luz, percebeu no patamar um cadáver envolvido num sudário luminoso. Essa senhora tem uma grande força de caráter, como veremos mais tarde; entretanto, não se pôde forrar a essa impressão assaz penosa e, fechando firmemente a porta do quarto, foi refugiar-se junto à mãe. De outras vezes sentia que lhe puxavam o vestido ou experimentava roçaduras, como se alguém ou algum animal se lhe encostasse levemente. Essas traquinagens cessavam logo que ela dirigia um pensamento ao seu guia e, por sua vez, a sonâmbula admoestava a este último e o proibia de atormentá-la.

Em 1856, a terceira filha da senhora Mally, de 4 anos, adoeceu no mês de agosto. A criança estava continuamente mergulhada num estado de sonolência, interrompido por crises e convulsões. Durante oito dias eu mesmo a vi, parecendo sair do seu abatimento, adquirir uma expressão sorridente e feliz, de olhos semicerrados, sem olhar para as pessoas que a cercavam, estender a mão por meio de um gesto gracioso, como para receber alguma coisa, levá-la à boca e comer; depois agradecer com um sorriso encantador. Durante esses oito dias a criança foi sustentada por esse alimento invisível e seu corpo readquiriu a aparência do frescor habitual. Quando pôde falar, parecia haver saído de um sono prolongado e contava visões maravilhosas.

Durante a convalescença da menina, por volta do dia 25 de agosto, ocorreu, nessa mesma casa, a aparição de um *agênere*. Cerca de 22h30 a Sra. Mally, segurando a pequena pela mão, descia uma escada de serviço quando percebeu um indivíduo que subia. A escada estava perfeitamente iluminada pela luz da cozinha, de modo que ela pôde distinguir muito bem o indivíduo, cuja aparência era a de uma pessoa de constituição vigorosa. Chegados ao patamar ao mesmo tempo, encontraram-se face a face; tratava-se de um rapaz de aspecto agradável, bem-vestido, com um boné à cabeça e segurando na mão um objeto que ela não foi capaz de distinguir. Surpreendida com esse encontro inesperado àquela hora e numa escada quase escondida, a Sra. Mally o encarou sem dizer uma palavra e sem perguntar o que ele queria. Por sua vez o desconhecido a observou em silêncio por alguns instantes, depois deu meia volta e desceu a escada, esfregando no corrimão o objeto que tinha na mão e que produzia um ruído semelhante ao de uma varinha. Assim que desapareceu, a Sra. Mally precipitou-se para a sala onde eu me encontrava nesse momento e gritou que havia um ladrão na casa. Pusemo-nos a procurá-lo, auxiliados por meu cachorro; todos os recantos foram examinados; asseguramo-nos de que a porta da rua estava fechada, de modo que ninguém poderia ter entrado; aliás, se o fizessem, não conseguiriam fechá-la sem provocar ruído. Finalmente, era pouco provável que um malfeitor utilizasse uma escada iluminada e a tal hora, onde se expunha a topar com as pessoas da casa a qualquer momento. Por outro lado, como poderia um estranho ter sido encontrado na escada que não serve ao público? Em todo caso, se se tivesse enganado, teria dirigido a palavra à Sra. Mally, ao passo que voltou-lhe as costas e se foi tranquilamente, como alguém que não tem pressa nem se atrapalha no caminho. Todas essas circunstâncias não nos deixaram a menor dúvida quanto à natureza desse indivíduo.

Esse Espírito manifesta-se frequentemente por meio de ruídos que se assemelham aos do tambor, a golpes violentos no fogão, a batidas de pés nas portas, que então se abrem sozinhas e, por fim, a ruídos parecidos com os de calhaus que fossem atirados às vidraças. Certo dia a Sra. Mally estava à porta da cozinha quando viu um móvel à sua frente abrir-se e fechar-se várias vezes por mão invisível; em outras ocasiões, estando ocupada a acender o fogo, sentiu que lhe puxavam o vestido ou ainda, ao subir a escada, que lhe agarravam o calcanhar. Por várias vezes ele escondeu as tesouras e outros objetos de trabalho que pertenciam a ela, os quais eram depositados em seu colo depois de já os haver procurado bastante. Um domingo a Sra. Mally ocupava-se em temperar um pernil com dentes de alho quando, de repente, sentiu que lhos tiravam dos dedos; julgando havê-los deixado cair, procurou-os inutilmente; então, retomando o pernil, encontrou o alho picado num buraco triangular, cuja pele havia sido retirada, como a revelar que mão estranha ali o havia colocado intencionalmente.

Estando a filha mais velha da Sra. Mally, de 4 anos, a passear com a mãe, esta percebeu que aquela se entretinha com um ser invisível que parecia pedir-lhe bombons. A pequena fechava a mão e dizia sempre:

— Estes são meus; compra-os, se quiseres.

Espantada, a mãe perguntou-lhe com quem falava.

— É com esse garoto que deseja que eu lhe dê os meus bombons – respondeu a menina.

— Que menino é esse? — perguntou a mãe.

— Este que está aqui, ao meu lado.

— Mas não vejo ninguém.

— Ah! Ele saiu. Veste-se de branco e está todo encrespado.

De outra vez, a pequena doente de quem já falei acima se divertia em fazer passarinhos de papel. — Mamãe, mamãe! — disse ela — não permitas que esse menino tome meu papel.

— Quem é? — perguntou a mãe.

— Sim, este menino tomou meu papel — e a criança pôs-se a chorar.

— Mas onde está ele?

— Ei-lo saindo pela janela. Era um menino muito danado.

Esta mesma menina um dia saltava na ponta dos pés até perder o fôlego, malgrado a proibição da mãe, que temia lhe fizesse mal. De repente parou e exclamou: 'Ah! O guia da mamãe!' Perguntaram-lhe o que isso significava e ela disse que vira um braço detê-la quando pulava, forçando-a a manter-se quieta. Acrescentou que não tinha medo e que imediatamente pensou no guia de sua mãe. Os fatos dessa natureza repetem-se frequentemente e se tornaram familiares às crianças, que não experimentam nenhum medo, pois o pensamento do guia de sua mãe lhes vem espontaneamente.

A intervenção desse guia manifestou-se em circunstâncias mais sérias. A Sra. Mally tinha alugado uma casa ajardinada na comuna de Caudéran. A casa era isolada e rodeada de vastas campinas. Ela morava com as três crianças e uma preceptora. A comuna era então infestada de bandidos, que depredavam a vizinhança e naturalmente cobiçavam uma casa que sabiam habitada por duas senhoras que viviam sozinhas; assim, vinham pilhar todas as noites, tentando forçar as portas e janelas. Durante três anos a Sra. Mally morou nessa casa, em constantes sobressaltos, mas todas as noites ela se recomendava a Deus e, após a prece, seu guia se manifestava sob a forma de uma centelha. Por várias vezes durante a noite, quando os ladrões tentavam arrombar a porta, uma súbita claridade iluminava o quarto e ela ouvia uma voz a dizer-lhe: 'Nada temas; eles não entrarão.' Com efeito, jamais conseguiram penetrar na casa. No entanto, por excessiva precaução, ela se munia de armas de fogo. Certa noite, percebendo que rondavam a casa, deu dois tiros de revólver que atingiram um deles, pois ouviu gemidos, mas no dia seguinte haviam desaparecido. Esse fato foi relatado nos seguintes termos por um jornal de Bordeaux:

> Informaram-nos de um fato que demonstra certa coragem por parte de uma jovem que reside na comuna de Caudéran:
>
> Uma senhora que ocupa uma casa isolada nessa comuna tem em sua companhia uma moça encarregada da educação das crianças.

Numa das noites precedentes, essa senhora tinha sido vítima de uma tentativa de roubo. No dia seguinte decidiram melhor prevenir-se e, se necessário, vigiariam durante a noite.

Fizeram o que haviam combinado. Assim, quando os ladrões se apresentaram para concluir a tarefa da véspera, encontraram quem os recebesse. Apenas tiveram o cuidado de não conversar com os moradores da casa sitiada. A moça a quem temos aludido desconfiou da presença deles, abriu a porta e deu um tiro de revólver, que deve ter atingido um dos larápios, porquanto no dia seguinte encontraram traços de sangue no jardim.

Até o momento não foi possível encontrar os autores dessa segunda tentativa.

Falarei apenas de memória de outras manifestações ocorridas nessa mesma casa de Caudéran, no tempo em que ali permaneceram aquelas senhoras. Muitas vezes, durante a noite, ouviam-se ruídos estranhos, semelhantes ao de bolas rolando no assoalho ou de lenha atirada ao chão. Na manhã seguinte, entretanto, tudo era encontrado em perfeita ordem.

Dignai-vos, senhor, caso julgueis conveniente, de evocar o guia da Sra. Mally e interrogá-lo a respeito das manifestações de que acabo de vos notificar. Principalmente perguntai-lhe se a sonâmbula, que pretende ter dado esse guia, tem o poder de retomá-lo, e se ele se retiraria, caso a sonâmbula viesse a falecer."

# O guia da senhora Mally

(Sociedade, 8 de julho de 1859)

1. *Evocação* do guia da Sra. Mally.

*Resp.* – Aqui estou; isso é fácil para mim.

2. Sob que nome gostaríeis de ser designado?

*Resp.* – Como quiserdes; por aquele sob o qual já me conheceis.

3. Qual o motivo que vos fez ligar-se à Sra. Mally e a seus filhos?

*Resp.* – Antigas relações, inicialmente, e uma amizade e uma simpatia que Deus protege sempre.

4. Disseram que foi a sonâmbula, Sra. Dupuy, quem vos encaminhou à Sra. Mally; é verdade?

*Resp.* – Foi a primeira quem disse que eu me havia juntado à segunda.

5. Dependeis dessa sonâmbula?

*Resp.* – Não.

6. Poderiam elas afastar-vos daquela senhora?

*Resp.* – Não.

7. Se essa sonâmbula viesse a morrer, sofreríeis uma influência qualquer?

*Resp.* – Nenhuma.

8. Vosso corpo morreu há muito tempo?

*Resp.* – Sim, há vários anos.

9. O que éreis em vida?

*Resp.* – Uma criança morta aos 8 anos.

10. Como Espírito, sois feliz ou infeliz?

*Resp.* – Feliz; não tenho nenhuma preocupação pessoal, não sofro senão pelos outros. É verdade que sofro muito por eles.

11. Fostes vós que aparecestes na escada à Sra. Mally, sob a forma de um rapaz que ela tomou por um ladrão?

*Resp.* – Não; era um companheiro.

12. E numa outra vez, sob a forma de um cadáver? Isso poderia impressioná-la desfavoravelmente. Foi um passo mal dado que demonstra ausência de benevolência.

*Resp.* – Longe disso em muitos casos, mas neste era para dar à Sra. Mally pensamentos mais corajosos. O que tem um cadáver de apavorante?

13. Tendes, pois, o poder de vos tornar visível à vontade?

*Resp.* – Sim, mas eu disse que não havia sido eu.

14. Sois igualmente estranho às demais manifestações materiais produzidas na casa dela?

*Resp.* – Perdão! Isto sim; foi o que eu me impus junto a ela, como trabalho material, mas realizo outro trabalho muito mais útil e muito mais sério para ela.

15. Poderíeis tornar-vos visível a todo o mundo?

*Resp.* – Sim.

16. Poderíeis tornar-vos visível a um de nós?

*Resp.* – Sim; pedi a Deus que isso possa acontecer; eu o posso, mas não ouso fazê-lo.

17. Se não quiserdes tornar-vos visível, poderíeis dar-nos ao menos uma manifestação, por exemplo, trazer qualquer coisa para cima desta mesa?

*Resp.* – Certamente, mas para que serviria? Para ela é assim que testemunho a minha presença, mas para vós é inútil, pois estamos conversando.

18. O obstáculo não estaria na ausência de um médium, necessário para produzir essas manifestações?

*Resp.* – Não, isso seria um obstáculo insignificante. Frequentemente não vedes aparições súbitas a pessoas que absolutamente não têm mediunidade ostensiva?

19. Todo o mundo, então, é apto a ver manifestações espontâneas?

*Resp.* – Visto que todos os homens são médiuns, sim.

20. Entretanto, não encontra o Espírito, no organismo de certas pessoas, uma facilidade maior para comunicar-se?

*Resp.* – Sim, mas eu vos disse, e deveríeis sabê-lo, que os Espíritos têm o poder por si mesmos; o médium nada é. Não tendes a escrita direta? Para isso é necessário médium? Não, mas apenas a fé e um ardente desejo. Muitas vezes isso ainda se produz à revelia dos homens, isto é, sem fé e sem desejo.

21. Pensais que as manifestações, tais como a escrita direta, por exemplo, tornar-se-ão mais comuns do que o são hoje em dia?

*Resp.* – Certamente; como compreendeis, então, a divulgação do Espiritismo?

22. Podeis explicar-nos o que recebia e comia a menina da Sra. Mally, quando estava doente?

*Resp.* – *Maná*; uma substância formada por nós, que encerra o princípio contido no maná ordinário e a doçura do confeito.

23. Essa substância é formada da mesma maneira que as roupas e outros objetos que os Espíritos produzem por sua vontade e pela ação que exercem sobre a matéria?

*Resp.* – Sim, mas os elementos são muito diferentes; as porções que formam o maná não são as mesmas que eu consegui para formar madeira ou roupa.

24. [A São Luís] – O elemento tomado pelo Espírito para formar seu maná é diferente do que ele toma para formar outra coisa? Sempre nos disseram que não existe senão um elemento primitivo universal, do qual os diferentes corpos são simples modificações.

*Resp.* – Sim. Isto é, o mesmo elemento primitivo está no espaço, sob uma forma aqui, sob uma outra ali; é o que ele quer dizer. Seu maná é extraído de uma parte desse elemento, que supõe diferente, mas que é sempre o mesmo.

25. A ação magnética pela qual se dá a uma substância — a água, por exemplo — propriedades especiais, tem relação com a do Espírito que cria uma substância?

*Resp.* – O magnetizador não desdobra de forma absoluta senão a sua vontade; é um Espírito que o auxilia, que se encarrega de obter e de preparar o remédio.

26. [Ao guia] – Há tempos referimos fatos curiosos de manifestações de um Espírito por nós designado pelo nome de louquinho de Bayonne. Conheceis esse Espírito?

*Resp.* – Não particularmente, mas acompanhei o que fizestes com ele e foi somente desse modo que o conheci primeiramente.

27. É um Espírito de ordem inferior?

*Resp.* – Inferior quer dizer mau? Não; quer dizer apenas que não é inteiramente bom, que é pouco adiantado? Sim.

28. Agradecemos por haverdes comparecido e pelas explicações que nos destes.

*Resp.* – Às vossas ordens.

OBSERVAÇÃO – Esta comunicação nos oferece um complemento àquilo que dissemos nos dois artigos precedentes sobre a formação de certos corpos pelos Espíritos. A substância dada à criança durante a sua enfermidade evidentemente era preparada por eles e tinha como objetivo restaurar-lhe a saúde. De onde tiraram os seus princípios? Do elemento universal, transformado para o uso desejado. O fenômeno tão estranho das propriedades transmitidas pela ação magnética, problema até aqui inexplicado, e sobre o qual tanto se divertiram os incrédulos, está agora resolvido. Realmente, sabemos que não são apenas os Espíritos dos mortos que atuam, mas que os dos vivos igualmente têm a sua cota de ação no mundo invisível: o homem da tabaqueira dá-nos a prova disso. Que há, pois, de admirável em que a vontade de uma pessoa, agindo para o bem, possa operar uma transformação da matéria primitiva e imprimir-lhe determinada propriedade? Em nossa opinião, aí se encontra a chave de muitos efeitos supostamente sobrenaturais, dos quais teremos oportunidade de falar. É assim que chegamos, pela observação, a perceber as coisas que fazem parte da realidade e do maravilhoso. Mas quem garante que essa teoria seja verdadeira? E aí, como ficamos? Pelo menos ela tem o mérito de ser racional e concordar perfeitamente com os fatos observados. Se algum cérebro humano achar outra mais lógica do que esta, fornecida pelos Espíritos, que sejam comparadas. Um dia talvez reconheçam que abrimos o caminho ao estudo racional do Espiritismo.

"Eu bem que gostaria" — dizia-nos certo dia uma pessoa — "de ter às minhas ordens um Espírito serviçal, mesmo que tivesse de suportar algumas traquinadas de sua parte." É uma satisfação que muitas vezes desfrutamos sem perceber, porquanto nem todos os Espíritos que nos assistem se manifestam de maneira ostensiva. Nem por isso deixam de estar ao nosso lado e, por ser oculta, sua influência não é menos real.

# Conversas familiares de Além-Túmulo

## VOLTAIRE[64] E FREDERICO[65]

Diálogo obtido por intermédio de dois médiuns que serviram de intérpretes a cada um desses dois Espíritos, em sessão da Sociedade – 18 de março de 1859

Questões prévias dirigidas a Voltaire

1. Em que situação vos encontrais como Espírito?

*Resp.* – Errante, mas arrependido.

2. Quais são as vossas ocupações como Espírito?

*Resp.* – Rasgo o véu do erro que em vida imaginava ser a luz da verdade.

3. Que pensais de vossos escritos em geral?

*Resp.* – Meu Espírito estava dominado pelo orgulho; aliás, eu tinha por missão impulsionar um povo na infância; minhas obras são a consequência disso.

4. Que direis particularmente da vossa Joana d'Arc?

*Resp.* – É uma diatribe, embora eu tenha feito coisas piores.

5. Quando encarnado pensáveis no futuro após a morte?

*Resp.* – Não acreditava senão na matéria, bem o sabeis; e ela morre.

6. Professáveis o ateísmo no verdadeiro sentido da palavra?

---

[64] N.E.: François Marie Arouet (1694–1778), escritor e filósofo francês, mais conhecido como Voltaire.
[65] N.E.: Frederico II, o Grande (1712–1786), rei da Prússia no período de 1740 a 1786.

*Resp.* – Eu era orgulhoso; negava a divindade por orgulho, com o que sofri e de que me arrependo.

7. Gostaríeis de conversar com Frederico, que também concordou em atender ao nosso apelo? Esta conversa seria instrutiva para nós.

*Resp.* – Se Frederico quiser, eu me prontifico.

*Voltaire* – Vedes, meu caro monarca, que reconheço meus erros e que estou longe de falar como nas minhas obras. Outrora, ofertávamos o espetáculo das nossas torpezas; agora somos obrigados a oferecer o do nosso arrependimento e do nosso desejo de conhecer a grande e pura verdade.

*Frederico* – Eu vos supunha menos bom do que realmente sois.

*Voltaire* – Uma potência, que somos obrigados a adorar e reconhecer em toda a sua soberania força nossa alma a proclamar, para aqueles de quem talvez abusamos, uma doutrina completamente oposta à que havíamos professado.

*Frederico* – É verdade, meu caro Arouet, mas não finjamos mais. É inútil: caíram todos os véus.

*Voltaire* – Deixamos tantos desastres à nossa retaguarda que precisaremos de muitas lágrimas, a fim de obtermos o perdão e sermos absolvidos. Nunca estaríamos suficientemente unidos para fazer esquecer e reparar os males que causamos.

*Frederico* – Confessemos também que o século que nos admirava foi muito pobre de julgamento e que bem pouco é preciso para deslumbrar os homens: nada mais que um pouco de audácia.

*Voltaire* – Por que não? Fizemos tanto barulho em nosso século!

*Frederico* – Foi esse barulho que, caindo de repente num completo silêncio, nos atirou na reflexão amarga, quase no arrependimento. Eu choro a minha vida, mas como me aborreço por não ser mais Frederico! E tu, de não seres mais o Sr. de Voltaire!

*Voltaire* – Falai então por vós, majestade.

*Frederico* – Sim, eu sofro, mas não o repitais novamente.

*Voltaire* – Então abdicai! Mais tarde fareis como eu.

*Frederico* – Não posso...

*Voltaire* – Pedis-me que seja vosso guia; sê-lo-ei ainda. Tratarei apenas de não vos desencaminhar no futuro. Se puderdes ler, procurai aqui o que vos possa ser útil. Não são as altezas que vos interrogam, mas Espíritos que procuram e encontram a verdade com o auxílio de Deus.

*Frederico* – Tomai-me então pela mão; traçai-me uma linha de conduta, se o puderdes... esperemos... mas será para vós... Quanto a mim estou muito perturbado, e isso já dura um século.

*Voltaire* – Ainda me excitais o orgulho de valer mais do que vós. Isso não é generoso. Tornai-vos bom e humilde para que eu mesmo seja humilde.

*Frederico* – Sim, mas o sinete que a minha condição de majestade deixou-me no coração impede-me sempre de humilhar-me como tu. Meu coração é firme como um rochedo, árido como um deserto, seco como uma arena.

*Voltaire* – Seríeis então um poeta? Eu não vos conhecia esse talento, senhor.

*Frederico* – Tu finges, tu... Não peço a Deus senão uma coisa: o esquecimento do passado... uma encarnação de prova e de trabalho.

*Voltaire* – É melhor. Uno-me também a vós, mas sinto que terei de esperar muito tempo a minha remissão e o meu perdão.

*Frederico* – Bem, meu amigo, então, oremos juntos uma vez.

*Voltaire* – Eu o faço sempre, desde que Deus se dignou levantar a mim o véu da carne.

*Frederico* – Que pensas destes homens que nos chamam aqui?

*Voltaire* – Eles podem nos julgar e nós não podemos senão humilhar-nos diante deles.

*Frederico* – Eles me incomodam, eu... seus pensamentos são muito diversos.

P. [A Frederico] – Que pensais do Espiritismo?

*Resp.* – Sois mais sábios do que nós. Não viveis um século além do nosso? E embora no Céu desde esse tempo, nele apenas acabamos de entrar.

P. Agradecemos por terdes atendido ao nosso apelo, assim como o vosso amigo Voltaire.

*Voltaire* – Viremos quando quiserdes.

*Frederico* – Não me evoqueis demasiadamente... Não sou simpático.

P. Por que não sois simpático?

*Resp.* – Eu desprezo e me sinto desprezível.

25 de março de 1859

1. *Evocação* de Voltaire.

*Resp.* – Falai.

2. Que pensais de Frederico, agora que ele não se acha mais aqui?

*Resp.* – Ele raciocina muito bem, mas não quis explicar-se. Como vos disse, ele despreza, e esse desprezo que nutre a todos o impede de abrir o coração, temendo não ser compreendido.

3. Muito bem! Teríeis a bondade de completar e dizer o que ele entendia por estas palavras: "desprezo e me sinto desprezível"?

*Resp.* – Sim. Ele se sente fraco e corrompido, como todos nós, e talvez ainda compreenda mais do que nós, por ter abusado, mais que os outros, dos dons de Deus.

4. Como o julgais como monarca?

*Resp.* – Hábil.

5. Pensais que seja um homem de bem?

*Resp.* – Não se pode perguntar isso; não conheceis as suas ações?

6. Não nos poderíeis dar uma ideia mais exata do que fizestes das vossas ocupações, como Espírito?

*Resp.* – Não. A todo instante de minha vida descubro um novo ponto de vista do bem; esforço-me por praticá-lo, ou, antes, aprender a praticá-lo. Quando se teve uma existência como a minha, há muitos preconceitos a combater, muitos pensamentos a repelir ou a mudar completamente, antes de alcançar a verdade.

7. Gostaríamos de obter uma dissertação vossa, sobre assunto de vossa escolha. Poderíeis dar-nos uma?

*Resp.* – Sobre o Cristo, sim, se o quiserdes.

8. Nesta sessão?

*Resp.* – Mais tarde; esperai. Numa outra.

8 de abril de 1859

1. *Evocação* de Voltaire.

*Resp.* – Eis-me aqui.

2. Teríeis a bondade de nos dar hoje a dissertação que prometestes?

*Resp.* – Sustento o que prometi; apenas serei breve:

Meus caros amigos, quando me achava entre vossos antepassados, tinha opiniões e, para sustentá-las e fazê-las prevalecer entre meus contemporâneos, muitas vezes simulei uma convicção que em verdade não possuía. Foi assim que, desejando atacar os defeitos e os vícios em que tombava a Religião, sustentei uma tese que hoje me condena a refutá-la.

Ataquei muitas coisas puras e santas, que a minha mão profana deveria ter respeitado. Assim, investi contra o próprio Cristo, esse modelo de virtudes sobre-humanas, pode-se dizer. Sim, pobres homens, talvez haveremos de nos igualar um pouco com o nosso modelo, mas jamais teremos o devotamento e a santidade que Ele demonstrou; estará sempre acima de nós, pois foi melhor antes de nós. Ainda estávamos mergulhados no vício da corrupção e Ele já estava sentado à direita de Deus. Aqui, perante vós, eu me retrato de tudo quanto a minha pena traçou contra o Cristo, porque o amo; sim, eu o amo. Lamentava não ter podido fazê-lo ainda.

# Boletim da Sociedade Parisiense de Estudos Espíritas

Nota – Como havíamos anunciado, a partir de hoje iniciaremos a publicação do Boletim dos trabalhos da Sociedade.

Cada número conterá o relato das sessões ocorridas no mês anterior. Esses Boletins darão apenas o resumo sucinto dos trabalhos e da ata de cada sessão. Quanto às próprias comunicações nelas obtidas, bem como as de fontes estranhas que ali forem lidas, sempre as publicaremos integralmente, toda vez que oferecerem um lado útil e instrutivo. Continuaremos a indicar, como temos feito até agora, a data da sessão em que foram dadas. A abundância das matérias e as necessidades da classificação muitas vezes nos obrigam a inverter a ordem de certos documentos, mas isso não representará nenhum inconveniente, porquanto, mais cedo ou mais tarde eles encontrarão o seu lugar.

Sexta-feira, 1º de julho de 1859 (Sessão particular)

*Assuntos administrativos*:

Admissão do Sr. S..., membro correspondente em Bordeaux.

Adiamento, até mais amplas informações, do ingresso de dois membros titulares apresentados nos dias 10 e 17 de junho.

Designação de três novos comissários para as sessões gerais.

Leitura da Ata e dos trabalhos da última sessão.

*Comunicações*:

O Sr. Allan Kardec anuncia que esteve com o Sr. W... Filho, de Boulogne-sur-Mer, citado na *Revista* de dezembro de 1858 a propósito de um artigo sobre o fenômeno da bicorporeidade, o qual lhe confirmou o fato de sua presença simultânea em Boulogne e em Londres.

Carta do Sr. S..., correspondente em Bordeaux, contendo detalhes minuciosos sobre interessantes manifestações e aparições de seu conhecimento pessoal, por parte de um Espírito familiar. (Carta publicada neste fascículo, bem como a evocação feita sobre o assunto.)

      O Dr. Morhéry presenteia a Sociedade com duas cantatas, de cuja letra é autor, intituladas *Itália* e *Veneziana*. Embora essas duas produções sejam completamente estranhas aos trabalhos da Sociedade, ela os aceita com reconhecimento e agradece ao autor.

      O Sr. Th... observa, a propósito da comunicação de Cristóvão Colombo, obtida na última sessão, que as respostas deste, relativas à sua e à missão dos Espíritos em geral, parecem consagrar a doutrina da fatalidade.

      Vários membros contestaram esta consequência das respostas de Cristóvão Colombo, considerando-se que a missão não retira a liberdade de fazer ou deixar de fazer. O homem não é fatalmente impelido a fazer tal ou qual coisa. Pode acontecer que, como homem, se comporte mais ou menos cegamente; como Espírito, porém, tem sempre a consciência do que faz e permanece sempre senhor de suas ações. Supondo que o princípio da fatalidade decorresse das respostas de Colombo, não seria a consagração de um princípio que, em todos os tempos, tem sido combatido pelos Espíritos. Em todo caso, seria apenas uma opinião individual. Ora, a Sociedade está longe de aceitar como verdade irrefutável tudo quanto dizem os Espíritos, porque sabe que eles podem enganar-se. Um Espírito poderia dizer muito bem que é o Sol que gira em redor da Terra, e não o contrário, o que não seria mais verdadeiro pelo fato de proceder de um Espírito. Tomamos as respostas pelo que elas valem. Nosso objetivo é estudar as individualidades, seja qual for o seu grau de superioridade ou de inferioridade, e assim adquirirmos o conhecimento do estado moral do mundo invisível, não emprestando nossa confiança às doutrinas dos Espíritos senão quando elas tocam a razão e o bom senso, e quando nelas encontramos a verdadeira luz. Quando uma resposta contém erros evidentes, ou é ilógica, concluímos simplesmente que o Espírito que a deu ainda se encontra atrasado. Quanto às respostas de Colombo, de modo algum implicam a fatalidade.

*Estudos*:

Perguntas sobre as causas do prolongamento da perturbação do Dr. Glower, evocado a 10 de junho.

Perguntas sobre as causas da sensação física dolorosa produzida sobre o Sr. W... Filho, de Boulogne, pelos Espíritos sofredores.

Perguntas sobre a teoria da formação dos objetos materiais no mundo dos Espíritos, tais como vestimentas, joias etc.; sobre a transformação da matéria elementar pela vontade do Espírito. Explicação do fenômeno da escrita direta. (Ver nosso artigo precedente.)

Evocação de um oficial superior falecido em Magenta (2ª conversa); Perguntas sobre certas sensações de Além-Túmulo.

Propõe o Sr. S... que se evoque o Sr. M..., desaparecido há um mês, a fim de saber se está vivo ou morto. Interrogado a respeito, São Luís diz que tal evocação não pode ser feita; que a incerteza reinante sobre a sorte desse homem tem um objetivo de prova e que mais tarde se saberá, pelos meios ordinários, o que de fato aconteceu.

Sexta-feira, 8 de julho de 1859 (Sessão geral)

Leitura da Ata e dos trabalhos da sessão anterior.

*Comunicações*:

Leitura de duas comunicações espontâneas obtidas pelo Sr. R..., membro titular, sendo uma de São Luís, encerrando conselhos à Sociedade sobre o modo de apreciar as respostas dos Espíritos, e a outra de Lamennais.[66] (Serão publicadas no próximo número.)

---

[66] N.E.: Félicité de Lamennais (1782–1854), filósofo e escritor francês.

Leitura de uma notícia sobre o diácono Pâris e os convulsionários de Saint-Médard, preparada pelo comitê dos trabalhos para servir de objeto de estudo.

O Sr. Didier, membro titular, presta conta das curiosas experiências por ele feitas sobre a escrita direta e os notáveis resultados que obteve.

*Estudos*:

Evocação do guia ou Espírito familiar da Sra. Mally, de Bordeaux, a propósito da notícia transmitida pelo Sr. S..., sobre os fatos de manifestação produzidos na casa dessa senhora e lidos na sessão anterior.

Evocação do Sr. K..., morto a 15 de junho de 1859 no Departamento de Sarthe. O Sr. K..., homem de bem e muito esclarecido, era versado em estudos espíritas e sua evocação, realizada a pedido de parentes e amigos, constatou a influência de tais estudos sobre o estado de desprendimento da alma após a morte. Além disso, revelou espontaneamente o importante fato das *visitas espíritas noturnas* entre Espíritos de pessoas vivas. Deste fato decorrem graves consequências para a solução de certos problemas morais e psicológicos.

Sexta-feira, 15 de julho de 1859 (Sessão particular)

Leitura da Ata e dos trabalhos da sessão anterior.

*Assuntos administrativos*:

A pedido de vários membros, e considerando que muitas pessoas estão ausentes nesta temporada, propõe o Presidente que, de acordo com o uso estabelecido em todas as Sociedades, seja fixado um período de férias.

· A Sociedade decide que suspenderá suas sessões durante o mês de agosto e que as retomará sexta-feira, 2 de setembro.

O Sr. Cr..., secretário-adjunto, escreve para pedir a sua substituição, motivada por novas ocupações que não lhe permitem assistir regularmente ao começo das sessões. Sua substituição será providenciada mais tarde.

*Comunicações*:

Leitura de uma carta do Sr. Jobard, de Bruxelas, presidente honorário da Sociedade, dando conta de vários fatos relativos ao Espiritismo e oferecendo à Sociedade uma canção, intitulada *O canto do Zuavo*, que lhe foi inspirada pela evocação do *Zuavo de Magenta*, referido na *Revista* do mês de julho; ela já foi cantada num teatro de Bruxelas. O fim dessa canção, na qual sobressai a verve espiritual do autor, é mostrar que as ideias espíritas têm por objetivo destruir as apreensões da morte.

O Sr. D... relata novos fatos de escrita direta, por ele obtidos no Louvre e na Igreja de Saint-Germain l'Auxerrois.

Leitura de uma carta endereçada ao Sr. presidente, a propósito do temporal de Solferino. O autor assinala vários outros fatos análogos e indaga se não haveria algo de providencial nessa coincidência. Essa questão já foi respondida na segunda conversa com o oficial morto em Magenta; será, aliás, objeto de exame mais aprofundado.

Carta da Sra. L..., relatando uma mistificação de que foi vítima, por parte de um Espírito malévolo, que dizia ser São Vicente de Paulo e que a enganou por meio de uma linguagem aparentemente edificante e por detalhes minuciosos que revelou a respeito de sua família, para, em seguida, induzi-la a enveredar por caminhos comprometedores. Reconhece a Sociedade, por intermédio da própria carta, que tal Espírito havia revelado sua natureza por certos fatos que não dariam margem a qualquer equívoco.

*Estudos*:

Problemas morais e questões diversas: Sobre o mérito das boas ações, tendo em vista a vida futura; sobre as missões espíritas; sobre a influência do medo ou do desejo de morrer; sobre os médiuns intuitivos.

Perguntas sobre as visitas espíritas entre pessoas vivas.

Evocação do diácono Pâris.

Evocação do falso São Vicente de Paulo, Espírito mistificador da Sra. L...

> Sexta-feira, 22 de julho de 1859 (Sessão geral)

Leitura da Ata e dos trabalhos da última sessão.

*Comunicações*:

Leitura de uma comunicação particular do Sr. R..., membro titular, sobre a teoria da loucura, dos sonhos, das alucinações e do sonambulismo, pelos Espíritos François Arago e São Vicente de Paulo. Essa teoria é um desenvolvimento racional e científico dos princípios já emitidos sobre esta matéria. (Será publicada no próximo número.)

O Sr. R... comunica um fato recente de aparição. No dia 16 de julho, sábado, dia do enterro do Sr. Furne, este apareceu durante a noite à esposa do primeiro com o aspecto que tinha em vida, procurando aproximar-se dela enquanto outro Espírito, cujo semblante não pôde distinguir, o segurava pelo braço e procurava afastá-lo. Sensibilizada por essa aparição, tratou de cobrir os olhos sem que, todavia, deixasse de vê-lo como antes. No dia seguinte essa senhora, que, como o marido, é médium escrevente, pôs-se a traçar convulsivamente caracteres irregulares que pareciam formar o nome de *Furne*. Interrogado sobre o fato, outro Espírito respondeu que, realmente, o Sr. Furne queria comunicar-se com eles, mas em razão do estado de perturbação em que ainda se achava, mal se reconhecendo, acrescentou ser necessário esperar cerca de oito dias para ser evocado, a fim de que pudesse manifestar-se livremente.

O Dr. V... faz referência a um fato de previsão espírita, realizado em sua presença, e tanto mais notável quando sabemos que a previsão de datas é muito rara por parte dos Espíritos. Há seis semanas aproximadamente, uma senhora de seu conhecimento, excelente médium de psicografia, recebeu uma comunicação do Espírito de seu pai; de repente e sem provocação, este último pôs-se a falar espontaneamente da guerra da Itália. A propósito, perguntaram-lhe se ela acabaria logo. Ele respondeu: "No dia *11 de julho a paz será assinada*." Sem ligar maior importância a essa previsão, o Dr. V... guardou a resposta num envelope lacrado e o remeteu a uma terceira pessoa, com a recomendação de somente abri-lo após o dia 11 de julho. Sabe-se que o acontecimento se realizou como fora anunciado.

É interessante notar que os Espíritos, quando falam de coisas futuras, o fazem espontaneamente, sem dúvida porque julgam de utilidade fazê-lo. Entretanto, jamais o fazem quando a isso são impelidos por um motivo de curiosidade.

*Estudos*:

Problemas morais e questões diversas. Perguntas complementares sobre o mérito das boas ações; sobre as visitas espíritas; sobre a escrita direta.

Questões sobre a intervenção dos Espíritos nos fenômenos da natureza, como tempestades, e sobre as atribuições de certos Espíritos.

Perguntas complementares sobre o diácono Pâris e os convulsionários de Saint-Médard. Evocação do general Hoche.

## Ao Sr. L..., de Limoges

  Rogamos à pessoa que se deu ao trabalho de nos escrever de Limoges, indicando documentos interessantes relativos ao Espiritismo, a gentileza de se pôr em contato direto comigo, a fim de podermos responder às proposições que nos deu a honra de dirigir. A falta de espaço nos impede a citação de algumas passagens de sua carta.

Allan Kardec

# Revista Espírita
Jornal de Estudos Psicológicos
ANO II     SETEMBRO DE 1859     N° 9

## Processos para afastar os Espíritos maus

A ingerência dos Espíritos enganadores nas comunicações escritas é uma das maiores dificuldades do Espiritismo. Sabe-se, por experiência, que eles não têm nenhum escrúpulo de tomar nomes supostos e até mesmo respeitáveis. Haverá meios de afastá-los? Eis a questão. Com essa finalidade, certas pessoas empregam aquilo que se poderia chamar *processos*, isto é, fórmulas particulares de evocação, ou espécies de exorcismos, por exemplo, fazê-los jurar em nome de Deus que dizem a verdade, fazê-los escrever certas coisas etc. Conhecemos alguém que, a cada frase, obriga o Espírito a assinar o nome; se este é o verdadeiro, escreve-o sem dificuldade; se não o é, para de repente, sem poder concluí-lo. Vimos essa pessoa receber as comunicações mais ridículas de Espíritos que assinavam um nome falso com notável ousadia. Pensam outras criaturas que um meio eficaz é fazê-los confessar Jesus em carne, ou outras verdades da religião. Pois bem! Declaramos que se alguns Espíritos um pouco mais escrupulosos se detêm ante a ideia de perjúrio ou de uma profanação, há os que juram tudo o que quisermos, assinam todos os nomes, riem-se de tudo e afrontam a presença das mais veneradas figuras, de onde se conclui que, entre o que se pode chamar *processos*, não existe nenhuma fórmula, nenhum expediente material que possa funcionar como preservativo eficaz.

Dir-se-á, neste caso, que nada há a fazer, senão deixar de escrever. Este meio não seria melhor. Longe disso, em muitos casos seria pior. Já dissemos — e nunca seria demais repetir — que a ação dos Espíritos sobre nós é incessante e, por ser oculta, não deixa de ser menos real. Se ela deve ser má, será ainda mais perniciosa, pela própria razão de o inimigo encontrar-se escondido. Por meio das comunicações escritas ele se revela e se desmascara. Assim, sabemos com quem lidamos e podemos combatê-lo. Mas, se não há nenhum meio de afastá-lo, que fazer então? Não dissemos que não haja nenhum meio, mas apenas que a maioria dos que empregamos são ineficazes. Esta a tese que nos propomos desenvolver.

É preciso não perder de vista que os Espíritos constituem todo um mundo, toda uma população que enche o espaço, circula ao nosso lado, mistura-se a tudo quanto fazemos. Se o véu que no-los oculta viesse a ser levantado, nós os veríamos à nossa volta, indo e vindo, seguindo-nos ou nos evitando, conforme o grau de simpatia; uns indiferentes, verdadeiros desocupados do mundo oculto; outros muito ocupados, quer consigo mesmos, quer com os homens aos quais se ligam, com um propósito mais ou menos louvável, segundo as qualidades que os distinguem. Numa palavra, veríamos uma cópia perfeita do gênero humano, com suas boas e más qualidades, com suas virtudes e vícios. Esse envolvimento, ao qual não podemos escapar, já que não há recantos por demais ocultos que sejam inacessíveis aos Espíritos, exerce sobre nós e à nossa revelia, uma influência permanente. Uns nos impelem ao bem, outros ao mal; muitas vezes, as nossas determinações resultam de suas sugestões; felizes daqueles que têm juízo suficiente para discernir o bom ou o mau caminho por onde nos procuram arrastar. Considerando-se que os Espíritos nada mais são que os próprios homens despojados de sua indumentária grosseira, ou almas que sobrevivem aos corpos, segue-se que há Espíritos desde que há seres humanos no universo. São uma das potências da natureza, e não esperam que haja médiuns escreventes para agir; a prova disso é que, em todos os tempos, os homens hão cometido inconsequências. Eis por que dizemos que sua influência é independente da faculdade de escrever; essa faculdade é um meio de conhecer tal influência, de saber quais são os que nos rodeiam e quais aqueles que se ligam a nós. Pensar que nos podemos subtrair a essa influência, abstendo-nos de escrever, é agir como crianças que acreditam escapar a um perigo pelo simples tapar dos olhos. Ao revelar aqueles que temos por camaradas, como amigos ou inimigos, por isso mesmo a escrita nos proporciona uma arma para combater estes últimos, pelo que devemos agradecer a Deus. Na ausência da visão para reconhecer os Espíritos, temos as comunicações espíritas, pelas quais eles se revelam tais quais são; *isso é, para nós, um sentido* que nos permite julgá-los. Repeli-lo é comprazer-se em ficar cego e exposto ao engano sem controle.

A ingerência dos Espíritos maus nas comunicações escritas não constitui, pois, um perigo ao Espiritismo, porque, se perigo há, continuará havendo e em caráter permanente. Nunca estaríamos bastante persuadidos desta verdade; trata-se apenas de uma dificuldade, da qual o Espiritismo triunfará, se a ele nos dedicarmos de maneira conveniente.

Antes de tudo podemos estabelecer como princípio que os Espíritos maus não aparecem senão onde alguma coisa os atrai. Portanto, quando se intrometem nas comunicações, é que encontram simpatias no meio onde se apresentam ou, pelo menos, lados fracos que esperam aproveitar; em todo caso, porque não encontram uma força moral suficiente para repeli-los. Entre as causas que os atraem, é preciso colocar em primeira linha as imperfeições morais de qualquer natureza, porque o mal simpatiza sempre com o mal; em segundo lugar, a excessiva confiança com que são acolhidas suas palavras. Quando uma comunicação revela uma origem má, seria ilógico inferir daí uma paridade necessária entre o Espírito e os evocadores. Frequentemente vemos pessoas muito distintas expostas às patifarias dos Espíritos enganadores, como ocorre no mundo com as pessoas honestas, enganadas pelos espertalhões; mas quando tomamos precauções, estes últimos nada têm a fazer; é o que acontece também com os Espíritos. Quando uma pessoa honesta é enganada por eles, isso pode decorrer de duas causas: a primeira é uma confiança absoluta, que a leva a desistir de todo exame; a segunda é que as melhores qualidades não excluem certos lados fracos que dão guarida aos Espíritos maus, ávidos por se agarrarem às menores falhas da couraça. Não nos referimos ao orgulho e à ambição, que são mais do que entraves, mas a certa fraqueza de caráter e, sobretudo, aos preconceitos que esses Espíritos sabem explorar com habilidade, lisonjeando-os; com vistas a isso, eles usam de todas as máscaras, a fim de inspirar mais confiança.

As comunicações francamente grosseiras são as menos perigosas, visto a ninguém poderem enganar. As que mais enganam são as que têm uma falsa aparência de sabedoria ou de seriedade: numa palavra, as dos Espíritos hipócritas e pseudossábios. Uns podem enganar-se de boa-fé, por ignorância ou presunção; os outros não agem senão pela astúcia. Vejamos, então, qual o meio de nos desembaraçarmos deles.

A primeira coisa é não os atrair e evitar tudo quanto lhes possa dar acesso.

Como vimos, as disposições morais são uma causa preponderante. Todavia, abstração feita dessa causa, o modo empregado não deixa de ter influência. Há pessoas que têm por princípio jamais fazer evocações e esperar a primeira comunicação espontânea que saia do lápis do médium. Ora, se nos recordarmos do que já dissemos sobre a variada e numerosa população dos Espíritos que nos cercam, compreenderemos sem dificuldade que isso seria colocar-nos à mercê do primeiro que viesse, bom ou mau. E como nessa multidão há mais Espíritos maus do que bons, existe mais oportunidade para os maus, exatamente como se abríssemos a porta a todos os passantes da rua, ao passo que, pela evocação, fazemos a escolha; ademais, cercando-nos de Espíritos bons, impomos silêncio aos maus que, apesar disso, bem poderão procurar insinuar-se algumas vezes. Os bons chegam mesmo a permiti-lo para exercitar a nossa sagacidade em reconhecê-los, mas não terão nenhuma influência. As comunicações espontâneas têm uma grande utilidade quando estamos cientes da qualidade daqueles que nos cercam. Devemos, então, felicitar-nos pela iniciativa deixada aos Espíritos. O inconveniente não se encontra senão no sistema absoluto, que consiste em nos abstermos do apelo direto e das perguntas.

Entre as causas que influem poderosamente sobre a qualidade dos Espíritos, que frequentam as casas espíritas, não se deve omitir a natureza das coisas que ali são tratadas. Aquelas que se propõem um fim sério e útil atraem, por isso mesmo, os Espíritos sérios; as que somente visam satisfazer a vã curiosidade ou seus interesses pessoais expõem-se pelo menos a mistificações, quando não a coisas piores. Em resumo, podemos extrair das comunicações espíritas os mais sublimes e os mais úteis ensinamentos, desde que os saibamos dirigir. Toda a questão se resume em não nos deixarmos levar pela astúcia dos Espíritos zombeteiros ou malévolos. Ora, para isso o essencial é saber com quem tratamos. Inicialmente, ouçamos a propósito os conselhos que foram dados pelo Espírito São Luís à Sociedade Parisiense de Estudos Espíritas por intermédio do Sr. R..., um de seus bons médiuns. Trata-se de uma comunicação espontânea por ele recebida certo dia, em sua casa, com a missão de transmiti-la à referida Sociedade:

"Por maior que seja a legítima confiança que inspira os Espíritos que presidem aos vossos trabalhos, há uma recomendação que nunca será por demais repetida e que deveis tê-la sempre presente em vossa mente, quando vos entregardes aos vossos estudos: pesai e amadurecei; submetei ao controle da mais severa razão a totalidade das comunicações que receberdes; não hesiteis, desde que uma resposta vos pareça duvidosa ou obscura, de demandar os esclarecimentos necessários para fixá-la.

Sabeis que a revelação existiu desde os tempos mais recuados, sempre apropriada ao grau de adiantamento dos que a recebiam. Hoje não se trata de vos falar por imagens e parábolas; deveis receber nossos ensinamentos de uma maneira clara, precisa e sem ambiguidade. Entretanto, seria muito cômodo ter apenas de questionar para ser esclarecido; aliás, isso seria escapar às leis progressivas que presidem à evolução universal. Não vos admireis, pois, se, para vos deixar o mérito da escolha e do trabalho, e também para punir as infrações que possais cometer aos nossos conselhos, algumas vezes é permitido a certos Espíritos, mais ignorantes que mal-intencionados, a responder em certos casos às vossas perguntas. Em vez de ser isso um motivo de desencorajamento, deve ser um poderoso excitante, para que pesquiseis ardentemente a verdade. Ficai, pois, bem convictos de que, seguindo este caminho, não podereis deixar de chegar a resultados felizes. Sede unidos de coração e de intenção; trabalhai *todos*; procurai, procurai sempre e encontrareis."

Luís

Por pouco tato, raciocínio ou hábito de observação que tenhamos, a linguagem dos Espíritos bons e sérios traz um selo que torna impossível nos enganarmos. Quanto aos Espíritos maus, por mais que cubram as suas torpezas com o véu da hipocrisia, jamais poderão representar indefinidamente o seu papel; acabam deixando cair a máscara. De outro modo, se sua linguagem fosse impoluta, seriam Espíritos bons. A linguagem dos Espíritos é, pois, o verdadeiro critério pelo qual podemos julgá-los. Sendo a linguagem a expressão do pensamento, tem sempre um reflexo das boas ou más qualidades do indivíduo. Não é também pela linguagem que julgamos os homens que não conhecemos? Se recebermos vinte cartas de vinte pessoas que jamais vimos, não nos deixaremos impressionar de modo diverso pela sua leitura? Não será pelas qualidades do estilo, pela escolha das expressões, pela natureza dos pensamentos, e até por certos detalhes de forma, que reconheceremos, naquele que nos escreve, o homem rústico e o bem-educado, o sábio e o ignorante, o orgulhoso e o modesto? Dá-se absolutamente a mesma coisa com os Espíritos.

Suponhamos que sejam homens que nos escrevem: devemos julgá-los da mesma maneira. Julguemo-los severamente, porquanto os Espíritos bons de modo algum se sentirão ofendidos com essa escrupulosa investigação, porque são eles próprios que no-la recomendam como meio de controle. Sabendo que podemos ser enganados, nosso primeiro sentimento deve ser o de desconfiança. Somente os Espíritos maus, que procuram nos induzir em erro, podem temer o exame, porque, longe de provocá-lo, querem ser acreditados sob palavra.

Desse princípio resulta muito naturalmente e com bastante lógica o meio mais eficaz de afastar os Espíritos maus e de nos premunirmos contra as suas falsidades. O homem que não é ouvido deixa de falar; aquele que vê os seus estratagemas constantemente descobertos vai causar aborrecimentos em outros lugares; o espertalhão, ciente de que nos mantemos em estado de alerta, não faz tentativas inúteis. Do mesmo modo, os Espíritos enganadores deixam a partida quando percebem que nada podem fazer, ou quando encontram pessoas vigilantes que desprezam tudo quanto lhes pareça suspeito.

Para terminar, resta passar em revista os principais caracteres que revelam a origem das comunicações espíritas.

1. Os Espíritos superiores, como já dissemos em várias ocasiões, têm uma linguagem sempre digna, nobre, elevada, sem qualquer mistura de trivialidade. Dizem tudo com simplicidade e modéstia, jamais se vangloriam e não fazem ostentação de seu saber nem de sua posição entre os demais. A dos Espíritos inferiores ou vulgares tem sempre algum reflexo das paixões humanas; toda expressão que denota baixeza, suficiência, arrogância, bazófia ou acrimônia é indício característico de inferioridade e de embuste, caso o Espírito se apresente com um nome respeitável e venerado.

2. Os Espíritos bons não dizem senão o que sabem; calam-se ou confessam a sua ignorância sobre aquilo que não sabem. Os maus falam de tudo com segurança, sem se incomodarem com a verdade. Toda heresia científica notória, todo princípio que choca a razão e o bom senso denuncia fraude, desde que o Espírito se apresente como um ser esclarecido.

3. A linguagem dos Espíritos elevados é sempre idêntica, se não quanto à forma, pelo menos quanto ao fundo. Os pensamentos são os mesmos, quaisquer que sejam o tempo e o lugar. Podem ser mais ou menos desenvolvidos, conforme as circunstâncias, as necessidades e as facilidades de se comunicarem, mas não são contraditórios. Se duas comunicações, que trazem a mesma assinatura, encontram-se em oposição, uma delas será evidentemente apócrifa, e a verdadeira será aquela em que nada desminta o caráter conhecido do personagem. Quando uma comunicação apresenta o caráter de sublimidade e de elevação, sem nenhum defeito, é porque emana de um Espírito superior, seja qual for o seu nome; se encerrar uma mistura de bom e de mau, procede de um Espírito vulgar, caso se apresente como é; será de um Espírito impostor se ele se ornar de um nome que não pode justificar.

4. Os Espíritos bons jamais dão ordens; não impõem: aconselham e, se não são ouvidos, retiram-se. Os maus são imperiosos: ordenam e querem ser obedecidos. Todo Espírito que impõe trai a sua origem.

5. Os Espíritos bons não adulam. Aprovam quando se faz o bem, mas sempre com reservas; os maus são pródigos em elogios exagerados, estimulam o orgulho e a vaidade, mesmo pregando a humildade, e procuram *exaltar a importância pessoal* daqueles a quem desejam apanhar.

6. Os Espíritos superiores estão acima das puerilidades formais *em todas as coisas*; para eles o pensamento é tudo, a forma nada vale. Somente os Espíritos vulgares podem ligar importância a certos detalhes incompatíveis com as ideias verdadeiramente elevadas. *Toda prescrição meticulosa* é sinal certo de inferioridade e de embuste da parte de um Espírito que toma um nome imponente.

7. É preciso desconfiar dos nomes estranhos e ridículos tomados por certos Espíritos que se querem impor à credulidade; seria supremo absurdo levar esses nomes a sério.

8. Deve-se igualmente desconfiar daqueles que muito facilmente se apresentam com nomes extremamente venerados, e não aceitar suas palavras senão com a maior reserva. É sobretudo nesses casos que se torna necessário um severo controle, porquanto muitas vezes é uma máscara que utilizam para nos fazer crer em supostas relações íntimas com os Espíritos de elevada hierarquia. Por esse meio lisonjeiam a vaidade, aproveitando frequentemente para induzir a atitudes lamentáveis ou ridículas.

9. Os Espíritos bons são muito escrupulosos sobre as providências que podem aconselhar; em todos os casos estas têm sempre um objetivo sério e eminentemente útil. Deve-se, pois, olhar como suspeitas todas as que não tiverem esse caráter, refletindo maduramente antes de adotá-las.

10. Os Espíritos bons só prescrevem o bem. Toda máxima, todo conselho que não estiver *estritamente conforme a pura caridade evangélica* não pode ser obra de Espíritos bons; acontece o mesmo com toda insinuação malévola, tendente a excitar ou a alimentar sentimentos de ódio, de ciúme e de egoísmo.

11. Os Espíritos bons jamais aconselham coisas que não sejam perfeitamente racionais. Toda recomendação que se afaste da *linha reta do bom senso ou das leis imutáveis da natureza* denuncia um Espírito limitado e ainda sob a influência dos preconceitos terrestres; consequentemente, pouco digno de confiança.

12. Os Espíritos maus, ou simplesmente imperfeitos, ainda se traem por sinais materiais com os quais não nos poderíamos enganar. Sua ação sobre o médium por vezes é violenta, provocando, na sua escrita, movimentos bruscos e irregulares, uma agitação febril e convulsiva, que contrasta com a calma e a suavidade dos Espíritos bons.

13. Outro sinal de sua presença é a obsessão. Os Espíritos bons jamais obsidiam. Os maus se impõem em todos os momentos, razão por que todo médium deve desconfiar da necessidade

irresistível de escrever que dele se apodera nas ocasiões menos oportunas. Jamais se trata de um Espírito bom, e ele nunca deve ceder.

14. Entre os Espíritos inferiores que se intrometem nas comunicações, há os que, por assim dizer, se insinuam furtivamente, como para fazer uma brincadeira, mas que se retiram tão facilmente como vieram, e isto na primeira intimação; outros, ao contrário, são tenazes, agarram-se ao indivíduo e não cedem senão a contragosto e com persistência. Apoderam-se dele, subjugam-no e o fascinam a ponto de fazê-lo tomar os mais grosseiros absurdos por coisas admiráveis. Feliz dele quando criaturas de sangue-frio conseguem abrir-lhe os olhos, o que nem sempre é fácil, já que tais Espíritos são mestres em inspirar a desconfiança e o afastamento de quem quer que os possa desmascarar. Daí se segue que devemos ter por suspeito de inferioridade ou de má intenção todo Espírito que prescreve o isolamento e o afastamento das pessoas que podem dar bons conselhos. O amor-próprio vem em seu auxílio, porque nos é penoso confessar que fomos vítimas de uma mistificação e reconhecer um velhaco naquele sob cujo patrocínio nos sentíamos honrados em nos colocar. Essa ação do Espírito é independente da faculdade de escrever. À falta da escrita, o Espírito malévolo dispõe de cem maneiras diferentes de agir e ludibriar. Para ele a escrita é um meio de persuasão, mas não é uma causa; para o médium, é um meio de esclarecer-se.

Passando todas as comunicações escritas pelo controle das considerações precedentes, reconheceremos facilmente a sua origem e poderemos frustrar a malícia dos Espíritos enganadores, que só se dirigem àqueles que se deixam enganar voluntariamente. Se perceberem que nos dobramos ante as suas palavras, disso tirarão partido, exatamente como fariam os simples mortais. Compete, pois, a nós provar-lhes que perdem o tempo. Acrescentemos que, para isso, a prece é poderoso auxílio; por ela atraímos a assistência de Deus e dos Espíritos bons, aumentando nossa própria força. É conhecido o preceito: "Ajuda-te, e o Céu te ajudará." Por certo Deus quer assistir-nos, contanto que, de nosso lado, façamos aquilo que é necessário.

A esse preceito acrescentamos um exemplo. Um senhor que eu não conhecia veio ver-me certo dia, dizendo que era médium e recebia comunicações de um Espírito *muito elevado*, que o havia encarregado de vir a mim, fazer-me uma revelação a respeito de uma trama que, segundo ele, era urdida contra mim, por parte de inimigos secretos que designou. "Quereis" — acrescentou — "que eu escreva em vossa presença?" — "Com prazer" — respondi — "mas de início devo dizer-vos que esses inimigos são menos temerosos do que supondes. Sei que os tenho; quem não os tem? E os mais obstinados em geral são aqueles a quem mais beneficiamos. Tenho consciência de jamais ter feito voluntariamente mal a quem quer que seja. O mesmo não poderão dizer aqueles que me fizeram mal e, entre nós, Deus será juiz. Vejamos, no entanto, o conselho que vosso Espírito quer dar-me." Então esse senhor escreveu o seguinte:

"Ordenei a C... (nome daquele senhor), que é o farol de luz dos Espíritos bons, dos quais recebeu a missão de espalhá-la entre seus irmãos, que se dirigisse à casa do Sr. Allan Kardec, o qual deverá crer cegamente no que eu lhe disser, porque pertenço ao número dos eleitos prepostos por Deus para velar a salvação dos homens, e porque lhe venho anunciar a verdade..."

— É bastante — disse-lhe eu —, não se dê ao trabalho de continuar. Este exórdio é suficiente para mostrar com que espécie de Espírito estais tratando. Acrescentarei apenas uma palavra: para um Espírito que pretende ser astucioso, ele é bem desajeitado.

Esse senhor pareceu bastante escandalizado do pouco caso que eu fazia de seu Espírito, que havia tomado por algum arcanjo ou, pelo menos, por algum santo de primeira classe, vindo expressamente para ele. Disse-lhe eu: "Esse Espírito se trai em cada uma das palavras que acaba de escrever e, convenhamos, esconde muito mal o seu jogo. Primeiro ele ordena; quer, portanto, manter-vos sob sua dependência, o que é característico dos Espíritos obsessores; ele vos chama de *farol de luz dos Espíritos bons*, linguagem sofrivelmente enfática e incompreensível, muito distante da simplicidade que caracteriza a dos Espíritos bons; por ela lisonjeia o vosso orgulho e vos exalta a importância, o que é suficiente para torná-lo suspeito. Coloca-se sem a menor cerimônia no rol dos eleitos prepostos de Deus: jactância indigna de um Espírito verdadeiramente superior. Por fim me diz que devo crer *cegamente*; isso coroa a obra. É bem o estilo desses Espíritos mentirosos, que querem que neles acreditemos sob palavra, pois sabem que num exame sério têm tudo a perder. Com um pouco mais de perspicácia saberia que não me deixo convencer por belas palavras, nem teria sido tão inábil a ponto de prescrever-me uma confiança cega. Daí concluo que sois joguete de um Espírito mistificador que abusa da vossa boa-fé. Exorto-vos seriamente a prestar muita atenção a isso, porque, se não vos acautelardes, podereis ser vítima de um golpe lamentável de sua parte."

Não sei se aquele senhor aproveitou a advertência, pois não mais o vi, nem ao seu Espírito. Eu jamais terminaria se fosse narrar todas as comunicações desse gênero a mim submetidas, por vezes muito seriamente, como emanando dos maiores santos, da Virgem Maria e do próprio Cristo, e seria realmente curioso ver as torpezas debitadas à conta desses nomes venerados. É preciso ser cego para se deixar enganar quanto à sua origem, quando, muitas vezes, uma única palavra equívoca, um só pensamento contraditório é suficiente para fazer descobrir o embuste a quem se der ao trabalho de refletir. Como exemplos notáveis em seu apoio, concitamos nossos leitores a se reportarem aos artigos publicados na *Revista Espírita* referentes aos meses de julho e outubro de 1858.

## Confissão de Voltaire

A propósito da entrevista de Voltaire e Frederico, publicada no último número da *Revista*, um de nossos correspondentes de Boulogne nos envia a seguinte comunicação, que inserimos com a maior satisfação por apresentar um lado eminentemente instrutivo do ponto de vista espírita. Nosso correspondente a fez preceder de algumas reflexões que os nossos leitores nos agradecerão por não omiti-las.

"Se existe um homem, mais do que qualquer outro, que deve sofrer castigos eternos, esse homem é Voltaire. A cólera e a vingança de Deus haverão de persegui-lo sempre. É o que nos dizem os teólogos da velha escola.

Que dizem agora os mestres da Teologia moderna? É possível — dizem eles — que desconheçais o homem, não menos que o Deus de que falais. Guardai-vos das paixões inferiores do ódio e da vingança e com elas não maculeis o vosso Deus. Se Deus se inquieta com esse pobre pecador, se toca nesse inseto, será para arrancar-lhe o ferrão, para fazer retornar até Ele uma cabeça exaltada, um coração transviado. Digamos, além disso, que Deus lê nos corações de modo diverso que vós, encontrando o bem onde não achais senão o mal. Se dotou esse homem de um grande gênio, foi em benefício da raça, e não para a sua desventura. Que importa, então, suas primeiras extravagâncias, suas atitudes de franco-atirador entre vós? Uma alma dessa têmpera não poderia proceder senão desse modo: a mediocridade era-lhe impossível, fosse no que fosse. Agora ele se orientou, viu-se livre das patas e dentes de potro indomável e vem a Deus como um dócil corcel, sempre grande e tão soberbo para o bem quanto o fora para o mal. No artigo seguinte veremos por que meios se operou essa transformação; veremos nosso garanhão dos desertos, a crina ainda alta, narinas ao vento, correndo através dos espaços universais. É que lá, com o pensamento solto, reencontrou essa liberdade que era a sua essência, sorvendo a plenos pulmões esse hálito gerador da vida. E o que lhe aconteceu? Perdeu-se, confundiu-se. O grande pregador do nada encontrou, finalmente, o nada, mas não como o compreendia. Humilhado, transtornado consigo mesmo, fulminado pela pequenez, ele, que se julgava tão grande, foi aniquilado diante de seu Deus. Ei-lo de rosto no chão; espera a sua sentença, que diz: "Levanta-te meu filho, ou vai-te, miserável!" Encontraremos o veredicto na comunicação que se segue.

Esta confissão de Voltaire ganhará maior destaque na *Revista Espírita* ao no-lo mostrar em seu duplo aspecto. Vimos alguns Espíritos naturalistas e materialistas que, de cabeça virada tanto quanto seu mestre, embora sem o sentimento deste, persistiam em se vangloriar em seu cinismo. Que fiquem no seu inferno enquanto se deem ao prazer de afrontar o Céu e ridicularizar tudo o que constitui a felicidade do homem; isso é lógico, é o seu próprio lugar. Mas também achamos lógico que aqueles que reconhecem seus erros possam aproveitar-lhes os frutos. Assim, acreditamos não estar fazendo apologia ao velho Voltaire. Aceitamo-lo somente em seu novo papel e nos regozijamos com a sua conversão, que glorifica a Deus e não pode deixar de impressionar profundamente aqueles que ainda hoje se deixam arrebatar pelos seus escritos. Lá está o veneno, aqui está o antídoto.

Esta comunicação, traduzida do inglês, é extraída da obra do juiz Edmonds,[67] publicada nos Estados Unidos. Tem a forma de uma conversa entre Voltaire e Wolsey, o célebre cardeal inglês do tempo de Henrique VIII.[68] Dois médiuns atuaram separadamente para a transmissão desse diálogo."

*Voltaire* – Que imensa revolução ocorreu no pensamento humano desde que deixei a Terra!

*Wolsey* – Com efeito, essa infidelidade de que então vos censuravam, cresceu desmesuradamente desde aquela época. Não que ela tenha hoje tantas pretensões, mas é mais profunda e mais universal e, a menos que consigam detê-la, ameaça tragar a humanidade no materialismo, mais do que o fez durante séculos.

*Voltaire* – Infidelidade em que e em relação a quem? Pertence à Lei de Deus e do homem? Pretendeis acusar-me de infidelidade porque não me submeti aos acanhados preconceitos das seitas que me cercavam? É que a minha alma demandava uma amplidão de pensamento, um raio de luz, além das doutrinas humanas. Sim, minha alma entenebrecida tinha sede de luz.

---

[67] N.E.: John Worth Edmonds (1816–1874), juiz americano e pioneiro do Espiritismo nos Estados Unidos.
[68] N.E.: Rei da Inglaterra e da Irlanda no período de 1509 a 1547.

*Wolsey* – Eu também não queria falar senão da infidelidade que vos era *atribuída*, mas, infelizmente, não sabeis o quanto essa imputação ainda vos pesa. Eu não queria vos censurar, mas manifestar o meu pesar, porquanto vosso desprezo pelas doutrinas correntes, que eram apenas materiais e inventadas pelos homens, não poderia prejudicar um Espírito semelhante ao vosso. Mas essa mesma causa que agia sobre o vosso Espírito operava igualmente sobre outros, por demais fracos e pequenos para chegarem aos mesmos resultados que vós. Eis, pois, como aquilo que em vós não era senão uma negação dos dogmas dos homens se traduzia nos outros pela negação de Deus. Foi dessa fonte que se espalhou com terrível rapidez a dúvida sobre o futuro do homem. Eis também por que o homem, limitando todas as suas aspirações somente a este mundo, caiu cada vez mais no egoísmo e no ódio ao próximo. É a causa, sim, a causa desse estado de coisas que importa ser procurada, porquanto uma vez achada, o remédio será relativamente fácil. Dizei-me, conheceis essa causa?

*Voltaire* – Minhas opiniões, tais quais foram dadas ao mundo, estavam impregnadas de um sentimento de amargura e de sátira. Mas notai bem que então eu tinha o Espírito assediado, por assim dizer, por uma luta interior. Considerava a humanidade como se me fosse inferior em inteligência e em sagacidade; nela somente via marionetes, que podiam ser conduzidos por qualquer homem dotado de vontade forte, e me indignava de ver essa humanidade, arrogando-se uma existência imortal, ser modelada por elementos ignóbeis. Seria possível crer que um ser dessa espécie fizesse parte da Divindade e pudesse, com suas frágeis mãos, apoderar-se da imortalidade? Esta lacuna entre duas existências tão desproporcionadas me chocava e eu não a podia preencher. No homem eu via apenas o animal, e não Deus.

Reconheço, em alguns casos, que minhas opiniões tiveram deploráveis desdobramentos, mas estou convencido de que, sob outros aspectos, apresentaram o seu lado bom. Conseguiram soerguer várias almas que se haviam degradado na escravidão; quebraram as cadeias do pensamento e deram asas às grandes aspirações. Mas, lamentavelmente, também eu, que planava tão alto, me perdi como os outros.

Se em mim a parte espiritual tivesse se desenvolvido tão bem quanto a parte material, teria podido raciocinar com mais discernimento. Entretanto, confundindo-as, perdi de vista esta imortalidade da alma, que tanto procurava e não pedia senão para encontrar. Assim, tão entusiasmado me achava nessa luta com o mundo que cheguei, quase contra a minha vontade, a negar a existência de um futuro. A oposição que fazia às tolas opiniões e à cega credulidade dos homens impelia-me ao mesmo tempo a negar e a opor-me a todo o bem que a religião cristã pudesse fazer. Todavia, por mais descrente que eu fosse, sentia que era superior aos meus adversários; sim, muito além do alcance de sua inteligência. A bela face da natureza revelava-me o universo e me inspirava o sentimento de uma vaga veneração, mesclada ao desejo de uma liberdade sem limites, sentimento que eles jamais experimentavam, por se encontrarem agachados nas trevas da escravidão.

Tiveram, pois, minhas obras o seu lado bom, porque sem elas o mal que tivesse atingido a humanidade, por falta de qualquer oposição, teria sido pior. Muitos homens não aceitavam mais a escravidão; muitos dentre eles se libertaram e, se aquilo que eu pregava lhes deu um único pensamento elevado ou lhes fez dar um único passo no caminho da Ciência, não seria abrir-lhes os olhos para a sua verdadeira condição? Só lamento ter vivido tanto tempo na Terra sem saber o que teria podido ser e o que teria podido fazer. O que não teria feito se tivesse sido abençoado por essas luzes do Espiritismo que hoje se derramam sobre os Espíritos dos homens!

Descrente e vacilante entrei no mundo espírita. Por si só minha presença era suficiente para banir qualquer clarão de luz que pudesse iluminar a minha alma obscurecida; apenas a parte material de meu corpo se havia desenvolvido na Terra; quanto à parte espiritual, havia-se perdido em meio aos meus descaminhos, na busca da luz, tal como se houvera sido encerrada numa jaula de ferro. Altivo e zombeteiro, ali me iniciava, não conhecendo nem procurando conhecer esse futuro que em vida tanto havia combatido. Mas façamos aqui esta confissão: houve sempre em minha alma uma débil voz que se fazia ouvir por meio dos grilhões materiais e que pedia luz. Era uma luta incessante entre o desejo de saber e uma obstinação em não saber. Assim, pois, minha entrada estava longe de ser agradável. Não acabava eu de descobrir a falsidade, o nada das opiniões que havia sustentado com todas as forças de minhas faculdades? Depois de tudo, o homem se reconhecia imortal, e eu não podia deixar de ver que, igualmente, deveria existir um Deus, um Espírito imortal, que estava à frente e que governava esse espaço ilimitado que me cercava.

Como viajava incessantemente, sem me conceder nenhum repouso, a fim de me convencer de que o mundo em que me encontrava bem podia ser um mundo material, minha alma lutou contra a verdade que me esmagava! Não pude realizar-me como Espírito que acabava de deixar o seu domicílio mortal! Não houve ninguém com quem pudesse estabelecer relações, porque a todos eu havia recusado a imortalidade. Para mim não existia repouso: estava sempre errante e desconfiado. Em mim o Espírito, tenebroso e amargo, comportava-se como um maníaco, incapaz de ser detido ou de perseguir um objetivo.

Como já disse, eu debochava de tudo, e foi lançando um desafio que abordei o mundo espírita. Inicialmente fui levado para longe das moradas dos Espíritos e percorri o espaço incomensurável. Em seguida foi-me permitido lançar os olhos sobre as maravilhosas construções que serviam de habitação aos Espíritos e, com efeito, pareceram-me surpreendentes. Fui empurrado, aqui e ali, por uma força irresistível; era obrigado a ver, até que minha alma fosse saciada pelos esplendores e esmagada ante o poder que controlava tais maravilhas. Finalmente, vi-me obrigado a esconder-me e a refugiar-me nas concavidades das rochas, mas não o conseguia.

Foi nesse momento que o meu coração começou a sentir a necessidade de expandir-se; uma associação qualquer se tornava urgente, porque me sentia queimar pelo desejo de confessar o quanto tinha sido induzido em erro, não pelos outros, mas por meus próprios sonhos. Já não me restavam ilusões sobre a minha importância pessoal, porque percebia a minha insignificância neste grande mundo dos Espíritos. Enfim, de tal forma me deixara cair na lassidão e na humilhação, que me foi permitido reunir-me a alguns habitantes. Só então pude contemplar a posição em que me havia colocado na Terra e o que disso resultava no mundo espírita. Julgai se esta apreciação poderia favorecer-me.

  Uma revolução completa, uma transformação de alto a baixo ocorreu na minha organização espírita e, de mestre que era, tornei-me o mais ardente dos discípulos. Quantos progressos realizei com a expansão intelectual que em mim se encontrava! Minha alma se sentia iluminada e aquecida pelo amor divino; suas aspirações à imortalidade, de reprimidas que eram, tomaram gigantesco impulso. Via quão grandes tinham sido os meus erros e quão grande devia ser a reparação para expiar tudo quanto havia feito ou dito, que tivesse podido seduzir e enganar a humanidade. Como são magníficas essas lições da sabedoria e da beleza celestes! Ultrapassam tudo aquilo que na Terra teria podido imaginar.

  Em suma, vivi bastante para reconhecer, em minha existência terrestre, uma guerra implacável entre o mundo e a minha natureza espiritual. Lamentei profundamente as opiniões que emiti e que desviaram muita gente, mas, ao mesmo tempo, é penetrado de gratidão ao Criador, o infinitamente sábio, que sinto ter sido um dos instrumentos de que se serviram os Espíritos dos homens para impulsionar o seu progresso.

  Observação – Não adicionaremos nenhum comentário a esta comunicação, cuja profundidade e elevado alcance todos apreciarão, e na qual se encontra toda a superioridade do gênio. Um quadro tão grandioso e impressionante do mundo espírita, assim como a influência das ideias terrenas sobre as ideias de Além-Túmulo, talvez jamais tenha sido dado. Na conversa que publicamos em nosso número anterior encontra-se a mesma essência de ideias, embora menos desenvolvidas e, sobretudo, expressas menos poeticamente. Aqueles que apenas se ligam à forma sem dúvida dirão que não reconhecem o mesmo Espírito nessas duas comunicações e que principalmente a última não lhes parece à altura de Voltaire, concluindo que uma delas não é dele.

  Certamente, quando o chamamos, ele não nos trouxe sua certidão de nascimento; entretanto, quem quer que veja menos superficialmente ficará surpreendido pela identidade de pontos de vista e de princípios existentes entre essas duas comunicações, obtidas em épocas diversas, a uma enorme distância e em línguas diferentes. Se o estilo não é o mesmo, não há contradição de pensamento, e isso é o essencial. Mas se foi o mesmo Espírito que falou nas duas comunicações, por que é tão explícito e tão poético em uma delas, enquanto é lacônico e vulgar na outra? É preciso não ter estudado os fenômenos espíritas para não o compreender. Isso resulta da mesma causa que leva o mesmo Espírito a dar encantadoras poesias por um médium e não poder ditar um único verso por outro. Conhecemos médiuns que absolutamente não são poetas e que obtêm versos admiráveis, assim como há outros que jamais aprenderam a desenhar, mas desenham coisas maravilhosas. É necessário, pois, reconhecer, abstração feita das qualidades intelectuais, que entre os médiuns há aptidões especiais que os tornam, para certos Espíritos, instrumentos mais ou menos flexíveis, mais ou menos cômodos. Dizemos para certos Espíritos porque também os Espíritos têm a sua preferência, fundada em razões que nem sempre conhecemos. Desse modo, o mesmo Espírito será mais ou menos explícito, conforme o médium que lhe sirva de intérprete e, sobretudo, conforme o hábito que tenha de servir-se dele. Por outro lado, um Espírito que se comunica frequentemente pela mesma pessoa o faz com mais facilidade do que outro que venha pela primeira vez. A emissão do pensamento pode, pois, ser entravada por uma multidão de causas; quando, porém, se trata do mesmo Espírito, o fundo do pensamento é o mesmo, embora a forma seja diferente, o que faz com que um observador atento o reconheça facilmente, mediante certos traços característicos. A propósito, relataremos o seguinte fato:

O Espírito de um soberano, que no mundo representou um papel preponderante, foi evocado em uma de nossas reuniões, manifestando-se inicialmente por um ato de cólera, ao rasgar o papel e quebrar o lápis. Sua linguagem estava longe de ser benevolente, porque se sentia humilhado de comparecer entre nós, perguntando se julgávamos que devesse rebaixar-se para nos responder. Confessava, entretanto, que, se o fazia, era como que constrangido e obrigado por uma força superior à sua, mas se isso dependesse dele jamais o faria.

Um dos nossos correspondentes da África, que não tinha nenhum conhecimento do fato, escreveu-nos que, numa reunião de que participara, quiseram evocar o mesmo Espírito. Sua linguagem foi idêntica em todos os pontos. Disse ele: "Acreditais que eu viria voluntariamente a esta casa de mercadores, onde talvez um dos meus criados não quisesse morar? Não vos respondo; isto me lembra meu reino, onde eu era tão feliz; tinha autoridade sobre todo o meu povo, e agora é preciso que me submeta." O Espírito de uma rainha, que em vida não se distinguira pela bondade, respondeu no mesmo Centro: "Não me interrogueis mais; aborreceis-me; se ainda tivesse o poder que detinha na Terra, eu vos faria arrepender bastante; agora, porém, zombais de mim e da minha miséria, pois já não tenho nenhum poder sobre vós. Sou muito infeliz." Não estará aqui um curioso estudo dos costumes espíritas?

# Conversas familiares de Além-Túmulo

## Um oficial do exército da Itália

Segunda entrevista
(Sociedade, 1º de julho de 1859)
[*Vide* o número de julho.]

1. *Evocação*.

*Resp*. – Eis-me aqui. Falai.

2. Prometestes voltar a ver-nos e aproveitamos o ensejo para vos pedir algumas explicações complementares.

*Resp.* – De bom grado.

3. Depois da vossa morte chegastes a assistir a alguns combates?

*Resp.* – Sim, ao último.

4. Quando, como Espírito, testemunhais um combate e vedes os homens se matarem mutuamente, experimentais algum sentimento de horror, da mesma forma que também o experimentaríamos se presenciássemos cenas semelhantes?

*Resp.* – Sim; mesmo como homem eu já o experimentava. Entretanto, o respeito humano reprimia esse sentimento como indigno de um soldado.

5. Há Espíritos que sentem prazer vendo essas cenas de carnificina?

*Resp.* – Poucos.

6. Que sentimento experimentam, a essa visão, os Espíritos de ordem superior?

*Resp.* – Grande compaixão; quase desprezo. Aquilo que vós mesmos experimentais quando vedes os animais se dilacerarem entre si.

7. Assistindo a um combate e vendo homens morrer, testemunhais a separação entre a alma e o corpo?

*Resp.* – Sim.

8. Nesse momento vedes dois indivíduos: o Espírito e o corpo?

*Resp.* – Não; que é então o corpo?

– Mas nem por isso o corpo deixa de estar lá; não deve ser distinto do Espírito?

*Resp.* – Um cadáver, sim; mas não é mais um ser.

9. Qual a aparência que então assume o Espírito?

*Resp.* – Leve.

10. O Espírito afasta-se imediatamente do corpo? Dignai-vos descrever tão explicitamente quanto possível como as coisas se passam e como as veríamos, caso fôssemos testemunhas.

*Resp.* – Há poucas mortes realmente instantâneas. O Espírito, cujo corpo foi atingido por uma bala, a maior parte do tempo argumenta consigo mesmo: "Vou morrer, pensemos em Deus e no Céu. Adeus, Terra que eu amava." Depois desse primeiro sentimento a dor o arranca do corpo e só então podemos distinguir o Espírito, *que se move* ao lado do cadáver. Isso parece tão natural que a visão do corpo morto não produz nenhum efeito desagradável. Tendo sido toda a vida transportada para o Espírito, apenas este chama a atenção; é com o Espírito que conversamos ou é a ele que damos ordens.

OBSERVAÇÃO – Poderíamos comparar esse efeito ao produzido por um grupo de banhistas; o espectador não presta nenhuma atenção às roupas deixadas à margem.

11. Surpreendido por uma morte violenta, geralmente por algum tempo o homem não se julga morto. Como se explica a sua situação, e como pode ter ele ilusões, já que deve sentir perfeitamente que seu corpo não é mais material e resistente?

*Resp.* – Ele o sabe; não há ilusão.

OBSERVAÇÃO – Isto não é perfeitamente exato. Sabemos que em certos casos os Espíritos se iludem, julgando não estar mortos.

12. Uma tempestade violenta desabou no fim da batalha de Solferino. Foi por uma circunstância fortuita ou por um desígnio providencial?

*Resp.* – Toda circunstância fortuita resulta da vontade de Deus.

13. Essa tempestade tinha um objetivo? Qual seria?

*Resp.* – Sim, por certo: fazer cessar o combate.

14. Foi provocado no interesse de uma das partes beligerantes? Qual?

*Resp.* – Sim; sobretudo para os nossos inimigos.

— Por que isso? Poderíeis explicar mais claramente?

*Resp.* – Perguntais-me por quê? Acaso ignorais que, sem essa tempestade, nossa artilharia não teria deixado escapar um só austríaco?

15. Se tal tempestade foi provocada, deve ter tido agentes. Quais eram esses agentes?

*Resp.* – A eletricidade.

16. É o agente material. Mas haverá Espíritos que tenham por tarefa conduzir os elementos?

*Resp.* – Não; a vontade de Deus é suficiente. Ele não necessita de ajudantes tão elementares.

(*Ver mais adiante o artigo sobre as tempestades.*)

## O GENERAL HOCHE

(Sociedade, 22 de julho de 1859)

1. *Evocação.*

*Resp.* – Estou convosco.

2. A Sra. J... nos disse que vos tínheis comunicado espontaneamente com ela. Com que intenção o fizestes, desde que ela não vos havia chamado?

*Resp.* – É ela quem me traz aqui; eu desejava ser chamado por vós e sabia que, dirigindo-me à sua casa, seríeis informado e provavelmente me evocaríeis.

3. Dissestes a ela que estáveis acompanhando as operações militares da Itália; isso nos parece natural. Poderíeis dizer-nos o que pensais a respeito?

*Resp.* – Elas produziram grandes resultados. No meu tempo combatíamos mais longamente.

4. Assistindo a essa guerra, nela desempenhais algum papel ativo?

*Resp.* – Não; simples espectador.

5. Como vós, outros generais do vosso tempo lá estiveram convosco?

*Resp.* – Sim, bem o podeis imaginar.

6. Poderíeis designar alguns?

*Resp.* – Seria inútil.

7. Dizem que Napoleão I achava-se presente, no que não temos dificuldade em acreditar. À época das primeiras guerras da Itália ele era apenas general. Poderíeis dizer-nos se nesta ele via as coisas do ponto de vista do general ou do imperador?

*Resp.* – De ambos, e ainda de um terceiro: do diplomata.

8. Quando vivíeis, vossa posição hierárquica como militar era mais ou menos igual à dele. Como ele ascendeu bastante depois de vossa morte, poderíeis dizer-nos, como Espírito, se o considerais vosso superior?

*Resp.* – Aqui reina a igualdade. O que perguntais com isso?

Observação – Por igualdade sem dúvida ele entende que os Espíritos não levam em conta as distinções terrenas, com as quais de fato pouco se preocupam e que não têm nenhum peso entre eles. A igualdade moral, porém, está longe de reinar; entre eles há uma hierarquia e uma subordinação baseadas nas qualidades adquiridas, e ninguém pode subtrair-se ao ascendente daqueles que são mais elevados e mais puros.

9. Acompanhando as peripécias da guerra, prevíeis a paz assim tão próxima?

*Resp.* – Sim.

10. Para vós tratava-se de uma simples previsão ou tínheis um conhecimento prévio seguro?

*Resp.* – Não. Haviam me dito.

11. Sois sensível à recordação que guardamos de vós?

*Resp.* – Sim, mas pouco fiz por merecê-la.

12. Vossa viúva acaba de morrer. Vós vos reunistes a ela imediatamente?

*Resp.* – Eu a esperava. Hoje vou deixá-la: a existência me chama.

13. Será na Terra que deveis ter uma nova existência?

*Resp.* – Não.

14. O mundo para o qual deveis ir é-nos conhecido?

*Resp.* – Sim; Mercúrio.

15. Do ponto de vista moral, esse mundo é superior ou inferior à Terra?

*Resp.* – Inferior. Eu o elevarei. Contribuirei para fazê-lo entrar numa nova posição.

16. Atualmente conheceis o mundo para onde deveis ir?

*Resp.* – Sim, muito bem. Talvez melhor do que o conhecerei quando habitá-lo.

OBSERVAÇÃO – Esta resposta é perfeitamente lógica. Como Espírito ele vê esse mundo em seu conjunto; quando nele estiver encarnado não o verá senão do ponto de vista restrito da sua personalidade e da posição social que ocupar.

17. Do ponto de vista físico, os habitantes desse mundo são tão materiais quanto os da Terra?

*Resp.* – Sim, completamente; mais ainda.

18. Fostes vós que escolhestes esse mundo para vossa nova existência?

*Resp.* – Não, não. Eu teria preferido uma terra calma e feliz. Lá encontrarei torrentes de mal a combater e furores de crime a punir.

OBSERVAÇÃO – Quando nossos missionários cristãos vão aos povos bárbaros para tentar fazer que neles penetrem os germes da civilização, não cumprem uma função análoga? Por que, então, nos admirarmos de que um Espírito elevado vá a um mundo atrasado com vistas a fazê-lo avançar?

19. Essa existência vos é imposta por constrangimento?

*Resp.* – Não; comprometi-me com ela. Fizeram-me compreender que o destino, a Providência, se assim quiserdes, ali me chamava. É como a morte antes de subir ao Céu: é preciso sofrer e, infelizmente, não sofri bastante.

20. Sois feliz como Espírito?

*Resp.* – Sim, sem dificuldades.

21. Quais foram as vossas ocupações como Espírito, desde o momento em que deixastes a Terra?

*Resp.* – Visitei o mundo, a Terra inteiramente. Isso demandou um período de alguns anos. Aprendi as leis que Deus emprega para conduzir todos os fenômenos que concorrem para a vida. Depois, fiz o mesmo em várias esferas.

22. Nós vos agradecemos por terdes atendido ao nosso apelo.

*Resp.* – Adeus. Não mais me vereis.

## MORTE DE UM ESPÍRITA

(Sociedade, 8 de julho de 1859)

Sr. J..., negociante do departamento do Sarthe, morto no dia 15 de junho de 1859, era, sob todos os aspectos, um homem de bem e de uma caridade sem limites. Tinha feito um estudo sério do Espiritismo, do qual era fervoroso adepto. Como assinante da *Revista Espírita*, encontrava-se em contato indireto conosco, sem que nos tivéssemos visto. Evocando-o, tivemos como objetivo não apenas atender ao desejo de seus parentes e amigos, mas testemunhar-lhe pessoalmente a nossa simpatia e agradecer-lhe as gentilezas que de nós houve por bem dizer e pensar. Além disso, para nós era motivo de estudo interessante, do ponto de vista da influência que o conhecimento aprofundado do Espiritismo pode ter sobre o estado da alma após a morte.

1. *Evocação.*

*Resp.* – Estou aqui há muito tempo.

2. Jamais tive o prazer de vos ver. Contudo, reconheceis-me?

*Resp.* – Reconheço-vos tanto melhor quanto frequentemente vos visitei e tive mais de uma conversa convosco, como Espírito, durante minha vida.

OBSERVAÇÃO – Isto confirma o fato muito importante, do qual tivemos numerosos exemplos, das comunicações que os homens têm entre si, mau grado seu, durante a vida. Assim, durante o sono do corpo, os Espíritos viajam e se visitam reciprocamente. Ao despertar conservam intuição das ideias que brotaram nessas conversas ocultas, mas cuja fonte ignoram. De certa maneira, durante a vida temos uma dupla existência: a corporal, que nos dá a vida de relação exterior, e a espírita, que nos dá a vida de relação oculta.

3. Sois mais feliz do que na Terra?

*Resp.* – E sois vós que perguntais?

4. Eu o concebo. Entretanto, desfrutáveis de uma fortuna honradamente adquirida, que vos proporcionava os prazeres da vida. Tínheis a estima e a consideração obtidos pela vossa bondade e pela vossa benevolência. Poderíeis dizer-nos em que consiste a superioridade de vossa felicidade atual?

*Resp.* – Consiste naturalmente na satisfação que me proporciona a lembrança do pouco bem que fiz e na certeza do futuro que ele me promete. E contais por nada a ausência de inquietudes e os aborrecimentos da vida? Os sofrimentos corporais e todos os tormentos que criamos para satisfazer às necessidades do corpo? Durante a vida, a agitação, a ansiedade, as angústias incessantes, mesmo em meio à fortuna; aqui, a tranquilidade e o repouso: é a bonança após a tempestade.

5. Seis semanas antes de morrer afirmáveis ter ainda 5 anos de vida. De onde vinha essa ilusão, quando tantas pessoas pressentem a morte próxima?

*Resp.* – Um Espírito benévolo queria afastar da minha mente esse momento que, embora sem o confessar, por fraqueza eu o temia, não obstante o que já sabia sobre o futuro do Espírito.

6. Havíeis vos aprofundado seriamente na ciência espírita. Poderíeis dizer-nos, se, ao entrar no mundo dos Espíritos, encontrastes as coisas tais como se vos afiguravam?

*Resp.* – Aproximadamente a mesma coisa, exceto algumas questões de detalhe, que eu havia compreendido mal.

7. A leitura atenta que fazíeis da *Revista Espírita* e de *O livro dos espíritos* vos auxiliaram muito nisso?

*Resp.* – Incontestavelmente. Foi, sobretudo, o que preparou a minha entrada na verdadeira vida.

8. Experimentastes um sobressalto qualquer quando vos encontrastes no mundo dos Espíritos?

*Resp.* – Impossível que não fosse de outro modo, mas sobressalto não é bem o termo: admiração, de preferência. É tão difícil fazer uma ideia do que possa ser isso!

OBSERVAÇÃO – Aquele que, antes de ir habitar um país, o estudou nos livros, identificou-se com os costumes de seus habitantes, sua configuração, seu aspecto, por meio de desenhos, de plantas e de descrições, sem dúvida fica menos surpreendido do que aquele que não possui nenhuma ideia. Entretanto, mostra-lhe a realidade uma porção de detalhes que ele não tinha previsto e que o impressionam. Deve dar-se o mesmo no mundo dos Espíritos, cujas maravilhas não podemos compreender, porquanto há coisas que ultrapassam o nosso entendimento.

10. Deixando o corpo, vistes e reconhecestes imediatamente os Espíritos que vos cercavam?

*Resp.* – Sim, e Espíritos queridos.[69]

---

[69] Nota do tradutor: No original, a questão nº 9 foi saltada.

11. Que pensais agora do futuro do Espiritismo?

*Resp.* – Um futuro ainda mais belo do que imaginais, malgrado vossa fé e vosso desejo.

12. Vossos conhecimentos no tocante aos assuntos espíritas sem dúvida vos permitirão responder com precisão a algumas perguntas. Poderíeis descrever claramente o que se passou convosco no instante em que vosso corpo deu o último suspiro e o vosso Espírito se achou livre?

*Resp.* – Pessoalmente acho muito difícil encontrar um meio de vos fazer compreender de outra maneira o que já foi feito, comparando a sensação que experimentamos ao despertar de um sono profundo. Esse despertar é mais ou menos lento e difícil, em razão direta da situação moral do Espírito, e nunca deixa de ser fortemente influenciado pelas circunstâncias que acompanham a morte.

OBSERVAÇÃO – Isto concorda com todas as observações que foram feitas sobre o estado do Espírito no momento de separar-se do corpo. Vimos sempre as circunstâncias *morais e materiais* que acompanham a morte reagirem poderosamente sobre o estado do Espírito nos primeiros momentos.

13. Vosso Espírito conservou a consciência de sua existência até o último momento e a recobrou imediatamente? Houve um instante de falta de lucidez? Qual foi a sua duração?

*Resp.* – Houve um instante de perturbação, mas quase inapreciável para mim.

14. O momento de despertar teve algo de penoso?

*Resp.* – Não; pelo contrário. Sentia-me alegre e disposto, se assim posso falar, como se tivesse respirado um ar puro ao sair de uma sala enfumaçada.

OBSERVAÇÃO – Comparação engenhosa e que não pode ser senão a expressão da verdade.

15. Lembrai-vos da existência que tivestes antes da que acabais de deixar? Qual foi ela?

*Resp.* – Melhor não poderia lembrar. Eu era um bom criado junto de um bom senhor, que me recebeu ao mesmo tempo em companhia de outros à minha entrada neste mundo bem-aventurado.

16. Creio que vosso irmão se ocupa menos das questões espíritas do que vos ocupáveis.

*Resp.* – Sim; farei com que ele tome mais interesse, se isso me for permitido. Se ele soubesse o que ganhamos com isso, dar-lhes-ia mais importância.

17. Vosso irmão encarregou o Sr. B... de me comunicar a vossa morte. Ambos esperam, impacientes, o resultado de nossa conversa, mas serão ainda mais sensíveis a uma lembrança direta de vossa parte se quiserdes incumbir-me de dizer-lhes algumas palavras, para eles e para outras pessoas que vos pranteiam.

*Resp.* – Direi a eles, por vosso intermédio, o que eu mesmo lhes teria dito, mas receio muito não ter mais influência junto a alguns deles, como outrora. No entanto eu os conjuro, no meu e no nome de seus amigos, que vejo, a refletirem e estudarem seriamente esta grave questão do Espiritismo, ainda que fosse pelo auxílio que ela traz para passar esse momento tão temido pela maior parte, e tão pouco assustador para aquele que se preparou previamente pelo estudo do futuro e pela prática do bem. Dizei-lhes que estou sempre com eles, em meio a eles, que os vejo e que serei feliz se suas disposições puderem assegurar-lhes, no mundo em que me encontro, um lugar de que só terão de se felicitar. Dizei-o sobretudo ao meu irmão, cuja felicidade é o meu mais caro desejo, do qual não me esqueço, embora eu seja mais feliz.

18. A simpatia que tivestes a bondade de me testemunhar em vida, mesmo sem jamais ter-me visto, faz-me esperar que nos encontremos facilmente quando eu estiver entre vós. E até lá

serei feliz se vos dignardes assistir-me nos trabalhos que me restam fazer para concluir a minha tarefa.

*Resp.* – Julgais-me com excessiva benevolência; no entanto, convencei-vos de que, se vos puder ser de alguma utilidade, não deixarei de fazê-lo, talvez mesmo sem que o suspeiteis.

19. Agradecemos por terdes atendido ao nosso apelo, e pelas instrutivas explicações que nos destes.

*Resp.* – À vossa disposição. Estarei muitas vezes convosco.

OBSERVAÇÃO – Incontestavelmente esta comunicação é uma das que descrevem a vida espírita com a maior clareza. Oferece um poderoso ensino no que diz respeito à influência que as ideias espíritas exercem sobre a nossa situação depois da morte.

Esta conversa parece haver deixado algo a desejar ao amigo que nos participou a morte do Sr. J... "Este último" — respondeu ele — "não conservou na linguagem o cunho da originalidade que tinha conosco. Mantém uma reserva que não observava com ninguém; seu estilo, incorreto e vacilante, afetava inspiração. Entre nós ele ousava tudo; derrotava quem quer que formulasse uma objeção contra suas crenças. Reduzia-nos em pedaços para nos convencer. Em sua aparição psicológica não dá a conhecer nenhuma particularidade das numerosas relações que tinha com uma porção de pessoas que frequentava. Todos nós gostaríamos de nos ver citados por ele, não para satisfazer a curiosidade, mas para nossa instrução. Gostaríamos que nos tivesse falado claramente de algumas ideias por nós emitidas em sua presença, em nossas conversas. A mim, pessoalmente, poderia ter dito se eu tinha ou não tinha razão de deter-me em tal ou qual consideração; se aquilo que eu lhe havia dito era verdadeiro ou falso. De modo algum nos falou de sua irmã, ainda viva e tão digna de interesse."

De acordo com esta carta evocamos novamente o Sr. J..., dirigindo-lhe as seguintes perguntas:

20. Tomastes conhecimento da carta que recebi em resposta à que se referia à vossa evocação?

*Resp.* – Sim; vi quando a escreviam.

21. Teríeis a bondade de dar algumas explicações sobre certas passagens dessa carta e isso, como bem o compreendeis, com um fim instrutivo, unicamente para me fornecer elementos para uma resposta?

*Resp.* – Se o considerais útil, sim.

22. Acharam estranho que a vossa linguagem não tenha conservado o cunho da originalidade. Parece que em vida éreis severo na discussão.

*Resp.* – Sim, mas o Céu e a Terra são muito diferentes e aqui encontrei mestres. Que quereis? Eles me impacientavam com suas objeções extravagantes; eu lhes mostrava o Sol e não o queriam ver. Como manter o sangue-frio? Aqui não temos que discutir; todos nos entendemos.

23. Esses senhores admiram-se de que não os tenhais interpelado nominalmente para refutá-los, como fazíeis em vida.

*Resp.* – Que se admirem! Eu os espero. Quando vierem juntar-se a mim, verão qual de nós estava com a razão. Será necessário que venham para cá, queiram ou não queiram, e uns mais cedo do que imaginam. Sua jactância cairá como a poeira abatida pela chuva; sua bazófia... (aqui o Espírito se detém e recusa concluir a frase).

24. Eles inferem que não lhes demonstrais todo o interesse que julgavam esperar de vós.

*Resp.* – Desejo-lhes o bem, mas nada posso fazer contra a vontade deles.

25. Surpreendem-se, igualmente, de que nada tenhais dito sobre vossa irmã.

*Resp.* – Acaso eles estão entre mim e ela?

26. O Sr. B... gostaria que tivésseis dito algo do que vos contou na intimidade; para ele e para os outros teria sido um meio de esclarecimento.

*Resp.* – De que serviria repetir o que ele já sabe? Pensa que não tenho outra coisa a fazer? Não dispõem dos mesmos meios de esclarecimento que tive? Que os aproveitem! Garanto-lhes que se sentirão bem. Quanto a mim, bendigo o Céu por ter enviado a luz que me abriu o caminho da felicidade.

27. Mas é justamente essa luz que eles desejam e que ficariam felizes se a recebessem de vós.

*Resp.* – A luz brilha para todos; cego é aquele que não quer ver: cairá no precipício e amaldiçoará a sua cegueira.

28. Vossa linguagem me parece marcada por grande severidade.

*Resp.* – Eles não me acharam brando demais?

29. Nós vos agradecemos por terdes vindo e pelos esclarecimentos que nos destes.

*Resp.* – Sempre à vossa disposição, pois sei que é para o bem.

# Tempestades – Papel dos Espíritos nos fenômenos naturais[70]

(Sociedade, 22 de julho de 1859)

1. [A Fr. Arago] – Disseram-nos que a tempestade de Solferino tivera um objetivo providencial e nos assinalaram vários fatos desse gênero, especialmente em fevereiro e junho de 1848. Durante os combates tinham essas tempestades um fim análogo?

---

[70] Nota do tradutor: *Vide O livro dos espíritos*. Livro segundo, Cap. IX, q. 536 a 540.

*Resp.* – Quase todas.

2. Interrogado a respeito, disse-nos o Espírito que em tal circunstância só Deus agia, sem intermediários. Permiti-nos algumas perguntas relativas ao assunto, que vos pedimos sejam resolvidas com a vossa clareza habitual. Concebemos perfeitamente que a vontade de Deus seja a causa primeira, nisto como em todas as coisas. Porém, sabendo que os Espíritos têm ação sobre a matéria e que são os agentes da vontade de Deus, perguntamos se alguns dentre eles não exerceriam certa influência sobre os elementos para os agitar, acalmar ou dirigir?

*Resp.* – Evidentemente; e nem poderia ser de outro modo. Deus não exerce ação direta sobre a matéria. Ele tem agentes dedicados em todos os graus da escala dos mundos. O Espírito evocado assim se expressou por ter um conhecimento menos perfeito dessas leis, assim como das leis da guerra.

OBSERVAÇÃO – A comunicação do oficial, acima referida, foi obtida no dia 1º de julho; esta o foi no dia 22, e *por outro médium*. Nada na pergunta indica a qualidade do primeiro Espírito evocado, qualidade que lembra espontaneamente o Espírito que acaba de responder. Esta circunstância é característica e prova que o pensamento do médium em nada contribuiu para a resposta. É assim que, numa multidão de circunstâncias fortuitas, o Espírito tanto revela a sua identidade como a sua independência. Eis por que dizemos ser necessário ver muito e observar bastante. Só assim descobriremos uma porção de matizes que escapam ao observador superficial e apressado. Sabe-se que é preciso aproveitar os fatos quando eles se apresentam, e não os será provocando que os obteremos. O observador atento e paciente encontra sempre alguma coisa a respigar.

3. A Mitologia dos Antigos se fundava inteiramente sobre as ideias espíritas, com a única diferença de que consideravam os Espíritos como divindades. Representavam esses deuses ou esses Espíritos com atribuições especiais. Assim, uns eram encarregados

dos ventos, outros do raio, outros de presidir à vegetação etc. Essa crença é destituída de fundamento?

*Resp.* – Tão pouco destituída de fundamento que ainda está muito aquém da verdade.

4. No começo de nossas comunicações os Espíritos nos disseram coisas que parecem confirmar esse princípio. Falaram, por exemplo, que certos Espíritos habitam mais especialmente o interior da Terra e presidem aos fenômenos geológicos.

*Resp.* – Sim, e não tardareis muito a ter a explicação de tudo isso.

5. Os Espíritos que habitam o interior da Terra e presidem aos fenômenos geológicos são de uma ordem inferior?

*Resp.* – Tais Espíritos não habitam positivamente a Terra. Presidem aos fenômenos e os dirigem. São de uma ordem completamente diversa.

6. São Espíritos que se encarnaram em homens, como nós?

*Resp.* – Que o serão e que já foram. Dir-vos-ei mais a respeito, dentro de pouco tempo, se o quiserdes.

# Intimidade de uma família espírita

A Sra. G... enviuvou há três anos, ficando com quatro crianças. O filho mais velho é um amável rapaz de 17 anos, e a filha mais jovem uma encantadora menina de 6 anos. Desde muito tempo essa família se dedica ao Espiritismo, e antes mesmo que essa crença se tivesse popularizado como hoje, o pai e a mãe tinham uma espécie de intuição, que diversas circunstâncias haviam desenvolvido. O pai do Sr. G... lhe tinha aparecido diversas vezes em sua juventude e a cada vez o prevenia de coisas importantes ou lhe dava conselhos úteis. Fatos do mesmo gênero igualmente se haviam passado entre seus amigos, de sorte que, para eles, a existência de Além-Túmulo não era objeto da mais leve dúvida, assim como não o era a possibilidade de nos comunicarmos com os seres que nos são caros. Ao surgir, o Espiritismo não foi senão a confirmação de uma ideia bem sedimentada e santificada pelo sentimento de uma religião esclarecida, pois aquela família é um modelo de piedade e de caridade evangélicas. Extraíram da nova ciência os meios mais diretos de comunicação; a mãe e um dos filhos tornaram-se excelentes médiuns. Entretanto, longe de empregar essa faculdade em questões fúteis, todos a consideravam como um precioso dom da Providência, do qual era permitido servir-se somente para coisas sérias. Assim, jamais a praticam sem recolhimento e respeito, e longe do olhar dos importunos e curiosos.

Entrementes o pai adoeceu e, pressentindo o fim próximo, reuniu os filhos e disse-lhes: "Filhos queridos e esposa muito amada, Deus me chama para Ele. Sinto que vos deixarei daqui a pouco, mas sinto que encontrareis em vossa fé na imortalidade a força necessária para suportar corajosamente esta separação, assim como levo o consolo de que poderei sempre estar entre vós e vos ajudar com os meus conselhos. Chamai-me, pois, quando eu não estiver mais na Terra; virei sentar-me ao vosso lado, conversar convosco, como fazem os nossos antepassados. Na verdade estaremos menos separados do que se eu partisse para um país longínquo. Minha adorada esposa, deixo-te uma grande tarefa; entretanto, quanto mais pesada for, mais gloriosa será. Estou certo de que nossos filhos te auxiliarão a suportá-la; não é, meus filhos? Secundai vossa mãe; evitai tudo quanto possa fazê-la sofrer; sede bons e benevolentes para com todos; estendei a mão aos vossos irmãos infelizes, porque não gostaríeis de estendê-la um dia, pedindo em vão para vós. Que a paz, a concórdia e a união reinem entre vós; que jamais o interesse vos separe, pois o interesse material é a maior barreira entre a Terra e o Céu. Pensai que estarei sempre junto a vós, que vos verei como vos vejo neste momento, e melhor ainda, pois verei o vosso pensamento. Não queirais, pois, entristecer-me depois da morte, assim como não o fizestes em minha vida."[71]

---

[71] Nota do tradutor: Utilizamos ora a segunda pessoa do singular, ora a segunda do plural, *como consta no original*, a fim de melhor focalizar a intimidade daquele momento tão significativo para um pai que se despedia da família.

É um espetáculo verdadeiramente edificante presenciar a intimidade dessa piedosa família. Alimentadas nas ideias espíritas, essas crianças não se consideram absolutamente separadas do pai. Para elas, ele está presente e temem praticar a menor ação que o possa desagradar. Uma noite por semana, e às vezes mais, é consagrada para conversar com ele; há, porém, as necessidades da vida, que devem ser providas — a família não é rica — razão por que um dia fixo é marcado para essas conversas piedosas, dia sempre esperado com impaciência. Muitas vezes pergunta a pequenina: "É hoje que papai vem?" Esse dia é dedicado a conversas familiares, em instruções proporcionais à inteligência, por vezes infantis, de outras vezes graves e sublimes. São conselhos dados a propósito de pequenas travessuras que ele assinala. Se faz elogios, também não poupa a crítica e, nesse caso, o culpado baixa os olhos, como se o pai estivesse à sua frente; pede-lhe perdão, que não é concedido senão depois de várias semanas de provas: sua sentença é aguardada com fervorosa ansiedade. Então, que alegria quando o pai diz: "Estou contente contigo!" Dizer, no entanto: "Não virei na próxima semana" é a mais terrível ameaça.

A festa anual não é esquecida. É sempre um dia solene, para o qual convidam os antepassados já falecidos, sem esquecer um irmãozinho morto há alguns anos. Os retratos são ornados de flores, cada criança prepara um pequeno trabalho, até mesmo uma saudação tradicional. O mais velho faz uma dissertação sobre assunto grave; uma das mocinhas executa um trecho musical; a pequenina, finalmente, recita uma fábula. É o dia das grandes comunicações, e cada convidado recebe uma lembrança dos amigos que deixou na Terra.

Como são belas essas reuniões, na sua tocante simplicidade! Como tudo ali fala ao coração! Como podemos sair dali sem estar impregnado pelo amor do bem? Nenhum olhar de mofa, nenhum sorriso cético vem perturbar o piedoso recolhimento; alguns amigos partilham das mesmas convicções e as pessoas devotadas à religião da família são as únicas admitidas a tomarem assento nesse banquete de sentimento. Ride quanto quiserdes, vós que zombais das coisas mais santas. Por mais soberbos e endurecidos sejais, não vos faço a injúria de acreditar que o vosso orgulho possa ficar impassível e frio diante de tal espetáculo.

Um dia, entretanto, foi de luto para a família, dia de verdadeiro pesar: o pai havia anunciado que durante algum tempo, muito tempo mesmo, não poderia vir; uma grande e importante missão o convocava longe da Terra. Nem por isso a festa anual deixou de ser celebrada, mas foi triste, pois lá ele não estava. Havia dito ao partir:

"Meus filhos: que em meu retorno eu os possa encontrar todos dignos de mim", razão por que cada um se esforça por tornar-se digno dele. Eles ainda esperam.

## Aforismos espíritas e pensamentos avulsos

Quando evocamos um parente ou amigo, seja qual for a afeição que nos tenha conservado, não devemos esperar essas demonstrações de ternura que nos pareceriam naturais depois de uma dolorosa separação. Por ser calma, a afeição pode ser mais verdadeira que a que se traduz por grandes demonstrações exteriores. Os Espíritos pensam, mas não agem como os homens: dois Espíritos amigos se veem, amam-se, sentem-se felizes por se aproximarem, mas não têm necessidade de se lançarem aos braços um do outro. Quando se comunicam conosco pela escrita, uma boa palavra lhes basta e lhes diz muito mais do que palavras enfáticas.

ALLAN KARDEC

# Revista Espírita
Jornal de Estudos Psicológicos
ANO II    OUTUBRO DE 1859    Nº 10

## Os milagres

Sob o título de *Um milagre*, o Sr. Mathieu, antigo farmacêutico do Exército, acaba de publicar uma relação de vários fatos de escrita direta, dos quais foi testemunha. Considerando que tais fatos se produziram em circunstâncias mais ou menos idênticas aos que relatamos em nosso número do mês de agosto, e não apresentando nenhuma característica especial, julgamos por bem não descrevê-los. Contudo, nós os mencionamos unicamente para mostrar que os fenômenos espíritas não são privilégio exclusivo de ninguém, e aproveitar a ocasião para cumprimentar o Sr. Mathieu pelo zelo com que os propaga. Várias outras pequenas brochuras e artigos do mesmo autor, em diversos jornais, disso são a prova. O Sr. Mathieu é um homem de ciência que, como tantos outros e como nós próprios, passou pela fileira da incredulidade. Viu-se, porém, obrigado a ceder ante a evidência, porquanto, contra os fatos é necessário depor as armas. Permitimo-nos apenas criticar o título dado à sua última publicação, não por uma questão de jogo de palavras, mas porque acreditamos que o assunto tenha certa importância e mereça um exame sério.

Em sua acepção primitiva e por sua etimologia, a palavra *milagre* significa *coisa extraordinária, coisa admirável de ver*, mas essa palavra, como tantas outras, afastou-se do sentido originário e, conforme a Academia, hoje se diz de *um ato do poder divino, contrário às leis comuns da natureza*. Tal é, com efeito, a sua acepção usual, e não é senão por comparação e por metáfora que se aplica às coisas vulgares que nos surpreendem e cuja causa é desconhecida.

Terá o fenômeno relatado pelo Sr. Mathieu o caráter de um *milagre*, no verdadeiro sentido da palavra? Certamente que não. Como já dissemos, o milagre é uma derrogação das leis da natureza. Não entra de modo algum em nossa cogitação examinar se Deus julgou útil, em determinadas circunstâncias, derrogar as leis por Ele mesmo estabelecidas; nosso fim é unicamente demonstrar que o fenômeno da escrita direta, por mais extraordinário que seja, não derroga absolutamente essas leis, nem possui nenhum caráter miraculoso. O milagre não se explica; a escrita direta, ao contrário, explica-se da maneira mais racional, como vimos em nosso artigo sobre esse assunto. Não se trata, pois, de um milagre, mas de um simples fenômeno que tem sua razão de ser nas leis gerais. O milagre tem ainda outro caráter: o de ser insólito e isolado. Ora, desde que um fato se reproduz, por assim dizer à vontade e por diversas pessoas, já não pode haver um milagre.

Aos olhos dos ignorantes, a Ciência faz milagres todos os dias. Eis por que outrora aqueles que sabiam mais que o vulgo passavam por feiticeiros; e como se acreditava que toda Ciência viesse do diabo, eles eram queimados. Hoje, que estamos muito mais civilizados, contentamo-nos em enviá-los aos hospícios. Depois que deixamos os inventores morrer de fome, erigimos-lhes estátuas e os proclamamos benfeitores da humanidade. Mas deixemos essas tristes páginas de nossa história e voltemos ao assunto. Se um homem, que se ache realmente morto, for chamado à vida por intervenção divina, haverá verdadeiro milagre, por ser esse um fato contrário às leis da natureza. Mas se em tal homem houver apenas aparências de morte, se lhe restar uma *vitalidade latente* e a Ciência, ou uma ação magnética, conseguir reanimá-lo, para as pessoas esclarecidas ter-se-á dado um simples fenômeno natural, mas, para o vulgo ignorante, o fato passará por miraculoso e o autor será apedrejado ou venerado, conforme o caráter das pessoas. Lance um físico, do meio de certas campinas, um papagaio elétrico e faça que o raio caia sobre uma árvore e certamente esse novo Prometeu[72] será tido por armado de diabólico poder; e seja dito de passagem, Prometeu parece ter-se antecipado singularmente a Franklin.[73]

A escrita direta é um dos fenômenos que demonstram da maneira mais patente a ação das inteligências ocultas; mas pelo fato de ser produzido por seres ocultos não é mais miraculoso do que todos os outros fenômenos devidos a agentes invisíveis, porque esses seres ocultos que povoam o espaço são uma das potências da natureza, cuja ação é incessante sobre o mundo material, tanto quanto sobre o mundo moral. Esclarecendo-nos sobre esse poder, o Espiritismo dá-nos a chave de uma porção de coisas inexplicáveis por outros meios. Como o magnetismo, ele revela uma lei, se não desconhecida, pelo menos mal compreendida; melhor dizendo, conheciam-se os efeitos, uma vez que se produziam em todos os tempos, mas não se conhecia a lei, e foi justamente a ignorância dessa lei que gerou a superstição. Conhecida a lei, cessa o maravilhoso e os fenômenos entram na ordem das coisas naturais. Eis por que os espíritas não fazem milagres quando fazem girar uma mesa ou os mortos escreverem, da mesma forma que não o faz o médico, ao reviver um moribundo; ou o físico, ao fazer cair o raio.

Essa a razão por que repelimos com todas as nossas forças a qualificação empregada pelo Sr. Mathieu, embora estejamos persuadidos de que ele não quis dar nenhum sentido místico a essa palavra; além disso, as pessoas que não descem ao fundo das coisas — e estas são em maior número — poderiam enganar-se e crer que os adeptos do Espiritismo se atribuem um poder sobrenatural. Aquele que pretendesse, auxiliado por essa ciência, *operar milagres*, ou seria ignorante do assunto ou verdadeiro pateta. É inútil dar armas aos que riem de tudo, mesmo daquilo que não conhecem, pois isso seria entregar-se voluntariamente ao ridículo.

---

[72] N.E.: Na Mitologia grega, é um dos Titãs; roubou o fogo sagrado dos deuses e transmitiu-o aos homens.

[73] N.E.: Benjamin Franklin (1706–1790), estadista, cientista e escritor estadunidense. Inventor do para-raios.

Os fenômenos espíritas, assim como os fenômenos magnéticos, antes que se lhes conhecesse a causa, foram tidos à conta de prodígios. Ora, como os céticos, os Espíritos fortes, isto é, aqueles que julgam deter o privilégio exclusivo da razão e do bom senso, não acreditam que uma coisa seja possível pelo fato de não a compreenderem; eis por que todos os fatos reputados prodigiosos são objeto de zombaria; e como a religião contém grande número de fatos desse gênero, nela não acreditam. Daí à incredulidade absoluta não existe senão um passo.

Explicando a maioria desses fatos, o Espiritismo dá-lhes uma razão de ser. Vem, portanto, em auxílio da religião, demonstrando a possibilidade de certos fatos que, por não terem mais o caráter miraculoso, nem por isso são menos extraordinários, e Deus não é menor nem menos poderoso por não haver derrogado suas leis. De quantas pilhérias não foram objeto as levitações de São Cupertino? Ora, a suspensão etérea dos corpos pesados é um fato demonstrado e explicado pelo Espiritismo; nós mesmos fomos *testemunhas oculares* e o Sr. Home, assim como outras pessoas do nosso conhecimento, repetiram várias vezes o fenômeno produzido por São Cupertino; portanto, esse fenômeno entra na ordem das coisas naturais. No número dos fatos desse gênero devem-se colocar em primeira linha as aparições, por serem as mais frequentes. A aparição de Salette, que divide o próprio clero, para nós nada tem de insólita. Certamente não podemos afirmar que o fato ocorreu, porque dele não temos a prova material, mas, para nós, ele é possível, desde que milhares de fatos análogos *recentes* nos são conhecidos; cremos neles não apenas porque sua realidade é constatada por nós, mas, sobretudo, porque conhecemos perfeitamente a maneira pela qual se produzem. Reportem-se à teoria que demos das aparições e verão que esse fenômeno se torna tão simples e tão plausível quanto uma porção de fenômenos físicos, que somente são considerados prodigiosos porque nos falta possuir a sua chave.

Quanto à pessoa que se apresentou a Salette, é outra questão; sua identidade de modo algum está demonstrada. Constatamos apenas que ocorreu uma aparição; o resto não é da nossa competência. Nosso objetivo também não é examinar se Deus pode derrogar as suas leis ao fazer milagres, no verdadeiro sentido da palavra; trata-se de uma questão de Teologia que não entra em nossas cogitações. Que cada um, portanto, guarde as suas convicções a esse respeito, pois o Espiritismo não tem por que se ocupar com isso; apenas dizemos que os fatos produzidos pelo Espiritismo nos revelam leis novas e nos dão a chave de uma multidão de coisas que pareciam sobrenaturais. Se alguns deles, que passavam por miraculosos, encontraram uma explicação lógica e uma razão de ser no Espiritismo, é mais um motivo para não nos apressarmos em negar aquilo que não compreendemos.

Certas pessoas nos criticam por expormos teorias espíritas que elas consideram prematuras. Esquecem que os fatos do Espiritismo são contestados por muitos precisamente porque parecem sair da lei comum e porque não se explicam. Dai-lhes uma base racional e a dúvida cessará. Dizei a alguém, pura e simplesmente, que expedireis um telegrama de Paris à América, recebendo a resposta em poucos minutos, e esse alguém rirá na vossa cara. Explicai o mecanismo do processo e ele acreditará, mesmo sem ver a operação. Neste século em que não se poupam as palavras, a explicação é, pois, um poderoso motivo de convicção; assim, vemos todos os dias pessoas que não testemunharam nenhum fato, que não viram uma mesa girar, nem um médium escrever, e que se acham tão convencidas quanto nós, unicamente porque leram e compreenderam. Se não devêssemos acreditar senão naquilo que temos sob os olhos, nossas convicções se reduziriam a bem pouca coisa.

# O magnetismo reconhecido pelo Poder Judiciário

Na *Revista Espírita* de outubro de 1858, publicamos dois artigos intitulados *Emprego oficial do magnetismo animal* e *O magnetismo e o sonambulismo ensinados pela Igreja*. No primeiro, referimo-nos ao tratamento magnético do rei Oscar, da Suécia, aconselhado pelos seus próprios médicos; no segundo, citamos várias perguntas e respostas, extraídas de uma obra intitulada *Curso elementar de instrução cristã para uso dos catecismos e escolas cristãs*, publicado em 1853 pelo abade Marotte, vigário geral da diocese de Verdun, no qual o magnetismo e o sonambulismo são claramente definidos e reconhecidos. Eis que agora a justiça lhes vem dar uma sanção extraordinária, pelo julgamento do Tribunal Correcional de Douai, de 27 de agosto passado. Como todos os jornais noticiaram esse julgamento, seria inútil repeti-lo, razão por que apenas relataremos sumariamente as circunstâncias.

Um rapaz, que do magnetismo não conhecia senão o nome, e jamais o tinha praticado, consequentemente ignorando as medidas de prudência que a experiência aconselha, propôs-se um dia magnetizar o sobrinho do *maître d'hôtel* onde jantava. Depois de alguns passes o menino caiu em sonambulismo, mas o magnetizador improvisado não soube como se portar para fazê-lo sair daquele estado, o qual foi seguido de crises nervosas persistentes, de que resultou uma queixa à Justiça, apresentada pelo tio contra o magnetizador. Dois médicos foram chamados como peritos. Eis o extrato de seu depoimento, que é mais ou menos idêntico, pelo menos quanto à conclusão. Após haver descrito e constatado o estado sonambúlico do menino, acrescenta o primeiro médico:

"Não creio absolutamente na existência de um fluido novo, de um agente físico mais ou menos análogo ao magnetismo terrestre, desenvolvendo-se no homem sob a influência de passes, toques etc., e que produziria nas pessoas influenciadas efeitos por vezes maravilhosos.

A existência de tal fluido nunca foi cientificamente demonstrada. Longe disso: todas as vezes que homens difíceis de enganar, membros da Academia das Ciências e médicos eminentes quiseram verificar os fatos alegados, os príncipes do magnetismo sempre recuaram, estribados em pretextos por demais evidentes, e nem a questão do fato, nem muito menos a questão de doutrina puderam ser elucidados. Para o mundo científico, portanto, não existe magnetismo animal. Todavia, segue-se daí que as práticas dos magnetizadores não produzam nenhum efeito? *Pelo fato de negarmos, e com razão, o magnetismo, não poderíamos admitir a magnetização?*

Estou convencido de que, se as imaginações nervosas e impressionáveis são todos os dias abaladas pelas manobras de que se trata, é nelas mesmas que devemos ver os fenômenos que apresentam, e não numa espécie de irradiação por parte do experimentador. Esta explicação se aplicaria ao caso Jourdain se os ataques que se seguiram ao primeiro, supondo tenham sido determinados pela magnetização, fossem se espaçando e enfraquecendo: um impulso único logicamente deveria produzir efeitos decrescentes. Ora, dá-se justamente o contrário: à medida que o tempo passa, os ataques se aceleram e aumentam de intensidade. Esta circunstância me confunde. Evidentemente está em jogo uma influência indeterminada: qual seria? Os antecedentes e a maneira de ser física de Jourdain não me são suficientemente conhecidos para que eu os possa atribuir ao seu temperamento; e devo confessar não saber onde colocar a causa."

Neste ponto a criança é vitimada por um de seus ataques. Assim como o seu colega, a testemunha constata: contrações musculares gerais e *clônicas*;[74] pele e olhos com sensibilidade preservada; pupilas fotorreagentes; ausência de espuma na boca; polegares fletidos na palma das mãos. Além disso, o grito inicial não ocorreu e o acesso termina gradualmente, passando pelo período sonambúlico. À vista disso, os médicos declaram que a criança não é epiléptica, nem, menos ainda, cataléptica.

Interpelada a respeito da palavra sonambulismo, objetivando saber se tudo isso não se explicaria admitindo-se que o paciente, antes sonâmbulo, teria tido a 15 de agosto um acesso desse

---

[74] Nota do tradutor: Grifo nosso: Espasmos em que se alternam, em rápida sucessão, rigidez e relaxamento. No original está grafada a palavra *chroniques*, sem correlação com o quadro clínico descrito acima.

tipo de doença, a testemunha respondeu que: "em primeiro lugar não estava estabelecido que a criança fosse sonâmbula e, depois, tal fenômeno se teria produzido em condições absolutamente insólitas: em vez de ocorrer à noite, em meio ao sono natural, teria vindo em pleno meio-dia e em completa vigília. A mim, os passes magnéticos parecem ser a causa do estado atual da criança: não vejo outra razão."

O segundo médico depõe assim: "Vi o pequeno doente no dia 13 de outubro de 1858; estava em estado sonambúlico, gozando de locomoção voluntária; recitava o catecismo. Meu filho o viu na noite de 15: encontrava-se no mesmo estado e conjugava o verbo *poder*. Só algum tempo depois é que fiquei sabendo que ele fora magnetizado, e que um viajante teria dito: se não for desmagnetizado, talvez permaneça assim por toda a vida. Em minha juventude conheci um estudante no mesmo estado que, tendo sido curado sem recursos médicos, tornou-se um homem distinto na profissão que abraçou. Os acidentes que o doente experimentou não passaram de perturbações nervosas: não existe nenhum sintoma de epilepsia, nem de catalepsia."

O Tribunal pronunciou a seguinte sentença:

"Considerando que o acusado, no dia 15 de agosto, ao exercer imprudentemente sobre a pessoa do jovem Jourdain, de 13 anos, toques e gestos qualificados como passes magnéticos, no mínimo ferindo com esse aparato e por essas manobras não costumeiras a fraca imaginação da criança, produzindo-lhe uma superexcitação, uma desordem nervosa e, por fim, uma lesão ou uma doença, cujos acessos se repetiram desde então a diversos intervalos;

Considerando que as manobras imprudentes que provocaram a dita lesão, ou doença, constituem delito previsto no artigo 320 do Código Penal;

Considerando que o fato de que se trata ocasionou à parte civil um prejuízo que deve ser reparado; e

Levando-se em conta que existem circunstâncias atenuantes,

O Tribunal condena o acusado a 25 francos de multa, 1.200 francos de perdas e danos e a arcar com as custas do processo."

Nada temos a dizer quanto ao julgamento em si mesmo. O Tribunal teve ou não teve razão de condenar? A pena é muito forte ou é excessivamente fraca? Isto não nos diz respeito; a justiça se pronunciou e nós respeitamos a sua decisão. Entretanto, não deixaremos de examinar as consequências do julgamento, que tem um alcance capital. Houve condenação, portanto, houve um delito. Como foi este cometido? A sentença diz: *por toques e gestos qualificados como passes magnéticos*; portanto, os toques e passes magnéticos têm uma ação e não resultam de mera simulação. Esses toques e esses passes diferem, de algum modo, dos toques e gestos ordinários; como distingui-los? Eis aí uma coisa importante, porque, se não houvesse diferença, não poderíamos tocar a primeira pessoa que encontrássemos, nem lhe fazer sinais, sem nos expormos a fazê-la cair em crise e sem incorrermos numa multa. Não compete ao Tribunal nos ensinar, nem, muito menos, dizer como os passes e toques, *quando têm o caráter magnético*, podem produzir um efeito qualquer. Ele constata o fato de um acidente e a causa do acidente; sua missão é apreciar o dano e a reparação que é devida. Mas os peritos chamados a esclarecer o Tribunal por certo nos vão ensinar a respeito; mesmo sem terem feito um curso sobre a matéria, devem fundamentar sua opinião, como se faz em todos os casos de Medicina legal, e provar que falam com conhecimento de causa, considerando ser essa a primeira condição a ser preenchida por um perito. Ora! Ficamos decepcionados com a lógica desses senhores; seu depoimento revela completa ignorância sobre aquilo que devem opinar; não apenas desconhecem o magnetismo, como não lhes são familiares os fatos do sonambulismo natural, pois imaginam, um deles pelo menos, que tais fatos só se produzem *à noite* e durante o sono natural, o que é contrariado pela experiência.

Não é aí, porém, que se acha a parte mais notável do depoimento, especialmente da primeira testemunha: "Pelo fato de *negarmos, e com razão, o magnetismo, não poderíamos admitir a magnetização?*" Na verdade, não sei se há uma lógica muito difícil de ser entendida, mas confesso com toda humildade que isso ultrapassa a minha inteligência e que muitas pessoas estão comigo, porque seria o mesmo que afirmar ser possível magnetizar sem magnetismo, absolutamente como se disséssemos que um homem houvera recebido bordoadas na ausência do bordão responsável. Ora, acreditamos firmemente, de acordo com um velho ditado, e até prova em contrário, que para dar bordoadas faz-se necessário o bordão e, por analogia, para magnetizar é preciso magnetismo, do mesmo modo que, para purgar, é preciso o purgante. Nossa inteligência não vai até a ponto de compreender os efeitos sem as causas.

Direis que não nego o efeito; pelo contrário, eu o constato. O que nego é a causa que atribuís a esse efeito. Dizeis que entre os vossos dedos e o paciente existe algo invisível, a que chamais de fluido magnético. Quanto a mim, assevero não haver coisa alguma; que esse fluido não existe. Ora, o que existe é o magnetismo; vossos gestos são a magnetização. — De acordo. Admitis, assim, que simples gestos sem intermediário podem produzir crises nervosas e efeitos sonambúlicos, catalépticos e outros, unicamente porque a imaginação foi ferida. Admitamos que sim. Gostaria de ver uma pessoa ser impressionada por meio desses gestos e essa impressão chegar a ponto de fazê-la dormir em pleno dia, e contra a sua vontade, o que, haveis de convir, já seria um fato admirável. Mas será esse um sono natural, causado, como dizem alguns, pela monotonia dos movimentos? Neste caso, como explicaríeis a instantaneidade do sono produzido em alguns segundos? Por que não despertais facilmente esse dorminhoco, sacudindo-lhe tão somente os braços? Deixemos de lado, por razões óbvias, muitos outros fenômenos igualmente pouco explicáveis pelo vosso sistema; não obstante, existe um cuja solução sem dúvida podereis dar, porquanto não creio que tenhais elaborado uma teoria sobre um assunto de tamanha gravidade sem vos terdes assegurado de que ele resolve todos os casos, teoria que deve ser pouco arriscada, permitindo que a enuncieis em pleno tribunal. Deveis, pois, estar bem seguros. Pois bem! Eu vos peço, para a instrução do público e de todas as pessoas bastante simples para acreditarem na existência de um fluido magnético, que resolvais pelo vosso sistema as duas questões seguintes:

1ª) Se os efeitos atribuídos ao fluido magnético resultam apenas de uma imaginação excitada e fortemente impressionável, como se produzem à revelia da pessoa, quando é magnetizada durante o sono natural, ou quando se encontra num aposento vizinho, sem ver o magnetizador e sem saber que é magnetizada?

2ª) Se os toques ou passes magnéticos podem produzir crises nervosas e estados sonambúlicos, como podem esses mesmos toques e passes produzir o efeito contrário, destruir o que fizeram, acalmar as crises nervosas mais violentas que ocasionaram e fazer cessar o estado sonambúlico subitamente, como se fora um golpe de mágica? É por efeito da imaginação que a pessoa não vê, nem ouve o que se passa à sua volta? Ou é preciso admitir que se pode agir sobre a imaginação sem o concurso da imaginação, o que seria muito possível, já que se pode magnetizar sem magnetismo?

Isto me lembra de uma pequena anedota. Um imprudente manejava um fuzil; o tiro disparado matou outro indivíduo. O perito foi chamado para examinar a arma, declarando que o indivíduo havia sido morto por um tiro de fuzil, embora este não se encontrasse carregado. Não é exatamente esse o caso do nosso magnetizador, que fere ao magnetizar, mas sem magnetismo? Seguramente o Tribunal de Douai, na sua alta sabedoria, não meditou nestas contradições, sobre as quais não devia pronunciar-se. Como dissemos, ele não considerou senão o efeito produzido, declarando-o produzido por *toques e passes magnéticos*; não havia por que decidir se em nós existe, ou não existe, um fluido magnético. Mas o julgamento não consta de maneira menos autêntica que o magnetismo é uma realidade; de outro modo não teria condenado alguém por ter feito gestos insignificantes. Que isto sirva de lição aos imprudentes, que brincam com o que não conhecem.

Na opinião que emitiram, esses senhores não perceberam que chegavam a um resultado diametralmente oposto ao seu objetivo, o de atribuir aos magnetizadores um poder que estes estão longe de reivindicar. Com efeito, os magnetizadores sustentam que não agem senão com o auxílio de um intermediário; que, *quando esse intermediário lhes falta, sua ação é nula*; não se reconhecem com o poder de dar bordoadas sem bordões, nem de matar a tiros com um fuzil descarregado. Muito bem! Com a sua teoria esses senhores ainda operam outro prodígio, porque agem sem ter nada nas mãos e nos bolsos. Realmente, há coisas que não podem ser levadas a sério; nós lhes pedimos muitas desculpas, mas isso não diminui em nada o seu mérito. Eles podem ser muito hábeis e médicos assaz competentes; sem dúvida foi por isso que o Tribunal os consultou. Permitimo-nos apenas criticar a sua opinião sobre o magnetismo.

Finalizamos com uma observação importante. Se o magnetismo é uma realidade, por que não é reconhecido oficialmente pela Faculdade? A tal respeito há muitas coisas a dizer. Limitar-nos-emos a uma única consideração, perguntando por que as descobertas hoje mais aceitas não o foram de imediato pelas corporações científicas? Deixo a outros o cuidado de responder. A classe médica está dividida sobre a questão do magnetismo, assim como em relação à homeopatia, à alopatia, à frenologia, ao tratamento da cólera, aos purgantes, às sangrias e sobre tantas outras coisas, de tal sorte que uma opinião a favor ou contra não passa de uma opinião individual, sem força de lei. O que faz a lei é a opinião geral, que se forma pelos fatos, a despeito de toda oposição, e que sobre os mais recalcitrantes exerce uma pressão irresistível. É o que acontece com o magnetismo, bem assim com o Espiritismo, e não será avançar muito dizer que metade dos médicos hoje reconhece e admite o magnetismo, e que três quartos dos magnetizadores são médicos. Dá-se o mesmo com o Espiritismo, que conta em suas fileiras uma infinidade de médicos e homens de Ciência. Que importa, pois, a oposição sistemática ou mais ou menos interessada de alguns? Deixemos passar o tempo, que varre o amor-próprio ferido e as mesquinhas preocupações! A verdade pode ser abalada, mas não destruída, e a posteridade registra o nome dos que a combateram ou sustentaram. Se o magnetismo fosse uma utopia, há muito tempo dele não se cuidaria, ao passo que, como seu irmão, o Espiritismo, finca raízes por todos os lados. Lutai, pois, contra as ideias que invadem o mundo inteiro, de alto a baixo da escala social!

## Médiuns inertes

No número das questões importantes que se ligam à ciência espírita, o papel dos médiuns foi objeto de muitas controvérsias. O Sr. Brasseur, diretor do Centro Industrial, manifestou a respeito ideias particulares, numa série de artigos muito bem redigidos no *Moniteur de la toilette*,[75] principalmente no mês de agosto último, do qual extraímos as passagens que citaremos adiante. Ele nos honra com o pedido de nossa opinião; nós lha daremos com toda sinceridade, sem pretender que o nosso julgamento faça lei. Deixemos que nossos leitores e observadores julguem a questão. Aliás, não teremos senão que resumir o que a respeito já dissemos em várias ocasiões, quando tratamos o assunto com muito mais desenvolvimento do que aqui podemos fazer, não nos sendo possível repetir o que se acha em nossos diversos escritos.

Eis as principais passagens de um dos artigos do Sr. Brasseur, seguidas de nossas respostas:

> O que é um médium? O médium é ativo ou passivo? Tais são as perguntas que visam a elucidar um assunto que preocupa vivamente as pessoas desejosas de se instruírem sobre as coisas de Além-Túmulo e, consequentemente, de suas relações com esse mundo.
>
> A 18 de maio último, enviei ao Presidente da *Société Spirite* uma nota intitulada: *Do médium e dos Espíritos*. Por volta do dia 15 de julho o Sr. Allan Kardec publicou um novo livro sob o título:

---

[75] Nota de Allan Kardec: *Journal des salons. – Modes. – Littérature. – Théâtres*. Rua de l'Echiquier, 45.

> *O que é o espiritismo.* Ao abri-lo, imaginei encontrar uma resposta categórica, mas em vão. O autor persiste em seus erros: *Os médiuns* — diz ele à página 75 — *são* PESSOAS *aptas a receber, de maneira patente, a impressão dos Espíritos e a servir de* INTERMEDIÁRIOS *entre o mundo visível e o mundo invisível.*

A obra supracitada não é um curso de Espiritismo; é uma exposição sumária dos princípios da ciência para uso das pessoas que desejam adquirir as primeiras noções, e o exame das questões de detalhe e das diversas opiniões não podem entrar num quadro tão restrito e de finalidade especial. Quanto à definição que damos dos médiuns, parece perfeitamente clara, e é por ela que respondemos à pergunta do Sr. Brasseur: "O que é um médium?" É possível que ela não corresponda à sua opinião pessoal; quanto a nós, até agora não temos nenhum motivo para modificá-la.

> O Sr. Allan Kardec não reconhece o médium inerte. Fala muito de caixas, cartões ou pranchetas, mas não vê nessas coisas (página 62) senão apêndices da mão, cuja inutilidade teria sido reconhecida...

Compreendamos bem.

> Na sua opinião o médium é um *intermediário* entre o mundo visível e o mundo invisível, mas é *absolutamente necessário que esse intermediário seja uma pessoa*? Não basta que o invisível tenha à sua disposição um instrumento qualquer para se manifestar?

A isso responderemos sem rodeios: Não; não basta que o invisível tenha à sua disposição um instrumento qualquer para se manifestar, pois lhe falta o concurso fluídico de uma pessoa; para nós, essa pessoa é o verdadeiro médium. Se bastasse ao Espírito ter à sua disposição um instrumento qualquer, veríamos cestas ou pranchetas escreverem sozinhas, o que jamais aconteceu. A escrita direta, que parece ser o fato mais independente de qualquer cooperação, só se produz sob a influência de médiuns dotados de uma aptidão especial. Uma consideração poderosa vem corroborar nossa opinião.

## Outubro de 1859

De acordo com o Sr. Brasseur, o instrumento é a coisa principal, e a pessoa é a coisa acessória; para nós, é justamente o contrário. Se assim não fosse, por que as pranchetas não se moveriam com qualquer um? Se, pois, para fazê-la mover, é necessário que sejamos dotados de uma aptidão especial, o papel da pessoa não é puramente passivo. É por isso que essa pessoa é, para nós, o verdadeiro médium. O instrumento, como já dissemos, é apenas um apêndice da mão, do qual podemos dispensar. E isso é tão verdadeiro que toda pessoa que escreve por meio da prancheta pode fazê-lo diretamente com a mão, sem prancheta e mesmo sem lápis, visto poder traçar os caracteres com o dedo, ao passo que a prancheta não escreve sem a pessoa. Aliás, todas as variedades de médiuns, assim como seu papel *ativo* ou *passivo*, estão amplamente desenvolvidos em nossa *Instrução prática sobre as manifestações*.

> Separada da matéria pela dissolução do corpo, a alma não tem mais nenhum elemento físico da humanidade.

E que fazeis do perispírito? O perispírito é o laço que une a alma ao corpo, o envoltório semimaterial que ela possui durante a vida e que conserva após a morte: é sob esse envoltório que ela se mostra nas aparições. Esse envoltório também é matéria que, embora eterizada, pode adquirir as propriedades da tangibilidade.

> Segurando o lápis diretamente, observou-se que a pessoa mistura os sentimentos e as suas ideias com as ideias e os sentimentos do invisível, de sorte que assim são dadas apenas *comunicações com interferência*, ao passo que, empregando as caixas, cartões e pranchetas sob as mãos de duas pessoas reunidas, estas permanecem absolutamente estranhas à manifestação que, então, é somente do invisível; é por isso que declaro este último meio superior e preferível ao da Sociedade Espírita.

Esta opinião poderia ser verdadeira se não fosse contraditada pelos milhares de fatos observados, seja na *Sociedade Parisiense de Estudos Espíritas*, seja em outros lugares, provando, de maneira insofismável, que os médiuns animados, *mesmo intuitivos*, e com mais forte razão os médiuns *mecânicos*, podem ser instrumentos absolutamente passivos e gozar da mais completa independência de pensamentos. No médium mecânico o Espírito age sobre a mão, que recebe um impulso completamente involuntário e desempenha o papel daquilo que o Sr. Brasseur chama *médium inerte*, quer seja ela só, quer munida de um lápis, ou apoiada sobre um objeto móvel, provido de lápis.

No médium intuitivo o Espírito age sobre o cérebro, transmitindo pela corrente do sistema nervoso o movimento ao braço, e assim por diante. O médium mecânico escreve sem ter a menor consciência do que produz: *o ato precede o pensamento*. No médium intuitivo o pensamento acompanha o ato e por vezes o precede: é então o pensamento do Espírito que atravessa o cérebro do médium; e se algumas vezes parecem confundir-se, nem por isso sua independência é menos manifesta, quando, por exemplo, o médium escreve, *mesmo por intuição* coisas que não pode saber, ou inteiramente contrária às suas ideias, à sua maneira de ver e às suas próprias convicções. Numa palavra, quando ele pensa branco e escreve preto. Além disso, há tantos fatos espontâneos e imprevistos que não é possível a dúvida naqueles que os observaram. O papel do médium é aqui o de um intérprete que recebe um pensamento estranho, transmite-o e deve compreendê-lo a fim de transmiti-lo, e que, entretanto, não o assimila. É assim que as coisas se passam nos médiuns falantes que recebem o impulso sobre os órgãos da palavra, como outros o recebem sobre o braço ou a mão, e ainda os médiuns *audientes*, que escutam claramente uma voz a falar-lhes e a ditar-lhes o que devem escrever. E que diríeis dos médiuns *videntes*, aos quais os Espíritos se mostram sob a forma que possuíam em vida, médiuns que os veem circular à nossa volta, indo e vindo como a multidão que temos aos nossos olhos? E os médiuns impressionáveis, que sentem os toques ocultos, a impressão dos dedos e até das unhas, marcando a pele e nela deixando o seu sinal? Isso pode ocorrer com um ser que nada mais tem de matéria? E os médiuns de dupla vista? Embora perfeitamente despertos e em pleno dia, veem claramente o que se passa a distância. Não é uma faculdade própria, um gênero de mediunidade? A mediunidade é a faculdade dos médiuns. Os médiuns são pessoas acessíveis à influência dos Espíritos e que lhes podem servir de intermediários. Tal é a definição que se encontra no pequeno *Dictionnaire des Dictionnaires français abrégé*, de Napoléon Landais, e até agora ela nos parece dar exatamente essa ideia.

Não contestamos a utilidade dos instrumentos que o Sr. Brasseur designa sob o nome de médiuns inertes, já que ele tem perfeita liberdade para o escolher, caso julgue conveniente fazer uma distinção. Incontestavelmente eles têm uma vantagem, como resultado da experiência, para as pessoas que ainda nada viram. Como, porém, a Sociedade Parisiense de Estudos Espíritas constitui-se apenas de pessoas que não são mais iniciantes, cujas convicções já se formaram; como não faz nenhuma experiência visando a satisfazer a curiosidade do público — que jamais convida às suas sessões, a fim de não ser perturbada em suas pesquisas e em suas observações — esses meios primitivos não lhe ensinariam nada de novo. Eis por que a Sociedade utiliza meios mais eficientes, visto possuir grande experiência do assunto para saber distinguir perfeitamente a natureza das comunicações que recebe.

Não acompanharemos o Sr. Brasseur em todos os raciocínios sobre os quais apoia a sua teoria. Temeríamos enfraquecê-los ou mutilá-los. Na impossibilidade de reproduzi-los na íntegra, preferimos remeter os leitores, que deles quiserem tomar conhecimento, ao jornal que ele redige com incontestável talento, e no qual se encontram sobre o mesmo assunto artigos do Sr. Jules de Neuville, muito bem escritos, mas que aos nossos olhos apresentam somente uma falha: não terem sido precedidos de um estudo suficientemente aprofundado da matéria, o que teria evitado muitas questões supérfluas.

Em resumo, de acordo com a Sociedade Espírita, persistimos em considerar as pessoas como verdadeiros médiuns, que podem ser ativos ou passivos, segundo a sua natureza e a sua aptidão. Chamemos os instrumentos — se assim o quiserem — de *médiuns inertes*; é uma distinção que talvez seja útil, mas incorreríamos em erro se lhes atribuíssemos o papel e as propriedades dos seres animados nas comunicações *inteligentes*. Dizemos inteligentes porque ainda é necessário distinguir certas manifestações espontâneas puramente físicas. É um assunto que já tratamos amplamente na *Revista*.

# Boletim da Sociedade Parisiense de Estudos Espíritas

Sexta-feira, 29 de julho de 1859

(Sessão geral)

Leitura da Ata e dos trabalhos da última sessão.

*Comunicações*:

Fatos curiosos de previsão de morte e avisos de Além-Túmulo, ocorridos, um com os senhores de Chamissot e de Brunoy, emigrados que residiam em Coblença, em 1794; outro, com a condessa Ch... [Serão publicados.]

Observações microscópicas e analíticas da matéria da escrita direta. [Ver o número do mês de agosto de 1859.]

Leitura de uma carta em resposta à remessa da evocação do Sr. J. (de la Sarthe), feita na sessão de 22 de julho.

*Estudos*:

Perguntas complementares relativas ao repouso dos Espíritos. As respostas não parecem à altura do Espírito evocado, cuja clareza e precisão habituais não foram reconhecidas. Como não apresentam solução satisfatória, a Sociedade não as toma em consideração.

Perguntas dirigidas a François Arago a propósito das respostas equívocas acima referidas. Ele diz que o Espírito que as respondeu não é o que foi chamado, acrescentando que tal Espírito não é mau, e sim pouco adiantado e incapaz de resolver certas questões. Deixaram-no vir para vos exercitar na apreciação das respostas e para dar a ele uma lição.

Perguntas ao mesmo Espírito sobre a análise química da matéria da escrita direta.

Mais perguntas ao mesmo Espírito sobre as tempestades e o papel dos Espíritos nos fenômenos da natureza. [Publicadas no número de setembro.]

2º Evocação do Sr. J... (de la Sarthe), conforme a carta acima relatada. [Publicada no número de setembro, sob o título *Morte de um espírita*.]

Evocação de Jacques Arago. [Será publicada.]

Sexta-feira, 2 de setembro de 1859

(Sessão particular)

Leitura da Ata e dos trabalhos da última sessão.

*Assuntos Administrativos*:

Apresentação e admissão de dois novos membros titulares e de um membro correspondente em Madri.

*Comunicações*:

Carta do Sr. Det..., membro da Sociedade, na qual cita notável passagem, extraída do *Tableau de Paris*, de Mercier, edição de 1788, 12º volume, intitulado *Spiritualistes*. Esta passagem constata a existência, naquela época, de uma Sociedade formada em Paris, tendo por objetivo as comunicações com os Espíritos. Fornece, assim, uma nova prova de que o Espiritismo não é uma criação moderna, e que era aceito pelos homens mais eminentes. (Publicada a seguir.)

O Sr. S... observa, a propósito, que naquela época um tal *Martinez Pascalis* tinha fundado a seita dos *Martinistas*, que também pretendia estabelecer relações com os Espíritos, por meios que os iniciados se comprometiam a manter em segredo.

Carta do Dr. B..., de Nova Iorque, agradecendo à Sociedade o título de correspondente que esta lhe havia conferido e dando detalhes interessantes acerca da exploração mercantil do Espiritismo na América.

Comunicação de diversas cartas do Sr. Dumas, membro titular da Sociedade em Sétif, na Argélia, contendo grande número de evocações, muitas das quais oferecem grande interesse do ponto de vista do estudo. Elas constatam que vários médiuns se desenvolveram naquele país e que o Espiritismo é objeto de grande preocupação. Entre os fatos citados sobressai-se principalmente o seguinte: Ao tentar escrever como médium, um carvoeiro semianalfabeto não obteve senão traços irregulares, com os quais preencheu sucessivamente seis páginas; teve, em seguida, a ideia de colocar essas páginas uma depois da outra e achou que os traços concordavam entre si, formando um conjunto. Essa mesma pessoa depois chegou a escrever páginas inteiras com grande facilidade. Entretanto, a prolixidade, a abundância e a natureza de certas comunicações fazem recear uma obsessão.

O Sr. Allan Kardec presta esclarecimentos sobre um fato de manifestação espontânea que ocorreu numa reunião em sua casa e em circunstâncias notáveis. A princesa S..., presente à reunião, manifestou o desejo de evocar o Dr. Beaufils, seu médico, morto há sete ou oito anos. Três médiuns, no número dos quais se achava a filha da princesa, que também era excelente médium, foram tomados de movimentos convulsivos violentos, quebrando os lápis e rasgando o papel. Intimado a identificar-se, depois de muita hesitação, o Espírito terminou por dizer que não ousava revelar seu nome. Coagido pelas perguntas, respondeu que sabiam seu nome pelos jornais; que era um miserável; que tinha matado; que era o empregado do açougue, assassino da Rua de la Roquette, executado recentemente. Interrogado sobre os motivos de sua presença, sem ter sido chamado, disse que tinha sido enviado por outros Espíritos, *a fim de convencer os médiuns de que não escreviam o seu próprio pensamento*; termina pedindo que orem por ele, porque se arrepende de sua conduta e sofre bastante. Retirou-se depois que prometeram satisfazer-lhe o desejo, e após lhe haverem dado alguns conselhos. Veio então o Dr. Beaufils, respondendo com muita calma e lucidez às diversas perguntas que lhe foram dirigidas.

Esta comunicação é, realmente, uma prova manifesta da independência dos médiuns, porquanto todos os membros da reunião estavam preocupados com a evocação do médico e ninguém pensava naquele homem, que a todos veio surpreender, manifestando-se por sinais idênticos a três médiuns diferentes, que não dispunham nem de cartões, nem de pranchetas.

Leitura de uma comunicação espontânea obtida pelo Sr. R..., membro da Sociedade, sobre a antiguidade das crenças espíritas, bem como os traços que deixaram nas demais religiões. (Publicada a seguir.)

*Estudos*:

Evocação de Privat d'Anglemont. (Será publicada).

Milionário avarento de Lyon, mais conhecido como pai Crépin. (Será publicada.)

Sexta-feira, 9 de setembro de 1859

(Sessão geral)

Leitura da Ata e dos trabalhos da última sessão.

*Comunicações*:

Leitura de uma comunicação espontânea obtida pelo visconde de H..., médium recentemente desenvolvido, e transmitida pelo Sr. D..., membro da Sociedade, em Lille. (Será publicada).

Leitura de uma comunicação espontânea de Lamennais, obtida pelo Sr. R..., membro da Sociedade. (Será publicada.)

Outra comunicação espontânea obtida pelo mesmo, da parte do Dr. Olivier, que se apresentou sem ter sido chamado. Essa comunicação tem isso de notável: mostra aquele Espírito numa situação idêntica à de Voltaire, tal como este último a descreveu em suas confissões, publicadas na *Revista* do mês de setembro. Ele duvida de tudo, mesmo de Deus. Errante, não encontra ninguém para o esclarecer, o que o mergulha numa ansiedade tanto mais penosa quanto menos lhe vê o termo. As palavras de consolo dirigidas pelo médium representam para ele um raio de luz e um alívio. Promete voltar. (Será publicada.)

O Sr. Allan Kardec relata um fato notável de obsessão, por parte de um Espírito brutal, antigo carroceiro, sobre a pessoa do Sr. C..., excelente médium. Além disso, o fato confirma a possibilidade da existência de lugares assombrados por certos Espíritos. (Será publicada.)

Os Espíritos bulhentos de Madri; relato de um fato noticiado, sem comentário, por um jornal de Madri, a respeito de uma casa daquela cidade, cujos ruídos e desordens noturnos tornavam-na inabitável, e contra os quais as investigações e as medidas da polícia haviam fracassado.

*Estudos*:

Questões sobre a avareza, a propósito da evocação de pai Crépin, de Lyon. (Serão publicadas depois dessa evocação.)

Evocação de Privat d'Anglemont – 2ª entrevista. (Será publicada.)

Evocação do Sr. Julien S..., feita a pedido do Sr. B. de Bouxhors.

Evocação do Sr. Adrien de S..., feita por uma pessoa estranha que assistia à sessão. Não obstante de interesse puramente pessoal, essa evocação oferece um traço característico quanto à influência exercida pelos Espíritos errantes sobre os encarnados.

A cripta de Saint-Leu. Procurando a sepultura do grande chanceler Pasquier na Igreja de Saint-Leu, em Paris, no dia 27 de julho de 1859, ao perfurarem um buraco na parede, encontraram debaixo do coro uma cripta de 5m de comprimento por 4m de altura e 2m de largura, hermeticamente fechada por uma laje. Nessa cripta foram encontrados quinze a vinte esqueletos sem esquife e em diferentes posições, o que indicava que não haviam sido enterrados. Na parede, gravado com um instrumento pontiagudo, estava escrito: Marvé, 1733; Chenest, 1733; Marx, coroinha, 1727; Charles Remy, 1721; Gabriel, 1727; Thiévan, 1723; Maupain, 1728, e vários nomes ilegíveis.

Interrogaram o Espírito São Luís sobre a possibilidade de evocar um dos Espíritos cujos nomes se acham na cripta, a fim de obterem-se esclarecimentos a respeito dessa descoberta. Respondeu ele: "Aconselho-vos a deixar isso de lado. Há crimes neste caso, e este é muito recente para exumarmos algo que se relacione com ele."

Verteuil, antigo autor dramático e ator do *Théâtre de la Cité*. Era um rapaz inteligente, de notável beleza e possuía uma grande fortuna. Em pouco tempo perdeu todos os haveres numa bancarrota, depois a voz, a audição e a visão. Morreu em Bicêtre, onde ficou vinte anos, surdo, mudo e cego, recebendo comunicação apenas quando lhe riscavam os caracteres na palma da mão; então, respondia por escrito. Esta posição excepcional parecia oferecer interessante matéria de estudo psicológico. Consultado a respeito, o Espírito São Luís respondeu: "Não o evoqueis; ele está reencarnado." Em seguida forneceu diversas informações sobre os antecedentes do rapaz, as causas e as circunstâncias de sua enfermidade. (Para os detalhes desta história comovente, vide a *Patrie*, de 26 de julho de 1859.)

Evocação de antigo carroceiro, de cujas comunicações já demos notícia. Ele se manifesta por sinais de violência, quebra o lápis, que força sobre o papel, e por uma escrita grosseira, irregular e pouco legível. Esta evocação apresenta um caráter notável, sobretudo do ponto de vista da influência que o homem pode exercer sobre certos Espíritos inferiores, por meio da prece e dos bons conselhos. (Será publicada.)

Sexta-feira, 16 de setembro de 1859

(Sessão particular)

Leitura da Ata e dos trabalhos da sessão de 9 de setembro.

*Comunicações*:

Leitura de um artigo do *Illustration* de 1853, comunicado pelo Sr. R..., e intitulado *As mesas volantes*. Segundo o jornal russo *Sjevernava Plschela*, de 27 de abril de 1853, e conforme documentos fornecidos pelo Sr. Tscherepanoff, esse artigo demonstra que o fenômeno das mesas girantes é conhecido e praticado desde tempos imemoriais, na China, na Sibéria e entre os Kalmouks da Rússia meridional. Principalmente entre estes últimos, esse meio é utilizado na descoberta de objetos perdidos. (Publicado a seguir.)

O Sr. Dorgeval dirige à Sociedade um poema intitulado *Uranie*, do Sr. de Porry, de Marselha, no qual os pontos fundamentais da Doutrina Espírita estão claramente enunciados, embora na época de sua composição não tivesse o autor nenhuma noção dessa ciência. Não menos digno de nota é o Sr. Porry ter escrito seu poema por uma espécie de faculdade mediúnica. Era à noite, meio adormecido, que os versos se formavam em seu pensamento e ele os escrevia no dia seguinte, ao despertar. Foi feita a leitura de vários fragmentos desse poema, que será publicado nesta *Revista*.

Carta do Sr. P..., de Marselha, contendo a comunicação de um Espírito que se dá a conhecer pelo nome de Paulo, e uma de São Luís, notável por diversas respostas de grande profundeza.

Leitura de uma comunicação espontânea dada ao Sr. R..., membro da Sociedade, pelo açougueiro assassino da Rua de la Roquette, de que tratamos na sessão de 2 de setembro, e que veio interpor-se numa reunião havida na casa do Sr. Allan Kardec. Esse Espírito vem agradecer as preces que foram feitas em seu benefício, conforme havia pedido. Tal comunicação é notável pelos bons pensamentos que encerra, projetando uma nova luz sobre a assistência que pode ser dada aos Espíritos sofredores. (Será publicada.)

*Estudos*:

Perguntou-se ao Espírito São Luís se, independentemente dos assuntos previamente elaborados, poderiam os Espíritos dar-nos comunicações espontâneas sobre assunto de sua livre escolha. Respondeu afirmativamente, dizendo que César escreverá da próxima vez por intermédio do Sr. R..., e com o consentimento deste último.

O Sr. Col..., presente à sessão como ouvinte, pergunta se lhe permitem fazer a evocação de seu filho, cuja morte é, para sua mãe, uma causa de sofrimento que nada pode atenuar. Devendo ir encontrá-la no dia seguinte, gostaria de relatar a conversa como um motivo de consolação. Como é de interesse meramente pessoal, esta evocação não será publicada.

Exame da teoria do Sr. Brasseur sobre os médiuns. Ele considera os cartões, pranchetas e outros instrumentos como os únicos médiuns verdadeiros, que classifica de *médiuns inertes*, considerando-se que nos médiuns animados, diz ele, há sempre maior ou menor participação do pensamento pessoal. Vários membros tomam parte na discussão, pondo-se de acordo no combate à opinião do Sr. Brasseur, fundada, segundo dizem, sobre uma observação incompleta, tendo em vista que a independência absoluta do médium animado está provada por fatos irrecusáveis. Um dos argumentos opostos ao Sr. Brasseur é de que os cartões e pranchetas nunca falam sozinhos, donde resulta que não passam de instrumentos ou, como já foi dito, de apêndices perfeitamente dispensáveis; são os acessórios, e não o principal. Munida de lápis e influenciada pela pessoa, a prancheta não é mais médium que o lápis colocado diretamente na mão da pessoa.

O Sr. Sanson procede à leitura de alguns versos que ele compôs em homenagem a São Luís e em agradecimento pela cura de que foi objeto. Como não se julga poeta, pergunta qual o Espírito que os inspirou. Respondem-lhe que foi o seu próprio Espírito, tomado de justo reconhecimento por aquele que aliviou suas dores.

Evocação de Swedenborg[76] – À evocação feita por Allan Kardec, ele responde: — Falai, meu velho amigo. — Honrais-me com o título de vosso velho amigo e, no entanto, estamos longe de ser contemporâneos; não vos conheço senão pelos vossos escritos. — É verdade, mas eu vos conheço há muito tempo. — Desejamos fazer várias perguntas sobre diversos pontos de vossa doutrina, mas, considerando o avançar da hora, o nosso objetivo é apenas perguntar se podereis fazê-lo na próxima sessão. — Com prazer. Permiti-me, porém, desde já, fazer uma correção nos meus escritos, correção importante

---

[76] N.E.: Emanuel Swedenborg (1688–1772), pensador, naturalista e místico sueco.

para mim. Quando escrevi minha doutrina, pretendia, segundo os conselhos do mundo celeste que a ditavam, que cada povo se achava no Céu, numa esfera separada, e que o caráter distintivo de cada nação reapareceria ainda, não por indivíduos, mas por grandes famílias. A experiência convenceu-me de que isso não é assim.

— Não há outros pontos sujeitos a contestação? — *Resp.* Sim, muitos outros; mas este é um dos mais marcantes.

— Temos aqui vários médiuns; tendes preferência por algum para vos comunicardes conosco? — *Resp.* Não... digo, sim; eu escolheria um médium mecânico, como os chamais, e ao mesmo tempo rápido.

Sexta-feira, 23 de setembro de 1859

(Sessão geral)

Leitura da Ata da sessão do dia 16.

*Apresentação* de quatro candidatos como membros titulares. Sua admissão será discutida na próxima sessão particular do dia 7 de outubro, e aceita, se for o caso.

*Comunicações*:

Leitura de uma carta de Rouen, relatando um fato autêntico ocorrido na família da pessoa que escreve, sobre a aparição de sua avó no momento da morte.

Outro fato recente de aparição e de aviso de Além-Túmulo. O Sr. D..., de Paris, doutor em Medicina, havia tratado durante algum tempo uma jovem mulher que padecia de doença incurável e que no momento não morava mais em Paris. Há cerca de quinze dias o médico foi despertado por pancadas à porta de seu quarto de dormir. Supondo que vinham chamá-lo para atender algum doente, perguntou: "Quem é?" No mesmo instante viu aquela senhora à sua frente, dizendo-lhe com uma voz muito distinta: "Sou eu Sr. D..., venho dizer que morri." Tomando informações, ficou sabendo que aquela mulher havia morrido na mesma noite de sua aparição.

Fato curioso de separação momentânea entre a alma e o corpo aconteceu há alguns dias ao Sr. C., médium da Sociedade. (Será publicada com a explicação dada pelos Espíritos.)

Leitura de uma comunicação extraordinária, dada pelo Espírito Privat d'Anglemont ao Sr. Ch..., médium da Sociedade. (Será publicada com as outras comunicações do mesmo Espírito.)

*Estudos*:

Três comunicações espontâneas tinham sido prometidas para esta sessão: uma de César, uma de Swedenborg e uma de Privat d'Anglemont. Fizeram escrevê-las simultaneamente por três médiuns diferentes, todos mecânicos.

A seguir, diversas perguntas são feitas a Swedenborg sobre alguns pontos de sua doutrina, que ele reconhece errôneas. Fez-se a leitura prévia de uma notícia biográfica sobre Swedenborg, preparada pela Sra. P., membro da Sociedade. (Serão publicadas.)

O Sr. Det..., membro da Sociedade, havia preparado sobre César uma série de perguntas muito inteligentes, mas as explicações espontâneas dadas por esse Espírito tornaram supérflua a maior parte delas. Todavia, serão examinadas e escolhidas as que forem julgadas proveitosas para ulterior deliberação.

O Sr. Dumas, de Sétif, membro titular da Sociedade, está presente à sessão. Pede para fazer-se evocação de alguns Espíritos que a ele se manifestaram, a fim de ter um controle das comunicações obtidas na Argélia. O resultado dessas evocações é idêntico e confirma as respostas que lhe haviam sido dadas. À questão de saber se ele pode concorrer eficazmente para a propagação do Espiritismo na África, foi respondido que não somente pode, como também deve.

## Sociedade Espírita no século XVIII

*Ao Senhor Presidente da Sociedade Parisiense de Estudos Espíritas.*

"Senhor Presidente,

Não é de 1853, época em que os Espíritos começaram a manifestar-se pelo movimento das mesas e por pancadas, que data o restabelecimento das evocações. No histórico do Espiritismo, que lemos em vossas obras, não mencionais uma Sociedade como a nossa, cuja existência, com grande surpresa minha, foi revelada por *Mercier*, em seu *Tableau de Paris*, edição de 1788, no capítulo intitulado *Spiritualistes*, 12º volume. Eis o que ele diz:

'Por que a Teologia, a Filosofia e a História mencionam várias aparições de Espíritos, de gênios ou de demônios? A crença de uma parte da Antiguidade era a de que cada homem tinha dois Espíritos: um bom, que convidava à virtude, e outro mau, que incitava ao mal.

Uma *seita nova* acredita no retorno dos Espíritos a este mundo. Ouvi várias pessoas que estavam realmente persuadidas de que há meios para evocá-los. Estamos rodeados por um mundo que não percebemos. À nossa volta estão seres dos quais não fazemos a menor ideia; dotados de uma natureza intelectual superior, eles nos veem. Não há vazio no universo: eis o que asseguram os adeptos da *ciência nova*.

Assim, a volta das almas dos mortos, aceita em toda a Antiguidade, de que zombava a nossa Filosofia, é hoje aceita *por homens que não são nem ignorantes, nem supersticiosos*. Todos esses Espíritos, aliás chamados na escritura *os Príncipes do Ar*, estão sempre sob as ordens do senhor da natureza. Aristóteles[77] diz que os Espíritos aparecem frequentemente aos homens por necessitarem uns dos outros. Não me refiro aqui senão ao que nos dizem os partidários da existência dos gênios.

Se acreditamos na imortalidade da alma precisamos admitir que essa multidão de Espíritos pode manifestar-se depois da morte. Entre essa imensidade de prodígios de que estão cheios todos os países da Terra, *se ocorrer um só, a incredulidade será um contrassenso*. Creio, portanto, que não haveria menos temeridade em negar do que em sustentar a verdade das aparições. Estamos num mundo desconhecido.'

Não se poderá acusar Mercier de incredulidade e de ignorância. No extrato que precede vemos que não rejeita *a priori* as manifestações dos Espíritos, conquanto não tenha tido ocasião de as testemunhar. Entretanto, como homem prudente, adiava seu julgamento até maiores informações. A propósito do magnetismo já havia dito: 'Isto é tão misterioso, tão profundo e tão inacreditável que devemos rir, ou cair de joelhos. Eu não faço nem uma coisa, nem outra: *observo e espero.*'

Seria interessante saber por que essas evocações, retomadas em 1788, foram interrompidas até 1853. Teriam os membros da Sociedade, que delas se ocupavam, perecido durante a Revolução? É lamentável que Mercier não tenha revelado o nome do presidente daquela Sociedade.

Recebei etc."

Det...
Membro titular da Sociedade

---

[77] N.E.: Aristóteles (384 a.C.–322 a.C.), filósofo grego. Aluno de Platão e professor de Alexandre, o Grande.

OBSERVAÇÃO – O fato relatado por Mercier tem importância capital e um alcance que ninguém poderá desconhecer. Prova, já naquela época, que homens apreciáveis por sua inteligência ocupavam-se seriamente com a ciência espírita. Quanto à causa que levou à extinção dessa Sociedade, é provável que as perturbações que se seguiram tiveram grande papel em tudo isso, mas não é exato dizer que as evocações foram interrompidas até 1853. É verdade que em torno dessa época as manifestações tiveram maior desenvolvimento, mas está provado que elas jamais cessaram. Em 1818 tivemos em mãos uma notícia manuscrita sobre a Sociedade dos Teósofos, que existia no começo deste século e que pretendia, por meio do recolhimento e da prece, entrar em comunicação com os Espíritos; era, provavelmente, a continuação da Sociedade de que nos fala Mercier. Desde o ano 1800 o célebre abade Faria, de acordo com um cônego seu amigo, antigo missionário no Paraguai, ocupava-se da evocação e obtinha comunicações escritas. Todos os dias ficávamos sabendo que certas pessoas as obtinham em Paris, muito antes que se cogitasse dos Espíritos na América. Mas é preciso dizer também que antes dessa época todos aqueles que possuíam semelhante conhecimento faziam mistério; hoje, que é do domínio público, ele se vulgariza, eis toda a diferença. Se fosse uma quimera não se teria implantado em alguns anos nos cinco continentes; o bom senso já lhe teria feito justiça, precisamente porque cada um está em condições de ver e de compreender. Certamente ninguém contestará o progresso que essas ideias fazem diariamente, e isso nas camadas mais esclarecidas da sociedade. Ora, uma ideia que demanda o raciocínio, que cresce e se plenifica pela discussão e pelo exame, não tem as características de uma utopia.

# Conversas familiares de Além-Túmulo

## O PAI CRÉPIN

(Sociedade, 2 de setembro de 1859)

Recentemente os jornais anunciaram a morte de um homem que residia em Lyon, onde era conhecido pelo nome de pai Crépin. Era muitas vezes milionário e de uma avareza pouco comum. Nos últimos tempos de sua vida viera morar com o casal Favre, que se comprometeu a alimentá-lo mediante 30 centavos por dia, feita a dedução de 10 centavos para o seu tabaco. Possuía nove casas e antes morava em uma delas, numa espécie de nicho que mandara construir sob a escada. Na época de receber os aluguéis, arrancava os cartazes das ruas e deles se servia para dar os recibos. O decreto municipal que prescrevia a caiação das residências lhe causava um terrível desespero; fez diligências no sentido de obter uma exceção, mas tudo foi inútil. Gritava que estava arruinado. "Se tivesse somente uma casa, resignar-se-ia; mas" — acrescentava — "tenho nove."

1. *Evocação.*

*Resp.* – Eis-me aqui. Que quereis de mim? Oh! Meu ouro! meu ouro! Que fizeram dele?

2. Tendes saudades da vida terrestre?

*Resp.* – Oh! Sim!

3. Por que tendes saudades?

*Resp.* – Não posso mais tocar no meu ouro, contá-lo e guardá-lo.

4. Em que empregais o vosso tempo?

*Resp.* – Ainda estou muito preso à Terra e é difícil que me arrependa.

5. Vindes algumas vezes rever os vossos queridos tesouros e vossas casas?

*Resp.* – Tantas vezes quanto posso.

6. Quando vivo alguma vez considerastes que não levaríeis nada disso para o outro mundo?

*Resp.* – Não. Minha única preocupação estava voltada para as riquezas, de modo a acumulá-las; jamais pensei em separar-me delas.

7. Qual era o vosso objetivo ao acumular essas riquezas, que não serviam para nada, nem mesmo para vós, considerando-se que passáveis por muitas privações?

*Resp.* – Eu experimentava a volúpia de tocá-las.

8. De onde provinha tão sórdida avareza?

*Resp.* – Do prazer que experimentava meu Espírito e meu coração por ter muito dinheiro. Na Terra não tive outra paixão.

9. Compreendeis que era avareza?

*Resp.* – Sim, compreendo agora que eu era um miserável. Entretanto, meu coração ainda é muito terreno e continuo experimentando certo prazer em ver o meu ouro, mas não posso apalpá-lo e isso já é um começo de punição na vida em que me encontro.

10. Não experimentáveis nenhum sentimento de piedade pelos infelizes que padeciam a miséria, e jamais vos acudiu o pensamento de aliviá-los?

*Resp.* – Por que eles não tinham dinheiro? Azar deles!

11. Recordais a existência que tivestes, anterior a esta que acabais de deixar?

*Resp.* – Sim, eu era pastor, muito infeliz de corpo, mas feliz de coração.

12. Quais foram os vossos primeiros pensamentos quando vos reconhecestes no mundo dos Espíritos?

*Resp.* – O meu primeiro pensamento foi o de procurar as minhas riquezas, principalmente meu ouro. Quando não vi senão o espaço, senti-me muito infeliz; meu coração se despedaçou e o remorso começou a apoderar-se de mim. Creio que quanto mais continuar procurando riquezas, mas sofrerei de minha avareza terrestre.

13. Qual é agora, para vós, a consequência da vossa vida terrestre?

*Resp.* – Inútil para meus semelhantes, inútil diante da eternidade, mas infeliz para mim perante Deus.

14. Sois capaz de prever uma nova existência corporal?

*Resp.* – Não sei.

15. Se em breve devêsseis ter uma nova existência corporal, qual a que escolheríeis?

*Resp.* – Escolheria uma existência em que pudesse tornar-me útil aos meus semelhantes.

16. Quando vivo não tínheis amigos na Terra? Um avarento como vós não os pode ter. Tende-os entre os Espíritos?

*Resp.* – Jamais orei por alguém; meu anjo da guarda, ao qual muito ofendi, é o único que tem piedade de mim.

17. À vossa entrada no mundo dos Espíritos havia alguém que vos veio receber?

*Resp.* – Sim, minha mãe.

18. Já fostes evocado por outras pessoas?

*Resp.* – Uma vez, por pessoas a quem maltratei.

19. Não estivestes na África, num centro onde se ocupam com os Espíritos?

*Resp.* – Sim, mas toda aquela gente não tinha nenhuma piedade de mim, o que é muito triste. Aqui sois compassivos.

20. Nossa evocação vos será proveitosa?

*Resp.* – Muito.

21. Como adquiristes fortuna?

*Resp.* – Ganhei um pouco honestamente, mas explorei muito e roubei um pouco os meus semelhantes.

22. Podemos fazer alguma coisa por vós?

*Resp.* – Sim, um pouco de vossa piedade para uma alma em sofrimento.

(Sociedade, 9 de setembro de 1859)

Perguntas dirigidas a São Luís, a propósito do pai Crépin

1. O pai Crépin, que evocamos ultimamente, era um raro tipo de avarento. Não nos pôde dar explicações sobre a origem dessa paixão. Teríeis a bondade de no-las complementar? Ele nos disse que tinha sido pastor, muito infeliz de corpo, mas feliz de coração. Nada vemos nisso que lhe pudesse desenvolver essa avareza sórdida. Poderíeis dizer-nos o que a gerou?

*Resp.* – Ele era ignorante, inexperiente; pediu riqueza e ela lhe foi concedida, mas como punição pelo seu pedido. Não a pedirá mais, estejais certos.

2. O pai Crépin oferece-nos o tipo de avareza ignóbil, mas essa paixão comporta gradações. Assim, há pessoas que não são avarentas senão para os outros. Perguntamos qual é o mais culpável: aquele que acumula pelo prazer de acumular e se priva até do necessário ou o que, de nada se privando, é sovina quando se trata do menor sacrifício para com o próximo?

*Resp.* – É evidente que o último é mais culpável, porquanto é profundamente egoísta. O outro é louco.

3. Nas provas que deve sofrer para alcançar a perfeição, deve o Espírito passar por todos os gêneros de tentação. Em relação ao

pai Crépin, poderíamos dizer que a ocasião da avareza chegou por intermédio das riquezas que estavam à sua disposição, e que ele sucumbiu?

*Resp.* – Isto não é regra geral, mas é exato tratando-se dele. Sabeis que há muitos que desde o começo tomam um caminho que os livra de muitas provas.

## Sra. E. de Girardin, médium

Extraímos o artigo seguinte da crônica do *Paris-Journal*, nº 44. Não há necessidade de comentário; ele mostra que, se todos os partidários do Espiritismo são loucos, como o dizem pouco delicadamente aqueles que se arrogam sem-cerimônia o privilégio do bom senso, podemos consolar-nos e até mesmo sentir-nos honrados de ir para os hospícios em companhia de inteligências da têmpera da Sra. de Girardin e de tantos outros.

> Outro dia eu vos prometi a história da Sra. de Girardin e de um célebre médico. Contá-la-ei hoje, porque obtive a permissão; é uma história bastante curiosa. Ficaremos ainda no sobrenatural; dele nos ocupamos mais do que nunca, nós que, por dever de ofício, tomamos o pulso de Paris e o achamos ligeiramente febril. Decididamente, para a natureza humana há uma certa necessidade de saber o futuro e penetrar os mistérios da natureza. Quando se vê inteligências como a de Delphine Gay entregar-se a estas práticas, que consideramos pueris, não lhes podemos recusar uma certa importância, sobretudo quando apoiadas em testemunhos irrecusáveis, tais como este de que vos falo e que ireis conhecer. Refiro-me ao testemunho, e não ao médico, entendei bem.
>
> A Sra. de Girardin tinha uma pequena prancheta e um lápis. Consultava-os incessantemente. Obtinha, assim, conversações com muitas celebridades da História, sem contar com o diabo, que nelas também se imiscuía. Uma noite, ele mesmo veio revelar-se a uma importante personagem que não teve medo, pois sua atribuição é a de expulsá-lo. A grande Delphine nada fazia sem consultar a prancheta; pedia-lhe conselhos literários que esta jamais recusava;

era até mesmo para a ilustre poetisa de uma severidade magistral. Assim, repetia-lhe incessantemente que não escrevesse mais tragédias, sem a menor consideração pelos versos maravilhosos que compõem sua peça *Judith* e *Cleópatra*. Quem é que vai assistir à representação de uma tragédia? Os fanáticos da poesia dramática. Que buscam eles, numa tragédia? Os belos versos que os comovem e sensibilizam, e *Judith* e *Cleópatra* fervilham desses pensamentos de mulher, expressos por uma mulher de espírito e de um coração eminentes, cujo talento ninguém contesta. Enfim, a prancheta não queria mais a tragédia; obstinava-se na prosa e na comédia; colaborava nos desenlaces e corrigia a prolixidade.

Não somente Delphine lhe confiava seus trabalhos literários, como ainda lhe contava seus sofrimentos e pedia conselhos para a saúde. Infelizmente esses conselhos, ditados pela imaginação da doente ou pelo demônio, contribuíram para afastá-la de nós. Ela tomava remédios incríveis: torradas com pimenta, pimentões e todas as extravagâncias prejudiciais a uma natureza inflamável como a sua. Disso foram encontradas provas após a sua morte, das quais os seus amigos e admiradores jamais se consolarão.

Todo mundo conhece Chassériau,[78] arrebatado também na flor da idade. Fez de memória um soberbo retrato da bela defunta. Fizeram dele uma gravura, que hoje está por toda parte. Ele levou o retrato ao doutor em questão e lhe perguntou se estava contente. Este último fez alguns ligeiros reparos. O pintor já ia concordar com essas modificações quando os dois tiveram a ideia de se dirigir ao próprio modelo. Colocaram as mãos sobre a prancheta e a Sra. de Girardin se manifestou quase que imediatamente. Pode-se imaginar qual teria sido a sua emoção. Interrogada sobre o retrato, disse que não estava perfeito, mas que não o deviam retocar, pois corriam o risco de danificá-lo, sendo a semelhança muito difícil de captar quando não se tem outro guia a não ser a memória. Fizeram-lhe outras perguntas; a algumas recusou-se a responder, embora atendesse a outras.

---

[78] N.E.: Théodore Chassériau (1819–1856), pintor francês.

Perguntaram o lugar onde ela estava.

— Não quero dizê-lo — retrucou.

E apesar de todos os pedidos nada puderam obter a esse respeito.

— Sois feliz?

— Não.

— Por quê?

— Porque não posso mais ser útil àqueles a quem amo.

Permaneceu muda obstinadamente enquanto lhe falaram da outra vida e não prestou nenhuma informação; não disse sequer se assim agia por lhe ser proibido ou por vontade própria. Depois de uma longa conversa foi-se embora. Lavrou-se a ata dessa sessão. As duas testemunhas ficaram tão impressionadas que não mais recomeçaram a experiência. O médico podia agora evocar aquele que o ajudara naquele dia e ter esses dois grandes Espíritos na sua prancheta. Como tudo passa neste mundo! E que ensinamentos nestes fatos estranhos, se os tomarmos do ponto de vista filosófico e religioso!

## As mesas volantes

Sob esse título encontramos o artigo seguinte na *Illustration* de 1853, precedido das indispensáveis anedotas, pelo que pedimos perdão aos nossos leitores.

Ora, ora, trata-se das mesas girantes! Eis as mesas volantes! E não é de hoje que o fenômeno se produz; existe há muitos anos. Onde? — indagais. Palavra de honra que é um pouco longe: na Sibéria! Um jornal russo, *Sjevernava Plschela*, que significa *A abelha do Norte*, em seu número de 27 de abril último contém a respeito um artigo do Sr. Tscherepanoff, que viajou no país dos Kalmouks. Eis um trecho:

## Outubro de 1859

Deve-se saber que os lamas, sacerdotes da religião budista, à qual aderem todos os mongóis e buretas russos, como os antigos sacerdotes do antigo Egito não comunicam os segredos que descobrem, mas, ao contrário, deles se servem para aumentar a influência que exercem sobre um povo naturalmente supersticioso. É assim que pretendem ter o poder de encontrar os objetos roubados, utilizando-se, para isso, da *mesa volante*. As coisas se passam da seguinte maneira:

A vítima do roubo dirige-se ao lama, pedindo que lhe revele o local onde estão escondidos os objetos. O sacerdote de Buda pede dois ou três dias, a fim de preparar-se para essa grave cerimônia. Expirado o prazo, ele se senta no chão, coloca diante de si uma pequena mesa quadrada, põe as mãos sobre ela e começa a ler algo incompreensível; isto dura meia hora. Depois de haver balbuciado qualquer coisa, levanta-se, mantendo sempre a mão na mesma posição inicial, e a mesa se ergue no ar. O lama se apruma e põe as mãos no alto da cabeça e a mesa sobe na mesma altura; dá um passo à frente e o móvel segue no ar o seu exemplo; recua, e a mesa faz o mesmo. Em suma, a mesa toma várias direções, terminando por cair no chão. É na direção principal que a mesa tomou que se encontra o local procurado. A crer nos relatos dos habitantes, houve casos em que a mesa foi cair exatamente no lugar que ocultava o objeto roubado.

Na experiência a que assistiu o Sr. Tscherepanoff a mesa voou até a distância de 15 toesas.[79] O objeto roubado não foi encontrado imediatamente. Mas na direção indicada pelo móvel residia um camponês russo, que percebeu o sinal e no mesmo dia atentou contra a vida. Sua morte súbita levantou suspeitas. Fizeram pesquisas em seu domicílio e ali encontraram o que procuravam. O viajante presenciou três outras experiências; todas, no entanto, fracassaram. A mesa não quis mover-se; os lamas, porém, não ficaram embaraçados para explicar tal imobilidade: se o móvel não se movia é que os objetos não podiam ser encontrados.

---

[79] Nota do tradutor: Cerca de 30 metros.

O Sr. Tscherepanoff testemunhou esse fenômeno em 1831, na aldeia de Jélany: "Eu não acreditava no que viam os meus olhos; estava convencido de que havia alguma escamoteação e que meu lama se servia de uma corda habilmente dissimulada ou de um fio de ferro para erguer a mesa no ar. Todavia, olhando de perto, não percebi nenhum sinal de cordão ou de fio de ferro; a mesa era uma prancha fina de pinheiro, não pesando mais que uma libra e meia. Hoje estou persuadido de que o fenômeno é produzido pelas mesmas causas da *dança das mesas*."

Assim, os chefes da seita dos *Espíritos*, que acreditavam ter inventado a *table-moving*, nada mais fizeram do que espalhar uma invenção, há muito conhecida entre outros povos. *Nihil sub sole novi*, dizia Salomão. Quem sabe se ao tempo do próprio Salomão não era conhecida a maneira de fazer girar as mesas!... Que estou dizendo? Esse processo era conhecido muito antes do digno filho de Davi. Lede o *North-China-Herald*, citado pela *Gazette d'Ausbourg* de 11 de maio, e vereis que os habitantes do celeste império se divertiam com esse jogo desde tempos imemoriais.

Pertencendo à natureza, conforme já dissemos centenas de vezes, o Espiritismo é uma de suas forças, razão por que os fenômenos que dele resultam devem ter-se produzido em todos os tempos e entre todos os povos, interpretados, comentados e adaptados segundo os costumes e o grau de instrução. Jamais pretendemos que fosse uma invenção moderna. Quanto mais avançarmos, mais iremos descobrindo os traços que ele deixou por toda parte e em todas as idades. Os modernos não têm outro mérito senão o de tê-lo despojado do misticismo, do exagero e das ideias supersticiosas dos tempos de ignorância. É impressionante que a maior parte das pessoas que falam do Espiritismo com tanta leviandade jamais se deram ao trabalho de estudá-lo. Julgam-no por uma primeira impressão, na maioria das vezes por ouvir dizer, sem conhecimento de causa, e ficam surpreendidos quando lhes mostramos, no fundo de tudo isso, um dos princípios que dizem respeito aos mais graves interesses da humanidade. E não se pense que aqui tratamos somente do interesse do outro mundo. Todo aquele que não se detém na superfície vê sem dificuldade que ele toca em todas as questões vitais do mundo atual. Quem teria pensado outrora que uma rã, dançando num prato, ao contato de uma colher de prata, daria origem a um meio de nos comunicarmos, em alguns segundos, de um a outro extremo da Terra, dirigir o raio e produzir uma luz que rivaliza com a do sol? Paciência, senhores galhofeiros; de uma mesa que dança poderá muito bem sair um gigante que porá de lado os zombadores. Na marcha em que vão as coisas, isto não começa mal.

Allan Kardec

# Revista Espírita
Jornal de Estudos Psicológicos
ANO II      NOVEMBRO DE 1859      Nº 11

## Deve-se publicar tudo quanto dizem os Espíritos?

Esta questão nos foi dirigida por um de nossos correspondentes e a ela respondemos por meio de outra pergunta: Seria bom publicar tudo quanto dizem e pensam os homens? Quem quer que possua uma noção do Espiritismo, por mais superficial que seja, sabe que o mundo invisível é composto de todos os que deixaram na Terra o envoltório visível. Entretanto, pelo fato de se haverem despojado do homem carnal, nem por isso os Espíritos se revestiram da túnica dos anjos. Encontramo-los de todos os graus de conhecimento e de ignorância, de moralidade e de imoralidade; eis o que não devemos perder de vista. Não esqueçamos que entre os Espíritos, assim como na Terra, há seres levianos, estouvados e zombeteiros; pseudossábios, vãos e orgulhosos, de um saber incompleto; hipócritas, malvados e, o que nos pareceria inexplicável, se de algum modo não conhecêssemos a fisiologia desse mundo, existem os sensuais, os ignóbeis e os devassos, que se arrastam na lama. Ao lado disto, tal como ocorre na Terra, temos seres bons, humanos, benevolentes, esclarecidos, de sublimes virtudes; como, porém, nosso mundo não se encontra nem na primeira, nem na última posição, embora mais vizinho da última que da primeira, resulta que o mundo dos Espíritos compreende seres mais avançados intelectual e moralmente que os nossos homens mais esclarecidos, e outros que ainda estão abaixo dos homens mais inferiores.

Desde que esses seres têm um meio patente de comunicar-se com os homens, de exprimir os pensamentos por sinais inteligíveis, suas comunicações devem ser o reflexo de seus sentimentos, de suas qualidades ou de seus vícios. Serão levianas, triviais, grosseiras, mesmo obscenas, sábias, sensatas e sublimes, conforme seu caráter e sua elevação. Revelam-se por sua própria linguagem; daí a necessidade de não se aceitar cegamente tudo quanto vem do mundo oculto, e submetê-lo a um controle severo. Com as comunicações de certos Espíritos, do mesmo modo que com os discursos de certos homens, poderíamos fazer uma coletânea muito pouco edificante. Temos sob os olhos uma pequena obra inglesa, publicada na América, que é a prova disto, e cuja leitura, podemos dizer, uma mãe não recomendaria à filha. Eis a razão por que não a recomendamos aos nossos leitores. Há pessoas que acham isso engraçado e divertido. Que se deliciem na intimidade, mas que o guardem para si mesmas. O que é ainda menos concebível é se vangloriarem de obter comunicações indecorosas; é sempre indício de simpatias que não podem ser motivo de vaidade, sobretudo quando essas comunicações são *espontâneas e persistentes*, como acontece a certas pessoas. Sem dúvida isto nada prejulga em relação à sua moralidade *atual*, porquanto encontramos criaturas atormentadas por esse gênero de obsessão, ao qual de modo algum se pode prestar o seu caráter. Entretanto, este efeito deve ter uma causa, como todos os efeitos; se não a encontramos na existência presente, devemos buscá-la numa vida anterior. Se não estiver em nós, estará fora de nós, mas sempre nos achamos nessa situação por algum motivo, ainda que seja pela fraqueza de caráter. Conhecida a causa, depende de nós fazê-la cessar.

Ao lado dessas comunicações francamente más, e que chocam qualquer ouvido delicado, outras há que são simplesmente triviais ou ridículas. Haverá inconvenientes em publicá-las? Se forem dadas pelo que valem, serão apenas impróprias; se o forem como estudo do gênero, com as devidas precauções, os comentários e os corretivos necessários, poderão mesmo ser instrutivas, naquilo que contribuírem para tornar conhecido o mundo espiritual em todos os seus aspectos. Com prudência e habilidade tudo pode ser dito; o mal é dar como sérias coisas que chocam o bom senso, a razão e as conveniências. Neste caso, o perigo é maior do que se pensa. Em primeiro lugar, essas publicações têm o inconveniente de induzir em erro as pessoas que não estão em condições de aprofundá-las nem de discernir o verdadeiro do falso, especialmente numa questão tão nova como o Espiritismo. Em segundo lugar, são armas fornecidas aos adversários, que não perdem tempo em tirar desse fato argumentos contra a alta moralidade do ensino espírita; porque, insistimos, o mal está em considerar como sérias coisas que constituem notórios absurdos. Alguns mesmos podem ver uma profanação no papel ridículo que emprestamos a certas personagens justamente veneradas, e às quais atribuímos uma linguagem indigna delas. Aqueles que estudaram a fundo a ciência espírita sabem como se portar a esse respeito. Sabem que os Espíritos galhofeiros não têm o menor escrúpulo de se adornarem de nomes respeitáveis, mas sabem também que esses Espíritos não abusam senão daqueles que gostam de se deixar abusar, e que não sabem ou *não querem* desmascarar as suas astúcias pelos meios de controle que conhecemos. O público, que ignora isso, vê apenas um absurdo oferecido seriamente à sua admiração, o que faz com que diga: "Se todos os espíritas são assim, merecem o epíteto com que foram agraciados." Sem sombra de dúvida, esse julgamento não pode ser levado em consideração; vós os acusais com justa razão de leviandade. Dizei a eles: "Estudai o assunto, e não examineis apenas uma face da moeda." Entretanto, há tantas pessoas que julgam *a priori*, sem se darem ao trabalho de virar a folha, sobretudo quando falta boa vontade, que é necessário evitar tudo quanto possa dar motivos a decisões precipitadas, porquanto, se à má vontade vier juntar-se a malevolência, o que é muito comum, ficarão encantadas de encontrar o que criticar.

Mais tarde, quando o Espiritismo estiver mais vulgarizado, mais conhecido e compreendido pelas massas, essas publicações não terão maior influência do que hoje teria um livro que encerasse heresias científicas. Até lá, nunca seria demasiada a circunspeção, visto haver comunicações que podem prejudicar essencialmente a causa que querem defender, em intensidade superior aos ataques grosseiros e às injúrias de certos adversários; se algumas fossem feitas com tal objetivo, não alcançariam melhor êxito. O erro de certos autores é escrever sobre um assunto antes de tê-lo aprofundando suficientemente, dando lugar, desse modo, a uma crítica fundamentada. Queixam-se do julgamento temerário de seus antagonistas, sem se darem conta de que muitas vezes são eles mesmos que exibem uma falha na couraça. Aliás, malgrado todas as precauções, seria presunção julgarem-se ao abrigo de toda crítica: primeiro, porque é impossível contentar a todo o mundo; em segundo lugar, porque há pessoas que riem de tudo, mesmo das coisas mais sérias, uns por seu *estado*, outros por seu caráter. Riem muito da religião, de sorte que não é de admirar que riam dos Espíritos, que não conhecem. Se pelo menos suas brincadeiras fossem espirituosas, haveria compensação. Infelizmente, em geral não brilham nem pela finura, nem pelo bom gosto, nem pela urbanidade e muito menos pela lógica. Façamos, então, o que de melhor estiver ao nosso alcance. Pondo de nosso lado a razão e as conveniências, poremos de lado também os trocistas.

Essas considerações serão facilmente compreendidas por todos. Há, porém, uma não menos importante, que diz respeito à própria natureza das comunicações espíritas, e que não devemos omitir: Os Espíritos vão aonde acham simpatia e *onde sabem que serão ouvidos*. As comunicações grosseiras e inconvenientes, ou simplesmente falsas, absurdas e ridículas, não podem emanar senão de Espíritos inferiores: o simples bom senso o indica. Esses Espíritos fazem o que fazem os homens que são ouvidos complacentemente: ligam-se àqueles que admiram as suas tolices e, frequentemente, se apoderam deles e os dominam a ponto de os fascinar e subjugar. A importância que, pela publicidade, é concedida às suas comunicações, os atrai, excita e encoraja. O único e verdadeiro meio de afastá-los é provar-lhes que não nos deixamos enganar, rejeitando impiedosamente, como apócrifo e suspeito, tudo que não for racional, tudo que desmentir a superioridade que se atribui ao Espírito que se manifesta e de cujo nome ele se reveste. Quando, então, vê que perde seu tempo, afasta-se.

Acreditamos ter respondido suficientemente à pergunta do nosso correspondente sobre a conveniência e a oportunidade de certas publicações espíritas. Publicar sem exame, ou sem correção, tudo quanto vem dessa fonte seria, em nossa opinião, dar prova de pouco discernimento. Tal é, pelo menos, a nossa opinião pessoal, que submetemos à apreciação daqueles que, estando *desinteressados* pela questão, podem julgar com imparcialidade, pondo de lado qualquer consideração individual. Como todo mundo, temos o direito de externar a nossa maneira de pensar sobre a ciência que constitui o objeto de nossos estudos, e de tratá-la à nossa maneira, sem pretender impor nossas ideias a quem quer que seja, nem apresentá-las como leis. Os que partilham a nossa maneira de ver é porque creem, como nós, estar com a verdade. O futuro mostrará quem está errado ou quem tem razão.

## Médiuns sem saber

Na sessão da Sociedade, de 16 de setembro de 1859, foram lidos diversos trechos de um poema do Sr. de Porry, de Marselha, intitulado *Urânia*. Como então se observou, nesse poema abundam as ideias espíritas, que parecem ter sido hauridas na própria fonte de *O livro dos espíritos*. Entretanto, constatou-se que na época em que foi escrito seu autor não tinha nenhum conhecimento da Doutrina Espírita. Nossos leitores certamente ficarão gratos se lhes dermos alguns fragmentos. Por certo se recordam do que a respeito foi dito da maneira pela qual o Sr. de Porry escreveu seu poema, maneira que parece denunciar uma espécie de mediunidade involuntária (Ver o número do mês de outubro de 1859). Aliás, os Espíritos que nos cercam exercem sobre nós, mau grado nosso, uma influência incessante, aproveitando as disposições que encontram em certos indivíduos para transformá-los em instrumentos das ideias que querem exprimir e levar ao conhecimento dos homens. Esses indivíduos são, pois, sem o saber, verdadeiros médiuns e, para isso, não necessitam possuir a mediunidade mecânica. Todos os homens de gênio, poetas, pintores e músicos estão neste caso; certamente seu próprio Espírito pode produzir por si mesmo, se é assaz avançado para isso. Entretanto, muitas ideias lhe podem vir de uma fonte estranha; pedindo inspiração, não parece que estejam fazendo um apelo? Ora, o que é essa inspiração, senão uma ideia sugerida? Aquilo que tiramos do nosso próprio íntimo não é inspirado: nós o possuímos e não temos necessidade de recebê-lo.

  Se o homem de gênio tirasse tudo de si mesmo, por que, então, lhe faltariam ideias no momento em que as procura? Não seria capaz de extrai-las do cérebro, como aquele que tem dinheiro o retira do bolso? Se nada encontra em dado momento, é porque nada tem. Por que, então, quando menos espera, as ideias brotam como por si mesmas? Poderiam os fisiologistas esclarecer esse fenômeno? Acaso já procuraram resolvê-lo? Dizem eles: o cérebro produz hoje, mas amanhã não produzirá. Mas por que não produzirá amanhã? Limitam-se a dizer que é porque produziu na véspera. Segundo a Doutrina Espírita, o cérebro pode sempre produzir o que está dentro dele, razão por que o mais inepto dos homens sempre acha alguma coisa a dizer, mesmo que seja uma tolice. Mas as ideias das quais não somos os donos, não são nossas: elas nos são sugeridas. Quando a inspiração não vem é porque o inspirador não está presente ou não julga conveniente inspirar. Parece-nos que esta explicação é melhor do que a outra. Contudo, poderíamos objetar que o cérebro, não produzindo, não deveria fatigar-se. Isso seria um erro; o cérebro não deixa de ser o canal por onde passam as ideias estranhas, o instrumento que executa. O cantor não fatiga suas cordas vocais, embora a música não seja dele? Por que, então, não se fatigaria o cérebro, ao exprimir as ideias de que está encarregado de transmitir, embora não as tenha produzido? Por certo é para dar-lhe o repouso necessário à aquisição de novas energias que o inspirador lhe impõe um intervalo.

  Poder-se-ia ainda objetar que esse sistema tira ao produtor o seu mérito pessoal, porquanto atribui às suas ideias uma fonte estranha. A isso respondemos que, se as coisas assim se passassem, não saberíamos o que fazer e não veríamos muita necessidade em tirar partido do mérito alheio. Mas essa objeção não é séria: primeiro, porque não dissemos que o homem de gênio não possa haurir alguma coisa de seu próprio íntimo; em segundo lugar, porque as ideias que lhe são sugeridas se confundem com as suas próprias e nada as distingue. Assim, ele não é censurável por se atribuir tais ideias, a menos que, tendo-as recebido a título de comunicação espírita constatada, quisesse assumir a glória das mesmas, o que poderia levar os Espíritos a fazê-lo passar por algumas decepções. Diremos, enfim, que se os Espíritos sugerem grandes ideias a um homem, dessas ideias que caracterizam o gênio, é porque o julgam capaz de compreendê-las, de elaborá-las e transmiti-las; não tomariam um imbecil para seu intérprete. Podemos, portanto, sentir-nos honrados de receber uma grande e bela missão, principalmente se o *orgulho* não a desviar do seu objetivo louvável e não nos fizer perder o seu mérito.

Quer os pensamentos seguintes sejam do Espírito pessoal do Sr. de Porry, quer tenham sido sugeridos por via *mediúnica indireta*, menor não será o mérito do poeta, porquanto, se a ideia primitiva lhe foi dada, jamais lhe poderão contestar a honra de tê-la elaborado.

## Urânia

Fragmentos de um poema do Sr. de Porry, de Marselha

Abri aos gritos meus, ó véus do santuário!
Que esteja em treva o mau, o bom no iluminário!
Agite-se o meu peito à santa claridade
Em cintilante flux, dardejando a verdade!
Ó pensadores, vós que nas ações coevas
Prometei-nos a luz e só nos dais as trevas,
Que em vossos sonhos vãos, ilusões levianas,
Embalais sem cessar as desgraças humanas,
Em concílios que tanto orgulho vos requer.

Confundidos sereis por voz de uma mulher!
O Deus que vós quereis do universo banir,
Ou talvez pretendais com risos definir,
E que quereis em vão sondar a sua essência,
Presente o tendes vós em vossa consciência;
E quem quer que se dando a debates sutis
Tão alto o ousa negar em secreto o condiz!
Tudo, por seu querer, nasce, vive e se alterna:
É princípio supremo – a própria vida eterna;
Tudo nele repousa: Espírito e matéria;
Se Ele lhe nega o sopro... eis a morte sidérea!
Um dia disse o ateu: "*Ah, Deus é uma quimera;*
*Filha do acaso, a vida é apenas uma espera;*
*O mundo que o homem fraco ao nascer é lançado*
*É regido por leis do que é necessitado.*
*Se a morte nos apaga os sentidos em chama,*
*Do nada o abismo, então, de novo nos reclama;*
*Da imutável natura, em seu curso eternal.*
*Nossos restos recolhe o seio maternal.*
*Gozemos, pois, então, os seus curtos favores;*
*Nossas frontes em luz coroam-se de flores;*
*Só o prazer é Deus: em nossos desatinos*
*Incitamos furor nos mutáveis destinos!*"
Mas logo que a consciência, a interna vingadora,
Insensato! Mostrar-te a culpa embriagadora,
O pobre repelido em gesto desumano,
O crime que manchou as tuas mãos de insano,
Sairá do seio escuro e da matéria cega
E no teu coração surge a luz que renega
Os teus crimes e os põe ao teu olhar ansioso,
Fazendo-te, que horror! de ti mesmo odioso?
Do soberano, então, que a tua audácia ainda
Quer negar, sentirás sua pujança infinda
A oprimir-te e a assediar-te, e embora os teus esforços,
Em revelar-te a ti no grito dos remorsos!...
Os homens evitando em sua inquietude

Busca dos matagais a atroz solicitude;
E crês que ao percorrer das sombras os ermos seus
Conseguirás fugir da presença de Deus!
Sobre a presa vencida o tigre dorme em paz;
O homem vigia em sangue e em trevas abismais,
De olhar apavorado em vislumbrante horror;
Treme-lhe o corpo envolto em frígido suor;
Um ruído sinistro invade-lhe os ouvidos;
De fantasmas cruéis rodeiam-lhe bramidos;
Sua terrível voz confessa os erros seus
E clama com terror: Graça, graça, ó meu Deus!
Sim, o remorso, enfim, carrasco da ciência,
Que nos revela em Deus nossa imortal essência;
E muitas vezes faz de um nobre criminoso,
Por arrependimento, um mártir glorioso;
Dos brutos separando a humana criatura,
Eis do remorso a chama em que a alma se depura
E é por seu aguilhão o ser regenerado,
Pela escala do bem se faz mais elevado.

Sim a verdade brilha, e do soberbo ateu
O sentimento audaz refuta o esplendor seu.
O panteísmo vem expor por sua vez
De um argumento vão a insensata aridez:
*"Fascinados mortais por um sonho risível*
*Onde ireis encontrar o Grão-Ser invisível?*
*Ei-lo diante de vós o eterno Grande-Todo;*
*Tudo lhe forma a essência e ele resume o todo;*
*Deus resplende no Sol, verdeia na folhagem,*
*Ruge pelo vulcão e troa na voragem,*
*Floresce nos jardins, pelas águas murmura,*
*Suspirando na voz das aves com ternura,*
*E dos ares a cor faz diáfanos tecidos;*
É *Ele que nos anima os órgãos entretidos;*
É *Ele que pensa em nós, cada ser mais diverso;*
*Tudo, pois, é Ele mesmo; esse Deus é o universo."*

O que! Mostrar-se Deus a si mesmo contrário!
É ovelha e lobo, rola e víbora! Tão vário
E se faz, vez por vez, pedra, planta, animal;
Combina-se o seu ser ora ao bem ora ao mal,
Corre todos os graus desde o bruto ao arcanjo!...
Ser Ele luz e lama é antítese de arranjo!
Ele é bravo e covarde, é pequeno e gigante,
Imortal e mortal, verídico e farsante!...
É Ele ao mesmo tempo a vítima e o agressor,
Que ora rola no crime, ora cultiva o amor;
Lamettrie[80] e Platão, ou Marco Aurélio[81] e Nero,[82]
E Sócrates, o sábio, e Mélitos; é vero
Que possa ao mesmo tempo o bem e o mal servir!
Ele mesmo se afirma e nega definir!
E contra a própria essência afia o gume eterno,
Se volta ao paraíso e se condena ao inferno,
Invoca o nada; e assim, por cúmulo de injúria
A própria obra maldiz com sua voz em fúria!...
Oh! não, mil vezes não, tal dogma monstruoso
Jamais pode nascer num coração virtuoso.
Imerso em seu remorso onde o crime se expia,
O temerário autor da doutrina doentia,
No seio do prazer sentiu-se apavorar
Ante a imagem de um Deus que não pode negar;
E para se eximir — blasfêmia da blasfêmia —
Ele o uniu a este mundo e fez-se-lhe alma gêmea.
Ainda bem que o ateu, premido e atormentado,
Ousando negar Deus, não o faz degredado.

* * *

Oh! Deus que a raça humana o busca sem cessar,
Deus, que não conhecendo, o temos que adorar,
Dos seres todos é um só princípio e fim:

---

[80] N.E.: Julien Offroy de Lamettrie (1709–1751), médico e filósofo francês.
[81] N.E.: Marco Aurélio (121–180), imperador romano no período de 161 a 180.
[82] N.E.: Nero (37–68), imperador romano no período de 54 a 68.

Mas para o alcançar, qual o caminho, enfim?
Não é pela Ciência, efêmera miragem
Que nos fascina o olhar com fulgurante imagem,
E que frustrando sempre um incapaz querer,
Desfaz-se sob a mão que o julgava deter!
Sábios, acumulais escombros sobre escombros
E tais sistemas vãos não vão além de assombros!
Esse Deus que ninguém pode ver sem morrer,
Cuja essência contém um terrível poder,
Mas sabe aos filhos seus nutrir de terno amor,
Só o podes compreender lhe igualando em dulçor!
Ah! para a Ele se unir e reencontrá-lo um dia,
A alma deve voar como o Amor o faria.
Atiremos ao vento o orgulho, a vã descrença;
Deus, Ele mesmo aplaina os caminhos da crença;
Seu infinito amor jamais desencontrou
De uma alma que, sincera, ansiosa o procurou,
E que, calcando aos pés, a riqueza e o prazer,
Aspira se integrar em seu supremo Ser.
Porém esse Deus que ama o coração piedoso,
Que baniu de seu seio o déspota orgulhoso,
Que se oculta do sábio e se entrega ao prudente,
Não quer se repartir como o amante inclemente;
E, para o merecer faz-se preciso opor
Às ilusões do mundo um firme desamor.
Felizes filhos seus, que afastados de tudo,
Têm no belo, no bom, no verdadeiro o estudo!
Feliz é o homem justo entregue todo inteiro
Ao tríplice clarão desse foco altaneiro!
Em meio às aflições de um cortejo fecundo,
Num círculo restrito ao nosso pobre mundo,
A um oásis parece a florir num deserto,
E o tesouro da Fé à sua alma está aberto;
E Deus, sem se mostrar, o coração lhe invade,
E a alegria lhe dá de incontida verdade.
Então o homem prudente aceita o seu destino;

E com serena paz acolhe o bem divino;
E quando a noite o envolve em seu véu constelado
Ele dorme tranquilo e feliz, e embalado,
Num sonhar que inebria o terno coração,
Um celeste antegozo e de suprema unção.

Tua alma que tem sede ardente da verdade
Da Criação quer sondar toda a profundidade?...
Como um pintor, primeiro apronta a tua mente
A tela que o pincel irá tornar patente,
Do eterno tudo sai por sua luz natura,
Mas sem se confundir com sua criatura
Que tendo recebido o espírito dos Céus,
*É livre de falir ou de elevar-se a Deus.*
Obra de sua mente ou de sua palavra,
Parte cada criação de seu seio... e lavra,
Num círculo sem fim e de leis imutáveis,
*Com destino escolhido e fins realizáveis.*
Como artista Deus pensa antes de produzir.
Assim, o que produz poderá destruir;
E, fonte perenal de cada ser diverso,
Dos astros que semeia em luz pelo universo,
Deus, o infrene Poder, de sua Vida eterna,
A suas criações transmite uma luzerna.
O livro ou quadro então pelo artista criado,
É inerte produção, jaz imobilizado;
Mas o Verbo de luz, vindo do Onipotente
Destaca-se e se faz por si próprio existente;
Sem cessar se transforma e nunca é perecível;
Do metal se projeta o espírito invisível,
O Verbo criador adormece na planta,
Sonha no animal e no homem se levanta;
*De degrau em degrau a descer e a subir*
Se agrega à Criação em sublime fulgir,
Do éter na ondulação forma imensa cadeia
Que na pedra começa e no arcanjo se alteia.

Obedecendo às leis que regem atos seus,
Cada ser se aproxima ou se afasta de Deus;
Seja o que ao bem se dá ou quem o mal atrai,
Cada ser racional por si se eleva ou cai.
Ora, se o homem habita a atmosfera do mal,
Rebaixa-se ele em crime ao nível do animal;
Em anjo se transforma o homem puro, e esse anjo
*De degrau em degrau pode tornar-se arcanjo.*
Em seu trono brilhante esse arcanjo assentado,
Seu caráter real estará conservado,
Ou de seu brilho a luz da própria Onipotência
Bem pode assimilar uma perfeita essência.

Mais de um arcanjo, assim, no celeste esplendor
A Deus se reuniu por excesso de amor;
Mas outros, invejando a glória soberana,
No fascínio do orgulho — este pai da ira insana —
Tem querido julgar os decretos de Deus,
E na noite imergir dos escaninhos seus;
Esse Deus cujo olhar em pó se tornaria,
Somente os abrasou com a luz que Ele irradia.
Transtornados, depois, pelo universo errantes
Sempre assaltados são de remorsos hiantes
Esses anjos sem norte em audácia funesta,
Não ousam mais do Céu mostrar-se numa fresta,
E a vergonha a aguçando o aguilhão mordaz,
Lança seu coração às vascas infernais,
*Enquanto o homem de bem, as provas cumpridas,*
*Se eleva ao paraíso em glórias incontidas.*
Todos os mundos, pois, semeados no infinito
Que ferem teu olhar com seu fulgor bendito,
E que rola do espaço a vaga universal,
Há Espíritos também, na escala espacial.
Vários globos que estão quais focos luminosos
São abrigos de luz, celestiais, grandiosos
Onde vagam no espaço, em planos distanciados,

*As multidões em luz de Espíritos graduados.*
Há mundos de pureza e mundos em deslizes:
Reinam sem objeção sobre os mundos felizes
Três cetros divinais — são honra, amor, justiça,
Da ordem social cimentando a premissa;
E amados sem cessar pelos seus habitantes,
Constituem penhor de venturas constantes.

De outros globos, girando em lôbregas vertigens,
Não aprovados são dos anjos, nas origens,
Esses mundos que, enfim, sofrem sua desgraça,
Pelas suas trocando as Leis de Deus sem jaça;
E sobre o solo seu brama horrível tormenta,
Na qual a multidão impura se lamenta.
Nosso globo noviço, em seus passos primeiros,
Até hoje flutua entre esses dois roteiros.
Ultrajando a moral e a própria natureza,
Quando um mundo do crime excede-se em defesa;
Quando o povo mergulha em prazeres frementes,
Os ouvidos fechando aos profetas videntes;
Que o Verbo divino o mais ligeiro traço
Nesse mundo se apaga enceguecido e baço,
Então do Onipotente a cólera a ferver
Sobre o rebelde cai e o leva a perecer:
Arcanjos da justiça, então de asas possantes,
Batem na ímpia Terra... e os mares ululantes
De sua imensa altura, indo além de seus níveis,
Precipitam no solo os vagalhões terríveis;
Estrondeiam vulcões num ribombar profundo,
Pelo éter dispersando os resíduos do mundo;
E o Soberano Ser, cuja vingança explode,
Destrói o globo atroz que nele crer não pode!

Nossa Terra medíocre é uma estância de prova,
Onde o justo sofrendo, em prantos se renova,
Que a lágrima depura e eleva o coração,

Lhe preparando o mundo para evolução.
Não é portanto em vão que o sono repousante,
Num transporte nos leva a um sonho inebriante,
E num rápido impulso estamos conduzidos
Num novo astro de luz de brilhos refulgidos;
Onde cremos vagar por verdejantes prados
Corridos sem cessar por seres ajuizados;
Nós vemos este globo adornado de sóis
Brancos, rubros, azuis como nos arrebóis,
Que, em seus ares, fulgindo os tons mais variados,
Deixam de almos clarões os campos matizados!...
Se manténs neste mundo um coração,
A esses globos irás de aspecto luxuoso
Onde risonha é a paz junto à sabedoria,
Ali só reina o bem em eterna harmonia.
Sim, tua alma percebe as radiosas moradas
Que os favores do Céu fazem embelezadas,
Onde a alma se depura e sobe, pouco a pouco,
Enquanto o mal regride em seu caminho louco.
Mas o reino do mal, em seus anéis fatais,
Desce de giro em giro a abismos infernais.

Espelho que reflete imagens de universos,
Nossa alma pressagia os destinos diversos.
A alma, energia viva, reage os seus sentidos,
Que lhe atendem de pronto aos mínimos pedidos —
Que como chama presa em um vaso de argila,
Com seu forte calor a prisão aniquila —
A alma que ainda retém lembrança do passado
E às vezes sabe ler no futuro afastado,
Não a centelha só desse fogo vital,
Tu sentes mesmo, em ti, que tua alma é imortal.
Nas regiões do espaço e em toda a eternidade,
Guardando a sua estada e sua identidade,
A alma nunca morre, apenas se transporta,
E, de asilo em asilo, ela sempre se exorta.

Nossa alma ao se isolar do mundo exterior,
Poderá conquistar um sentir superior;
E pela embriaguez de um sonho então magnético,
Se armar de outra visão ou de algum dom profético;
Ao libertar-se, pois, dos liames terrenais,
Facilmente percorre os planos celestiais;
E, de um salto veloz, lança-se ao firmamento,
Vê através de tudo e lê o pensamento.

## Swedenborg

Swedenborg é um desses personagens mais conhecidos de nome que de fato, ao menos para o vulgo. Suas obras, muito volumosas e, em geral, muito abstratas, quase que só são lidas pelos eruditos. Assim, a maioria das pessoas que a elas se referem ficariam muito embaraçadas para dizer o que ele era. Para uns, é um grande homem, objeto de profunda veneração, sem saberem por quê; para outros, não passa de um charlatão, de um visionário, de um taumaturgo. Como todos os homens que professam ideias que não são compartilhadas pela maioria, sobretudo quando tais ideias ferem certos preconceitos, ele teve e ainda tem os seus contraditores. Se estes últimos se tivessem limitado a refutá-lo, estariam no seu direito. Mas o espírito de partido nada respeita, e as mais nobres qualidades não encontram graça diante dele. Swedenborg não poderia ser uma exceção. Sua doutrina, sem dúvida, deixa muito a desejar. Ele próprio, hoje, está longe de aprová-la em todos os pontos. No entanto, por mais refutável que seja, nem por isso deixará de ser um dos homens mais eminentes do seu século.

As informações seguintes foram extraídas da interessante notícia que a Sra. P... enviou à Sociedade Parisiense de Estudos Espíritas:

Emmanuel Swedenborg nasceu em 1688, em Estocolmo, e faleceu em Londres, em 1772, aos 84 anos. Seu pai, Joeper Swedenborg, bispo de Skava, era notável pelo mérito e pelo saber; o filho, porém, o ultrapassou. Destacou-se em todas as ciências, especialmente na Teologia, na Mecânica, na Física e na Metalurgia. Sua prudência, sabedoria, modéstia e simplicidade lhe valeram a alta reputação de que ainda hoje desfruta. Os reis o chamaram para os seus conselhos. Em 1716, Carlos XII o nomeou seu assessor na Escola de Metalurgia de Estocolmo. A rainha Ulrica o fez nobre, e ele ocupou os postos de maior relevo, com distinção, até 1743, época em que teve a sua primeira revelação espírita. Tinha, então, 55 anos. Pediu demissão e não quis mais se ocupar senão de seu apostolado e do estabelecimento da doutrina da Nova Jerusalém. Eis como ele próprio conta a sua primeira revelação:

"Eu estava em Londres e jantava muito tarde, em meu albergue habitual, onde havia reservado um quarto, a fim de ter liberdade para meditar à vontade. Sentia fome e comia com muito apetite. Ao terminar, percebi que uma espécie de nevoeiro se espalhava ante meus olhos e vi o assoalho do quarto coberto de répteis horrorosos, tais como serpentes, sapos, lagartos e outros. Fui tomado de medo à proporção que as trevas aumentavam; contudo, logo elas se dissiparam. Vi, então, claramente um homem em meio a uma luz viva e radiante, sentado a um canto do quarto; os répteis haviam desaparecido com as trevas. Encontrava-me só; imaginai o pavor que se apoderou de mim, quando o ouvi pronunciar distintamente, mas com um tom de voz capaz de imprimir terror: 'Não comas tanto!' A estas palavras, minha vista se toldou, mas, pouco a pouco, se restabeleceu, vendo-me sozinho no quarto. Ainda um pouco apavorado com tudo quanto havia visto, apressei-me em recolher-me ao meu alojamento, sem nada dizer a ninguém sobre o que havia acontecido. Aí me entreguei à reflexão, sem poder admitir que aquilo fosse efeito do acaso ou de qualquer causa física.

"Na noite seguinte, o mesmo homem, radiante de luz, apresentou-se novamente e me disse: 'Eu sou Deus, o Senhor, Criador e Redentor; escolhi-te para explicar aos homens o sentido interior e espiritual da sagrada escritura. Ditarei o que deves escrever.'

"Desta vez não fiquei tão apavorado. A luz que o envolvia, embora viva e resplandecente, não produziu nenhuma impressão dolorosa em meus olhos. Estava vestido de púrpura e a visão durou um bom quarto de hora. Naquela mesma noite os olhos do meu homem interior foram abertos e predispostos a ver o Céu, o mundo dos Espíritos e os infernos; encontrei por toda parte várias pessoas do meu conhecimento, algumas mortas há muito tempo, outras recentemente. Desde aquele dia renunciei a todas as ocupações mundanas para não mais me ocupar senão das coisas espirituais, submetendo-me à ordem que havia recebido. Mais tarde, aconteceu-me diversas vezes ter abertos os olhos do Espírito, percebendo, em pleno dia, o que se passava no outro mundo, falando aos anjos e aos Espíritos, assim como falo aos homens."

Um dos pontos fundamentais da doutrina de Swedenborg repousa naquilo que ele chama *as correspondências*. Segundo ele, estando os mundos espiritual e natural ligados entre si, como o interior ao exterior, resulta que as coisas espirituais e as coisas naturais constituem uma unidade, por influxo, e que há entre elas uma correspondência. Eis o princípio, mas o que se deve entender por essa correspondência e esse influxo é difícil de apreender.

A Terra, diz Swedenborg, corresponde ao homem. Os diversos produtos que servem à nutrição do homem correspondem a diversos gêneros de bens e de verdades, a saber: os alimentos sólidos a gêneros de bens, e os alimentos líquidos a gêneros de verdades. A casa corresponde à vontade e ao entendimento, que constitui o mental humano. Os alimentos correspondem às verdades ou às falsidades, segundo a substância, a cor e a forma que apresentam. Os animais correspondem às afeições; os úteis e mansos, às boas afeições; os nocivos e maus, às más afeições; os pássaros mansos e belos, às verdades intelectuais; os maus e feios, à falsidade; os peixes, às ciências que se originam das coisas sensuais; e os insetos nocivos às falsidades que provêm dos sentidos. As árvores e os arbustos correspondem a diversos gêneros de conhecimento; as ervas e a grama, a diversas verdades científicas. O ouro corresponde ao bem celeste; a prata, à verdade espiritual; o bronze, ao bem natural etc. etc. Assim, desde os últimos graus da criação até o sol celeste e espiritual, tudo se mantém, tudo se encadeia pelo influxo que produz a correspondência.

O segundo ponto de sua doutrina é este: Não há senão um Deus e senão uma pessoa, que é Jesus Cristo.

Criado livre, segundo Swedenborg, o homem abusou de sua liberdade e de sua razão. Caiu, mas sua queda tinha sido prevista por Deus e devia seguir-se de sua reabilitação, porquanto Deus, que é o amor mesmo, não podia deixá-lo no estado em que sua queda o havia mergulhado. Ora, como operar tal reabilitação? Recolocá-lo no estado primitivo seria tirar-lhe o livre-arbítrio e, assim, aniquilá-lo. Foi subordinando-o às leis de sua ordem eterna que Ele procedeu à reabilitação do gênero humano. Vem, a seguir, uma teoria muito difusa dos três sóis transpostos por Jeová, para se aproximar de nós e provar que ele é o *próprio homem*.

Swedenborg divide o mundo dos Espíritos em três lugares diferentes: Céus, lugares intermediários e infernos. Diz ele: "Depois da morte entramos no mundo dos Espíritos; os santos dirigem-se voluntariamente para um dos três Céus e os pecadores para um dos três infernos, de onde jamais sairão." Essa doutrina desesperadora anula a misericórdia de Deus, pois lhe recusa o poder de perdoar os pecadores surpreendidos por uma morte violenta ou acidental.

Mesmo rendendo justiça ao mérito pessoal de Swedenborg, como cientista e como homem de bem, não nos podemos constituir defensores de doutrinas que o mais elementar bom senso condena. O que ressalta mais claramente, conforme o que agora conhecemos dos fenômenos espíritas, é a existência de um mundo invisível e a possibilidade de nos comunicarmos com ele. Swedenborg gozou de uma faculdade que em seu tempo pareceu sobrenatural, razão por que admiradores fanáticos o encararam como um ser excepcional. Em tempos mais recuados, teriam levantado altares em sua homenagem; dos que não acreditavam nele, uns o consideraram como um cérebro exaltado, e outros, como um charlatão. Para nós, era um médium vidente e um escritor intuitivo, como os há aos milhares, faculdade que pertence ao número dos fenômenos naturais.

Ele cometeu um equívoco dificilmente perdoável, não obstante sua experiência das coisas do mundo oculto: o de aceitar cegamente tudo quanto lhe era ditado, sem o submeter ao controle severo da razão. Se tivesse pesado maduramente os prós e os contras, teria reconhecido princípios irreconciliáveis com a lógica, por menos rigorosa que fosse. Hoje, provavelmente não cairia na mesma falta, porquanto disporia de meios para julgar e apreciar o valor das comunicações de Além-Túmulo. Saberia que constituem um campo onde nem todas as ervas podem ser colhidas, e que entre umas e outras o bom senso, que não nos foi dado por acaso, deve saber escolher. A qualidade que a si mesmo se atribuiu o Espírito que a ele se manifestou bastaria para o pôr em guarda, sobretudo se considerarmos a trivialidade de sua apresentação. Aquilo que ele próprio não fez, compete a nós fazê-lo agora, não tirando de seus escritos senão o que contêm de racional. Seus próprios erros devem ser um ensinamento para os médiuns demasiado crédulos, que certos Espíritos procuram fascinar, lisonjeando-lhes a vaidade ou os preconceitos por uma linguagem pomposa ou de aparências enganadoras.

A seguinte anedota prova a má-fé dos adversários de Swedenborg, que buscavam todas as ocasiões para denegri-lo. Conhecendo as faculdades de que era dotado, a rainha Luísa Ulrica o havia encarregado, um dia, de saber do Espírito de seu irmão, o Príncipe da Prússia, porque, algum tempo antes de sua morte, ele não respondera a uma carta que ela lhe havia enviado para pedir conselhos. Ao cabo de vinte e quatro horas Swedenborg teria relatado à Rainha, em audiência secreta, a resposta do Príncipe, concebida de tal sorte que esta, plenamente convencida de que ninguém, exceto ela e seu falecido irmão, conheciam o conteúdo daquela carta, foi tomada da mais profunda estupefação, reconhecendo o poder miraculoso do grande homem. Eis a explicação que dá a esse fato um de seus antagonistas, o cavaleiro Beylon, leitor da rainha:

"Consideravam a Rainha como um dos principais autores da tentativa de revolução que ocorreu na Suécia, em 1756, e que custou a vida ao conde Barhé e ao marechal Horn. Pouco faltou para que o partido dos chapéus, que então triunfava, não a tornasse responsável pelo sangue derramado. Nesta crítica situação, ela escreveu ao irmão, o Príncipe da Prússia, para lhe pedir conselho e assistência. A Rainha não recebeu resposta. Como o Príncipe tivesse morrido logo depois, jamais soube ela a causa do seu silêncio, razão por que encarregou Swedenborg de interrogar o Espírito do Príncipe a tal respeito. Justamente à chegada da mensagem da Rainha, estavam presentes os senadores conde T... e conde H... Este último, que havia interceptado a carta, sabia tão bem quanto seu cúmplice, o conde T..., por que aquela carta havia ficado sem resposta, e ambos resolveram aproveitar a circunstância para fazer com que seus conselhos, a respeito de muitas coisas, pudessem chegar à Rainha. Foram, então, à noite procurar o visionário e lhe ditaram a resposta. À falta de inspiração, Swedenborg aceitou-a prontamente. No dia seguinte correu à casa da Rainha e, no silêncio de seu gabinete, disse-lhe que o Espírito do Príncipe lhe aparecera e o havia encarregado de anunciar-lhe o seu descontentamento e assegurar-lhe que, se não respondera à carta, é que desaprovara sua conduta e que sua política imprudente e sua ambição eram a causa do sangue derramado; que ela era culpada diante de Deus e que teria de expiar essa culpa. Ele a fazia prometer não mais se envolver nos negócios do Estado etc. etc. Convencida por esta revelação, a Rainha acreditou em Swedenborg e abraçou a sua defesa com ardor."

Essa anedota deu origem a uma polêmica contínua entre os discípulos de Swedenborg e seus detratores. Um eclesiástico sueco, chamado Malthesius, que veio a enlouquecer, tinha publicado que Swedenborg, do qual era inimigo declarado, se havia retratado antes de morrer. O boato espalhou-se na Holanda, pelo outono de 1785, o que levou Robert Hindmarck a instaurar um inquérito a respeito e demonstrar toda a falsidade da calúnia inventada por Malthesius.

A história da vida de Swedenborg prova que a visão espiritual, de que era dotado, em nada prejudicou o exercício de suas faculdades naturais. Seu panegírico, pronunciado após sua morte pelo acadêmico Landel perante a Academia de Ciências de Estocolmo, mostra quanto era vasta a sua erudição e, pelos discursos pronunciados na Dieta, em 1761, vemos a parte que ele tomava na direção dos negócios públicos de seu país.

A doutrina de Swedenborg fez numerosos prosélitos em Londres, na Holanda e mesmo em Paris, onde deu origem às Sociedades de que tratamos em nosso número do mês de outubro, a dos Martinistas, dos Teósofos etc. Se nem todos a aceitaram em todas as suas consequências, teve, pelo menos, o mérito de propagar a crença na possibilidade da comunicação com os seres de Além-Túmulo, crença bastante antiga, como se sabe, mas até agora oculta às pessoas simples pelas práticas misteriosas de que se achava envolvida. O mérito incontestável de Swedenborg, seu profundo saber, sua alta reputação de sabedoria tiveram um grande peso na propagação dessas ideias, que hoje se popularizam cada vez mais, pois crescem em plena luz e, longe de buscar a sombra do mistério, fazem apelo à razão. Malgrado os erros de seu sistema, Swedenborg não deixa de ser uma dessas grandes figuras cuja lembrança ficará ligada à história do Espiritismo, do qual foi um dos primeiros e mais zelosos fomentadores.

## COMUNICAÇÃO DE SWEDENBORG PROMETIDA NA SESSÃO DE 16 DE SETEMBRO

(Sociedade, 23 de setembro de 1859)

Meus bons amigos e crentes fiéis. Desejei vir entre vós para vos encorajar no caminho que seguis com tanta firmeza, relativamente à questão espírita. Vosso zelo é apreciado no mundo dos

Espíritos. Prossegui, mas não vos descuideis, porque os obstáculos ainda vos entravarão por algum tempo; a vós não faltarão detratores, como também ocorreu comigo. Há um século preguei o Espiritismo e tive inimigos de todos os gêneros, mas tive também fervorosos adeptos, e isso sustentou a minha coragem. A minha moral espírita e a minha doutrina não estão isentas de grandes erros, que hoje reconheço. Assim, as penas não são eternas; vejo que Deus é muito justo e muito bom para punir eternamente a criatura que não tem força suficiente para resistir às paixões. O que eu também dizia do mundo dos anjos, que é o que pregam nos templos, não passava de ilusão dos meus sentidos; acreditei vê-lo, agia de boa-fé, mas enganei-me. Vós, sim, estais no melhor caminho, porque estais mais esclarecidos do que estávamos em meu tempo. Continuai, mas sede prudentes, a fim de que os vossos inimigos não tenham armas muito fortes contra vós. Vede o terreno que ganhais todos os dias. Coragem, pois, porque o futuro vos está garantido. O que vos dá forças é o fato de falardes em nome da razão. Tendes perguntas a dirigir-me? Eu vo-las responderei.

SWEDENBORG

1. Foi em 1745, em Londres, que tivestes a primeira revelação. Vós a desejáveis? Naquele tempo já vos ocupáveis de questões teológicas?

*Resp.* – Já me ocupava com isso, mas não desejara absolutamente essa revelação: ela me veio espontaneamente.

2. Qual foi o Espírito que vos apareceu, dizendo ser o próprio Deus? Era realmente Deus?

*Resp.* – Não. Acreditei no que me falava porque nele via um ser sobre-humano e fiquei lisonjeado.

3. Por que ele tomou o nome de Deus?

*Resp.* – Para ser mais bem obedecido.

4. Pode Deus manifestar-se diretamente aos homens?

*Resp.* – Certamente o poderia, mas não o faz mais.

5. Então já houve um tempo em que ele se teria manifestado?

*Resp.* – Sim, nas primeiras idades da Terra.

6. Aquele Espírito vos fez escrever coisas que hoje reconheceis como errôneas. Ele o fez com boa ou com má intenção?

*Resp.* – Não o fez com má intenção; ele próprio se enganou, porque não era suficientemente esclarecido. Agora percebo que as ilusões do meu próprio Espírito e de minha inteligência o influenciavam, mau grado seu. Entretanto, no meio de alguns erros de sistema, fácil é reconhecer grandes verdades.

7. O princípio de vossa doutrina repousa sobre as correspondências. Continuais acreditando nessas relações que encontráveis entre cada coisa do mundo material, e cada coisa do mundo moral?

*Resp.* – Não; é uma ficção.

8. Que entendeis por estas palavras: *Deus é o próprio homem*?

*Resp.* – Deus não é o homem, mas o homem é uma imagem de Deus.

9. Poderíeis desenvolver o vosso pensamento?

*Resp.* – Digo que o homem é a imagem de Deus porque a inteligência, o gênio que ele recebe algumas vezes do Céu é uma emanação da Onipotência Divina. Ele representa Deus na Terra pelo poder que exerce na natureza inteira e pelas grandes virtudes que está em seu poder adquirir.

10. Devemos considerar o homem como uma parte de Deus?

*Resp.* – Não, o homem não é uma parte da Divindade: é apenas sua imagem.

11. Poderíeis dizer-nos de que maneira recebíeis as comunicações dos Espíritos? Escrevíeis aquilo que vos era revelado à maneira de nossos médiuns, ou por inspiração?

*Resp.* – Quando me achava em silêncio e em recolhimento, meu Espírito ficava como que maravilhado, extasiado, e eu via claramente uma imagem diante de mim, que me falava e ditava o que deveria escrever; algumas vezes minha imaginação se misturava nisso.

12. Que devemos pensar do fato narrado pelo cavaleiro Beylon, a propósito da revelação que fizestes à rainha Luísa Ulrica?

*Resp.* – Essa revelação é verdadeira. Beylon a desnaturou.

13. Qual a vossa opinião sobre a Doutrina Espírita, tal qual é hoje?

*Resp.* – Eu vos disse que estais num caminho mais seguro que o meu, tendo em vista que as vossas luzes são em geral mais amplas. Eu tinha de lutar contra uma ignorância maior e, sobretudo, contra a superstição.

## A alma errante

No volume intitulado *Les Six Nouvelles*,[83] escrito por Maxime Ducamp, encontra-se uma história comovente, que recomendamos aos nossos leitores. É a de uma alma errante que conta suas próprias aventuras.

Não temos a honra de conhecer o Sr. Maxime Ducamp, a quem jamais vimos. Consequentemente, não sabemos se colheu seus ensinamentos em sua própria imaginação ou em estudos espíritas. Seja como for, ele não podia ser inspirado com maior felicidade. Podemos julgá-lo pelo seguinte fragmento. Não falaremos do quadro fantástico no qual a novela é encaixada; é um acessório sem importância e puramente formal.

---

[83] Nota de Allan Kardec: Librairie Nouvelle, Boulevard des Italiens.

Sou uma alma errante, uma alma penada; vago através dos espaços, esperando um corpo. Viajo nas asas do vento, no azul do céu, no canto dos pássaros, nas pálidas claridades da lua. Sou uma alma errante...

Desde o instante em que Deus nos separou dele, temos vivido na Terra muitas vezes, ascendendo de geração em geração, abandonando sem pesar os corpos que nos são confiados e continuando a obra de nosso próprio aperfeiçoamento, através das existências que sofremos.

Quando deixamos este hospedeiro incômodo que nos serve tão mal; quando ele vai fecundar e renovar a terra donde saiu; quando, em liberdade, abrimos finalmente nossas asas, Deus nos dá a conhecer o nosso objetivo. Vemos nossas existências precedentes e avaliamos o progresso realizado durante séculos; compreendemos as punições e recompensas que nos atingiram, pelas alegrias e pelas dores de nossa vida; vemos nossa inteligência crescer de nascimento em nascimento, e aspiramos ao estado supremo, pelo qual deixaremos esta pátria inferior para ganhar os planetas radiosos, onde as paixões são mais elevadas, o amor menos ambicioso, a felicidade mais constante, os órgãos mais desenvolvidos, os sentidos mais numerosos, cuja morada é reservada aos habitantes de mundos que, por suas virtudes, se aproximaram da beatitude mais do que nós.

Quando Deus nos envia novamente a corpos que para nós devem viver uma vida miserável, perdemos toda consciência daquilo que precedeu esses novos nascimentos. O *eu*, que havia despertado, dorme uma vez mais; não persiste mais e, de nossas existências passadas não restam senão vagas reminiscências, que nos causam simpatias, antipatias e, por vezes, ideias inatas.

Não falarei de todas as criaturas que viveram no meu sopro, mas minha última existência sofreu uma desgraça tão grande que é apenas desta que quero contar a história.

Seria difícil definir melhor o princípio e a finalidade da reencarnação, a progressão dos seres, a pluralidade dos mundos e o futuro que nos aguarda. Eis agora, em duas palavras, a história daquela alma: Um rapaz amava a uma jovem e era correspondido, mas havia obstáculos contrapondo-se à sua união. Pediu então a Deus que durante o sono permitisse à sua alma desprender-se do corpo, a fim de visitar a sua bem-amada. Este favor lhe foi concedido. Assim, todas as noites sua alma se evola e deixa o corpo em estado de completa inércia, donde não sai senão quando a alma retorna e se integra ao corpo. Durante esse tempo, vai visitar aquela que ama. Ele a vê, sem que ela o suspeite; quer falar-lhe, mas ela não o escuta; observa os seus menores movimentos, surpreende seu pensamento. É feliz com as alegrias dela, triste com as suas dores. Nada mais gracioso e mais delicado que o quadro dessa cena entre a moça e a alma invisível. Mas oh! fraqueza do ser encarnado! Um dia, ou melhor, uma noite, ele se esquece; três dias se passam sem que pense em seu corpo, que não pode viver sem a alma. De repente, pensa em sua mãe, que o espera, e que deve estar inquieta devido a um sono tão prolongado. Então corre, mas é tarde demais: seu corpo deixara de viver. Assiste aos funerais, depois consola sua mãe. Desesperada, sua noiva não quer ouvir falar de nenhuma outra união. Vencida, entretanto, pelas solicitações da própria mãe, acaba cedendo, depois de longa resistência. A alma errante lhe perdoa uma infidelidade que não está em seu pensamento, mas, para receber suas carícias e não mais deixá-la, pede para encarnar-se no filho que deve nascer.

Se o autor não está convencido das ideias espíritas, é preciso convir que representa muito bem o seu papel.

## O Espírito e o jurado

Um de nossos correspondentes, homem de grande saber e portador de títulos científicos *oficiais*, o que não o impede de ter a fraqueza de acreditar que temos uma alma e que esta alma sobrevive ao corpo, que depois da morte fica errante no espaço e ainda pode comunicar-se com os vivos — tanto mais quanto ele próprio é um bom médium e mantém numerosas conversas com os seres de Além--Túmulo — dirige-nos a seguinte carta:

"Senhor,

Talvez julgueis acertado acolher na vossa interessante revista o fato seguinte:

Há algum tempo eu era jurado. O Tribunal devia julgar um rapaz, apenas saído da adolescência, acusado de ter assassinado uma senhora idosa em horríveis circunstâncias. O acusado confessava e contava os detalhes do crime com uma impassibilidade e um cinismo que faziam estremecer a assembleia.

Entretanto, era fácil prever que, em virtude de sua idade, de sua absoluta falta de educação e das excitações que recebera em família, invocariam para ele circunstâncias atenuantes, tanto mais que ele lançava culpa na cólera de que se viu tomado, agindo contra uma provocação por injúrias.

Eu quis consultar a vítima sobre o grau de sua culpabilidade. Chamei-a durante uma sessão, mediante evocação mental. Ela me fez saber que estava presente e eu lhe dei a mão. Eis a conversação que tivemos: eu, mentalmente; ela, pela escrita:

P. Que pensais do vosso assassino?

*Resp.* – Não serei eu a acusá-lo.

P. Por quê?

*Resp.* – Porque ele foi impelido ao crime por um homem que me fez a corte há cinquenta anos e que, nada havendo obtido de mim, jurou vingar-se. Conservou na morte o desejo de vingança, aproveitando-se das disposições do acusado para inspirar-lhe o desejo de matar-me.

P. Como o sabeis?

*Resp.* – Porque ele próprio mo disse, quando cheguei ao mundo em que hoje habito.

P. Compreendo vossa reserva diante da excitação que vosso assassino não repeliu, como devia e podia. Entretanto, não pensais que a inspiração criminosa, à qual tão voluntariamente obedeceu, não teria sobre ele o mesmo poder, caso não houvesse nutrido ou entretido, durante muito tempo, sentimentos de inveja, de ódio e de vingança, contra vós e vossa família?

*Resp.* – Seguramente. Sem isso ele teria sido mais capaz de resistir. Eis por que afirmei que aquele que quis se vingar aproveitou-se das disposições deste rapaz; havereis de convir que ele não se teria dirigido a alguém que se dispusesse a resistir.

P. Ele goza com a sua vingança?

*Resp.* – Não, porquanto vê que lhe custará caro. Além disso, em vez de me fazer mal, ele me prestou um serviço, fazendo-me entrar mais cedo no mundo dos Espíritos, onde sou mais feliz; foi, pois, uma ação má, sem proveito para ele.

Circunstâncias atenuantes foram admitidas pelo júri, com base nos motivos acima indicados, e a pena de morte foi afastada.

A respeito do que acabo de contar, há uma observação moral de alta importância a ser feita. É necessário concluir, com efeito, que o homem deve vigiar os seus menores pensamentos, até os seus maus sentimentos, aparentemente os mais fugidios, já que estes têm a propriedade de atrair para ele Espíritos maus e corrompidos, e oferecê-lo, fraco e desarmado, às suas inspirações culposas: é uma porta que ele abre ao mal, sem compreender o perigo. Foi, pois, com um profundo conhecimento do homem e do mundo espiritual que Jesus Cristo disse: 'Qualquer que olhar para uma mulher com intenção impura, no coração, já adulterou com ela.' (*Mateus*, 5:28.)

Tenho a honra etc."

Simon M...

# Advertências de Além-Túmulo

## O oficial da Crimeia

*L'Indépendance belge*, que não pode ser acusado de excessiva benevolência em relação às crenças espíritas, referiu o seguinte fato, reproduzido por vários jornais, e que por nossa vez transcrevemos com todas as reservas, pois não tivemos oportunidade de constatar a sua realidade.

> Seja porque a nossa imaginação inventa e povoa um mundo de almas ao lado e acima de nós; seja porque o mundo no qual estamos, vivemos e agimos existe realmente, é fora de dúvida, pelo menos para mim, que se produzem acidentes inexplicáveis, que provocam a Ciência e desafiam a razão.
>
> Na guerra da Crimeia, durante uma dessas noites tristes e longas que se prestam maravilhosamente à melancolia, ao pesadelo e a todas as nostalgias do Céu e da Terra, um jovem oficial levanta-se de repente e sai de sua tenda, a fim de procurar um de seus camaradas para dizer-lhe:
>
> — Acabo de receber a visita de minha prima, a Srta. de T...
>
> — Sonhaste.
>
> — Não. Ela entrou pálida, sorridente, apenas roçando o chão muito duro e grosseiro para os seus pés delicados. Olhou-me, após me haver despertado subitamente com a sua voz doce, e me disse: "Demoras muito! Toma cuidado! Algumas vezes a gente morre na guerra sem ir à guerra." Quis falar-lhe, levantar-me, correr até ela. Mas ela recuou e, pondo o dedo sobre os lábios, disse: "Silêncio! Tem coragem e paciência, nós nos tornaremos a ver." Ah! meu amigo, ela estava muito pálida; tenho certeza de que está doente, de que ela me chama.
>
> — Sonhas acordado; estás doido — redarguiu o amigo.

— É possível. Mas, então, o que vem a ser esta agitação em meu coração, que a evoca e me faz vê-la?

Os dois rapazes conversaram e, ao amanhecer, o amigo acompanhou o oficial visionário à sua tenda, quando este estremeceu de repente e disse:

— Ei-la, meu amigo; ei-la, diante da minha tenda... Faz-me sinais, dizendo que não tenho fé nem confiança.

Naturalmente o amigo nada via. Fez, porém, o melhor que podia para tranquilizar o camarada. Nasceu o dia e, com ele, as ocupações muito sérias para deixarem de lado os fantasmas da noite. Mas, por uma precaução perfeitamente compreensível, no dia seguinte uma carta partiu para a França, pedindo notícias urgentes da Srta. de T... Alguns dias depois responderam que a Srta. de T... estava gravemente doente e que se o jovem oficial pudesse obter uma licença, talvez a sua visita lhe causasse um efeito salutar.

Pedir licença no momento das lutas mais rudes, provavelmente na véspera de um assalto decisivo, alegando temores sentimentais, era coisa que não se podia pensar. Todavia, creio lembrar que a licença foi pedida e obtida e que o oficial já ia partir para a França, quando teve mais uma visão. Esta era pavorosa. Pálida e muda, a Srta. de T... deslizou uma noite no interior de sua tenda e lhe mostrou o longo vestido branco que arrastava. O jovem oficial não duvidou um só instante que sua noiva estivesse morta. Estendeu a mão, pegou uma de suas pistolas, e arrebentou os miolos.

Com efeito, naquela mesma noite, à mesma hora, a Srta. de T... havia exalado o último suspiro.

Resultaria essa visão do magnetismo? Não sei. Seria loucura? Espero que sim. Mas era qualquer coisa que escapava às zombarias dos ignorantes e às zombarias ainda mais inconvenientes dos homens de saber.

> Quanto à autenticidade deste fato, posso garanti-la. Interrogai os oficiais que passaram este longo inverno na Crimeia, e não serão poucos os que vos contarão fenômenos de pressentimento, de visão, de miragem da pátria e de parentes, análogas a este que acabo de contar.
>
> O que se deve concluir de tudo isso? Nada. A menos que terminasse minha correspondência de maneira muito lúgubre, e que talvez soubesse fazer dormir sem saber magnetizar.
>
> Thécel

Como dissemos no início, não podemos constatar a autenticidade do fato. Mas o que podemos garantir é a sua possibilidade. Os exemplos verificados, antigos e recentes, de advertências de Além-Túmulo são tão numerosos que este nada tem de mais extraordinário que outros, testemunhados por tantas pessoas dignas de fé. Podiam parecer sobrenaturais em outros tempos, mas hoje que sua causa é conhecida e estão psicologicamente explicados, graças à teoria espírita, nada têm que os afaste das leis da natureza. Acrescentaremos apenas uma observação: se aquele oficial tivesse conhecido o Espiritismo, saberia que o meio de reunir-se à sua noiva não seria cometendo o suicídio, pois a ação poderá afastá-los por um tempo muito mais longo que aquele que ele teria vivido na Terra. Além disso, o Espiritismo lhe teria dito que a morte gloriosa, no campo de batalha, ter-lhe-ia sido mais proveitosa do que a que se permitiu voluntariamente, por um ato de fraqueza.

Eis outro fato de advertência de Além-Túmulo, referido pela *Gazette d'Arad* (Hungria), do mês de novembro de 1858:

> Dois irmãos israelitas de Gyek, Hungria, tinham ido a Grosswardein, levar suas duas filhas de 14 anos a um pensionato. Durante a noite que se seguiu à partida, outra filha de um deles, de 10 anos e que ficara em casa, levantou-se em sobressalto e, chorando, contou à mãe que vira em sonho o pai e o tio cercados por vários camponeses que lhes queriam fazer mal.

A princípio a mãe não deu nenhuma importância a estas palavras, mas, vendo que não conseguia acalmar a criança, levou-a à casa do prefeito local, onde a menina contou novamente o sonho, acrescentando que reconhecera entre os camponeses dois de seus vizinhos, e que o fato se passara na orla de uma floresta.

Imediatamente o prefeito mandou dar uma busca no domicílio dos dois camponeses, que de fato estavam ausentes. Depois, para se assegurar da verdade, expediu outros emissários na direção indicada, os quais encontraram cinco cadáveres nos confins de um bosque. Eram os dois pais com as filhas e o cocheiro que os tinha conduzido. Os cadáveres haviam sido atirados sobre um braseiro para se tornarem irreconhecíveis. Logo a polícia começou a fazer as diligências. Prendeu os dois camponeses designados, no momento em que procuravam trocar várias cédulas manchadas de sangue. Uma vez na prisão confessaram o crime, dizendo que reconheciam o dedo de Deus na pronta descoberta do delito.

## Os convulsionários de Saint-Médard

(Sociedade, 15 de julho de 1859)

*Notícia* – François Pâris, famoso diácono de Paris, morto em 1727, aos 37 anos, era o filho mais velho de um conselheiro do Parlamento, a quem naturalmente devia suceder no cargo. Preferiu, no entanto, abraçar a carreira eclesiástica. Após a morte do pai deixou os bens para o irmão e, durante algum tempo, ensinou catecismo na paróquia de São Cosme, encarregando-se da direção dos clérigos e fazendo-lhes conferências. O cardeal de Noailles, a cuja causa estava ligado, quis nomeá-lo cura dessa paróquia, mas sobreveio um obstáculo imprevisto. O abade Pâris consagrou-se inteiramente ao retiro. Depois de ter experimentado diversos eremitérios, confinou-se numa casa do subúrbio de São Marcelo. Lá se entregou sem reserva à prece, às práticas mais rigorosas da penitência e ao trabalho manual. Fazia meias para os pobres, que considerava como seus irmãos; morreu nesse asilo.

O abade Pâris havia aderido ao apelo da bula Unigenitus, interposta pelos quatro bispos; tinha renovado seu apelo em 1720. Assim, devia ter sido descrito diversamente pelos partidos opostos. Antes de fazer meias, produziu livros muito medíocres. Dele possuímos explicações sobre as *Epístolas de Paulo aos romanos e aos gálatas*, e uma análise da *Epístola aos hebreus*, que pouca gente lê.

Tendo seu irmão mandado erigir-lhe um túmulo no pequeno cemitério de Saint-Médard, os pobres socorridos pelo piedoso diácono, alguns ricos que ele havia edificado e algumas mulheres que tinha instruído para lá se dirigiam, a fim de fazer preces. Houve curas que pareceram maravilhosas e convulsões que foram consideradas perigosas e ridículas. A autoridade viu-se enfim obrigada a fazer cessar esse espetáculo, determinando o fechamento do cemitério no dia 27 de janeiro de 1732. Então os mesmos entusiastas foram provocar suas convulsões em casas particulares. Na opinião de muita gente, o túmulo do diácono Pâris foi o túmulo do jansenismo.[84] Mas algumas pessoas julgaram ver o dedo de Deus, tornando-se mais ligadas a uma seita capaz de produzir tais maravilhas. Há diferentes histórias desse diácono, do qual talvez jamais teriam falado se não o houvessem querido transformar num taumaturgo.

Entre os fenômenos estranhos apresentados pelos convulsionários de Saint-Médard citam-se: a faculdade de resistir a golpes tão terríveis que os corpos deveriam ficar triturados; a de falar línguas ignoradas ou esquecidas; um desdobramento extraordinário da inteligência: os mais ignorantes entre eles improvisavam discursos sobre a graça, os males da Igreja, o fim do mundo etc.; a faculdade de ler o pensamento; postos em contato com os doentes, apresentavam dores no mesmo local daqueles que os consultavam; nada mais frequente do que ouvi-los predizer diversos fenômenos anormais que deveriam sobrevir no curso de suas moléstias.

---

[84] N.E.: Movimento doutrinal e religioso baseado nas teses expostas por Cornélio Jansênio, que teve uma grande influência na Europa dos séculos XVII e XVIII, especialmente na França.

A insensibilidade física produzida pelo êxtase deu lugar a cenas atrozes. A loucura chegou a ponto de realmente crucificarem vítimas infelizes, a fazer-lhes sofrer todos os detalhes da Paixão do Cristo. E estas vítimas, cujo fato é atestado pelas mais autênticas testemunhas, solicitavam as terríveis torturas, designadas entre os convulsionários pelo nome de grande socorro.

A cura dos doentes se operava pelo simples toque da pedra tumular ou pela poeira que encontravam à sua volta e que tomavam com alguma bebida ou aplicavam sobre as úlceras. Bastante numerosas, estas curas foram atestadas por milhares de testemunhas, muitas das quais são homens de Ciência, no fundo incrédulos, que registraram os fatos sem saber a que atribui-los.

PAULYNE ROLAND

1. *Evocação* do diácono Pâris.

*Resp.* – Estou às vossas ordens.

2. Qual é o vosso estado atual como Espírito?

*Resp.* – Errante e feliz.

3. Tivestes outras existências corporais depois dessa que conhecemos?

*Resp.* – Não; estou constantemente ocupado em fazer o bem aos homens.

4. Qual foi a causa dos fenômenos estranhos que se passavam com os visitantes do vosso túmulo?

*Resp.* – Intriga e magnetismo.

OBSERVAÇÃO – Entre as faculdades de que eram dotados os convulsionários, reconhecemos algumas sem a menor dificuldade, das quais o sonambulismo e o magnetismo oferecem numerosos exemplos. Tais são, entre outras: a insensibilidade física, a percepção do pensamento, a transmissão solidária das dores etc. Assim, não podemos duvidar que essas criaturas em plena crise estivessem numa espécie de estado de sonambulismo acordado, provocado pela influência que exercem uns sobre os outros, mau grado seu. Eram, ao mesmo tempo, magnetizadores e magnetizados.

5. Por que motivo uma população inteira foi subitamente dotada dessas estranhas faculdades?

*Resp.* – Elas se comunicam muito facilmente em certos casos, e não sois tão estranhos às faculdades dos Espíritos para não compreender que nisto eles tomaram uma grande parte, por simpatia para com aqueles que as provocavam.

7. Participastes diretamente como Espírito?

*Resp.* – Nem de longe.[85]

8. Outros Espíritos concorreram para isso?

*Resp.* – Muitos.

9. Em geral de que natureza eram?

*Resp.* – Pouco elevada.

10. Por que essas curas e todos esses fenômenos cessaram quando a autoridade se opôs, mandando fechar o cemitério? Teria, então, a autoridade mais poder que os Espíritos?

*Resp.* – Deus quis fazer cessar o fenômeno porque havia degenerado em abuso e escândalo. Foi preciso um meio e ele empregou a autoridade dos homens.

11. Desde que não participastes dessas curas, por que escolhiam vosso túmulo, de preferência a outro?

---

[85] Nota do tradutor: Como no original francês, a numeração saltou do 5 para o 7.

*Resp.* – Acreditais que eu tenha sido consultado? Escolheram meu túmulo calculadamente: minhas opiniões religiosas, primeiro, e o pouco bem que eu tinha procurado fazer foram explorados.

## Observação a propósito da palavra milagre

O Sr. Mathieu, que citamos em nosso artigo do mês de outubro, a respeito dos milagres, dirige-nos a reclamação seguinte, que nos apressamos em atender:

"Senhor,

Se não tenho a vantagem de estar de acordo convosco sobre todos os pontos, pelo menos estou naquilo que tivestes ocasião de dizer de mim no último número de vosso jornal. Assim, aprecio sobremaneira vossa observação relativamente à palavra *milagre*. Se dela me servi em meu opúsculo, tive o cuidado de dizer ao mesmo tempo (p. 4): 'Convencido de que a palavra *milagre* exprime um fato produzido fora das leis *conhecidas* da natureza; um fato que escapa a toda explicação humana, a toda interpretação científica.' Supunha assim indicar suficientemente que não atribuía a essa palavra senão um valor relativo e convencional; parece que me enganei, pois vos destes ao trabalho de me censurar.

Em todo o caso, conto com a vossa imparcialidade, senhor, para que estas breves linhas, que tenho a honra de vos dirigir, encontrem lugar em vosso próximo número. Não me sinto ofendido; que vossos leitores saibam que eu não quis atribuir à palavra em questão o sentido que lhe censurais. Houve inabilidade de minha parte, ou mal-entendido da vossa, quiçá um pouco de uma e de outra.

Recebei etc."

MATHIEU

Como dissemos em nosso artigo, estávamos perfeitamente convencidos do sentido em que o Sr. Mathieu havia empregado a palavra milagre; assim, nossa crítica não visava absolutamente à sua opinião, mas ao emprego da palavra, mesmo na sua acepção mais racional. Há tantas pessoas que veem apenas a superfície das coisas, sem se darem ao trabalho de aprofundá-las — o que não as impede de julgar como se as conhecessem — que tal título, dado a um fato espírita, poderia ser tomado ao pé da letra, de boa-fé por uns, com malevolência pelo maior número. Nossa observação a respeito é tanto mais fundada quando nos lembramos de ter lido em alguma parte, num jornal cujo nome nos escapa, um artigo no qual aqueles que gozam da faculdade de provocar os fenômenos espíritas eram classificados, a título de zombaria, como fazedores de milagres, e isto a propósito de um adepto muito zeloso, que ele próprio estava convencido de produzi-los. É o caso de lembrar que nada é mais perigoso do que um amigo imprudente. Nossos adversários são muito impetuosos em nos levar ao ridículo, sem que lhes tenhamos oferecido pretexto.

## Aviso

A abundância de matérias não nos permite inserir neste número o Boletim da Sociedade Parisiense de Estudos Espíritas. Dá-lo-emos no do mês de dezembro, num suplemento, assim como várias outras comunicações que a falta de espaço nos levou a adiar.

Allan Kardec

# Revista Espírita
Jornal de Estudos Psicológicos
ANO II   DEZEMBRO DE 1859   Nº 12

## Resposta ao Sr. Oscar Comettant

"Senhor,

Consagrastes aos Espíritos e aos seus partidários o folhetim do *Siècle* de 27 de outubro último. A despeito do ridículo que lançais sobre uma questão muito mais séria do que pensais, apraz-me reconhecer que, atacando o princípio, guardais as conveniências pela urbanidade da forma, visto não ser possível dizer com mais polidez que não temos bom senso. Assim, não confundirei o vosso espirituoso artigo com essas diatribes grosseiras que dão uma triste ideia do 'bom gosto' de seus autores, aos quais fazem justiça todas as pessoas distintas, sejam ou não nossas partidárias.

Como não tenho o hábito de responder às críticas, teria deixado passar o vosso artigo, como tantos outros, se dos Espíritos não tivesse o encargo, primeiramente, de vos agradecer por vos terdes ocupado deles e, depois, para vos dar um conselho. Bem compreendeis, senhor, que de mim mesmo não me permitiria fazê-lo; desincumbo-me de minha tarefa, eis tudo. — Como! — direis — então os Espíritos se ocupam de um folhetim que escrevi sobre eles? Seria muita bondade de sua parte. — Certamente, pois estavam ao vosso lado quando escrevíeis. Um deles, que vos quer bem, chegou mesmo a tentar impedir que utilizásseis certas reflexões, que julgava não estar à altura de vossa sagacidade, temendo por vós a crítica, não dos Espíritos, com os quais pouco vos preocupais, mas dos que conhecem o alcance do vosso julgamento. Ficai certo de que eles estão por toda parte, sabem tudo quanto se diz e se faz e, no momento em que lerdes estas linhas, estarão ao vosso lado, observando-vos. Mas direis:

— Não posso crer na existência desses seres que povoam o espaço, mas que não vemos.

— Credes no ar, que não vedes e que, no entanto, vos envolve?

— Isto é muito diferente. Creio no ar porque, mesmo não o vendo, sinto-o, ouço-o bramir na tempestade e ressoar no tubo da chaminé; vejo os objetos que ele derruba.

— Pois bem! Os Espíritos também se fazem ouvir; também movem os corpos pesados, levantam-nos, transportam-nos, quebram-nos.

— Ora, pois, Sr. Allan Kardec! Apelai para a vossa razão. Como quereis que seres impalpáveis, supondo que eles existam, o que só admitiria se os visse, tenham esse poder? Como podem seres imateriais agir sobre a matéria? Isto não é racional.

— Credes na existência dessas miríades de animálculos que estão em vossa mão e que a ponta de uma agulha pode cobrir milhares?

— Sim, porque se não os vejo com os olhos, o microscópio me faz vê-los.

— Mas antes da invenção do microscópio, se alguém vos tivesse dito que tendes sobre a pele milhares de insetos que nela pululam; que uma gota de água límpida encerra toda uma população;

que os absorveis em massa com o ar mais puro que respirais, que teríeis respondido? Teríeis gritado contra o absurdo e, se fôsseis folhetinista, não teríeis deixado de escrever um belo artigo contra os animálculos, o que não os impediria de existir. Hoje o admitis porque o fato é patente, mas antes teríeis declarado que era coisa impossível. Que há, pois, de irracional na crença de que o espaço seja povoado de seres inteligentes que, embora invisíveis, de modo algum são microscópicos? Quanto a mim, confesso que a ideia de seres pequenos como uma parcela homeopática e, no entanto, providos de órgãos visuais, reprodutores, circulatórios, respiratórios etc., me parece ainda mais extraordinário.

— Concordo, mas ainda uma vez são seres materiais, representam alguma coisa, enquanto os vossos Espíritos são o quê? Nada; apenas seres abstratos, imateriais.

— Em primeiro lugar, quem vos disse que são imateriais? A observação — pesai bem esta palavra *observação*, que não quer dizer *sistema* — a observação, repito, demonstra que essas inteligências ocultas têm um corpo, um envoltório, invisível é verdade, mas não menos real. Ora, é por este intermediário semimaterial que eles agem sobre a matéria. Serão apenas os corpos sólidos que têm uma força motriz? Não são, ao contrário, os corpos rarefeitos, como o ar, o vapor, todos os gases e a eletricidade que possuem esse poder no mais alto grau? Por que então o negaríeis à substância que constitui o envoltório dos Espíritos?

— De acordo. Mas se em certos casos essas substâncias são invisíveis e impalpáveis, a condensação pode torná-las visíveis e mesmo sólidas. Podemos pegá-las, guardá-las, analisá-las, de modo que a sua existência é demonstrada de maneira irrecusável.

— Ora essa! Negais os Espíritos porque não podeis metê-los num tubo de ensaio e saber se são compostos de oxigênio, hidrogênio e azoto. Dizei-me se antes das descobertas da Química moderna conhecia-se a composição do ar, da água, e as propriedades dessa imensidão de corpos invisíveis, cuja existência nem suspeitávamos. Que teriam dito, então, a quem anunciasse todas as maravilhas que hoje admiramos? Tê-lo-iam tratado de charlatão, de visionário. Suponhamos que vos caia nas mãos um livro de um sábio daquele tempo, negando todas essas coisas e que, além disso, tivesse procurado *demonstrar* a sua impossibilidade. Diríeis: Eis aí um sábio muito presunçoso, que se pronunciou muito levianamente, decidindo sobre o que não sabia; para sua reputação teria sido melhor abster-se. Numa palavra, não faríeis um juízo muito favorável de sua opinião. Pois bem! Em alguns anos veremos o que se pensará daqueles que hoje tentam *demonstrar* que o Espiritismo é uma quimera.

'É, sem dúvida, lamentável para certas pessoas, como para certos colecionadores, que os Espíritos não possam ser postos dentro de um garrafão de vidro, a fim de serem observados à vontade; não imagineis, entretanto, que eles escapem aos nossos sentidos de maneira absoluta. Se a substância que compõe o seu envoltório é invisível em estado normal, também pode, em certos casos, como o vapor, mas por outra causa, experimentar uma espécie de condensação ou, para ser mais exato, uma modificação molecular que a torna momentaneamente visível e mesmo tangível. Então podemos vê-los, como nos vemos, tocá-los, apalpá-los; eles podem pegar-nos e deixar impressão sobre os nossos membros. Apenas esse estado é temporário, podem deixá-lo tão rapidamente quanto o tomaram, não em virtude de uma rarefação mecânica, mas por efeito da vontade, considerando-se que são seres inteligentes, e não corpos inertes. Se a existência dos seres inteligentes que povoam o espaço está provada; se, como acabamos de ver, exercem uma ação sobre a matéria, que há de surpreendente em que possam comunicar-se conosco e transmitir seus pensamentos por meios materiais?

'Tudo bem, caso a existência desses seres seja provada. Mas aí é que está o problema.

'Inicialmente, o importante é provar essa possibilidade: a experiência fará o resto. Se para vós essa existência não está provada, está para mim. Ouço daqui que dizeis intimamente: 'Eis um argumento muito frágil. Admito que minha opinião pessoal tenha pouco peso, mas não estou só. Antes de mim, muitos outros pensavam do mesmo modo, porquanto não inventei nem descobri os Espíritos.' Essa crença conta milhões de aderentes, tanto ou mais inteligentes do que eu. Entre os que creem e os que não creem, quem decidirá?'

— O bom senso — direis.

— Seja. Mas acrescento: e o tempo, que diariamente nos vem em auxílio. Mas com que direito os que não creem se arrogam o privilégio do bom senso, sobretudo quando justamente os que acreditam são recrutados, não entre os ignorantes, mas entre pessoas esclarecidas, cujo número cada dia cresce? Eu o julgo por minha correspondência, pelo número de estrangeiros que me visitam, pela aceitação de meu jornal, que completa o seu segundo ano e conta com assinantes nas cinco partes do mundo, nas mais elevadas camadas da sociedade e até nos tronos. Dizei-me, em consciência, se isso é a trajetória de uma ideia vazia, de uma utopia.

Constatando esse fato capital em vosso artigo, dizeis que ele ameaça tomar as proporções de um flagelo e aditais: 'Já não lidava a espécie humana, ó bom Deus! com *futilidades* suficientes para lhe perturbar a razão, antes mesmo que essa nova doutrina viesse apoderar-se de nosso pobre cérebro?' Parece que não apreciais as doutrinas; cada um tem o seu gosto. Nem todos gostam das mesmas coisas. Direi apenas que não sei a que papel intelectual o homem seria reduzido, se, desde que se acha na Terra, não tivessem surgido doutrinas que, fazendo-o refletir, o tirassem do estado passivo do bruto. Sem dúvida, há boas e más, justas e falsas, mas foi para discerni-las que Deus nos deu a razão. Esquecestes uma coisa: a definição clara e categórica daquilo que classificais entre as futilidades. Há pessoas que assim tacham todas as ideias de que não compartilham. Mas tendes inteligência em demasia para acreditar que esta se tenha concentrado apenas em vós. Há outras pessoas que atribuem esse nome a qualquer opinião religiosa, considerando a crença em Deus, na alma e na sua imortalidade, nas penas e recompensas futuras de utilidade limitada às mulheres do povo ou às crianças que se deseja amedrontar. Não conheço vossa opinião a respeito, contudo, pelos juízos que emitistes, algumas pessoas poderiam inferir que aceitais um pouco essas ideias. Quer as partilheis ou não, tomo a liberdade de dizer, como muitos outros, que nelas estaria o verdadeiro flagelo, caso se propagassem. Com o materialismo, que é a crença de que morremos como animais, que depois de nós *será o nada*, o bem não terá nenhuma razão de ser, os laços sociais nenhuma consistência: é a sanção do egoísmo. A lei penal será o único freio a impedir o homem de viver à custa de outrem. Se fosse assim, com que direito puniríamos o homem que mata o semelhante para apoderar-se de seus bens? 'Porque é um mal', diríeis vós. Mas por que esse mal? Ele vos responderá: 'Depois de mim não há nada; tudo se acaba; nada tenho a temer; quero viver aqui o melhor possível e, para isso, tomarei dos que têm. Quem mo proíbe? Vossa lei? Vossa lei terá razão se for mais forte, isto é, se me pegar. Mas se eu for mais astucioso, se lhe escapar, a razão estará comigo.'

Qual a sociedade, pergunto, que poderá subsistir com semelhantes princípios? Isto me lembra do seguinte fato: Um senhor que, como se diz vulgarmente, não acreditava em Deus, nem no diabo, e não o negava, notou que desde algum tempo vinha sendo roubado por seu criado. Um dia surpreendeu-o em flagrante e lhe disse: 'Como ousas, infeliz, tomar o que te não pertence?' O doméstico pôs-se a rir e respondeu: 'Por que deveria crer, se também não credes? Por que tendes mais do que eu? Se eu fosse rico e vós pobre, quem vos impediria de fazer o que faço? Dei azar desta vez — eis tudo. De outra, cuidarei de agir melhor.'

Aquele senhor teria ficado mais contente se o doméstico não tivesse tomado a crença em Deus como uma futilidade. É a essa crença e às que dela decorrem que deve o homem a sua verdadeira segurança social, muito mais que à severidade da lei, porque a lei não pode tudo alcançar. Se a crença se arraigasse no coração de todos, nada teriam a temer uns dos outros. Assestar as baterias contra ela é soltar a rédea a todas as paixões, é aniquilar todos os escrúpulos. Foi isso que levou recentemente um sacerdote, quando lhe pediram opinasse sobre o Espiritismo, a dizer estas sensatas palavras: '*O Espiritismo conduz à crença em alguma coisa. Ora, eu prefiro aqueles que acreditam em alguma coisa aos que em nada creem, pois estes não acreditam nem mesmo na necessidade do bem.*'

Com efeito, o Espiritismo é a destruição do materialismo. É a prova patente, irrecusável, daquilo que certas pessoas chamam futilidades, a saber: Deus, a alma, a vida futura, feliz ou infeliz. Este flagelo, como o chamais, tem outras consequências práticas. Se soubésseis, como eu, quantas vezes fez ele voltar a calma aos corações ulcerados pela mágoa; que doce consolação tem espalhado sobre as misérias da vida; quanto ódio tem acalmado, quantos suicídios tem impedido, não zombaríeis tanto. Suponde que um de vossos amigos venha dizer-vos: 'Eu estava desesperado; ia estourar os miolos, mas hoje, graças ao Espiritismo, sei quanto isto me custa e desisto totalmente.' Se outro indivíduo vos disser: 'Eu invejava o vosso mérito, a vossa superioridade; vosso sucesso impedia-me de dormir; queria vingar-me, derrotar-vos, arruinar-vos, até mesmo matar-vos. Confesso que correstes grandes perigos. Hoje, porém, que sou espírita, compreendo tudo quanto esses sentimentos têm de ignóbil e os abjuro. E, em vez de vos fazer mal, venho prestar-vos um serviço.' Provavelmente direis: 'Ótimo! Ainda bem que existe algo de bom nessa loucura.'

O que estou dizendo, senhor, não visa convencer-vos nem vos induzir às minhas ideias. Tendes convicções que vos satisfazem e que, para vós, resolvem todas as questões do futuro: é, pois, muito natural que as conserveis. Mas me apresentais aos vossos leitores como o propagador de um flagelo; eu tinha que lhes mostrar que seria desejável que todos os *flagelos* não fizessem maior mal, a começar pelo materialismo, de modo que conto com a vossa imparcialidade para lhes transmitir minha resposta.

'Mas', direis, 'não sou materialista. Pode-se muito bem não ser materialista e, mesmo assim, não acreditar na manifestação dos Espíritos.' — De acordo: então sois *espiritualista*, e não *espírita*. Se me equivoquei quanto à vossa maneira de ver, é porque tomei ao pé da letra a profissão de fé colocada no fim do vosso artigo. Dizeis: 'Creio em duas coisas: no amor dos homens por tudo quanto é maravilhoso, ainda que esse maravilhoso seja absurdo, e no editor que me vendeu o fragmento da sonata ditada pelo Espírito Mozart, ao preço de 2 francos.' Se toda vossa crença se resume nisso, tudo bem: a mim parece a prima irmã do ceticismo. Mas aposto que credes em algo mais do que no Sr. Ledoyen, que vos vendeu por 2 francos um fragmento de sonata: acreditais no produto de vossos artigos, pois presumo que, salvo engano, não os ofereceis pelo amor de Deus, como o Sr. Ledoyen não oferece os seus livros. Cada um tem o seu ofício: o Sr. Ledoyen vende livros, o literato vende prosa e verso. Nosso pobre mundo não se encontra ainda bastante adiantado para que possamos morar, comer e vestir-nos de graça. Talvez um dia os proprietários, os alfaiates, os açougueiros e os padeiros estejam suficientemente esclarecidos para compreenderem que é ignóbil para eles pedir dinheiro; então os livreiros e os literatos serão arrastados pelo exemplo.

'Com tudo isto não me destes o conselho que me oferecem os Espíritos.' — Ei-lo: É prudente não nos pronunciarmos muito levianamente sobre aquilo que não conhecemos; imitemos a sábia reserva do sábio Arago, a propósito do magnetismo animal: 'Eu não poderia aprovar o mistério com que se envolvem os cientistas sérios que hoje vão assistir às experiências de sonambulismo. A *dúvida* é uma prova de modéstia e raramente prejudica o progresso das ciências. Já não diríamos o mesmo da *incredulidade*. *Aquele que, fora das matemáticas puras, pronuncia a palavra* IMPOSSÍVEL, *falta com a prudência*. A reserva é um dever, sobretudo quando se trata da organização animal.' (Notícia sobre Bailly.)

Aceitai etc."

ALLAN KARDEC

## Efeitos da prece

Um de nossos assinantes nos escreve de Lausanne:

"Há mais de quinze anos professo em grande parte aquilo que vossa ciência espírita ensina hoje. A leitura de vossas obras não faz senão reforçar esta crença. Além disso, traz-me grandes consolações e lança uma viva claridade sobre uma parte que para mim era treva. Embora muito convencido de que minha existência deve ser múltipla, eu não sabia explicar em que se tornaria meu Espírito nesses intervalos. Mil vezes obrigado, senhor, por me haverdes iniciado nesses grandes mistérios, indicando-me a única rota a seguir para ganhar um lugar melhor no outro mundo. Abristes meu coração à esperança e duplicastes a minha coragem para suportar as provas deste mundo. Vinde, pois, senhor, em meu auxílio, a fim de esclarecer uma verdade que me interessa em alto grau. Sou protestante e em nossa Igreja jamais se ora pelos mortos, posto que o Evangelho não o ensina. Como dizeis, os Espíritos que evocais frequentemente pedem o auxílio de vossas preces. Será porque estejam ainda sob a influência das ideias adquiridas na Terra, ou levará Deus em conta a prece dos vivos para abreviar o sofrimento dos mortos? Essa questão, senhor, é muito importante para mim e para outros correligionários meus, que contraíram alianças católicas. A fim de ter uma resposta satisfatória, creio, seria necessário que o Espírito de um protestante esclarecido, tal como um dos nossos ministros, se dignasse manifestar-se em companhia de um dos vossos eclesiásticos."

A pergunta é dupla: 1º A prece é agradável àqueles por quem se ora? 2º É-lhes útil? Ouçamos, de início, sobre a primeira pergunta o reverendo padre Félix, numa introdução notável a um pequeno livro intitulado: *Os mortos sofredores e abandonados*.

> A devoção para com os mortos não é apenas a expressão de um dogma e a manifestação de uma crença, mas também um encanto da vida, um consolo para o coração. Que há, com efeito, de mais suave ao coração do que esse culto piedoso que nos liga à memória e

ao sofrimento dos mortos? Crer na eficácia da prece e das boas obras para o alívio dos que perdemos; crer, quando os choramos, que essas lágrimas que por eles derramamos ainda lhes podem auxiliar; crer, finalmente, que mesmo *nesse mundo invisível que habitam* nosso amor pode ainda visitá-los em seu benefício: que doce, que suave crença! E nessa crença, que consolação para aqueles que viram a morte entrar em sua casa e feri-los no coração! Se esta crença e este culto não existissem, o coração humano, pela voz de seus mais nobres instintos, diria a todos que o compreendem, que seria necessário inventá-los, fosse ainda para imprimir doçura na morte e encanto até nos nossos funerais. Nada, com efeito, transforma e transfigura o amor que ora sobre um túmulo ou chora nos funerais, como essa devoção à lembrança e ao sofrimento dos mortos. Essa mistura da religião e da dor, da prece e do amor têm, ao mesmo tempo, um não sei quê de precioso e de enternecedor. A tristeza que chora torna-se um auxiliar da piedade que ora; por sua vez, a piedade se torna, para a tristeza, o mais delicioso aroma; e a fé, a esperança e a caridade jamais se associam melhor para honrar a Deus consolando os homens e fazendo do alívio aos mortos a consolação dos vivos!

Esse encanto tão suave que encontramos em nosso intercâmbio fraterno com os mortos, como se torna ainda mais doce quando nos persuadimos de que, sem dúvida, Deus não deixa esses entes queridos absolutamente ignorantes do bem que lhes fazemos. Quem não desejou, ao orar por um pai ou um irmão falecido, *que ele ali estivesse para escutar*, e, ao fazer por ele os seus votos, *ali estivesse para ver*? Quem não disse a si mesmo, ao enxugar uma lágrima junto ao caixão de um parente ou de um amigo perdido: *Se ao menos ele pudesse ouvir-me!* quando meu amor lhe oferece com as lágrimas a prece e o sacrifício, *se eu tivesse a certeza de que ele o sabe e que seu amor compreende sempre o meu!* Sim, se eu pudesse crer que não somente o alívio que lhe envio chega até ele, mas se também pudesse convencer-me de que *Deus se digna enviar um de seus anjos para lhe contar*, ao levar-lhe meu benefício, que esse alívio vem de mim: Ó Deus, como sois bom para os que choram, que bálsamo em minhas chagas! que consolo em minha dor!

A Igreja, é verdade, não nos obriga a crer que os nossos irmãos falecidos saibam, no purgatório, o que por eles fazemos na Terra, *mas também não o proíbe; ela o insinua e parece convencer-nos pelo conjunto de seu culto e de suas cerimônias*; e homens sérios e respeitáveis da Igreja não receiam em afirmá-lo. Seja como for, aliás, se os mortos não têm o conhecimento presente e distinto das preces e das boas obras que por eles fazemos, é certo que experimentam seus efeitos salutares. E esta crença firme não basta a um amor que deseja consolar-se da dor através do benefício e fecundar as lágrimas pelos sacrifícios?

O que o padre Félix admite como hipótese, a ciência espírita aceita como verdade incontestável, porque dá a sua prova patente. Sabemos, com efeito, que o mundo invisível é composto daqueles que deixaram seu envoltório corporal, ou, por outras palavras, das almas dos que viveram na Terra. Essas almas, ou esses Espíritos — o que vem a ser a mesma coisa — povoam o espaço; estão em toda parte, ao nosso lado como nas regiões mais afastadas; desembaraçados do fardo pesado e incômodo que os retinha à superfície do solo, não possuindo senão um envoltório etéreo, semimaterial, transportam-se com a rapidez do pensamento. Prova a experiência que eles podem vir ao nosso apelo, mas vêm mais ou menos de boa vontade, com maior ou menor prazer, conforme a intenção, como é fácil de conceber. A prece é um pensamento, um laço que nos liga a eles: é um apelo, uma verdadeira evocação. Ora, como a prece, seja ou não eficaz, é sempre um pensamento benévolo, só pode ser agradável àqueles a quem se dirige. Ser-lhes-á útil? Esta é outra questão.

Os que contestam a eficácia da prece dizem: "Os desígnios de Deus são imutáveis e Ele não os derroga a pedido do homem." Isto depende do objeto da prece, porquanto é muito certo que Deus não pode infringir suas leis a fim de satisfazer a todos os pedidos inconsiderados que lhe são dirigidos. Encaremo-la apenas do ponto de vista do alívio das almas sofredoras. Inicialmente diremos que, admitindo que a duração efetiva dos sofrimentos não possa ser abreviada, a comiseração e a simpatia são um abrandamento para aquele que sofre. Se um prisioneiro for condenado a vinte anos de prisão, não sofrerá mil vezes mais se estiver só, isolado e abandonado? Mas se uma alma caridosa e compassiva vier visitá-lo, consolá-lo e encorajá-lo, não terá o poder de quebrar suas cadeias antes do tempo previsto, não as tornará menos pesadas e os anos não parecerão mais curtos? Quem na Terra não encontra na compaixão um alívio às suas misérias, um consolo nas expansões da amizade?

Podem as preces abreviar os sofrimentos? O Espiritismo diz: *Sim*; e o prova pelo raciocínio e pela experiência. Pela experiência, porque são as próprias almas sofredoras que vêm confirmá-lo, descrevendo-nos a sua mudança de situação; pelo raciocínio, considerando o seu modo de ação.

As comunicações ininterruptas que temos com os seres de Além-Túmulo fazem passar aos nossos olhos todos os graus do sofrimento e da felicidade. Vemos, pois, seres infelizes, horrivelmente infelizes; e, se de acordo com um grande número de teólogos, o Espiritismo não admite *o fogo* senão como uma figura, como um símbolo das maiores dores, numa palavra, como um fogo moral, é preciso convir que a situação de alguns não é muito melhor do que se estivessem no fogo material. O estado feliz ou infeliz após a morte não é, pois, uma quimera, um verdadeiro fantasma. Mas o Espiritismo nos ensina ainda que a duração do sofrimento depende, *até certo ponto*, da vontade do Espírito, podendo ele abreviá-lo pelos esforços que fizer por melhorar-se. A prece — refiro-me à prece real, a do coração, a que é ditada pela verdadeira caridade — incita o Espírito ao arrependimento, desenvolve-lhe bons sentimentos. Ela o esclarece e o faz compreender a felicidade dos que lhe são superiores; impele-o a fazer o bem, *a tornar-se útil*, já que os Espíritos podem fazer o bem e o mal. De certo modo ela o tira do desânimo em que se entorpece. Fá-lo entrever a luz. Por seus esforços pode, pois, sair do lamaçal em que está preso. É assim que a mão protetora que lhe estendemos pode abreviar-lhe os sofrimentos.

Pergunta nosso assinante se os Espíritos que solicitam preces não estariam ainda sob a influência das ideias terrestres. A isto respondemos que entre os Espíritos que se comunicam conosco há os que, em vida, professaram todos os cultos. Todos eles, católicos, protestantes, judeus, muçulmanos e budistas, à pergunta: "Que podemos fazer para vos ser útil?", respondem: "Orai por mim." — Uma prece, segundo o rito que professastes, será para vós mais útil ou mais agradável? — "O rito é a forma; a prece do coração não tem rito." Nossos leitores certamente se recordam da evocação de uma viúva do Malabar, inserida na *Revista* de dezembro de 1858. Quando lhe dissemos: "Pedis que oremos por vós; como somos cristãos, nossas preces vos poderiam ser agradáveis?" Ela respondeu: "Não há senão um Deus para todos os homens."

Os Espíritos sofredores ligam-se aos que oram por eles, como o ser reconhecido àquele que lhe faz bem. Essa mesma viúva do Malabar compareceu várias vezes às nossas reuniões sem ser chamada; dizia vir para instruir-se. Acompanhava-nos até mesmo na rua, conforme constatamos com o auxílio de um médium vidente. O assassino Lemaire, cuja evocação relatamos no número do mês de março de 1858, evocação que, diga-se de passagem, tinha excitado a verve trocista de alguns céticos, esse mesmo assassino, infeliz, abandonado, encontrou em um de nossos leitores um coração compassivo, que teve piedade dele; muitas vezes veio visitá-lo e procurou manifestar-se por todos os tipos e meios até que essa pessoa, tendo tido ocasião de esclarecer-se sobre essas manifestações, soube que era Lemaire, que lhe queria testemunhar o seu reconhecimento. Quando teve oportunidade de externar seu pensamento, disse-lhe: "Obrigado, alma caridosa! Eu me achava só com os remorsos de minha vida passada e tivestes piedade de mim; estava abandonado e pensastes em mim; encontrava-me no abismo e me estendestes a mão! Vossas preces foram para mim como um bálsamo consolador; compreendi a enormidade de meus crimes e peço a Deus que me conceda a graça de repará-los em uma nova existência, na qual possa fazer tanto bem quanto fiz de mal. Obrigado outra vez, muito obrigado!"

Eis a opinião atual de um ilustre ministro protestante, o Sr. Adolphe Monod, morto em abril de 1856, sobre os efeitos da prece:

"O Cristo disse aos homens: 'Amai-vos uns aos outros.'[86] Essa recomendação encerra a de empregar todos os meios possíveis para testemunhar afeição aos nossos semelhantes, sem por isso entrar em detalhes quanto à maneira de atingir esse objetivo. Se é verdade que nada pode desviar o Criador de aplicar a justiça, de que Ele próprio é modelo, a todas as ações do Espírito, não é menos verdade que a prece que lhe dirigis, em favor daquele por quem vos interessais, é para este último um testemunho da lembrança que não poderá senão contribuir para aliviar-lhe os sofrimentos e consolá-lo. Desde que testemunha o menor arrependimento, *só* então é socorrido, mas não lhe deixam jamais ignorar que uma alma simpática dele se ocupou. Esse pensamento o incita ao arrependimento e o deixa na doce persuasão de que a sua intercessão lhe foi útil. Disso resulta, necessariamente, de sua parte, um sentimento de reconhecimento e de afeto por aquele que lhe deu esta prova de consideração e de piedade. Consequentemente, o amor recomendado pelo Cristo aos homens não fez senão crescer entre eles; ambos obedeceram à lei de amor e de união entre todos os seres, Lei de Deus que deve conduzir à unidade, que é a finalidade do Espírito."

— Nada tendes a acrescentar a estas explicações?

*Resp.* – Não; elas encerram tudo.

— Agradeço-vos por haverdes por bem no-las transmitir.

*Resp.* – Para mim é uma felicidade poder contribuir para a união das almas, união que os Espíritos bons procuram fazer prevalecer sobre todas as questões de dogma que as dividem.

# Um Espírito que não se acredita morto

Um dos nossos assinantes do departamento do Loiret, excelente médium escrevente, escreve-nos o que se segue, a respeito de várias aparições que testemunhou:

---

[86] N.E.: *João*, 15:17.

"Não querendo deixar no esquecimento nenhum dos fatos que vêm apoiar a Doutrina Espírita, venho comunicar os novos fenômenos de que sou testemunha e médium e que, como haveis de reconhecer, concordam perfeitamente com tudo quanto tendes publicado em vossa *Revista*, a propósito dos diversos estados do Espírito depois que se separa do corpo.

Há cerca de seis meses eu me ocupava de comunicações espíritas com várias pessoas, quando me veio a ideia de perguntar se, entre os assistentes, havia um médium vidente. O Espírito respondeu afirmativamente, designou-me e acrescentou: 'Tu já o és, mas em pequeno grau e somente durante o sono; mais tarde teu temperamento se modificará de tal maneira que te tornarás um excelente médium vidente, mas pouco a pouco e, a princípio, apenas durante o sono.'

No decorrer deste ano experimentamos a dor de perder três de nossos parentes. Um deles, que era meu tio, apareceu-me em sonho algum tempo depois de sua morte; tivemos uma longa conversa e ele me conduziu ao lugar que habita, dizendo-me que era o último grau que conduzia à mansão da felicidade eterna. Era minha intenção dar-vos a descrição daquilo que admirei nessa morada incomparável, mas tendo consultado a respeito o meu Espírito familiar, respondeu-me ele: 'A alegria e a felicidade que experimentaste poderiam influenciar a descrição das maravilhosas belezas que admiraste e tua imaginação poderia criar coisas inexistentes. Espera que teu Espírito esteja mais calmo.' Detenho-me, então, em obediência ao meu guia, ocupando-me apenas de duas outras visões mais positivas. Relatarei somente as últimas palavras de meu tio. Após haver admirado aquilo que *me era permitido ver*, ele me disse: 'Agora vais retornar à Terra.' Supliquei-lhe que me concedesse mais alguns instantes e ele respondeu: 'Não; são cinco horas e deves retomar o curso de tua existência.' No mesmo instante despertei, ao som da batida de cinco horas do meu relógio.

Minha segunda visão foi a de um dos dois outros parentes mortos durante o ano. Tratava-se de um homem virtuoso, amável, bom pai de família, bom cristão e, embora doente desde muito tempo, morreu quase subitamente e talvez no momento em que menos esperava. Seu semblante tinha uma expressão indefinível, séria, triste e, ao mesmo tempo, feliz. Disse-me: 'Expio minhas faltas; tenho, porém, um consolo: o de ser o protetor de minha família. Continuo a viver junto à minha mulher e meus filhos e lhes inspiro bons pensamentos. Orai por mim.'

A terceira visão é mais característica e me foi confirmada por um fato material: é a do terceiro parente. Era um homem excelente, posto que vivaz, encolerizado, imperioso com os criados e, acima de tudo, apegado desmedidamente aos bens deste mundo. Além de cético, ocupava-se desta vida mais do que da vida futura. Algum tempo depois de sua morte veio à noite e se pôs a sacudir as cortinas com impaciência, como para me despertar. Como lhe perguntasse se era realmente ele, respondeu-me: 'Sim; vim procurar-te porque és a única pessoa que pode responder-me. Minha esposa e meu filho partiram para Orléans; quis acompanhá-los, mas ninguém quer obedecer-me. Disse a Pedro que fizesse minhas malas, mas ele não me escuta. Ninguém me dá atenção. Se pudesses vir atrelar os cavalos na outra carruagem e providenciar a minha equipagem, prestar-me-ias um grande serviço, pois eu poderia ir reunir-me à minha esposa em Orléans.' — Mas não podes fazê-lo tu mesmo? — 'Não. *Não consigo levantar nada*. Depois do *sono* que experimentei durante a doença, estou completamente mudado; não sei mais onde me encontro. Tenho pesadelos.' — De onde vens? — 'De B...' — Do castelo? — 'Não!', respondeu-me com um grito de horror, levando a mão à fronte; 'venho do cemitério!' — Após um gesto de desespero, acrescentou: 'Olha, meu caro amigo, dize a todos os meus parentes que orem por mim, porque sou muito infeliz.' — A estas palavras fugiu e o perdi de vista. Quando veio me procurar e sacudir as cortinas com impaciência, seu rosto exprimia terrível alucinação. Ao lhe perguntar como foi capaz de sacudir as cortinas, logo ele que me dizia nada poder levantar, respondeu-me bruscamente: 'Com meu sopro!'"

No dia seguinte fiquei sabendo que sua viúva e seu filho haviam realmente partido para Orléans.

Esta última aparição é notável, pela ilusão que leva certos Espíritos a se crerem ainda vivos e, sobretudo, porque no presente caso essa ilusão prolongou-se por muito mais tempo do que em casos análogos. Muito comumente ela não dura senão alguns dias, ao passo que ele não se julgava morto apesar de já decorridos mais de três meses de seu trespasse. Aliás, a situação é perfeitamente idêntica à que observamos muitas vezes. Ele vê tudo como se estivera vivo; quer falar e se surpreende por não ser ouvido. Ocupa-se ou julga ocupar-se com suas tarefas habituais. A existência do perispírito é aqui demonstrada de maneira admirável, abstração feita da visão. Desde que se vê vivo, é que vê um corpo semelhante ao que deixou; esse corpo age como teria agido o outro; para ele nada parece ter mudado: apenas ainda não estudou as propriedades de seu novo corpo. Julga-o denso e material como o primeiro, e espanta-se, porque nada pode levantar. Entretanto, em sua situação percebe algo de estranho, que não compreende. Supõe-se dominado por um pesadelo; toma a morte por um sono: é um estado misto entre a vida corporal e a vida espírita, estado sempre penoso e cheio de ansiedade, e que tem um pouco de ambas as vidas. Como já dissemos alhures, é o que ocorre de modo mais ou menos constante nas mortes instantâneas, tais como as que se dão por suicídio, apoplexia, suplício, combate etc.

Sabemos que a separação entre o corpo e o períspirito se opera gradualmente, e não de modo brusco; começa antes da morte, quando esta sobrevém pela extinção natural das forças vitais, seja pela idade, seja pela doença, sobretudo nas pessoas que em vida pressentem seu fim e *em pensamento se identificam com a existência futura*, de tal sorte que, ao exalarem o último suspiro, a separação é mais ou menos completa. Quando a morte surpreende um corpo cheio de vida, a separação não começa senão nesse momento, para acabar pouco a pouco. Enquanto existir uma ligação entre o corpo e o Espírito, este estará perturbado e, caso entre bruscamente no mundo dos Espíritos, experimentará um sobressalto que não lhe permitirá reconhecer imediatamente a sua situação, bem como as propriedades de seu novo corpo. É necessário ensaiar de alguma maneira e é isso que o faz pensar que ainda pertence a este mundo.

Além das circunstâncias de morte violenta, há outras que tornam mais tenazes os laços entre o corpo e o Espírito, porque a ilusão de que falamos observa-se igualmente em certos casos de morte natural: é quando o indivíduo viveu mais a vida material que a vida moral. Concebe-se que o seu apego à matéria o retém ainda depois da morte, prolongando, assim, a ideia de que nada mudou para ele. Tal é o caso da pessoa de quem acabamos de falar.

Notemos a diferença existente entre a situação desse indivíduo e a do segundo parente: um ainda quer mandar; julga necessitar de suas malas, de seus cavalos, de sua carruagem, para ir ao encontro da esposa; ainda não sabe que, como Espírito, pode fazê-lo instantaneamente ou, melhor dizendo, seu perispírito ainda é tão material que se julga submetido a todas as necessidades do corpo. O outro, que viveu a vida moral, que tinha sentimentos religiosos, que se identificou com a vida futura, embora surpreendido de modo mais inesperado que o primeiro já está desprendido: diz que vive no meio da família, mas sabe que é um Espírito; fala à esposa e aos filhos, mas sabe que o faz pelo pensamento. Numa palavra, já não tem ilusões, ao passo que o outro ainda se acha perturbado e angustiado. De tal forma possui o sentimento da vida real que viu a esposa e o filho que partiam, como realmente partiram no dia indicado, fato ignorado pelo parente a quem apareceu.

Notemos, além disso, uma expressão muito característica de sua parte, que bem descreve a sua posição. À pergunta: "De onde vens?" respondeu inicialmente pelo nome do lugar que habitava; a seguir, a esta outra pergunta: "Do castelo?" "Não! Venho do cemitério" — respondeu com pavor. Ora, isto prova uma coisa: que não sendo completo o desprendimento, uma espécie de atração ainda existia entre o Espírito e o corpo, que o levou a dizer que vinha do cemitério. Mas nesse momento parece que começou a compreender a verdade. A própria pergunta parece colocá-lo no caminho, chamando-lhe a atenção para seus despojos. Daí por que pronunciou a palavra cemitério com pavor.

Os exemplos desta natureza são muito numerosos. Um dos mais admiráveis é o do suicida da Samaritana, que referimos no nosso número de junho de 1858. Evocado vários dias após sua morte, esse homem também afirmava estar ainda vivo, embora dissesse: "Entretanto, sinto os vermes a me corroerem." Como fizemos observar em nosso relato, não se tratava de uma lembrança, desde que em vida não era corroído pelos vermes. Era, pois, um sentimento atual, uma espécie de repercussão, transmitida do corpo ao Espírito pela comunicação fluídica ainda existente entre ambos. Esta comunicação nem sempre se traduz da mesma maneira, mas é sempre mais ou menos penosa, como se fora um primeiro castigo para aquele que em vida se identificou demasiadamente com a matéria.

Que diferença da calma, da serenidade, da suave quietude dos que morrem sem remorsos, com a consciência de terem bem empregado seu tempo de estágio na Terra, dos que não se deixaram dominar pelas paixões! A passagem é curta e sem amargura; a morte, para eles, é o retorno do exílio à pátria verdadeira. Haverá nisso uma teoria, um sistema? Não; é o quadro que nos oferecem todos os dias nossas comunicações de Além-Túmulo, quadro cujos aspectos variam ao infinito, e onde cada um pode colher um ensinamento útil, porque encontra exemplos que poderá aproveitar, caso se dê ao trabalho de consultá-los. É um espelho em que se pode reconhecer todo aquele que não se ache enceguecido pelo orgulho.

## Doutrina da reencarnação entre os hindus

(Nota comunicada à Sociedade pelo Sr. Tug...)

Geralmente se pensa que os hindus só admitem a reencarnação como expiação. Segundo eles, a reencarnação só se daria em corpos animais. No entanto, as linhas que se seguem, extraídas da viagem da Sra. Ida Pfeiffer, parecem provar que a tal respeito os indianos têm ideias mais sadias.

Diz a Sra. Pfeiffer: "Em geral as meninas ficam noivas com um ano de idade. Se o noivo vem a morrer, ela é considerada viúva, ficando impedida de casar-se. A viuvez é reputada como uma grande infelicidade. Pensam eles que isso se deve à posição das mulheres cuja conduta não foi irrepreensível *numa vida anterior*."

Malgrado a importância que não se pode recusar a estas últimas palavras, forçoso é reconhecer que entre a metempsicose dos hindus e a doutrina admitida pela Sociedade Parisiense de Estudos Espíritas há uma diferença capital. Citemos aqui o que diz Zimmermann sobre a religião hindu, no *Diário de viagem*. (*Taschenbuch der Reisen*.)

> O fundo dessa religião é a crença num ser primeiro e supremo, na imortalidade da alma e na recompensa à virtude. O verdadeiro e único Deus se chama *Brahm*, o qual não deve ser confundido com *Brahma*, criado por ele. É a verdadeira luz, que é a mesma, eterna, bem-aventurada em todos os tempos e lugares. Da essência imortal de *Brahm* emanou a deusa *Bhavani*, isto é, a natureza, e uma legião de 1.180 milhões de Espíritos. Entre esses Espíritos há três semideuses ou gênios superiores: *Brahma*, *Vishnu* e *Shiva*, a trindade dos hindus. Durante muito tempo a concórdia e a felicidade reinaram entre os Espíritos. Mais tarde, porém, eclodiu uma revolta entre eles e vários se recusaram a obedecer. Os rebeldes foram precipitados do alto dos Céus no abismo das trevas. Deu-se, então, a metempsicose: cada planta, cada ser foi animado por um anjo decaído. Esta crença explica a bondade dos hindus para com os animais: consideram-nos como seus semelhantes e não querem matar nenhum.
>
> Somos induzidos a crer que não foi senão a ação do tempo que levou tudo quanto existe de bizarro nessa religião, mal compreendida e falseada na boca do povo, a descer à posição de insana charlatanice. Basta indicar os atributos de algumas de suas principais divindades para explicar o estado atual de sua religião. Eles admitem 333 milhões de divindades inferiores: são as deusas dos elementos, dos fenômenos da natureza, das Artes, das doenças etc. Além disso, há os bons e os maus gênios: o número dos bons ultrapassa o dos maus em três milhões.

O que é extremamente notável é que não se encontra, entre os hindus, uma única imagem do Ser supremo: parece-lhes demasiado grande. Dizem que toda a Terra é o seu templo e o adoram sob todas as formas.

Assim, conforme os hindus, as almas tinham sido criadas felizes e perfeitas e sua decadência resultou de uma rebelião; sua encarnação no corpo de animais é uma punição. Conforme a Doutrina Espírita, as almas foram e *ainda são* criadas simples e ignorantes; é pelas encarnações sucessivas que chegam, graças a seus esforços e à Misericórdia Divina, à perfeição que lhes proporcionará a felicidade eterna. Devendo progredir, a alma pode permanecer estacionária durante um período mais ou menos longo, mas não retrograda. O que adquiriu em conhecimento e em moralidade não se perde. Se não avança, também não recua: eis por que não pode voltar a animar os seres inferiores à humanidade. Desse modo, a metempsicose dos hindus está fundada sobre o princípio da degradação das almas. A reencarnação, segundo os Espíritos, está fundada no princípio da progressão contínua. Segundo os hindus, a alma começou pela perfeição para chegar à abjeção; a perfeição é o começo e a abjeção, o resultado. Conforme os Espíritos, a ignorância é o começo; a perfeição, o objetivo e o resultado. Seria supérfluo procurar demonstrar qual dessas duas doutrinas é mais racional e dá uma ideia mais elevada da justiça e da bondade de Deus. É, pois, por completa ignorância de seus princípios que algumas pessoas as confundem.

Tug...

# Conversas familiares de Além-Túmulo

## Sra. Ida Pfeiffer, célebre viajante

(Sociedade, 7 de setembro de 1859)

O relato seguinte é extraído da *Segunda viagem ao redor do mundo*, da Sra. Ida Pfeiffer, p. 345.

Considerando que estou a falar de coisas muito estranhas, é preciso que faça menção de um acontecimento enigmático que se passou há vários anos em Java e que causou tanta sensação que chegou a ponto de chamar a atenção do governo.

Na residência de Chéribon havia uma casinha, na qual, segundo dizia o povo, apareciam Espíritos. Ao anoitecer, choviam pedras de todos os lados no quarto e por todos os lados cuspiam *siri*.[87] Tanto as pedras quanto as cuspinhadas caíam muito perto das pessoas que se encontravam no aposento, sem, contudo, atingi-las ou feri-las. Parece que tudo se dirigia principalmente contra uma criança. Tanto se falou desse caso inexplicável que o governo holandês finalmente encarregou um oficial superior, de sua confiança, para examiná-lo. Este postou em torno da casa homens seguros e fiéis, com a ordem de não permitirem a entrada ou a saída de quem quer que fosse. Examinou tudo escrupulosamente e, tomando em seu colo a criança designada, sentou-se no quarto fatal. Ao anoitecer, como de costume, começou a chuva de pedras e de *siri*: tudo caía perto do oficial e da criança, sem os atingir. Examinaram novamente cada recanto, cada buraco, mas nada descobriram. O oficial não compreendeu patavina. Mandou reunir as pedras, marcá-las e escondê-las num local bem afastado. Foi tudo em vão: as mesmas pedras caíram novamente no aposento, à mesma hora. Finalmente, para pôr termo a essa história inconcebível, o governador mandou demolir a casa.

A pessoa que colheu esse fato, em 1853, era uma mulher verdadeiramente superior, não tanto por sua instrução e talento, senão pela incrível energia de seu caráter. À parte essa ardente curiosidade e essa coragem indômita, que dela fizeram a mais extraordinária viajante que jamais existiu, a Sra. Pfeiffer nada tinha de excêntrico. Era mulher de uma piedade suave e esclarecida, tendo dado inúmeras provas de estar longe de ser supersticiosa. Comprometeu-se a só contar aquilo que ela mesma tivesse visto, ou obtido de fonte segura. (Ver a *Revista de Paris*, de 1º de setembro de 1856 e o *Dicionário dos Contemporâneos*, de Vapereau).

---

[87] Nota de Allan Kardec: Preparação que os javaneses mascam continuamente, e que dá à boca e à saliva a cor do sangue.

1. *Evocação* da Sra. Pfeiffer.
Resp. – Eis-me aqui.

2. Estais surpreendida com o nosso apelo e por vos encontrardes entre nós?
Resp. – Estou surpreendida com a rapidez de minha viagem.

3. Como fostes prevenida de que desejaríamos falar convosco?
Resp. – Fui trazida aqui sem de nada suspeitar.

4. Entretanto, deveríeis ter recebido um aviso qualquer.
Resp. – Um arrastamento irresistível.

5. Onde estáveis quando vos chamamos?
Resp. – Junto a um Espírito que tenho a missão de guiar.

6. Tivestes consciência dos lugares que atravessáveis para vir até aqui, ou aqui vos encontrastes subitamente, sem transição?
Resp. – Subitamente.

7. Sois feliz como Espírito?
Resp. – Sim. Mais feliz do que isso é impossível.

8. De onde vinha esse gosto pronunciado pelas viagens?
Resp. – Eu havia sido marinheiro numa vida precedente e o gosto que adquiri pelas viagens naquela existência refletiu-se nesta, malgrado o sexo que eu havia escolhido para me subtrair a isso.

9. Essas viagens contribuíram para o vosso progresso como Espírito?
Resp. – Sim, porque as fiz com espírito de observação, que me faltou na existência precedente, em que não me ocupava senão do

comércio e das coisas materiais: é por essa razão que imaginava avançar mais em uma vida sedentária. Mas Deus, tão bom e tão sábio em seus desígnios, que não podemos penetrar, permitiu-me utilizasse minhas inclinações em favor do progresso que eu havia solicitado.

10. Das nações que visitastes, qual a que vos pareceu mais adiantada e que vos mereceu a preferência? Não dissestes em vida que colocaríeis certas tribos da Oceania acima das nações civilizadas?

*Resp.* – Era uma ideia errada. Hoje prefiro a França, pois compreendo sua missão e antevejo o seu destino.

11. Que destino prevedes para a França?

*Resp.* – Não vos posso dizer o seu destino, mas sua missão é espalhar o progresso, as luzes e, por conseguinte, o Espiritismo *verdadeiro*.

12. Em que vos pareciam os selvagens da Oceania mais adiantados que os americanos?

*Resp.* – À parte os vícios vinculados à vida selvagem, neles eu encontrara qualidades sérias e sólidas que não encontrei nos outros.

13. Confirmais o fato que se teria passado em Java e que está relatado em uma de vossas obras?

*Resp.* – Confirmo-o em parte; o caso das pedras marcadas e lançadas novamente merece explicação: eram pedras semelhantes, mas não as *mesmas*.

14. A que atribuís esse fenômeno?

*Resp.* – Não sabia a que atribui-lo. Eu me perguntava se, de fato, o diabo existia, respondendo a mim mesma: Não; e fiquei nisso.

15. Agora que podeis compreender a causa, poderíeis dizer de onde vinham essas pedras? Eram transportadas ou fabricadas especialmente pelos Espíritos?

*Resp.* – Eram transportadas. Para eles era mais fácil trazê-las do que aglomerá-las.

16. E de onde provinha aquele *siri*? Era feito por eles?

*Resp.* – Sim; era mais fácil e, além disso, inevitável, pois que lhes seria impossível encontrá-lo já preparado.

17. Qual era o objetivo dessas manifestações?

*Resp.* – Como sempre, chamar a atenção e fazer constatar um fato do qual se devia falar e procurar a explicação.

OBSERVAÇÃO – Alguém faz observar que tal constatação não poderia levar a nenhum resultado sério entre aqueles povos, mas respondem que há um resultado real: pelo relato e pelo testemunho da Sra. Pfeiffer, o mesmo chegou ao conhecimento dos povos civilizados, que o comentam e lhe tiram consequências. Aliás, os holandeses é que foram chamados para constatá-los.

18. Deveria haver um motivo especial, sobretudo quanto à criança atormentada por esses Espíritos?

*Resp.* – A criança possuía uma influência favorável, eis tudo, pois pessoalmente não sofreu nenhum toque.

19. Desde que esses fenômenos eram produzidos por Espíritos, por que cessaram quando a casa foi demolida?

*Resp.* – Cessaram porque julgaram inútil continuar; não pergunteis, contudo, se eles *teriam podido continuar*.

20. Agradecemos por terdes vindo e respondido às nossas perguntas.

*Resp.* – Estou inteiramente às vossas ordens.

## Privat d'Anglemont

(Primeira conversa – 2 de setembro de 1859)

No jornal *Le Pays*, de 15 de agosto de 1859, lê-se o seguinte necrológio de Privat d'Anglemont, homem de letras, falecido no Hospício Dubois.

> Suas extravagâncias jamais fizeram mal a ninguém; só a última foi má e voltou-se contra ele. Ao entrar na casa de saúde em que acaba de morrer, Privat d'Anglemont cometeu a imprudência de dizer que era anabatista e adepto da doutrina de Swedenborg. Havia dito tantas coisas semelhantes em sua vida! Mas desta vez a morte o surpreendeu sem que tivesse tempo de desmentir-se. Em represália, foi-lhe negada a suprema consolação da cruz em sua cabeceira; seu cortejo fúnebre defrontou-se com uma Igreja, mas teve que passar ao largo; a cruz não veio recebê-lo à porta do cemitério. Quando o esquife desceu ao túmulo, Édouard Fournier, ao pronunciar tocantes palavras sobre esse corpo, não ousou desejar-lhe mais do que o sono eterno. Todos os seus amigos se afastaram, admirados de não o terem saudado, um por um, com aquela água que se parece com as lágrimas, e que tudo purifica. Fazei, pois, uma subscrição e tentai edificar alguma coisa sobre uma sepultura sem esperança! Pobre Privat! Eu não o confio menos àquele que conhece todas as misérias de nossa alma e que pôs o perdão como lei na efusão de um coração afetuoso.

Faremos uma nota preliminar sobre esta notícia. Não haverá algo de atroz na ideia de uma sepultura sem esperança, não merecendo sequer a honra de um monumento? Certamente a vida de Privat poderia ter sido mais meritória. É incontestável que cometeu erros. Mas ninguém poderá dizer que foi um homem mau que, como tantos outros, fazia o mal a bel-prazer, sob o manto da hipocrisia. Pelo fato de em seus últimos momentos na Terra ter sido privado das preces dedicadas aos crentes, preces que seus amigos pouco caridosos igualmente lhe negaram, haverá Deus de condená-lo para sempre, não lhe deixando senão o sono eterno como suprema esperança? Em outras palavras, aos olhos de Deus ele não passaria de um animal, logo ele, homem de inteligência, indiferente, é verdade, aos bens e favores do mundo, vivendo despreocupado com o amanhã, mas, incontestavelmente, homem de pensamento, para não dizer um gênio transcendente? A ser correto esse raciocínio, quanto deve ser assustador o número dos que mergulham no nada! Convenhamos que os Espíritos nos dão de Deus uma ideia muito mais sublime, de ordinário no-lo apresentando sempre disposto a estender a mão em socorro daquele que reconhece seus erros, ao qual sempre deixa uma âncora de salvação.

1. *Evocação.*

*Resp.* – Eis-me aqui. Que desejais, meus amigos?

2. Tendes consciência clara de vossa situação atual?

*Resp.* – Não; não totalmente, mas espero tê-la sem tardança, porque, felizmente para mim, Deus não me parece querer afastar dele, malgrado a vida quase inútil que levei na Terra; mais tarde, terei uma posição bastante feliz no mundo dos Espíritos.

3. Reconhecestes imediatamente a vossa situação no momento da morte?

*Resp.* – Fiquei perturbado, o que é compreensível, mas não tanto quanto se poderia supor, pois sempre gostei do que era etéreo, poético, sonhador.

4. Podeis descrever o que convosco se passou naquele momento?

*Resp.* – Nada se passou de extraordinário e diferente daquilo que já sabeis. Inútil, pois, falar ainda disso.

5. Vedes as coisas tão claramente como no tempo em que vivíeis?

*Resp.* – Não; ainda não, mas as verei.

6. Que impressão vos causa a visão atual dos homens e das coisas?

*Resp.* – Meu Deus! Aquilo que sempre pensei.

7. Em que vos ocupais?

*Resp.* – Não faço nada; sou errante. Não procuro uma posição social, mas uma posição espírita; outro mundo, outra ocupação: é a lei natural das coisas.

8. Podeis transportar-vos para qualquer parte que quiserdes?

*Resp.* – Não; eu seria muito feliz; meu mundo é limitado.

9. Necessitais de um tempo apreciável para vos transportar de um lugar a outro?

*Resp.* – Bastante apreciável.

10. Quando vivo, constatáveis vossa individualidade por intermédio do corpo. Agora, porém, que não mais o possuís, como a comprovais?

*Resp.* – Ah! É estranho! Eis uma coisa em que ainda não havia pensado; têm razão os que dizem que aprendemos algo todos os dias. Obrigado, caro confrade.

11. Pois bem! Já que chamamos vossa atenção sobre este ponto, refleti e respondei-nos.

*Resp.* – Eu vos disse que estou limitado quanto ao espaço. Infelizmente eu, que sempre tive uma imaginação viva, estou também limitado quanto ao pensamento. Responderei mais tarde.

12. Quando vivo, qual era a vossa opinião sobre o estado da alma após a morte?

*Resp.* – Eu a supunha imortal, isto é evidente. Confesso, porém, para minha vergonha, que não acreditava ou, pelo menos, não tinha uma opinião segura sobre a reencarnação.

13. Qual era a fonte do caráter original que vos distinguia?

*Resp.* – Não havia uma causa direta; alguns são profundos, sérios, filósofos; eu era alegre, vivo, original. É uma variedade de caráter, eis tudo.

14. Não teríeis podido, pelo vosso talento, libertar-vos dessa vida boêmia que vos deixava à mercê das necessidades materiais, pois creio que muitas vezes vos faltava o necessário?

*Resp.* – Muito frequentemente. Mas que quereis? Eu vivia como ordenava o meu caráter. Depois, jamais me dobrei às tolas convenções do mundo. Eu não sabia o que era ir mendigar proteção; a arte pela arte, eis o meu princípio.

15. Qual a vossa esperança para o futuro?

*Resp.* – Ainda não sei.

16. Recordais a existência que precedeu a que acabais de deixar?

*Resp.* – Foi boa.

OBSERVAÇÃO – Alguém observou que estas últimas palavras poderiam ser tomadas como uma exclamação irônica, o que seria próprio do caráter de Privat. Ele respondeu espontaneamente:

— Peço-vos mil desculpas. Eu não estava gracejando. É verdade que para vós sou um Espírito pouco instrutivo. Mas, enfim, não quero brincar com coisas sérias. Terminemos; não desejo falar mais. Até logo.

(Segunda conversa – 9 de setembro de 1859)[88]

1. *Evocação.*

*Resp.* – Vamos, meus amigos! Então ainda não acabastes de fazer-me perguntas, bem sensatas, aliás, mas às quais não posso responder?

2. Sem dúvida é por modéstia que falais assim, porquanto a inteligência que revelastes em vida e a maneira pela qual respondestes provam que o vosso Espírito se encontra acima do vulgo.

*Resp.* – Lisonjeador!

3. Não; não lisonjeamos. Dizemos o que pensamos. Aliás, sabemos que a lisonja seria um despropósito para com os Espíritos. Por ocasião de vossa última conversa, deixastes-nos bruscamente. Poderíeis dizer-nos a razão?

*Resp.* – Eis a razão, em toda a sua simplicidade: fazeis perguntas tão fora de minhas ideias que me sinto embaraçado em respondê-las. Havereis de compreender, portanto, o natural impulso de orgulho que experimentei ao ficar calado.

4. Vedes outros Espíritos ao vosso lado?

*Resp.* – Vejo-os em quantidade: aqui, ali, por toda parte.

5. Refletistes sobre a pergunta que vos fizemos e que prometestes respondê-la em outra ocasião? Eu a repito: Quando vivo, constatáveis vossa individualidade por intermédio do corpo. Agora, porém, que não mais o possuís, como a comprovais? Numa palavra: como vos distinguis dos outros seres espirituais, que vedes à vossa volta?

---

[88] Nota do tradutor: Embora no original francês se leia *quatrième entretien*, trata-se, na verdade, da segunda conversa de Privat d'Anglemont, conforme facilmente se infere da sequência com que foram ditadas.

*Resp.* – Se posso exprimir o que sinto, dir-vos-ei que ainda conservo uma espécie de essência, dada por minha individualidade, e que não me deixa nenhuma dúvida de que realmente eu sou eu mesmo, embora morto para a Terra. Encontro-me ainda num mundo novo, muito novo para mim... (Após alguma hesitação.) Enfim, constato a minha individualidade por meu perispírito, que é a forma que possuía neste mundo.

OBSERVAÇÃO – Pensamos que esta última resposta lhe foi soprada por outro Espírito, porque sua precisão contrasta com o embaraço que no início parecia demonstrar.

6. Assististes aos vossos funerais?

*Resp.* – Sim, mas não atino por quê.

7. Que sensação experimentastes?

*Resp.* – Vi com prazer, com muita satisfação, que deixando a Terra, nela deixava muitas mágoas.

8. De onde vos surgiu a ideia de passar por anabatista e swedenborguiano? Havíeis estudado a doutrina de Swedenborg?

*Resp.* – É mais uma de minhas ideias excêntricas, em meio a tantas outras.

9. Que pensais do pequeno necrológio publicado a vosso respeito no jornal *Le Pays*?

*Resp.* – Deixais-me embaraçado, pois se publicardes essas comunicações na *Revista* por certo dareis prazer a quem as escreveu; quanto a mim, para quem elas foram feitas, direi o quê? Que são frases bonitas, nada mais que frases bonitas.

10. Ides algumas vezes rever os locais que frequentáveis em vida, e os amigos que deixastes?

*Resp.* – Sim, e ouso dizer que ainda encontro nisso certa satisfação. Quanto aos amigos, eram pouco sinceros; muitos me apertavam a mão sem ter coragem de dizer que eu era excêntrico e, por detrás, me criticavam e me tratavam de louco.

11. Aonde pretendeis ir ao deixar-nos? Isto não é uma pergunta indiscreta, mas para nossa instrução.

*Resp.* – Aonde irei?... Vejamos... Ah! uma excelente ideia... Vou me conceder uma pequena alegria... uma vez apenas não cria hábito... Farei um pequeno passeio; visitarei um quartinho que me deixou em vida lembranças muito agradáveis... Sim, é uma boa ideia; ali passarei a noite à cabeceira de um pobre coitado, um escultor que esta noite não jantou e que pediu ao sono o alívio para sua fome... Quem dorme, janta... Pobre rapaz! Fica tranquilo; irei proporcionar-te sonhos magníficos.

12. Não poderíamos saber o endereço desse escultor, a fim de o auxiliarmos?

*Resp.* – Eis uma pergunta que poderia ser indiscreta, se eu não conhecesse o louvável sentimento que a ditou... Não posso respondê-la.

13. Poderíeis ditar-nos alguma coisa sobre um assunto de vossa escolha? Vosso talento de literato deve tornar fácil a tarefa.

*Resp.* – Ainda não. Entretanto, pareceis tão afáveis, tão compassivos, que prometo escrever alguma coisa. Agora, talvez, eu fosse muito eloquente, mas temo que minhas comunicações sejam ainda muito terrestres; deixai que minha alma se depure um pouco; aguardai que ela abandone esse invólucro grosseiro que ainda a retém, para então vos prometer uma comunicação. Só vos peço uma coisa: rogai a Deus, nosso soberano Senhor, que me conceda o perdão e o olvido de minha inutilidade na Terra, tendo em vista que cada homem tem a sua missão aqui. Infeliz daquele que não a desempenha com fé e religiosidade. Orai! Orai! Adeus.

(Terceira conversa)

Há muito tempo estou aqui. Prometi dizer alguma coisa e direi.

Sabeis, amigos, que nada é mais embaraçoso do que falar assim, sem preâmbulo, e atacar um assunto sério. Um sábio não prepara suas obras senão depois de longa reflexão, após haver amadurecido longamente o que vai dizer, aquilo que vai empreender. Quanto a mim, lamento bastante não ter ainda encontrado um assunto que seja digno de vós. Só vos posso dizer puerilidades. Prefiro, pois, pedir-vos um adiamento de oito dias, como se diz no tribunal. Talvez, então, eu tenha encontrado alguma coisa que vos possa interessar e instruir.

Tendo o médium insistido mentalmente para que ele dissesse alguma coisa, acrescentou: — Mas, meu caro, eu te acho admirável! Não; prefiro ficar como ouvinte. Então não sabes que há tanta instrução para mim quanto para vós em ouvir o que aqui se discute? Não; insisto que ficarei apenas como ouvinte; no meu caso, é um papel muito mais instrutivo. Apesar da tua insistência, não desejo responder. Crês, por acaso, que me seria muito mais agradável dizer: Ah! esta noite evocaram Privat d'Anglemont? 'É verdade? Que disse ele?' 'Nada, absolutamente nada.' Obrigado! Prefiro que conservem de mim uma boa impressão. A cada um as suas ideias.

Comunicação espontânea de Privat d'Anglemont

(Quarta conversa – 30 de setembro de 1859)

"Eis que finalmente o Espiritismo faz um grande barulho por toda parte; e eis que os jornais dele se ocupam, de maneira indireta, é verdade, citando fatos extraordinários de aparições, de batidas etc. Meus ex-confrades citam os fatos sem comentários, no que dão provas de inteligência, porquanto jamais a Doutrina Espírita deve ser mal discutida ou tomada como coisa má. Entretanto, eles ainda não admitiram a veracidade do papel do médium. Duvidam. Mas eu lhes refuto as objeções, dizendo que eles mesmos são médiuns. Todos os escritores, grandes e pequenos, o são em maior ou menor grau. E o são no sentido de que os Espíritos que se acham à sua volta atuam sobre o seu sistema mental e muitas vezes lhes inspiram pensamentos que eles se vangloriam de tê-los concebido. Certamente jamais acreditariam que Privat d'Anglemont, Espírito leviano por excelência, tivesse resolvido esta questão. No entanto, não digo senão a verdade e, como prova, dou uma mostra muito simples: Como é que depois de haverem escrito durante algum tempo, eles se acham numa espécie de superexcitação e num estado febril pouco comum? Direis que é o esforço da atenção. Mas quando estais muito atentos numa coisa, contemplando um quadro, por exemplo, sentis febre? Não, não é mesmo? É necessário, pois, que haja outra causa. Muito bem! Repito que a causa está na modalidade de comunicação existente entre o cérebro do escritor e os Espíritos que o rodeiam. Agora, meus caros confrades, chicoteai o Espiritismo, se isso vos parece correto. Ridicularizai-o, ride; seguramente não estareis zombando senão de vós mesmos, nem dando bordoadas a não ser em vós próprios... Compreendeis?"

Privat d'Anglemont

O médium que na Sociedade servira de intérprete a Privat d'Anglemont teve a ideia de evocá-lo particularmente, dele obtendo a conversa que se segue. Parece que o Espírito sentiu por ele certa afeição, seja porque nele encontrasse um instrumento fácil, seja por que entre eles houvesse simpatia. Este médium é um jovem estreante na carreira literária e seus promissores ensaios prenunciam disposições que por certo Privat terá prazer em encorajar.

1. *Evocação.*

*Resp.* – Eis-me aqui. Já estou contigo há algum tempo. Esperava essa evocação de tua parte. Fui eu que, há pouco tempo, te inspirei alguns bons pensamentos. Isto era, meu caro amigo, para te consolar um pouco e fazer-te suportar com mais coragem as penas deste mundo. Pensais, então, que eu também não tenha sofrido muito mais do que imaginais, vós que sorríeis de minhas excentricidades? Debaixo dessa couraça de indiferença que eu sempre afetava, quantas mágoas, quantas dores não ocultei! Mas eu tinha uma qualidade muito preciosa para um homem de letras ou para um artista: não importa em que situação, sempre temperei meus sofrimentos com a alegria. Quando sofria muito, fazia gracejos, trocadilhos e brincadeiras de mau gosto. Quantas vezes a fome, a sede, e o frio não me bateram à porta! E quantas vezes não lhes respondi com uma longa e alegre gargalhada! Gargalhada fingida, dirás. Ah! Não, meu amigo, confesso-te que eu era sincero. Que queres? Sempre tive o mais indiferente caráter que se possa ter. Jamais me preocupei com o futuro, com o passado e com o presente. Sempre vivi como verdadeiro boêmio, ao Deus dará, gastando 5 francos quando os tinha, e mesmo que não os tivesse; e não era mais rico, quatro dias depois de ter recebido o salário, do que o havia sido na véspera.

"Certamente não desejo a ninguém esta vida inútil que levei, incoerente e irracional. As excentricidades não são mais do nosso tempo. As ideias novas, por isso mesmo, fizeram rápidos progressos. É uma vida de que absolutamente não me vanglorio e da qual por vezes me envergonho. A juventude deve ser estudiosa: deve, pelo trabalho, fortalecer a inteligência, a fim de melhor conhecer e apreciar os homens e as coisas.

"Desiludi-vos, jovens, se pensais que ao sair do colégio já sois homens completos, ou sábios. Tendes a chave para tudo saber. Compete-vos agora trabalhar e estudar, entrando mais resolutamente no vasto campo que vos é oferecido, cujos caminhos foram aplanados por vossos estudos no colégio. Sei que a juventude necessita de distrações: o contrário seria um atentado à natureza; entretanto, não deveis buscá-las em excesso, porquanto aquele que na primavera da vida só pensou no prazer, prepara mais tarde penosos remorsos. É então que a experiência e as necessidades deste mundo lhe ensinam que os momentos perdidos jamais se recuperam. Os moços necessitam de leituras sérias. Muitas vezes os autores antigos são os melhores, porque seus bons pensamentos sugerem outros. Eles devem evitar principalmente os romances, que apenas excitam a imaginação e deixam vazio o coração. Os romances não deveriam ser tolerados senão como distração, uma vez ou outra, e para certas senhoras que não têm algo melhor a fazer. Instrui-vos! Instrui-vos! Aperfeiçoai a inteligência de que Deus vos dotou. Só a este preço seremos dignos de viver."

— Tua linguagem me espanta, caro Privat. Tu te apresentaste sob aparências muito espirituosas, não resta dúvida, mas não como um Espírito profundo, e agora...

*Resp.* – Alto lá, rapaz! paremos com isso. Apareci, ou melhor, comuniquei-me convosco como um Espírito um tanto superficial, é verdade, porque ainda não me encontrava totalmente desprendido de meu invólucro terrestre e a condição de Espírito não se havia ainda apresentado em toda a sua realidade. Agora, amigo, sou um Espírito, nada mais que um Espírito. Vejo, sinto e experimento tudo como os outros, e minha vida na Terra não me parece mais que um sonho. E que sonho! Estou parcialmente habituado a este mundo novo, que deve ser minha morada por algum tempo.

— Quanto tempo imaginas ficar como Espírito, e o que fazes em tua nova existência? Quais são as tuas ocupações?

*Resp.* – O tempo que devo permanecer como Espírito está nas mãos de Deus e haverá de durar, tanto quando posso conceber, até que Deus julgue minha alma bastante depurada para encarnar numa região superior. Quanto às minhas ocupações, são quase nulas. Ainda estou errante, como consequência da vida que levei na Terra. É assim que aquilo que me parecia um prazer no vosso mundo é agora uma lástima para mim. Sim, é verdade, eu gostaria de ter uma ocupação séria, interessar-me por alguém que merecesse a minha simpatia, inspirar-lhe bons pensamentos. Mas, meu caro amigo, já conversamos bastante e, se me permitires, vou retirar-me. Adeus. Se necessitares de mim, não receies chamar-me: acorrerei com prazer. Coragem! Sê feliz!

## Dirkse Lammers

(Sociedade – 11 de novembro de 1859)

Presente à sessão, o Sr. Van B..., de Haia, relata o seguinte fato pessoal:

"Numa reunião espírita a que assistia, em Haia, um Espírito que dizia chamar-se *Dirkse Lammers* manifestou-se espontaneamente. Interrogado sobre as particularidades que lhe dizem respeito e sobre o motivo de sua visita a pessoas que não o conhecem e que não o chamaram, assim ele narra a sua história:

'Eu vivia em 1592 e enforquei-me no local em que vos achais neste momento, isto é, num estábulo que então existia no mesmo lugar onde atualmente fica esta casa. Eis as circunstâncias: Eu tinha um cachorro e minha vizinha criava galinhas. Meu cão estrangulou as galinhas e, para vingar-se, a vizinha o envenenou. Em minha cólera, espanquei e feri aquela mulher; ela me denunciou à justiça: fui condenado a três anos de prisão e a uma multa de 25 florins. Embora a condenação fosse bastante leve, nem por isso fiquei com menos ódio do advogado X..., que a tinha provocado e, por isso, resolvi vingar-me dele. Assim decidido, esperei-o num caminho pouco movimentado que ele fazia todas as tardes para ir a Loosduinen, perto de Haia. Estrangulei-o e o pendurei numa árvore. Para fazer crer num suicídio, pus em seu bolso um papel previamente preparado, como se por ele escrito, no qual dizia que ninguém deveria ser acusado de sua morte, posto que ele mesmo atentara contra a própria vida. Desde esse momento o remorso me perseguiu e, como disse, enforquei-me três meses depois, no lugar onde estais. Impelido por uma força a que não posso resistir, venho confessar meu crime, na esperança de que talvez isso possa trazer algum alívio às angústias que venho suportando desde então.'"

Este relato, feito com detalhes tão minuciosos, causou admiração na assembleia. Foram tomadas informações e, pelas pesquisas feitas no cartório verificou-se, com efeito, que em 1592 um advogado chamado X... se havia enforcado no caminho de Loosduinen.

Tendo sido evocado na sessão da Sociedade, no dia 11 de novembro de 1859, o Espírito Dirkse Lammers manifestou-se por atos de violência, quebrando o lápis. Sua escrita era irregular, graúda, quase ilegível, e o médium experimentou extrema dificuldade em traçar os caracteres.

1. *Evocação.*
*Resp.* – Eis-me aqui. Para quê?

2. Reconheceis aqui uma pessoa com a qual vos comunicastes ultimamente?

*Resp.* – Já dei provas suficientes de minha lucidez e de minha boa vontade. Isto deveria bastar.

3. Com que objetivo vos comunicastes espontaneamente em casa do Sr. Van B...?

*Resp.* – Não sei. Fui enviado até lá. Por mim mesmo não sentia muita vontade de narrar o que me vi obrigado a dizer.

4. Quem vos obrigou a fazê-lo?

*Resp.* – A força que nos conduz; nada mais sei a respeito. Fui arrastado, mau grado meu, e forçado a obedecer aos Espíritos que tinham o direito de se fazerem obedecidos.

5. Estais contrariado de vir ao nosso apelo?
*Resp.* – Bastante; sinto-me deslocado aqui.

6. Sois feliz como Espírito?
*Resp.* – Bela pergunta!

7. Que podemos fazer para vos ser agradáveis?

*Resp.* – Poderíeis fazer algo que me fosse agradável?

8. Certamente; manda a caridade que sejamos úteis, na medida de nossas possibilidades, assim aos Espíritos como aos homens. Desde que sois infeliz, rogaremos para vós a misericórdia de Deus. Comprometemo-nos a orar por vós.

*Resp.* – Eis, finalmente, depois de séculos, as primeiras palavras dessa natureza que me são dirigidas. Obrigado! Obrigado! Por Deus, que essa não seja uma promessa vã, eu vos imploro.

## MICHEL FRANÇOIS

(Sociedade – 11 de novembro de 1859)

O ferrador Michel François, que vivia no fim do século XVII, dirigiu-se ao intendente de Provence e lhe anunciou que um espectro lhe aparecera e havia ordenado que fosse revelar ao rei Luís XIV certas coisas secretas de grande importância. Fizeram-no partir para a Corte em abril de 1697. Garantem alguns que ele falou com o Rei; outros, que o Rei se recusou a vê-lo. O que é certo, acrescenta-se, é que em lugar de o enviarem à prisão, obteve dinheiro para a viagem e isenção de *talha* e de outros impostos reais.

1. *Evocação.*

*Resp.* – Eis-me aqui.

2. Como soubestes que desejávamos falar convosco?

*Resp.* – Por que fazeis esta pergunta? Não sabeis que estais cercados de Espíritos que advertem aqueles com os quais desejais falar?

3. Onde estáveis quando vos chamamos?

*Resp.* – No espaço, já que ainda estou errante.

4. Estais surpreso de vos achar em meio a pessoas vivas?

*Resp.* – De forma alguma; encontro-me muitas vezes.

5. Lembrai-vos de vossa existência, quando, em 1697, sob o reinado de Luís XIV, éreis ferrador?

*Resp.* – Muito confusamente.

6. Lembrai-vos da revelação que íeis fazer ao Rei?

*Resp.* – Lembro-me de que devia fazer-lhe uma revelação.

7. Fizestes tal revelação?

*Resp.* – Sim.

8. Dissestes que um espectro vos tinha aparecido e ordenado que fôsseis revelar certas coisas ao Rei. Quem era o espectro?

*Resp.* – Era o seu irmão.

9. Poderíeis identificá-lo?

*Resp.* – Não; não me compreenderíeis.

10. Era um homem designado pela alcunha de Máscara de Ferro?

*Resp.* – Sim.

11. Agora que longe nos encontramos daquele tempo, poderíeis dizer-nos qual o objetivo daquela revelação?

*Resp.* – Era exatamente informá-lo de sua morte.

12. A morte de quem? De seu irmão?

*Resp.* – Evidentemente!

13. Que impressão causou ao Rei essa revelação?

*Resp.* – Um misto de tristeza e satisfação. Aliás, isto ficou provado pela maneira por que me tratou.

14. Como ele vos tratou?

*Resp.* – Com bondade e afabilidade.

15. Dizem que um fato semelhante aconteceu com Luís XVIII.[89] Sabeis se isso é verdade?

*Resp.* – Creio ter havido alguma coisa parecida, mas não estou bem informado.

16. Por que aquele Espírito vos escolheu para tal missão, logo vós, um homem obscuro, em vez de escolher um personagem da Corte, que mais facilmente se acercasse do Rei?

*Resp.* – Fui encontrado em seu caminho, dotado da faculdade que ele queria encontrar e que era necessária e, também, porque um personagem da Corte não seria aceito como revelador: pensariam que tivesse sido informado por outros meios.

17. Qual era o objetivo dessa revelação, desde que o Rei estaria necessariamente informado da morte do irmão, mesmo antes de sabê-la por vosso intermédio?

*Resp.* – Era para fazê-lo refletir sobre a vida futura e sobre a sorte a que se expunha e que de fato se expôs. Seu fim foi maculado por ações com as quais julgava garantir um futuro que aquela revelação poderia tornar melhor.

## Comunicações espontâneas obtidas em sessões da Sociedade

(30 de setembro de 1859 – Médium: Sr. R...)

Amai-vos uns aos outros; toda a lei se resume neste preceito, Lei Divina pela qual Deus cria incessantemente e governa os

---

[89] N.E.: Luís XVIII (1755–1824), rei da França no período de 1814 a 1815 e de 1815 a 1824.

mundos. O amor é a lei de atração para os seres vivos e organizados; a atração é a lei de amor para a matéria inorgânica.

Jamais vos esqueçais de que o Espírito, seja qual for o seu grau de adiantamento e a sua situação, como reencarnado ou na erraticidade, está *sempre* colocado entre um superior, que o guia e aperfeiçoa, e um inferior, perante o qual tem os mesmos deveres a cumprir.

Sede, pois, caridosos, não somente dessa caridade que vos leva a tirar do bolso o óbolo que dais friamente àquele que ousa pedir, mas ide ao encontro das misérias ocultas.

Sede indulgentes para com os defeitos de vossos semelhantes. Em lugar de desprezar a ignorância e o vício, instrui-os e moralizai-os. Sede mansos e benevolentes para com tudo que vos seja inferior. Sede-o mesmo perante os seres mais ínfimos da Criação, e tereis obedecido à Lei de Deus.

Vicente de Paulo

Observação – Geralmente os Espíritos considerados pelos homens como santos não se prevalecem dessa qualidade; assim, São Vicente de Paulo assina simplesmente *Vicente de Paulo*; São Luís assina *Luís*. Aqueles que, ao contrário, usurpam nomes e qualidades que lhes não pertencem, de ordinário exibem falsos títulos, sem dúvida pensando impor-se mais facilmente. Entretanto, essa máscara não pode enganar a quem quer que se dê ao trabalho de lhes estudar a linguagem; a dos Espíritos verdadeiramente superiores tem uma marca que não nos permite enganar.

(18 de novembro de 1859 – Médium: Sr. R...)

A união faz a força; sede unidos e sereis fortes. O Espiritismo germinou, lançou raízes profundas; vai estender sobre a Terra seus ramos benfazejos. É preciso que vos torneis invulneráveis aos dardos envenenados da calúnia e da triste falange dos ignorantes, dos egoístas e dos hipócritas. Para chegar a isso, que uma indulgência e uma benevolência recíprocas presidam às vossas relações; que vossos defeitos passem despercebidos e que somente vossas qualidades sejam notadas; que o facho da santa amizade reúna, esclareça e aqueça os vossos corações, de tal maneira que possais resistir aos ataques impotentes do mal, como o rochedo inabalável ante a vaga furiosa.

VICENTE DE PAULO

(23 de setembro de 1859 – Médium: Sr. R...)

Até o presente não encarastes a guerra senão do ponto de vista material; guerras intestinas, guerras de povos contra povos; nela não vistes mais que conquistas, escravidão, sangue, morte e ruínas. É tempo de considerá-la do ponto de vista moralizador e progressivo. A guerra semeia em sua passagem a morte e as ideias. As ideias germinam e crescem. O Espírito vem fazê-las frutificar depois de se haver retemperado na vida espírita. Não sobrecarregueis, pois, com vossas maldições, o diplomata que preparou a luta, nem o capitão que conduziu seus soldados à vitória. Grandes lutas se preparam: lutas do bem contra o mal, das trevas contra a luz; lutas do Espírito de progresso contra a ignorância estacionária. Esperai com paciência, porquanto nem as vossas maldições, nem os vossos louvores poderão modificar a vontade de Deus. Ele saberá sempre manter ou afastar seus instrumentos do teatro dos acontecimentos, conforme tenham cumprido a sua missão ou dela abusado, para servir a seus pontos de vista pessoais, do poder que tiverem adquirido por seu sucesso. Tendes o exemplo do César moderno e o meu. Por várias existências miseráveis e obscuras, tive de expiar minhas faltas, tendo vivido pela última vez na Terra sob o nome de Luís IX.

JÚLIO CÉSAR

## O menino e o riacho – Parábola

(11 de novembro de 1859 – Médium: Sr. Did...)

Certo dia um menino chegou junto a um riacho tão veloz que tinha quase a impetuosidade de uma torrente. A água lançava-se de uma colina vizinha e engrossava à medida que avançava pela planície. O menino pôs-se a examinar a torrente, depois juntou toda sorte de pedras que podia carregar em seus braços pequeninos. Resolveu construir um dique; cega presunção! Malgrado todos os seus esforços e a sua cólera infantil, não o conseguiu. Refletindo então mais seriamente — se é que podemos empregar essa expressão a uma criança — subiu mais alto, abandonou a primeira tentativa e quis fazer seu dique perto da própria fonte do riacho. Infelizmente seus esforços mostraram-se ainda impotentes. Desanimou e foi embora chorando.

Estava-se ainda na bela estação e o riacho não era muito rápido, em comparação com a sua correnteza no inverno. Engrossou, e o menino viu o seu progresso; a água lançava-se com estrondo e furor, derrubando tudo em sua passagem; ele próprio teria sido tragado pelas águas se tivesse ousado aproximar-se, como da primeira vez.

Ó homem fraco! Criança! Tu, que queres levantar uma muralha, um obstáculo intransponível à marcha da verdade, não és mais forte que aquela criança; tua vontade vacilante não é mais vigorosa que os seus pequenos braços. Ainda mesmo que a queiras atingir em sua fonte, ficai certo de que a verdade te arrastará inevitavelmente.

Basílio

## Os três cegos – Parábola

(7 de outubro de 1859 – Médium: Sr. Did...)

Um homem rico e generoso, o que é raro, encontrou em seu caminho três infelizes cegos, exaustos de fome e de fadiga.

Ofereceu a cada um uma moeda de ouro. O primeiro, cego de nascença, amargurado pela miséria, nem sequer abriu a mão; dizia jamais ter visto oferecer-se ouro a um mendigo: o fato era *impossível*. O segundo estendeu maquinalmente a mão, mas logo desprezou a oferta que lhe faziam. Como seu amigo, considerava aquilo uma ilusão ou uma brincadeira de mau gosto; numa palavra, para ele, a moeda era falsa. O terceiro, ao contrário, cheio de fé em Deus e de inteligência, em que a fineza do tato havia parcialmente substituído o sentido que lhe faltava, tomou a moeda, apalpou-a, levantou-se, abençoou seu benfeitor e partiu para a cidade vizinha, a fim de com ela obter o que faltava à sua existência.

Os homens são os cegos; o Espiritismo é o ouro. Julgai a árvore pelos seus frutos.

LUCAS

(30 de setembro de 1859 – Médium: Srta. H...)

Pedi a Deus que me deixasse vir por um instante entre vós, a fim de vos aconselhar a jamais tomar parte em querelas religiosas. Não me refiro a guerras religiosas, porquanto hoje o século está muito avançado para isso. Mas no tempo em que vivi era uma desgraça geral e não pude evitá-la. A fatalidade arrastou-me e empurrei os outros, logo eu que deveria tê-los retido. Assim, tive a minha punição, inicialmente na Terra, e há três séculos expio cruelmente o meu crime. Sede mansos e pacientes com aqueles a quem ensinais. Se a princípio não vos derem ouvidos, haverão de fazê-lo mais tarde, quando virem a vossa abnegação e o vosso devotamento.

Meus amigos, meus irmãos! Nunca seria demais vos recomendar o meu exemplo, pois nada existe de mais pavoroso do que a matança em nome de um Deus clemente, de uma religião santa, que não prega senão a misericórdia, a bondade e a caridade! Em vez disso, matamos e massacramos para, como se diz, forçar as criaturas que queremos converter a um Deus bondoso. Em lugar de acreditar em vossa palavra, os que sobrevivem se apressam em vos deixar e de vós se afastam como se fôsseis bestas ferozes. Sejais, pois, bons, eu vo-lo repito e, sobretudo, tolerantes para com aqueles que não creem como vós.

Carlos IX

1. Poderíeis ter a complacência de responder a algumas perguntas que desejaríamos dirigir-vos?

*Resp.* – Fa-lo-ei de bom grado.

2. Como expiastes as vossas faltas?

*Resp.* – Pelo remorso.

3. Tivestes outras existências corpóreas depois daquela que conhecemos?

*Resp.* – Tive uma; reencarnei-me como um escravo das duas Américas. Sofri bastante e isso apressou a minha purificação.

4. Que aconteceu à vossa mãe, Catarina de Médici?

*Resp.* – Ela também sofreu. Encontra-se em outro planeta, onde leva uma vida de devotamento.

5. Poderíeis escrever a história do vosso reino, como o fizeram Luís XI e outros?

*Resp.* – Também o poderia...

6. Quereis fazê-lo por intermédio do médium que vos serve de intérprete neste momento?

*Resp.* – Sim, este médium pode servir-me, mas não começarei esta noite; não vim para isso.

7. Também não vos pedimos para começar hoje: rogamos que o façais nos momentos de folga, vossos e do médium. Será

um trabalho de grande fôlego, que exigirá certo lapso de tempo. Podemos contar com a vossa promessa?

*Resp.* – Eu o farei. Até logo.

## Comunicações estrangeiras lidas nas Sociedades

(Comunicação obtida pela Srta. de P...)

A bondade do Senhor é eterna. Ele não quer a morte de seus filhos queridos. Mas ó homens! refleti que depende de vós apressar o Reino de Deus na Terra ou de retardar o seu advento; que sois responsáveis uns pelos outros; que, melhorando-vos, trabalhais pela regeneração da humanidade. A tarefa é grande, a responsabilidade pesa sobre cada um e ninguém pode eximir-se. Abraçai com fervor a gloriosa tarefa que o Senhor vos impõe, mas pedi-lhe que envie trabalhadores para os seus campos, porque, como vos disse o Cristo, a seara é grande, mas os trabalhadores são escassos.

Mas eis que somos enviados como trabalhadores dos vossos corações. Nele semeamos o bom grão. Tende cuidado de não abafá-lo; regai-o com as lágrimas do arrependimento e da alegria. Do arrependimento, por terdes vivido tanto tempo sobre uma terra maldita pelos pecados do gênero humano, afastados do único Deus verdadeiro, adorando os falsos prazeres do mundo, que não deixam no fundo da taça senão desgostos e tristezas. Chorai de alegria, porque o Senhor vos concedeu graça; porque quer apressar a chegada dos filhos bem-amados ao seio paternal; porque deseja que todos vos revestis da inocência dos anjos, como se jamais vos tivésseis afastado dele.

O único que vos mostrou o caminho pelo qual remontareis a esta glória primitiva; o único ao qual não podeis censurar, por não ter jamais se enganado em seus ensinamentos; o único justo perante Deus; o único, finalmente, que devereis seguir para serdes agradáveis a Deus, é o Cristo. Sim, o Cristo, vosso Divino Mestre que, durante séculos, esquecestes e desconhecestes. Amai-o, porque Ele pede incessantemente por vós; quer vir em vosso socorro. Como! A incredulidade ainda resiste! As maravilhas do Cristo não podem abatê-la! As maravilhas de toda a Criação ficam impotentes diante desses Espíritos zombadores; sobre esta poeira que não pode prolongar de um só minuto a sua miserável existência! Esses sábios, que imaginam serem os únicos a possuir todos os segredos da Criação, não sabem de onde vêm, nem para onde vão e, no entanto, tudo negam, tudo desafiam. Porque conhecem algumas das leis mais vulgares do mundo material, pensam poder julgar o mundo imaterial, ou melhor, dizem que nada existe de imaterial, que tudo deve obedecer a essas mesmas leis materiais que chegaram a descobrir.

Mas vós, cristãos! sabeis que não podeis negar a nossa intervenção sem que, ao mesmo tempo, negueis o Cristo e negueis toda a *Bíblia*, porquanto não há uma única página em que não possais encontrar vestígios do mundo visível em relação com o mundo invisível. Dizei, então: sois ou não sois cristãos?

REMBRAND

(Outra, obtida pelo Sr. Pêc...)

Cada homem tem em si aquilo a que chamais de uma voz interior. É o que o Espírito chama consciência, juiz severo que preside a todas as ações da vossa vida. Quando o homem está só, ouve essa consciência e pesa as coisas em seu justo valor; frequentemente se envergonha de si mesmo. Nesse momento, reconhece a Deus, mas a ignorância, conselheira fatal, o impele e lhe põe a máscara do orgulho. Apresenta-se a vós repleto de vacuidade, procurando enganar-vos pelo aparente equilíbrio que afeta. Mas o homem de coração reto não tem altiva a cabeça. Ouve com proveito as palavras do sábio, sente que nada é e que Deus é tudo; procura instruir-se no livro da natureza, escrito pela mão do Criador. Eleva o seu Espírito, expulsa de seu envoltório as paixões materiais que muito frequentemente vos transviam. Uma paixão que vos domina é um guia perigoso. Lembra-te disso, amigo; deixa rir o cético: seu riso se extinguirá. Em sua hora verdadeira o homem torna-se crente. Assim, pensa sempre em Deus, pois somente Ele não se engana. Lembra-te de que existe apenas um caminho que a Ele conduz: a fé, o amor aos semelhantes.

Um membro da família

## Um antigo carreteiro

O excelente médium Sr. V... é um rapaz que geralmente se distingue pela pureza de suas relações com o mundo espírita. Todavia, desde que ocupa o cômodo em que atualmente reside, um Espírito inferior interfere em suas comunicações, intrometendo-se até mesmo em seus trabalhos pessoais. Achando-se uma noite — 6 de setembro de 1859 — em casa do Sr. Allan Kardec, com quem devia trabalhar, foi importunado por aquele Espírito, que lhe fazia traçar coisas incoerentes ou o impedia de escrever. Dirigindo-se ao Espírito, o Sr. Allan Kardec manteve com ele a seguinte conversa:

1. Por que vens aqui se ninguém te chamou?

*Resp.* – Quero atormentá-lo.

2. Quem és tu? Dize o teu nome.

*Resp.* – Não o direi.

3. Qual o teu objetivo, intrometendo-se naquilo que não te diz respeito? Isto não te traz nenhum proveito.

*Resp.* – Não, mas o impeço de ter boas comunicações e sei que isto o magoa bastante.

4. És um Espírito mau, pois te alegras em fazer o mal. Em nome de Deus, eu te intimo a que te retires e nos deixes trabalhar em paz.

*Resp.* – Pensas amedrontar-me com esse vozeirão?

5. Se não é de mim que tens medo, por certo o terás de Deus, em nome do qual te falo e que bem poderá fazer que te arrependas de tua maldade.

*Resp.* – Não nos zanguemos, burguês.

6. Repito que és um Espírito mau e mais uma vez te peço que não nos impeças de trabalhar.

*Resp.* – Sou o que sou; é a minha natureza.

Tendo sido chamado um Espírito superior, a quem foi pedido que afastasse o intruso, a fim de não ser interrompido o trabalho, o Espírito mau provavelmente foi embora, porque durante o resto da noite não houve mais nenhuma interrupção. Interrogado sobre a natureza desse Espírito, respondeu o que fora chamado:

"Esse Espírito, da mais baixa classe, é um antigo carreteiro, falecido perto da casa onde mora o médium V... Escolheu para domicílio o próprio quarto do médium e há muito tempo é ele que o obsidia e o atormenta continuamente. Agora, que sabe que o médium deve deixar o alojamento, por ordem dos Espíritos superiores, atormenta-o mais que nunca. É ainda uma prova de que o médium não escreve o seu próprio pensamento. Vês, assim, que há boas coisas, mesmo nas mais desagradáveis aventuras da vida. Deus revela seu poder por todos os meios possíveis."

— Quando vivo, qual era o caráter desse homem?

*Resp.* – Tudo o que mais se aproxima do animal. Creio que seus cavalos tinham mais inteligência e sentimento do que ele.

— Por que meio pode o Sr. V... desembaraçar-se dele?

*Resp.* – Há dois: o meio espiritual, pedindo a Deus; o meio material, deixando a casa onde está.

— Então há realmente lugares assombrados por certos Espíritos?

*Resp.* – Sim, Espíritos que ainda estão sob a influência da matéria ligam-se a certos locais.

— Os Espíritos que assombram certos lugares podem torná-los fatalmente funestos ou propícios para as pessoas que os habitam?

*Resp.* – Quem os poderia impedir? Mortos, exercem sua influência como Espíritos; vivos, exercem-na como homens.

— Alguém que não fosse médium, que jamais tivesse ouvido falar de Espíritos ou que neles não acreditasse, poderia sofrer essa influência e ser alvo dos vexames de tais entidades?

*Resp.* – Indubitavelmente; isso acontece mais frequentemente do que pensais, e explica muitas coisas.

— Há algum fundamento na crença de que os Espíritos frequentam de preferência as ruínas ou as casas abandonadas?

*Resp.* – Superstição.

— Então os Espíritos assombrarão tanto uma casa nova da Rua de Rivoli quanto um velho casebre?

*Resp.* – Certamente, porquanto podem ser atraídos para um lugar, em vez de o serem para outro, consoante a disposição de espírito dos seus moradores.

Tendo sido evocado na Sociedade por intermédio do Sr. R..., o Espírito do carreteiro manifestou-se por sinais de violência, quebrando o lápis, que forçava contra o papel, e com uma escrita grosseira, trêmula, irregular e pouco legível.

1. *Evocação.*

*Resp.* – Eis-me aqui.

2. Reconheceis o poder de Deus sobre vós?

*Resp.* – Sim; e daí?

3. Por que escolhestes o quarto do Sr. V..., e não um outro?
*Resp.* – Isso me agrada.

4. Permanecereis ali muito tempo?
*Resp.* – Enquanto me sentir bem.

5. Então não tendes intenção de melhorar?
*Resp.* – Veremos isso depois; tenho tempo.

6. Estais contrariado por vos termos chamado?
*Resp.* – Sim.

7. Que fazíeis quando vos chamamos?
*Resp.* – Estava na taverna.

8. Estáveis bebendo?
*Resp.* – Que tolice! Como poderia beber?

9. O que queríeis dizer falando de taverna?
*Resp.* – Quis dizer o que disse.

10. Quando vivo, maltratáveis os vossos cavalos?
*Resp.* – Sois agente de polícia?

11. Desejais que oremos por vós?
*Resp.* – Faríeis isso?

12. Certamente. Oramos por todos os que sofrem, porque temos piedade dos infelizes e porque sabemos que grande é a Misericórdia Divina.

*Resp.* – Oh! Mesmo assim sois bons camaradas. Gostaria de vos poder apertar a mão. Procurarei merecê-lo. Obrigado!

OBSERVAÇÃO – Confirma esta conversa o que a experiência já provou muitas vezes, relativamente à influência que os homens podem exercer sobre os Espíritos, e por meio da qual podem contribuir para a sua melhoria. Mostra a influência da prece. Assim, essa natureza bruta, arredia e quase selvagem encontra-se como que subjugada pelo pensamento do interesse que se pode ter por ele. Temos numerosos exemplos de criminosos que vieram comunicar-se espontaneamente por meio de médiuns que haviam orado por eles, a fim de testemunharem o seu arrependimento.

Às observações acima, aditaremos as considerações que se seguem, a propósito da evocação de Espíritos inferiores.

Porque ciosos de conservar suas boas relações de Além-Túmulo, temos visto médiuns que se recusam a servir de intérprete aos Espíritos inferiores que podemos evocar. É de sua parte uma susceptibilidade mal entendida. Pelo fato de evocarmos um Espírito vulgar, e mesmo mau, não significa que iremos ficar sob a sua dependência. Longe disso; ao contrário, nós é que o dominaremos. Não é ele que vem impor-se, mau grado nosso, como na obsessão; nós é que nos impomos; ele não ordena, obedece; somos o seu juiz, e não a sua presa. Além disso, podemos ser-lhes úteis por nossos conselhos e nossas preces, e eles nos serão reconhecidos pelo interesse que lhes demonstramos. Estender a mão em socorro é fazer uma boa ação; recusá-la, é faltar com a caridade; ainda mais: é egoísmo e orgulho. Esses seres inferiores, aliás, são para nós um grande ensinamento. Foi por seu intermédio que aprendemos a conhecer as camadas inferiores do mundo espírita, bem como a sorte que aguarda aqueles que aqui fazem mau uso de sua vida. Notemos, ademais, que é quase sempre tremendo que eles comparecem às reuniões sérias, em que dominam os Espíritos bons; ficam envergonhados e se mantêm afastados, ouvindo para se instruírem. Muitas vezes vêm com esse objetivo, mesmo sem terem sido chamados. Por que, então, nos recusaríamos a ouvi-los, quando muitas vezes seu arrependimento e seus sofrimentos são um motivo de edificação ou, pelo menos, de instrução? Não há nada a temer dessas comunicações, desde que ocorram com vistas ao bem. Que seria dos pobres feridos se os médicos se recusassem a tocar em suas chagas?

# Boletim da Sociedade Parisiense de Estudos Espíritas

Sexta-feira, 30 de setembro de 1859 – Sessão geral

Leitura da Ata da sessão de 23 de setembro.

*Apresentação* do Sr. S..., negociante, Cavaleiro da Legião de Honra, como membro titular. Adiamento da admissão para a próxima sessão particular.

*Comunicações diversas:*

1ª) Leitura de uma comunicação espontânea dada ao Sr. R... pelo Espírito Dr. Olivier.

Essa comunicação é notável sob um duplo ponto de vista: o melhoramento moral do Espírito, que cada vez reconhece mais o erro de suas opiniões terrestres e agora compreende a sua posição; em segundo lugar, o fato de sua próxima reencarnação, cujos efeitos começa a sentir por um princípio de perturbação, confirma a teoria que foi dada sobre a maneira pela qual se opera esse fenômeno, bem como a fase que precede a reencarnação propriamente dita. Essa perturbação, resultado do *laço fluídico* que começa a se estabelecer entre o Espírito e o corpo que o primeiro deve animar, torna mais difícil a comunicação do que em seu estado de completa liberdade. O médium escreve com mais lentidão, sua mão está pesada, as ideias do Espírito são menos claras. Esta perturbação, que vai sempre aumentando, da concepção ao nascimento, é complexa ao aproximar-se este último momento e não se dissipa senão gradualmente, algum tempo depois. (Será publicada com as outras comunicações do mesmo Espírito.)

2ª) História de manifestação física espontânea ocorrida ultimamente em Paris numa casa do subúrbio de Saint-Germain, e relatada pelo Sr. A... Um piano tocou sozinho durante vários dias seguidos sem que ninguém o manejasse. Todas as precauções foram tomadas para garantir que o fenômeno não era devido a nenhuma causa acidental. Interrogado a respeito, pensou um sacerdote que poderia tratar-se de uma alma penada, reclamando assistência e desejando comunicar-se.

3ª) Assassinato cometido por uma criança de 7 anos e meio, com premeditação e todas as circunstâncias agravantes. Narrado por vários jornais, prova o fato que nesse menino o instinto assassino inato não pôde ser desenvolvido nem pela educação, nem pelo meio no qual se encontra, só podendo explicar-se por um estado anterior à existência atual. Interrogado a respeito, São Luís respondeu: "O Espírito dessa criança está quase no início do período humano. Não tem mais que duas encarnações na Terra; antes de sua existência atual pertencia às populações mais atrasadas do mundo marítimo. Quis nascer num orbe mais avançado, na esperança de progredir." À pergunta de saber se a educação poderia modificar aquela natureza, ele respondeu: "Isso é difícil, mas possível. Seria preciso tomar grandes precauções, cercá-lo de boas influências e desenvolver-lhe a razão, mas tememos que se faça justamente o contrário."

4ª) Leitura de uma produção em versos, escrita por uma jovem que é dotada de mediunidade mecânica. Reconheceu-se que os versos não eram inéditos e haviam sido feitos por um poeta falecido há alguns anos. O estado de instrução do médium, que escreveu um grande número de poesias desse gênero, não permite supor que seja realmente um produto de sua memória, devendo-se concluir que o Espírito que se manifestou extraiu os versos das produções já feitas, e que são completamente estranhas à médium. Vários fatos análogos provam que isto é possível e, dentre outros, o de um dos médiuns da Sociedade a quem um Espírito ditou uma passagem escrita pelo Sr. Allan Kardec e que ele não havia ainda comunicado a ninguém.

*Estudos:*

1º) Evocação do negro que serviu de alimento a seus companheiros durante o naufrágio do navio *Le Constant*.

2º) Perguntas diversas e problemas morais dirigidos a São Luís sobre o fato precedente. Uma discussão estabeleceu-se a respeito, na qual tomaram parte vários membros da Sociedade.

3º) Três comunicações espontâneas foram obtidas simultaneamente, por intermédio de três médiuns diferentes: a primeira, pelo Sr. R..., assinada por São Vicente de Paulo; a segunda, pelo Sr. Ch..., assinada por Privat d'Anglemont e a terceira, pela Srta. H..., assinada por Carlos IX.

4º) Perguntas diversas dirigidas a Carlos IX. Ele promete escrever a história de seu reinado, a exemplo de Luís XI. (Estas diversas comunicações estão publicadas.)

Sexta-feira, 7 de outubro de 1859 – Sessão particular

Leitura da Ata e dos trabalhos da sessão do dia 30 de setembro.

*Apresentações e admissões*:

A Srta. S... e o Sr. conde de R..., oficial da marinha, são apresentados como aspirantes ao título de membros titulares.

Admissão dos cinco candidatos apresentados na sessão de 23 de setembro e da Srta. S...

O Sr. Presidente observou, a respeito dos novos membros apresentados, que é muito importante para a Sociedade assegurar-se das suas disposições. "Não basta", disse ele, "que sejam partidários do Espiritismo em geral; é necessário, também, que simpatizem com a sua maneira de ver." A homogeneidade dos princípios é condição sem a qual uma sociedade qualquer não poderá ter validade. Faz-se preciso conhecer a opinião dos candidatos, a fim de não serem introduzidos elementos de discussões ociosas, que acarretariam perda de tempo e poderiam degenerar em dissensões. A Sociedade não visa absolutamente ao aumento indefinido de seus membros; quer, acima de tudo, prosseguir seus trabalhos com calma e recolhimento, razão por que deve evitar tudo quanto possa perturbá-la. Sendo seu objetivo o estudo da ciência, é evidente que cada um é perfeitamente livre para discutir os pontos controversos e emitir sua opinião pessoal. Outra coisa, porém, é dar conselhos ou chegar com ideias sistemáticas e preconcebidas, em oposição às bases fundamentais. Reunimo-nos para o estudo e a observação, e não para fazer de nossas sessões uma arena de controvérsias. Devemos, aliás, reportar-nos aos conselhos que nos foram dados em muitas ocasiões pelos Espíritos que nos assistem, e que incessantemente nos recomendam a união como condição essencial para alcançar o objetivo a que nos propomos e obter o seu concurso. "A união faz a força", dizem-nos eles. De outro modo correremos o risco de atrair os Espíritos levianos, que nos enganarão. É por isso que nunca dispensaríamos demasiada atenção aos elementos que introduzimos em nosso meio.

Designação de três novos comissários para as três próximas sessões gerais.

*Comunicações diversas:*

1ª) O Sr. Tug... transmite nota sobre um fato curioso de manifestação física, reportado pela Sra. Ida Pfeiffer no relato de sua viagem a Java.

2ª) O Sr. Pêch... refere-se a um fato pessoal de comunicação espontânea, da parte do Espírito de uma mulher que em vida era lavadeira de péssimo caráter. Como Espírito, seus sentimentos não mudaram, continuando a mostrar um cinismo verdadeiramente malévolo. Entretanto, os sábios conselhos do médium parecem exercer sobre ela uma salutar influência; suas ideias modificam-se sensivelmente.

3ª) O Sr. R... apresenta uma folha na qual obteve a escrita direta, produzida à noite, em sua casa, espontaneamente, depois de tê-la em vão solicitado durante o dia. A folha, aliás, não traz senão estas duas palavras: *Deus, Fénelon*.

*Estudos:*

1º) Evocação da Sra. *Ida Pfeiffer*, célebre viajante.

2º) Os três cegos, Parábola de Lucas, dada em comunicação espontânea.

3º) O Sr. L... G. escreve de São Petersburgo, dizendo que é médium intuitivo e pedindo à Sociedade o especial obséquio de obter de um Espírito superior alguns conselhos a seu respeito, a fim de esclarecê-lo sobre a natureza e a extensão de sua faculdade, para que possa dirigir-se de acordo com eles. Um Espírito dá espontaneamente e sem perguntas prévias os conselhos que serão transmitidos ao Sr. G.

Atendendo à pedidos de vários membros que moram muito longe, o Sr. Presidente informa à Sociedade que, doravante, as sessões começarão às oito horas, a fim de poderem terminar mais cedo.

Sexta-feira, 14 de outubro – Sessão geral

Leitura da Ata e dos trabalhos da sessão de 7 de outubro.

*Apresentações*:

O Sr. A..., livreiro e o Sr. de la R..., proprietário, são apresentados como membros titulares. Adiamento para a próxima sessão particular.

O Sr. J..., fiscal de contribuições do Departamento do Alto-Reno, é apresentado e admitido como membro correspondente.

*Comunicações diversas:*

1ª) O Sr. Col... comunica um extrato da obra intitulada *Céu e Terra*, do Sr. Jean Raynaud, em que o autor emite ideias inteiramente de acordo com a Doutrina Espírita e com o que ultimamente disse um Espírito sobre o futuro papel da França.

2ª) O Sr. conde de R... dá informações sobre uma comunicação espontânea de Savonarola, monge dominicano, obtida numa sessão particular. Essa comunicação é notável porque a personagem, embora desconhecida dos assistentes, indicou com precisão a data de sua morte, ocorrida em 1498, sua idade e seu suplício. Pensa-se que a evocação desse Espírito poderá ser instrutiva.

3ª) Explicação dada por um Espírito sobre o papel dos médiuns, ao Sr. P..., antigo reitor da Academia, ele próprio médium. Para se comunicarem entre si, os Espíritos não necessitam da palavra: basta-lhes o pensamento. Quando querem comunicar-se com os homens, devem traduzir seu pensamento em sinais humanos, isto é, em palavras. Tiram essas palavras do vocabulário do médium de que se servem, de certo modo como de um dicionário. Eis por que é mais fácil ao Espírito exprimir-se na linguagem familiar do médium, embora possa igualmente fazê-lo numa língua que este não conheça. Neste último caso o trabalho é mais difícil, razão pela qual o evita quando não há necessidade. O Sr. P... encontra nessa teoria a explicação de vários fatos que lhe são pessoais, relativos a comunicações que lhe foram dadas em latim e em grego por diversos Espíritos.

4ª) Fato relatado pelo mesmo, de um Espírito que assistiu ao enterro de seu próprio corpo e que, não se julgando morto, pensava que o enterro não lhe dissesse respeito. Dizia ele: "Não fui eu quem morreu." Depois, quando viu os parentes, acrescentou:

"Começo a pensar que talvez tendes razão, e que é bem possível que eu não seja mais deste mundo, mas isso me é indiferente."

5ª) O Sr. S... comunica um fato notável de aviso de Além-Túmulo, relatado pelo jornal *Patrie*, de 16 de dezembro de 1858.

6ª) Carta do Sr. Bl... de La... que, baseando-se em artigo da *Revista* sobre o fenômeno do desprendimento da alma durante o sono, pergunta se a Sociedade poderia evocá-lo um dia, juntamente com sua filha, morta há dois anos, a fim de, como Espírito, ter com ela uma conversa que ainda não conseguiu como médium.

*Estudos:*

1º) Evocação de Savonarola, proposta pelo Sr. conde de R...

2º) Evocação simultânea, por meio de dois médiuns diferentes, do Sr. Bl... de La... (vivo) e de sua filha morta há dois anos. Conversa do pai com a filha.

3º) Duas comunicações espontâneas são obtidas simultaneamente: a primeira, de São Luís, pelo Sr. L...; a segunda, da Srta. Clary, por seu irmão.

Sexta-feira, 21 de outubro de 1859 – Sessão particular

Leitura da Ata e dos trabalhos da sessão de 14 de outubro.

*Apresentações e admissões*:

O Sr. Lem..., negociante, e o Sr. Pâq..., doutor em Direito, foram apresentados como membros titulares. A Srta. H... foi apresentada como membro honorário, em razão do concurso dado à Sociedade como médium, e que promete ainda dar para o futuro.

Admissão de dois candidatos apresentados na sessão de 14 de outubro e da Srta. H...

O Sr. S... propõe que no futuro as pessoas que desejarem participar da Sociedade deverão fazer o pedido por escrito e que lhes seja enviado um exemplar do regulamento.

Leitura de uma carta do Sr. Th..., fazendo proposição análoga, motivada pela necessidade de somente admitir na Sociedade as pessoas já iniciadas no objetivo de seus trabalhos e professando os mesmos princípios. Pensa que um pedido feito por escrito, abonado pela assinatura de dois apresentadores, é uma garantia a mais das sérias intenções do candidato do que um simples pedido verbal.

Esta proposição foi adotada por unanimidade nos seguintes termos: *Toda pessoa que desejar participar da Sociedade Parisiense de Estudos Espíritas deverá fazer o pedido por escrito ao Presidente. Esse pedido deverá ser assinado por dois apresentadores e relatar: 1º que o postulante tomou conhecimento do regulamento e se compromete a observá-lo; 2º as obras lidas sobre o Espiritismo e sua adesão aos princípios da Sociedade, que são os de* O livro dos espíritos.

O Sr. Presidente assinala a conduta pouco conveniente de dois ouvintes admitidos na última sessão geral, os quais, por sua conversação e por palavras despropositadas, perturbaram a tranquilidade dos vizinhos. A respeito, lembra os artigos do regulamento concernentes aos ouvintes e convida novamente os senhores membros da Sociedade a terem maior reserva na escolha das pessoas a quem dão cartões de ingresso e, sobretudo, que se abstenham, de modo absoluto, de oferecer tais cartões a quantos forem atraídos às reuniões unicamente por motivo de curiosidade, bem como aos que, não possuindo nenhuma noção prévia do Espiritismo, por isso mesmo estejam impossibilitados de compreender o que se faz na

Sociedade. Suas sessões não são um espetáculo; devem ser assistidas com recolhimento. Aqueles que só buscam distrações não devem vir procurá-las numa reunião séria.

Propõe o Sr. Th... a nomeação de uma comissão de dois membros, encarregados de examinar a questão das entradas concedidas às pessoas estranhas e sugerir as medidas necessárias à prevenção dos abusos. Os Srs. Th... e Col... são designados para fazerem parte da aludida comissão.

*Estudos:*

1º) Problemas morais e questões diversas dirigidas a São Luís.

2º) O Sr. de R... propõe a evocação de seu pai, por considerações de utilidade geral, e não pessoais, presumindo que disso possam resultar ensinamentos.

Interrogado sobre a possibilidade de tal evocação, responde São Luís: "Podereis fazê-lo perfeitamente. Entretanto eu vos lembraria, meus amigos, de que essa evocação requer uma grande tranquilidade de espírito. Esta noite discutistes longamente assuntos administrativos; creio que seria bom adiá-la para outra sessão, tendo em vista que poderá ser muito instrutiva."

3º) O Sr. Leid... propõe a evocação de um de seus amigos que foi sacerdote. Interrogado, São Luís responde: "Não; primeiro, porque o tempo não vo-lo permite; depois, como Presidente espiritual[90] da Sociedade, não vejo nenhum motivo de instrução. Será preferível fazer essa evocação na intimidade."

O Sr. S... pede que seja mencionado na ata o título de *Presidente espiritual*, que São Luís houve por bem tomar.

Sexta-feira, 28 de outubro de 1859 – Sessão geral

---

[90] Nota do tradutor: *Président spirituel* – expressão equivalente a mentor espiritual.

Leitura da Ata e dos trabalhos da sessão de 21 de outubro.

*Apresentação* de cinco novos candidatos como membros titulares, a saber:

Sr. N..., negociante, de Paris; Sra. Émile N..., esposa do precedente; Sra. viúva G..., de Paris; Srta. de P..., de Estocolmo; Sra. de L..., de Estocolmo.

Leitura dos artigos do regulamento relativos aos ouvintes, e de uma notícia para instrução das pessoas estranhas à Sociedade, a fim de não se equivocarem quanto ao objetivo de seus trabalhos.

*Comunicações:*

1ª) Leitura de um artigo sobre o mundo dos Espíritos, do Sr. Oscar Comettant, publicada no *Siècle* de 27 de outubro. Refutações de determinadas passagens desse artigo.

2ª) Leitura de um artigo de um novo jornal intitulado *Girouette*, publicado em Saint-Étienne. O artigo é benevolente com o Espiritismo.

3ª) Oferta de quatro poemas do Sr. de Porry, de Marselha, autor de *Urânia*, do qual foram lidos alguns fragmentos; são eles: *La captive chrétienne, les bohémiens, Poltawa, Le prisonnier du Caucase*.

Enviaremos agradecimentos ao Sr. de Porry e as obras supracitadas serão depositadas na biblioteca da Sociedade.

4ª) Leitura de uma carta do Sr. Det..., membro titular, contendo diversas observações sobre o papel dos médiuns, a propósito da teoria exposta na sessão de 14 de outubro, segundo a qual o Espírito retiraria suas palavras do vocabulário do médium. Ele combate essa teoria, pelo menos do ponto de vista absoluto, por fatos que a vêm contradizer. Pede que a questão seja seriamente examinada. Entrará novamente na ordem do dia.

5ª) Leitura de um artigo da *Revue française* do mês de abril de 1858, p. 416, em que é relatada uma conversa de Béranger, da qual resulta que em vida suas opiniões eram favoráveis às ideias espíritas.

6ª) O Sr. Presidente transmite à Sociedade as despedidas da Sra. Br..., membro titular, que partira para Havana.

*Estudos:*

1º) Propõe a evocação da Sra. Br..., que partiu para Havana, e que no momento se encontra no mar, a fim de obter as suas próprias notícias.

Interrogado a respeito, São Luís responde: "Seu Espírito está muito preocupado esta noite, porque o vento sopra com violência (era na ocasião das grandes tempestades assinaladas pelos jornais) e o instinto de conservação ocupa todo o seu pensamento. No momento o perigo não é grande, mas quem garante que não se tornará? Só Deus o sabe."

2º) Evocação do pai do Sr. de R..., proposta na sessão de 21 de outubro. Resultaria dessa evocação que o cavaleiro de R..., seu tio, do qual não se tinha notícias há cinquenta anos, não estaria morto e habitaria uma ilha da Oceania meridional, onde se teria identificado com os costumes de seus habitantes, não tendo tido oportunidade para transmitir notícias suas. (Será publicada).

3º) Evocação do Rei de Kanala (Nova Caledônia), morto a 24 de maio de 1858. Essa comunicação revela nesse Espírito certa superioridade relativa, apresentando a característica notável de uma grande dificuldade para escrever, malgrado a aptidão do médium. Anuncia que com o hábito escreverá mais facilmente, o que é confirmado por São Luís.

4º) Evocação de *Mercure Jean*, aventureiro, que apareceu em Lyon em 1478 e foi apresentado a Luís XI. Ele dá esclarecimentos sobre as faculdades sobrenaturais de que o supunham dotado e informações curiosas sobre o mundo em que reside atualmente. (Será publicada).

Sexta-feira, 4 de novembro de 1859 – Sessão particular

Leitura da Ata e dos trabalhos da sessão de 28 de outubro.

Admissão de sete candidatos apresentados nas duas sessões precedentes.

Apresentação de projeto pela Comissão encarregada de estudar as medidas a serem tomadas para a admissão de ouvintes.

Depois de uma discussão em que participaram vários membros, a Sociedade decide que a proposição seja adiada e que provisoriamente se obedeça às disposições do regulamento; que os senhores membros serão convidados a se conformarem rigorosamente com as disposições que regulam a admissão dos ouvintes e a se absterem de modo absoluto de dar cartões de ingresso a quantos não tenham em vista senão a satisfazer a curiosidade, nem possuam nenhuma noção prévia da ciência espírita.

A Sociedade adota, então, as duas seguintes proposições:

1ª) *Os ouvintes não serão admitidos às sessões depois das 8h15. Os cartões de ingresso farão menção disso.*

2ª) *Anualmente, quando da renovação do ano social, os membros honorários serão submetidos a novo voto de admissão, a fim de serem cancelados aqueles que não mais satisfaçam às condições requeridas, e que a Sociedade julgar por bem não manter.*

O Sr. Administrador tesoureiro da Sociedade apresenta o balanço semestral de 1º de abril a 1º de outubro, assim como os comprovantes das despesas. Constata-se que a Sociedade tem um saldo suficiente para prover às suas necessidades. A Sociedade aprova as contas do tesoureiro e lhe dá quitação.

*Comunicações diversas:*

Carta do Sr. Bl. de La..., em resposta à que lhe foi enviada sobre a sua evocação e a de sua filha. Ele constata um fato que confirma uma das circunstâncias da evocação.

Carta do Sr. Dumas, de Sétif, Argélia, membro titular, encaminhando à Sociedade um certo número de comunicações por ele obtidas.

*Estudos:*

1º) Os Srs. P... e de R... chamam a atenção para uma nova versão do naufrágio do navio *Le Constant*, publicada no *Siècle*, segundo a qual o negro que foi morto para ser comido não se teria oferecido voluntariamente, como consta do primeiro relato e que haveria, assim, contradição com as palavras do Espírito do negro. O Sr. Col... não vê contradição, pois o mérito atribuído ao negro foi constatado por São Luís e o próprio negro disso não se prevaleceu.

2º) Exame de uma questão proposta pelo Sr. Les... sobre a surpresa dos Espíritos após a morte. Pensa ele que o Espírito, já tendo vivido no estado de Espírito, não deveria ficar surpreendido. É-lhe respondido: Esta surpresa é apenas temporária; resulta do estado de perturbação que se segue à morte, cessando à medida que o Espírito se desprende da matéria e recupera suas faculdades de Espírito.

3º) Pergunta sobre os sonâmbulos lúcidos, que confundem os Espíritos com os seres corporais. Esse fato é confirmado e explicado por São Luís.

4º) Evocação de Urbain Grandier.[91] Sendo as respostas muito lacônicas pela falta de experiência do médium, o Espírito disse que seria mais explícito por meio de outro médium. A evocação, portanto, será retomada numa outra sessão.

Sexta-feira, 11 de novembro de 1859 – Sessão geral

Leitura da Ata.

Apresentação – O Sr. Pierre D..., escultor em Paris, é apresentado como membro titular.

*Comunicações diversas:*

1ª) Carta do Sr. de T..., contendo fatos muito interessantes de manifestações visuais e verbais que confirmam o estado em que se encontram certos Espíritos que duvidam da própria morte. Um dos fatos relatados oferece a particularidade de o Espírito em questão ainda persistir nessa ilusão mais de três meses depois da morte. (Este relato será publicado.)

2ª) Fatos curiosos de precisão, referidos pelo Sr. Van Br..., de Haia, de caráter pessoal. Ele jamais tinha ouvido falar dos Espíritos e de suas comunicações quando, por acaso e inopinadamente, foi conduzido a uma reunião espírita em Dordrecht. As comunicações obtidas em sua presença o surpreenderam tanto mais quanto ele era estranho àquela cidade e desconhecido dos membros da dita reunião. Sobre ele, sua posição e sua família, disseram-lhe uma porção de particularidades de que só ele tinha conhecimento. Tendo evocado sua mãe e lhe perguntado, como prova de identidade, se havia tido vários filhos, respondeu: "Não sabes, meu filho, que tive onze filhos?" E o Espírito a todos designou por seus nomes de batismo e pelas datas de nascimento. Desde então esse senhor é um adepto fervoroso e sua filha, uma jovem de 14 anos, tornou-se

---

[91] N.E.: Urbain Grandier (1590–1634), sacerdote francês católico, que foi queimado na fogueira após ser condenado por bruxaria.

excelente médium, cuja faculdade apresenta particularidades singulares. A maior parte do tempo escreve às avessas, de tal sorte que para ler o que ela obtém faz-se necessário colocar as folhas diante de um espelho.[92] Com muita frequência, a mesa de que se serve para escrever inclina-se diante dela como uma carteira e fica nessa posição de equilíbrio, sem nenhum apoio, até que ela acabe de escrever.

O Sr. Van Br... relata outro fato curioso de precisão por um Espírito que com ele se comunica espontaneamente, com o nome de Dirkse Lammers, e que se enforcou no próprio local onde se dava a comunicação, em circunstâncias cuja exatidão foi verificada. (Este relato será publicado, bem como a evocação dele resultante.)

*Estudos:*

1º) Exame da pergunta feita pelo Sr. Det... sobre a fonte de onde os Espíritos extraem o seu vocabulário.

2º) Pergunta sobre a obsessão de certos médiuns.

3º) Evocação de *Michel François*, ferreiro que fez uma revelação a Luís XIV.

4º) Evocação de *Dirkse Lammers*, cuja história foi contada anteriormente.

5º) Três comunicações espontâneas são obtidas simultaneamente: a primeira pelo Sr. R..., assinada por Lamennais; a segunda pelo Sr. D... Filho: O menino e o riacho, parábola assinada por São Basílio; a terceira pela Srta. L. J..., assinada por Orígenes.

6º) A Srta. J..., médium desenhista, traça espontaneamente um grupo admirável, assinado pelo Espírito Lebrun.

(Todas as perguntas e comunicações acima serão publicadas.)

---

[92] Nota do tradutor: Psicografia especular.

Sexta-feira, 18 de novembro de 1859 – Sessão particular

Leitura da Ata.

*Admissão* do Sr. Pierre D..., apresentado na última sessão.

*Comunicações diversas:*

1ª) Leitura de uma comunicação espontânea obtida pelo Sr. P..., membro da Sociedade, ditada pelo Espírito de sua filha.

2ª) Detalhes sobre a Srta. Désirée Godu, residente em Hennebont (Morbihan), dotada de extraordinária faculdade mediadora. Ela passou por todas as fases da mediunidade; a princípio teve as mais estranhas manifestações físicas; depois se tornou sucessivamente médium audiente, falante, vidente e escrevente. Hoje, todas as suas faculdades estão concentradas na cura das doenças, que ela trata a conselho dos Espíritos. Opera curas que em outros tempos seriam consideradas miraculosas. Os Espíritos anunciam que a sua faculdade se desenvolverá ainda mais; ela começa a ver as doenças internas, por um efeito de segunda vista, sem estar em sonambulismo. (Uma notícia será publicada sobre esse admirável assunto.)

*Estudos:*

1º) Perguntas sobre a faculdade da Srta. Désirée Godu.

2º) Evocação de Lamettrie.

3º) Quatro comunicações espontâneas são obtidas simultaneamente: a primeira pelo Sr. R..., assinada por São Vicente de Paulo; a segunda pelo Sr. Col..., assinada por Platão; a terceira pelo Sr. D... Filho, assinada por Lamennais; e a quarta pela Srta. H..., assinada por Margarida, conhecida como rainha Margot.

25 de novembro de 1859 – Sessão geral

Leitura da Ata.

*Comunicações diversas*:

O Dr. Morhéry presenteia a Sociedade com uma brochura intitulada: *Sistema prático de organização agrícola*. Embora estranha aos objetivos da Sociedade, essa obra será encaminhada à biblioteca e serão mandados agradecimentos ao autor.

Carta do Sr. de T..., completando informações sobre visões e aparições por ele relatadas na sessão de 11 de novembro.

Carta do Sr. conde de R..., membro titular, retido em sua casa por conta de uma indisposição, em que se coloca à disposição da Sociedade para que esta faça com ele todas as experiências que julgar convenientes, relativas à evocação de pessoas vivas.

*Estudos:*

1º) Evocação de *Jardin*, morto em Nevers, e que havia conservado os restos mortais de sua esposa num genuflexório. (Será publicada).

3º) [93]Evocação do Sr. conde de R... Essa evocação, extraordinária pela extensão dos desenvolvimentos dados, com perfeita precisão e grande clareza de ideias, lança grande luz sobre o estado do Espírito separado do corpo e resolve numerosos problemas psicológicos. Será publicada na *Revista* de janeiro de 1860.

4º) Quatro comunicações espontâneas são obtidas simultaneamente, a saber: a primeira, de uma alma sofredora, pela Sra. de B...; a segunda, do Espírito de Verdade, pelo Sr. R...; a terceira, do apóstolo Paulo, pelo Sr. Col... (Essa comunicação é assinada em grego); a quarta, pelo Sr. Did... Filho, assinada por Charlet (o pintor), anunciando uma série de comunicações que devem formar um conjunto.

---

[93] Nota do tradutor: Conforme consta no original foi pulado o nº 2.

# Os convulsionários de Saint-Médard

(Continuação – *Vide* o número de novembro)

1. [A São Vicente de Paulo.] Na última sessão evocamos o diácono Pâris, que teve a bondade de vir. Gostaríamos de ter a vossa opinião pessoal sobre ele, como Espírito.

*Resp.* – É um Espírito cheio de boas intenções, porém mais elevado moralmente do que em outros sentidos.

2. De fato ele é estranho, como diz, ao que se fazia junto ao seu túmulo?

*Resp.* – Completamente.

3. Poderíeis dizer-nos como considerais o que se passava entre os convulsionários? Era um bem ou um mal?

*Resp.* – Era antes um mal que um bem. É fácil de perceber pela impressão geral que esses fatos produziam sobre os contemporâneos esclarecidos e sobre os seus sucessores.

4. A esta pergunta dirigida a Pâris, a saber: "Se a autoridade tinha mais poder que os Espíritos, por que pôs fim aos prodígios?", sua resposta não nos pareceu satisfatória; que pensais disso?

*Resp.* – Ele deu uma resposta mais ou menos conforme à verdade. Esses fatos eram produzidos por Espíritos pouco elevados; a autoridade pôs-lhe um termo, interditando a seus promotores a continuação dessa espécie de saturnais.

5. Entre os convulsionários alguns se submetiam a torturas atrozes; qual era o resultado disso sobre seus Espíritos depois da morte?

*Resp.* – Praticamente nulo. Não havia nenhum mérito nesses atos sem resultado útil.

6. Os que sofriam essas torturas pareciam insensíveis à dor; havia neles simples resignação ou insensibilidade real?

*Resp.* – Insensibilidade completa.

7. Qual era a causa dessa insensibilidade?

*Resp.* – Efeito magnético.

8. A superexcitação moral, chegada a certo grau, não poderia aniquilar-lhes a sensibilidade física?

*Resp.* – Isso contribuía em alguns deles e os predispunha a sofrer a comunicação de um estado que em outros tinha sido provocado artificialmente, porquanto o charlatanismo representa um grande papel nesses fatos estranhos.

9. Já que esses Espíritos operavam curas e prestavam serviços, como, então, podiam ser de ordem inferior?

*Resp.* – Não vedes isto todos os dias? Não recebeis algumas vezes excelentes conselhos e ensinos úteis de certos Espíritos pouco elevados, levianos mesmo? Não podem eles procurar fazer algo de bom como resultado definitivo, com vistas a um aperfeiçoamento moral?

10. Nós vos agradecemos as explicações que pacientemente nos destes.

*Resp.* – Sempre vosso.

# Aforismos espíritas e pensamentos avulsos

Os Espíritos bons aprovam aquilo que acham bom, mas não fazem elogios exagerados. Estes, como tudo que denota lisonja, são sinais de inferioridade da parte dos Espíritos.

\*\*\*

Os Espíritos bons não lisonjeiam os preconceitos de nenhuma espécie, nem políticos, nem religiosos; podem não os atacar bruscamente, porque sabem que isso seria aumentar a resistência. Entretanto, há uma grande diferença entre essas atitudes, que poderíamos chamar de precauções oratórias, e a aprovação absoluta das mais falsas ideias, de que os Espíritos obsessores muitas vezes se servem para captar a confiança daqueles a quem querem subjugar, explorando-lhes o ponto fraco.

\*\*\*

Há pessoas que têm uma mania singular; encontram uma ideia completamente elaborada por outrem; esta lhes parece boa e, sobretudo, proveitosa; dela se apropriam, dão-na como própria e acabam iludidos a ponto de se crerem realmente seus autores, assegurando que lhes foi roubada.

\*\*\*

Certo dia um homem viu ser feita uma experiência de eletricidade e tentou reproduzi-la. Porque não tivesse os conhecimentos requeridos, nem os instrumentos necessários, fracassou. Então, sem ir mais longe e sem procurar saber se a causa do insucesso não estaria nele mesmo, declarou que a eletricidade não existia e que ia escrever para o demonstrar.

Que pensaríeis da lógica de quem assim raciocinasse? Não se assemelharia a um cego que, não podendo ver, se pusesse a escrever contra a luz e a faculdade da visão? Entretanto, é este o raciocínio que ouvimos a propósito dos Espíritos, por homem que passa por espirituoso; que tenha espírito, sim; mas capacidade para julgar é outra coisa. Procura escrever como médium e, porque não o consegue, conclui que a mediunidade não existe. Ora, segundo ele, se a mediunidade é uma faculdade ilusória, os

Espíritos não podem existir senão nos cérebros doentios. Que sagacidade!

ALLAN KARDEC

NOTA – Com o número do mês de janeiro de 1860, a *Revista Espírita* começará o seu terceiro ano.

# Nota explicativa[94]

Hoje creem e sua fé é inabalável, porque assentada na evidência e na demonstração, e porque satisfaz à razão. [...] Tal é a fé dos espíritas, e a prova de sua força é que se esforçam por se tornarem melhores, domarem suas inclinações más e porem em prática as máximas do Cristo, olhando todos os homens como irmãos, sem acepção de raças, de castas, nem de seitas, perdoando aos seus inimigos, retribuindo o mal com o bem, a exemplo do divino modelo. (KARDEC, Allan. *Revista Espírita* de 1868. 1. ed. Rio de Janeiro: FEB, 2005. p. 28, janeiro de 1868.)

A investigação rigorosamente racional e científica de fatos que revelavam a comunicação dos homens com os Espíritos, realizada por Allan Kardec, resultou na estruturação da Doutrina Espírita, sistematizada sob os aspectos científico, filosófico e religioso.

A partir de 1854 até seu falecimento, em 1869, seu trabalho foi constituído de cinco obras básicas: *O livro dos espíritos* (1857), *O livro dos médiuns* (1861), *O evangelho segundo o espiritismo* (1864), *O céu e o inferno* (1865), *A gênese* (1868), além da obra *O que é o espiritismo* (1859), de uma série de opúsculos e 136 edições da *Revista Espírita* (de janeiro de 1858 a abril de 1869). Após sua morte, foi editado o livro *Obras póstumas* (1890).

O estudo meticuloso e isento dessas obras permite-nos extrair conclusões básicas: a) todos os seres humanos são Espíritos

---

[94] N.E.: Esta Nota explicativa, publicada de acordo com o Termo de Compromisso com o Ministério Público Federal/Procuradoria da República no Estado da Bahia, datado de 28 de setembro de 2007, tem por objetivo demonstrar a ausência de qualquer discriminação ou preconceito em alguns trechos das obras de Allan Kardec, caracterizadas, todas, pela sustentação dos princípios de fraternidade e solidariedade cristãs, contidos na Doutrina Espírita.

imortais criados por Deus em igualdade de condições, sujeitos às mesmas leis naturais de progresso que levam todos, gradativamente, à perfeição; b) o progresso ocorre através de sucessivas experiências, em inúmeras reencarnações, vivenciando necessariamente todos os segmentos sociais, única forma de o Espírito acumular o aprendizado necessário ao seu desenvolvimento; c) no período entre as reencarnações o Espírito permanece no Mundo Espiritual, podendo comunicar-se com os homens; d) o progresso obedece às leis morais ensinadas e vivenciadas por Jesus, nosso guia e modelo, referência para todos os homens que desejam desenvolver-se de forma consciente e voluntária.

Em diversos pontos de sua obra, o Codificador se refere aos Espíritos encarnados em tribos incultas e selvagens, então existentes em algumas regiões do planeta, e que, em contato com outros polos de civilização, vinham sofrendo inúmeras transformações, muitas com evidente benefício para os seus membros, decorrentes do progresso geral ao qual estão sujeitas todas as etnias, independentemente da coloração de sua pele.

Na época de Allan Kardec, as ideias frenológicas de Gall, e as da fisiognomonia de Lavater, eram aceitas por eminentes homens de Ciência, assim como provocou enorme agitação nos meios de comunicação e junto à intelectualidade e à população em geral, a publicação, em 1859 — dois anos depois do lançamento de *O livro dos espíritos* — do livro sobre a *Evolução das espécies*, de Charles Darwin, com as naturais incorreções e incompreensões que toda ciência nova apresenta. Ademais, a crença de que os traços da fisionomia revelam o caráter da pessoa é muito antiga, pretendendo-se haver aparentes relações entre o físico e o aspecto moral.

O Codificador não concordava com diversos aspectos apresentados por essas assim chamadas ciências. Desse modo, procurou avaliar as conclusões desses eminentes pesquisadores à luz da revelação dos Espíritos, trazendo ao debate o elemento espiritual como fator decisivo no equacionamento das questões da diversidade e desigualdade humanas.

## Nota Explicativa

Allan Kardec encontrou, nos princípios da Doutrina Espírita, explicações que apontam para leis sábias e supremas, razão pela qual afirmou que o Espiritismo permite "resolver os milhares de problemas históricos, arqueológicos, antropológicos, teológicos, psicológicos, morais, sociais etc." (*Revista Espírita*, 1862, p. 401). De fato, as leis universais do amor, da caridade, da imortalidade da alma, da reencarnação, da evolução constituem novos parâmetros para a compreensão do desenvolvimento dos grupos humanos, nas diversas regiões do Orbe.

Essa compreensão das Leis Divinas permite a Allan Kardec afirmar que:

> O corpo deriva do corpo, mas o Espírito não procede do Espírito. Entre os descendentes das raças apenas há consanguinidade. (*O livro dos espíritos*, it. 207, p. 176.)

> [...] o Espiritismo, restituindo ao Espírito o seu verdadeiro papel na Criação, constatando a superioridade da inteligência sobre a matéria, faz com que desapareçam, naturalmente, todas as distinções estabelecidas entre os homens, conforme as vantagens corporais e mundanas, sobre as quais só o orgulho fundou as castas e os estúpidos preconceitos de cor. (*Revista Espírita*, 1861, p. 432.)

> Os privilégios de raças têm sua origem na abstração que os homens geralmente fazem do princípio espiritual, para considerar apenas o ser material exterior. Da força ou da fraqueza constitucional de uns, de uma diferença de cor em outros, do nascimento na opulência ou na miséria, da filiação consanguínea nobre ou plebeia, concluíram por uma superioridade ou uma inferioridade natural. Foi sobre este dado que estabeleceram suas leis sociais e os privilégios de raças. Deste ponto de vista circunscrito, são consequentes consigo mesmos, porquanto, não considerando senão a vida material, certas classes parecem pertencer, e realmente pertencem, a raças diferentes. Mas se se tomar seu ponto de vista do ser espiritual, do ser essencial e progressivo, numa palavra, do Espírito, preexistente

e sobrevivente a tudo cujo corpo não passa de um invólucro temporário, variando, como a roupa, de forma e de cor; se, além disso, do estudo dos seres espirituais ressalta a prova de que esses seres são de natureza e de origem idênticas, que seu destino é o mesmo, que todos partem do mesmo ponto e tendem para o mesmo objetivo; que a vida corporal não passa de um incidente, uma das fases da vida do Espírito, necessária ao seu adiantamento intelectual e moral; que em vista desse avanço o Espírito pode sucessivamente revestir envoltórios diversos, nascer em posições diferentes, chega-se à consequência capital da igualdade de natureza e, a partir daí, à igualdade dos direitos sociais de todas as criaturas humanas e à abolição dos privilégios de raças. Eis o que ensina o Espiritismo. Vós que negais a existência do Espírito para considerar apenas o homem corporal, a perpetuidade do ser inteligente para só encarar a vida presente, repudiais o único princípio sobre o qual é fundada, com razão, a igualdade de direitos que reclamais para vós mesmos e para os vossos semelhantes. (*Revista Espírita*, 1867, p. 231.)

Com a reencarnação, desaparecem os preconceitos de raças e de castas, pois o mesmo Espírito pode tornar a nascer rico ou pobre, capitalista ou proletário, chefe ou subordinado, livre ou escravo, homem ou mulher. De todos os argumentos invocados contra a injustiça da servidão e da escravidão, contra a sujeição da mulher à lei do mais forte, nenhum há que prime, em lógica, ao fato material da reencarnação. Se, pois, a reencarnação funda numa Lei da Natureza o princípio da fraternidade universal, também funda na mesma lei o da igualdade dos direitos sociais e, por conseguinte, o da liberdade. (*A gênese*, cap. I, it. 36, p. 42-43. Vide também *Revista Espírita*, 1867, p. 373.)

Na época, Allan Kardec sabia apenas o que vários autores contavam a respeito dos selvagens africanos, sempre reduzidos ao embrutecimento quase total, quando não escravizados impiedosamente.

É baseado nesses informes "científicos" da época que o Codificador repete, com outras palavras, o que os pesquisadores Europeus descreviam quando de volta das viagens que faziam à África negra. Todavia, é peremptório ao abordar a questão do preconceito racial:

> Nós trabalhamos para dar a fé aos que em nada creem; para espalhar uma crença que os torna melhores uns para os outros, que lhes ensina a perdoar aos inimigos, a se olharem como irmãos, sem distinção de raça, casta, seita, cor, opinião política ou religiosa; numa palavra, uma crença que faz nascer o verdadeiro sentimento de caridade, de fraternidade e deveres sociais. (KARDEC, Allan. *Revista Espírita* de 1863 – 1. ed. Rio de Janeiro: FEB, 2005. – janeiro de 1863.)

> O homem de bem é bom, humano e benevolente para com todos, sem distinção de raças nem de crenças, porque em todos os homens vê irmãos seus. (*O evangelho segundo o espiritismo*, cap. XVII, it. 3, p. 348.)

É importante compreender, também, que os textos publicados por Allan Kardec na *Revista Espírita* tinham por finalidade submeter à avaliação geral as comunicações recebidas dos Espíritos, bem como aferir a correspondência desses ensinos com teorias e sistemas de pensamento vigentes à época. Em Nota ao capítulo XI, item 43, do livro *A gênese*, o Codificador explica essa metodologia:

> Quando, na *Revista Espírita* de janeiro de 1862, publicamos um artigo sobre a "interpretação da doutrina dos anjos decaídos", apresentamos essa teoria como simples hipótese, sem outra autoridade afora a de uma opinião pessoal controversível, porque nos faltavam então elementos bastantes para uma afirmação peremptória. Expusemo-la a título de ensaio, tendo em vista provocar o exame da questão, decidido, porém, a abandoná-la ou modificá-la, se fosse preciso. Presentemente, essa teoria já passou pela prova do controle universal. Não só foi bem aceita pela maioria dos espíritas, como a mais racional e a mais concorde com a soberana Justiça de Deus, mas também foi confirmada pela generalidade das instruções que os Espíritos deram sobre o assunto. O mesmo se verificou com a

que concerne à origem da raça adâmica. (*A Gênese*, cap. XI, it. 43, Nota, p. 292.)

Por fim, urge reconhecer que o escopo principal da Doutrina Espírita reside no aperfeiçoamento moral do ser humano, motivo pelo qual as indagações e perquirições científicas e/ou filosóficas ocupam posição secundária, conquanto importantes, haja vista o seu caráter provisório decorrente do progresso e do aperfeiçoamento geral. Nesse sentido, é justa a advertência do Codificador:

> É verdade que esta e outras questões se afastam do ponto de vista moral, que é a meta essencial do Espiritismo. Eis por que seria um equívoco fazê-las objeto de preocupações constantes. Sabemos, aliás, no que respeita ao princípio das coisas, que os Espíritos, por não saberem tudo, só dizem o que sabem ou que pensam saber. Mas como há pessoas que poderiam tirar da divergência desses sistemas uma indução contra a unidade do Espiritismo, precisamente porque são formulados pelos Espíritos, é útil poder comparar as razões pró e contra, no interesse da própria doutrina, e apoiar no assentimento da maioria o julgamento que se pode fazer do valor de certas comunicações. (*Revista Espírita*, 1862, p. 38.)

Feitas essas considerações, é lícito concluir que na Doutrina Espírita vigora o mais absoluto respeito à diversidade humana, cabendo ao espírita o dever de cooperar para o progresso da humanidade, exercendo a caridade no seu sentido mais abrangente ("benevolência para com todos, indulgência para as imperfeições dos outros e perdão das ofensas"), tal como a entendia Jesus, nosso Guia e Modelo, sem preconceitos de nenhuma espécie: de cor, etnia, sexo, crença ou condição econômica, social ou moral.

A EDITORA

| REVISTA ESPÍRITA - 1859 ||||| 
|---|---|---|---|---|
| EDIÇÃO | IMPRESSÃO | ANO | TIRAGEM | FORMATO |
| 1 | 1 | | | |
| 2 | 1 | 2004 | 2.000 | 14x21 |
| 3 | 1 | 2005 | 2.000 | 14x21 |
| 3 | 2 | 2008 | 1.000 | 14x21 |
| 3 | 3 | 2009 | 2.000 | 14x21 |
| 4 | 1 | 2019 | 1.000 | 14x21 |
| 4 | *POD | 2021 | POD | 14x21 |
| 4 | **IPT | 2023 | 200 | 14x21 |
| 4 | IPT | 2024 | 150 | 14x21 |
| 4 | IPT | 2025 | 150 | 14x21 |

*Impressão por demanda
**Impressão pequenas tiragens

# O EVANGELHO NO LAR

*Quando o ensinamento do Mestre vibra entre quatro paredes de um templo doméstico, os pequeninos sacrifícios tecem a felicidade comum.*[1]

Quando entendemos a importância do estudo do Evangelho de Jesus, como diretriz ao aprimoramento moral, compreendemos que o primeiro local para esse estudo e vivência de seus ensinos é o próprio lar.

É no reduto doméstico, assim como fazia Jesus, no lar que o acolhia, a casa de Pedro, que as primeiras lições do Evangelho devem ser lidas, sentidas e vivenciadas.

O espírita compreende que sua missão no mundo principia no reduto doméstico, em sua casa, por meio do estudo do Evangelho de Jesus no Lar.

Então, como fazer?

Converse com todos que residem com você sobre a importância desse estudo, para que, em família, possam compreender melhor os ensinamentos cristãos, a partir de um momento de união fraterna, que se desenvolverá de maneira harmônica e respeitosa. Explique que as reflexões conjuntas acerca do Evangelho permitirão manter o ambiente da casa espiritualmente saneado, por meio de sentimentos e pensamentos elevados, favorecendo a presença e a influência de Mensageiros do Bem; explique, também, que esse momento facilitará, em sua residência, a recepção do amparo espiritual, já que auxilia na manutenção de elevado padrão vibratório no ambiente e em cada um que ali vive.

Convide sua família, quem mora com você, para participar. Se mora sozinho, defina para você esse momento precioso de estudo e reflexões. Lembre-se de que, espiritualmente, sempre estamos acompanhados.

Escolha, na semana, um dia e horário em que todos possam estar presentes.

O tempo médio para a realização do Evangelho no Lar costuma ser de trinta minutos.

---

[1] XAVIER, Francisco Cândido. *Luz no lar*. Por Espíritos diversos. 12. ed. 7. imp. Brasília: FEB, 2018. Cap. 1.

As crianças são bem-vindas e, se houver visitantes em casa, eles também podem ser convidados a participar. Se não forem espíritas, apenas explique a eles a finalidade e importância daquele momento.

O seguinte roteiro pode ser utilizado como sugestão:

1. Preparação: leitura de mensagem breve, sem comentários;
2. Início: prece simples e espontânea;
3. Leitura: *O evangelho segundo o espiritismo* (um ou dois itens, por estudo, desde o prefácio);
4. Comentários: breves, com a participação dos presentes, evidenciando o ensino moral aplicado às situações do dia a dia;
5. Vibrações: pela fraternidade, paz e pelo equilíbrio entre os povos; pelos governantes; pela vivência do Evangelho de Jesus em todos os lares; pelo próprio lar...
6. Pedidos: por amigos, parentes, pessoas que estão necessitando de ajuda...
7. Encerramento: prece simples, sincera, agradecendo a Deus, a Jesus, aos amigos espirituais.

As seguintes obras podem ser utilizadas nesse momento tão especial:

- *O evangelho segundo o espiritismo*, como obra básica;
- *Caminho, verdade e vida*; *Pão nosso*; *Vinha de luz*; *Fonte viva*; *Agenda cristã*.

Esse momento no lar não se trata de reunião mediúnica e, portanto, qualquer ideia advinda pela via da intuição deve permanecer como comentário geral, a ser dito de maneira simples, no momento oportuno.

No estudo do Evangelho de Jesus no Lar, a fé e a perseverança são diretrizes ao aprimoramento moral de todos os envolvidos.

# LITERATURA ESPÍRITA

Em qualquer parte do mundo, é comum encontrar pessoas que se interessem por assuntos como imortalidade, comunicação com Espíritos, vida após a morte e reencarnação. A crescente popularidade desses temas pode ser avaliada com o sucesso de vários filmes, seriados, novelas e peças teatrais que incluem em seus roteiros conceitos ligados à Espiritualidade e à alma.

A literatura espírita apresenta argumentos fundamentados na razão, que acabam atraindo leitores de todas as idades. Os textos são

Os ensinamentos espíritas trazem a mensagem consoladora de que existe vida após a morte, e essa é uma das melhores notícias que podemos receber quando temos entes queridos que já não habitam mais a Terra. As conquistas e os aprendizados adquiridos em vida sempre farão parte do nosso futuro e prosseguirão de forma ininterrupta por toda a jornada pessoal de cada um.

Cada vez mais, a imprensa evidencia a literatura espírita, cujas obras impressionam até mesmo grandes veículos de comunicação devido ao seu grande número de vendas. O principal motivo pela busca dos filmes e livros do gênero é simples: o Espiritismo consegue responder, de forma clara, perguntas que pairam sobre a Humanidade desde o princípio dos tempos. Quem somos nós? De onde viemos? Para onde vamos?

trabalhados com afinco, apresentam boas histórias e informações coerentes, pois se baseiam em fatos reais.

Divulgar o Espiritismo por meio da literatura é a principal missão da FEB, que, há mais de cem anos, seleciona conteúdos doutrinários de qualidade para espalhar a palavra e o ideal do Cristo por todo o mundo, rumo ao caminho da felicidade e plenitude.

# CARIDADE: AMOR EM AÇÃO

Sede bons e caridosos: essa a chave que tendes em vossas mãos. Toda a eterna felicidade se contém nesse preceito: "Amai-vos uns aos outros". KARDEC, Allan. *O evangelho segundo o espiritismo*, cap. 13, it. 12.

A Federação Espírita Brasileira (FEB), em 20 de abril de 1890, iniciou sua *Assistência aos Necessitados* após sugestão de Polidoro Olavo de S. Thiago ao então presidente Francisco Dias da Cruz. Durante oitenta e sete anos, esse atendimento representava o trabalho de auxílio espiritual e material às pessoas que o buscavam na Instituição. Em 1977, esse serviço passou a chamar-se Departamento de Assistência Social (DAS), cujas atividades assistenciais nunca se interromperam.

Desde então, a FEB, por seu DAS, desenvolve ações socioassistenciais de proteção básica às famílias em situação de vulnerabilidade e risco socioeconômico. Fortalece os vínculos familiares por meio de auxílio material e orientação moral-doutrinária com vistas à promoção social e crescimento espiritual de crianças, jovens, adultos e idosos.

Seu trabalho alcança centenas de famílias. Doa enxovais para recém-nascidos, oferece refeições, cestas de alimentos, cursos para jovens, serviços de convivência e fortalecimento de vínculos para idosos e organiza doações de itens que são recebidos na Instituição e repassados a quem necessitar.

Essas atividades são organizadas pelas equipes do DAS e apoiadas com recursos financeiros da Instituição, dos frequentadores da Casa e por meio de doações recebidas, num grande exemplo de união e solidariedade.

Seja sócio-contribuinte da FEB, adquira suas obras e estará colaborando com o seu Departamento de Assistência Social.

www.febeditora.com.br
@febeditoraoficial
@febeditora

Conselho Editorial:
*Carlos Roberto Campetti*
*Cirne Ferreira de Araújo*
*Evandro Noleto Bezerra*
*Geraldo Campetti Sobrinho – Coord. Editorial*
*Jorge Godinho Barreto Nery – Presidente*
*Maria de Lourdes Pereira de Oliveira*
*Miriam Lúcia Herrera Masotti Dusi*

Produção Editorial:
*Elizabete de Jesus Moreira*

Revisão:
*Denise Giusti*
*Neryanne Paiva*

Capa e Projeto gráfico:
*Tarcisio Ferreira*

Reconstrução de *layout* e diagramação:
*Rones José Silvano de Lima – instagram.com/bookebooks_designer*

Normalização Técnica:
*Biblioteca de Obras Raras e Documentos Patrimoniais do Livro*

Esta edição foi impressa no sistema de Impressão pequenas tiragens, em formato fechado de 140x210 mm e com mancha de 110x180mm. Os papéis utilizados foram o Off white 80 g/m² para o miolo e o Cartão 250 g/m² para a capa. O texto principal foi composto em fonte Adobe Garamond Pro 12/14 e os títulos em Adobe Garamond Pro 32/38,4. Impresso no Brasil. *Presita en Brazilo.*